AUS BESTER FAMILIE

DANK

Mit herzlichem Dank für die engagierte und konstruktive Unterstützung an den Beirat von „Aus bester Familie":

Dr. Rainer Esser,
Geschäftsführer der ZEIT Verlagsgruppe

Stefan Heidbreder,
Geschäftsführer Stiftung Familienunternehmen

Dr. Jürgen Heraeus,
Vorsitzender des Aufsichtsrats der Heraeus Holding GmbH

Dr. Hans Walter Peters,
Sprecher der persönlich haftenden Gesellschafter der Berenberg Bank

Renate Pilz,
Gesellschafterin Pilz Automation

Alfred Ritter,
Vorsitzender des Beirats Alfred Ritter GmbH & Co. KG

Christian Rothe,
Geschäftsführer ABUS August Bremicker Söhne KG

Dr. Peter Sewing,
Geschäftsführer Obermark GmbH

Dr. Reinhard Zinkann,
geschäftsführender Gesellschafter Miele & Cie. KG

AUS BESTER FAMILIE

Herausgeber
Dr. Florian Langenscheidt

Konzeption
Olaf Salié

Koordination Familienunternehmen
Fabian Westkamp

Projektleitung
Yvonne Baumgärtel

Projektmanagement
Christiane Blaß, Stefanie Eggers, Kathleen Ziemann

Art Direction
Mirko Merkel

Grafik
Susanne Kluge, Jessica Sturm-Stammberger

Schlussredaktion
Dr. Katrin Weiden

Mit Texten von
Sophie Burfeind, Jens Frantzen, Katharina Kutsche,
Dr. Manfred Luckas, Alexandra von Poschinger,
Klaus Rathje, Elke Schulze, Felicitas Wilke, Ulrike Wirtz

AUS BESTER FAMILIE

VORWORT

SEHR GEEHRTE DAMEN UND HERREN,
LIEBE LESERINNEN UND LESER,

it's the „German Mittelstand", lautet meist die Begründung, wenn im Ausland anerkennend über die solide wirtschaftliche Situation in Deutschland gesprochen wird. Insbesondere in der aktuell politisch turbulenten Zeit scheint unser Land als Ruhestifter und Gravitationsfeld innerhalb der Fliehkräfte globaler Wirrungen gesehen – und bewundert zu werden. Dabei haben neben dem Mittelstand vor allem die Familienunternehmer dazu beigetragen, dass Deutschland von Wohlstand, Freiheit und gesellschaftlicher Stabilität geprägt ist und in der Mitte Europas Friede herrscht.

Mit dem Buch, das Sie in Händen halten, wollen wir diese Behauptung einmal mehr bekräftigen: It's the „German Family Business", müsste demnach das Erfolgsrezept lauten, wenn vom Rückgrat der deutschen Wirtschaft die Rede ist. Familienunternehmen sind flexibel und innovativ. Sie denken in Generationen, nicht in Quartalen, treffen schnelle und zugleich nachhaltige Entscheidungen, handeln in großer sozialer Verantwortung – und melken die ihnen anvertrauten Firmen nicht als Cashcow. Überdies: In Familienunternehmen gilt es, die rationale Welt des Geschäfts mit der emotionalen innerhalb der Familie zu verbinden. Das magische Dreieck „Macht – Liebe – Geld" muss dafür im Gleichklang sein.

Das Kompendium „Aus bester Familie" erzählt auf 400 Seiten – und in mittlerweile dritter Auflage – die Geschichte von mehr als 100 beispielhaften Familienunternehmen in Deutschland: von internationalen Leuchtturm-Konzernen, von großen und kleineren Markenartiklern, von besonders traditionswürdigen Unternehmen – und von jenen, die weniger im Licht der Öffentlichkeit stehen, in ihrer Summe und Vielfalt aber den Nährboden der deutschen Familienunternehmer-Landschaft bilden.

Wir sind froh, dass wir das spannende Projekt unter das Dach der ZEIT Verlagsgruppe bringen konnten und verstehen es als Auftakt zu einer Mittelstands-Initiative, die wir gemeinsam mit unseren Partnern weiterentwickeln und in eine gute Zukunft führen wollen. Allein die Anbindung des Projekts an das Deutsche Wirtschaftsforum zeigt, wie fruchtbar diese erste Kooperation ist. Auch die positiven Reaktionen der beteiligten Familienunternehmen ermutigen uns, unseren Weg weiter zu beschreiten.

In Anwesenheit der im Buch porträtierten Familienunternehmer sowie unserer Partner Berenberg, Obermark und der Stiftung Familienunternehmen konnten wir „Aus bester Familie" am Vorabend des 9. Deutschen Wirtschaftsforums aus der Taufe heben. Für die große Unterstützung gebührt ihnen unser ausdrücklicher Dank. Nun werden wir dafür Sorge tragen, dass unser gemeinsames Projekt die größtmögliche Wahrnehmung erfährt – als gedrucktes Symbol für den nachhaltigen Erfolg und die Bedeutung der Familienunternehmen für den Wirtschaftsstandort Deutschland.

Mit herzlichen Grüßen,

Dr. Florian Langenscheidt, Herausgeber
Dr. Rainer Esser, Verleger

Frankfurt, im November 2017

DIE BEDEUTUNG VON FAMILIENUNTERNEHMEN

In der deutschen Wirtschaft und Gesellschaft nehmen Familienunternehmen eine überragende Rolle ein. Eine kurze Charakterisierung dieses besonderen Unternehmenstyps

Von Stefan Heidbreder, Geschäftsführer der Stiftung Familienunternehmen

Stefan Heidbreder,
Geschäftsführer Stiftung
Familienunternehmen

Der Begriff „New Wirtschaftswunder" taucht derzeit in vielen Schlagzeilen der internationalen Presse über Deutschland auf. „Why can't we be more like Germany?", titelte das britische Magazin „New Statesman". Es ist ein Wandel ohnegleichen. Vor anderthalb Jahrzehnten noch als „kranker Mann Europas" bemitleidet, ist das deutsche Wirtschaftsmodell mittlerweile internationales Vorbild. Länder, die zuvor einseitig auf die Finanz- und Dienstleistungsindustrie gesetzt hatten, sehen, dass Deutschland mit vermeintlich „altmodischen" Strukturen viel besser fährt.

Zum neuen Wirtschaftswunder tragen entscheidend die deutschen Familienunternehmen bei. Selbst in wirtschaftlich schwierigen Zeiten zeigten sie sich als stabilisierender Pfeiler der deutschen Wirtschaft und als Garant wachsender Beschäftigung.

Falsche Kategorien und richtige Definition

Was charakterisiert Familienunternehmen? In Diskussionsbeiträgen, insbesondere aus der Politik, werden oft Begriffe wie „Mittelstand" oder „Kleine und mittlere Unternehmen" (KMU) synonym zu diesen Unternehmen gebraucht. Doch dies führt auf den falschen Weg, beziehen sich diese Begriffe doch nur auf die Größe und sagen nichts über qualitative Merkmale der Unternehmen aus. Der oft verwendete Begriff „Mittelstand" ist eigentlich ein Terminus aus der Soziologie des ausgehenden 19. Jahrhunderts, der den Übergang zwischen ärmeren und reicheren Bevölkerungsschichten beschreibt.

Entscheidend für eine treffende Beschreibung von Familienunternehmen ist dagegen vielmehr, dass eine oder mehrere miteinander verbundene Familien mehrheitlich am Unternehmen beteiligt sind, das heißt die Mehrheit der Stimmrechte besitzen. Dagegen sind Größenmerkmale wie Umsatz, Beschäftigtenzahl oder die Bilanzsumme ebenso ohne Bedeutung wie die spezifische Rechtsform, in der das Unternehmen auftritt. Daher können auch börsennotierte Aktiengesellschaften Familienunternehmen sein, solange die Stimmenmehrheit, mindestens jedoch die übliche Hauptversammlungsmehrheit, in den Händen einer oder mehrerer (verbundener) Familien liegt.

Der größte Arbeitgeber Deutschlands

In der Rangliste der medialen Aufmerksamkeit stehen börsennotierte Großkonzerne im Streubesitz weit oben. Doch diese stellen nur einen kleinen Teil der Unternehmen in Deutschland. Tatsächlich sind es Familienunternehmen, welche die weit überwiegende Zahl der Firmen hierzulande ausmachen. Die Stiftung Familienunternehmen hat 2003 begonnen, regelmäßig Daten über die volkswirtschaftliche Bedeutung von Familienunternehmen zu erheben.[1] Danach gibt es in Deutschland 2,7 Millionen sogenannter wirtschaftsaktiver Unternehmen.[2] Von diesen gehören 2,4 Millionen oder 91 Prozent zu den familienkontrollierten Unternehmen. Nur Japan weist mit 95 Prozent einen noch höheren Anteil an Familienunternehmen auf. Etwa 15,6 Millionen Arbeitnehmer sind für Familienunternehmen in Deutsch-

FAMILIENUNTERNEHMEN IN DEUTSCHLAND

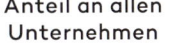
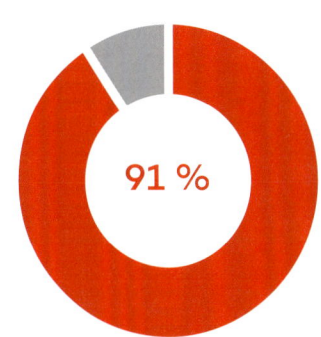

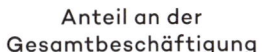
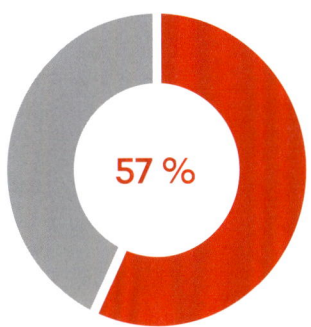

land tätig, was 57 Prozent aller sozialversicherten Beschäftigten in der Privatwirtschaft entspricht. 55 Prozent aller inländischen Umsätze der freien Wirtschaft gehen auf Familienunternehmen zurück. Im internationalen Vergleich fällt auf, dass die für Deutschland so typische Struktur von vielen sehr großen Familienunternehmen einmalig ist: Selbst in der Kategorie der sogenannten Großunternehmen (Umsatz von mehr als 50 Millionen Euro) ist hierzulande jedes dritte ein Familienunternehmen. Unter ihnen gibt es fast 200 Firmen, welche die Milliarden-Grenze beim Umsatz überschreiten.

Wirtschaftliche Dynamik und geduldiges Kapital

Zu den 500 größten Familienunternehmen hat die Stiftung eine gesonderte Untersuchung vorgenommen. Warum wurde bei genau dieser Größenordnung angesetzt? Im Jahr 2003 hatte sich gezeigt, dass diese Top 500 und eine andere Königsklasse, nämlich die Dax-Unternehmen, bei der Beschäftigung im Inland

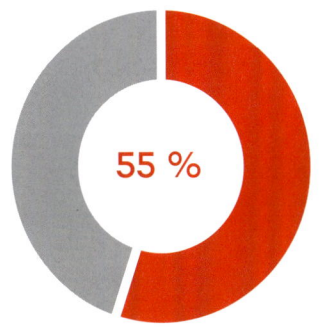

---

[1] „Die volkswirtschaftliche Bedeutung von Familienunternehmen", herausgegeben von der Stiftung Familienunternehmen, bearbeitet vom Zentrum für Europäische Wirtschaftsforschung (ZEW).

[2] Diese Strukturzahlen basieren nicht wie andere Untersuchungen auf Hochrechnungen von Stichproben, sondern auf dem gesamten deutschen Unternehmensbestand, der mit dem Mannheimer Unternehmenspanel (MUP) und Daten der Auskunftei Creditreform erhoben wurde. Nicht erfasst wurden Landwirtschaft und Fischerei, öffentliche Verwaltung, Verteidigung, öffentliche Banken und genossenschaftliche Unternehmen.

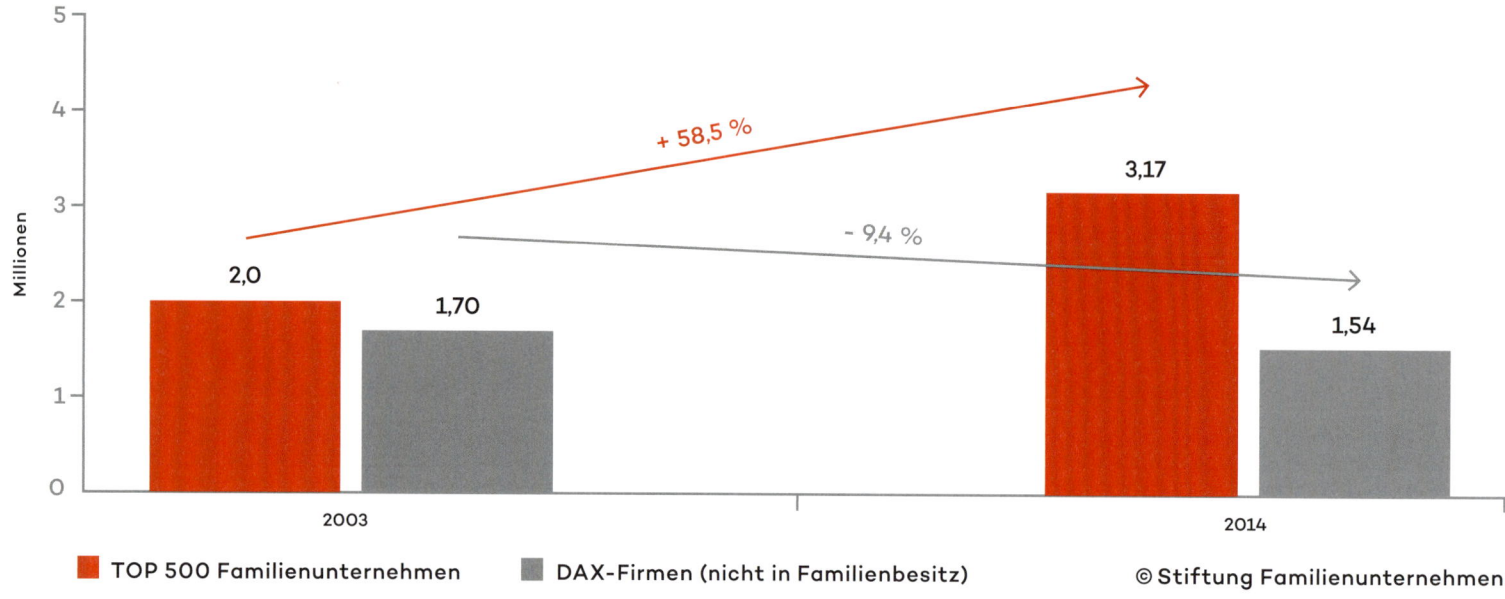

BESCHÄFTIGTE IN DEUTSCHLAND (IN MILLIONEN)

■ TOP 500 Familienunternehmen   ■ DAX-Firmen (nicht in Familienbesitz)   © Stiftung Familienunternehmen

noch nahezu gleichauf lagen, nämlich bei rund zwei Millionen Angestellten. Seither haben sich diese zwei Top-Segmente hinsichtlich der Beschäftigung stark auseinanderentwickelt: Bei den 500 größten Familienunternehmen arbeiten mittlerweile deutlich mehr Menschen als bei den vermeintlichen Dax-Schwergewichten. Besonders deutlich wird dies zwischen den Jahren 2003 und 2014, dem Zeitraum also, in dem die Finanz- und Wirtschaftskrise ausbrach und zur schwersten Rezession der Nachkriegszeit führte. In dieser Periode vergrößerten die Top 500 Familienunternehmen ihre Belegschaft um 58,5 Prozent auf 3,17 Millionen Beschäftigte und leisteten damit einen maßgeblichen Beitrag zum deutschen „Arbeitsmarktwunder". Die Dax-Konzerne dagegen reduzierten im selben Zeitraum ihren inländischen Personalbestand, und zwar um mehr als neun Prozent. Sie stellen dort heute nur noch 1,54 Millionen Arbeitnehmer.

Im Umfeld der Finanzkrise zeigten sich damit die großen Vorteile der langfristigen Perspektive, die Familienunternehmen einnehmen. Ein Manager eines Konzerns im Streubesitz muss zwangsläufig der Kurzatmigkeit der Kapitalmärkte genügen. Im Gegensatz dazu stehen die Familienunternehmen für das geduldige Kapital und können bei ausreichender Kapitalbasis auch in rezessiven Phasen am Mitarbeiterstamm festhalten – wodurch sie nach der Flaute umso schneller in den Aufschwung starten können. Bereits ein Jahr nach dem tiefen Einbruch 2009 hatten die Top 500 Familienunternehmen bei den kumulierten Umsätzen das Vorkrisenniveau leicht übertroffen.

Hier zeigt sich die eigentliche Stärke der deutschen Wirtschaft, nämlich ein Reichtum an Vielfalt hinsichtlich Branchen, Know-how und Technologien, der sich über Jahrzehnte und Jahrhunderte entwickelt hat. Im Gegensatz dazu steht etwa der angelsächsische Fokus auf die Finanzindustrie, welche sich als höchst krisenanfällig erwiesen hat. Aber auch das französische Modell mit seiner Präferenz für Schlüsselindustrien und „nationale Champions" weist Schwächen auf. Die Zahlen sprechen eine klare Sprache: Während der Anteil der industriellen Wertschöpfung in Deutschland seit der Jahrtausendwende stabil bei rund einem Viertel geblieben ist, ging er in Frankreich von 18 auf 11,1 Prozent zurück. Dass sich das deutsche Wirtschaftsmodell auch in schweren Zeiten als außerordentlich robust erweist, stimmt zuversichtlich, auch für weitere Herausforderungen gerüstet zu sein.

Finanzielle Robustheit

Die hohe Widerstandsfähigkeit der deutschen Familienunternehmen schlagen sich auch in bilanziellen Kennzahlen nieder. Generell hat die Innenfinanzierung in Deutschlands Firmen stark an Bedeutung zugenommen. Dabei weisen Familienunternehmen eine besonders hohe Eigenkapitalquote auf. So verfügen die 500 größten Unternehmen dieses Typs über eine im Mittel höhere Eigenkapitalquote als die Firmen der Gesamtwirtschaft und die im paneuropäischen Aktienindex EURO STOXX 50 notierten Gesellschaften. Im Jahr 2014 betrug die Eigenkapitalquote der 500 größten deutschen Familienunternehmen im Schnitt 36 Prozent. Damit zeigt sich, dass die umsatzstärksten Familienunternehmen sowohl für einen neuen Konjunktureinbruch als auch für weitere Investitionen gut gerüstet sind. In diesen Zahlen spiegelt sich wider, dass die Familienunternehmen reale Werte schaffen. Es wird deutlich, dass sie damit auf Substanz setzen und nicht, wie einige andere Wirtschaftsakteure, vornehmlich auf Verschuldung bauen. Vor diesem Hintergrund wäre es höchst problematisch, sollte diese kaufmännische Vorsicht und Verantwortung politisch bestraft werden, etwa durch eine Vermögensteuer oder eine verschärfte Erbschaftsteuer. Beide sind übrigens fiskalische Instrumente, die auf der internationalen Ebene ein Auslaufmodell sind. Substanzsteuern sind kontraproduktiv und benachteiligen Familienunternehmen im Wettbewerb. Die Konkurrenz, ganz gleich, ob es sich um kommunale Unternehmen handelt, um Konzerne im Streubesitz oder um internationale Wettbewerber, ist von solchen Steuern so nicht betroffen.

Der Standort Deutschland im internationalen Vergleich

Angesichts der überragenden Bedeutung der Familienunternehmen für die deutsche Wirtschaft und Gesellschaft könnte es naheliegen, dass Deutschland für diesen Unternehmenstyp auch die besten Standortbedingungen bietet. Doch im „Länderindex" der Stiftung Familienunternehmen, der die Attraktivität von 18 OECD-Staaten als Investitionsstandort für Familienunternehmen untersucht, liegt Deutschland nur im Durchschnitt. In der letzten Erhebung fiel Deutschland sogar von Platz 11 auf Platz 12 zurück.[3]

Dem Länderindex zufolge ist das deutsche Steuersystem im internationalen Vergleich zu komplex, die Arbeitskosten zu hoch, Bildungsausgaben zu niedrig, das Bildungsniveau der erwerbstätigen Bevölkerung ausbaufähig und die Arbeitsmarktregulierung zu stark. Bei Themen wie Transportinfrastruktur, Verschuldung und Kreditinformationen steht Deutschland hingegen besser da als viele andere im „Länderindex" untersuchte Staaten.

Familienunternehmen als attraktive Arbeitgeber

Eine von der Stiftung Familienunternehmen initiierte Studienserie befasst sich mit der Frage, wie Familienunternehmen als Arbeitgeber in der stark umworbenen Gruppe der hochqualifizierten Fach- und Führungskräfte wahrgenommen werden.[4]

Mit der Befragung von insgesamt 2400 Teilnehmern an den „Karrieretagen Familienunternehmen" zwischen 2008 und 2015 gehört sie zu den umfangreichsten im deutschsprachigen Raum.

---

[3] „Länderindex Familienunternehmen", herausgegeben von der Stiftung Familienunternehmen, bearbeitet vom Zentrum für Europäische Wirtschaftsforschung (ZEW), München 2016.

[4] „Familienunternehmen als Arbeitgeber", herausgegeben von der Stiftung Familienunternehmen, bearbeitet von der Technischen Universität München, München 2016.

AUS BESTER FAMILIE

EINSCHÄTZUNG VON FAMILIENUNTERNEHMEN IM VERGLEICH ZU GROSSEN PUBLIKUMSGESELL-
SCHAFTEN DER TEILNEHMER AN DEN KARRIERETAGEN FAMILIENUNTERNEHMEN 2015

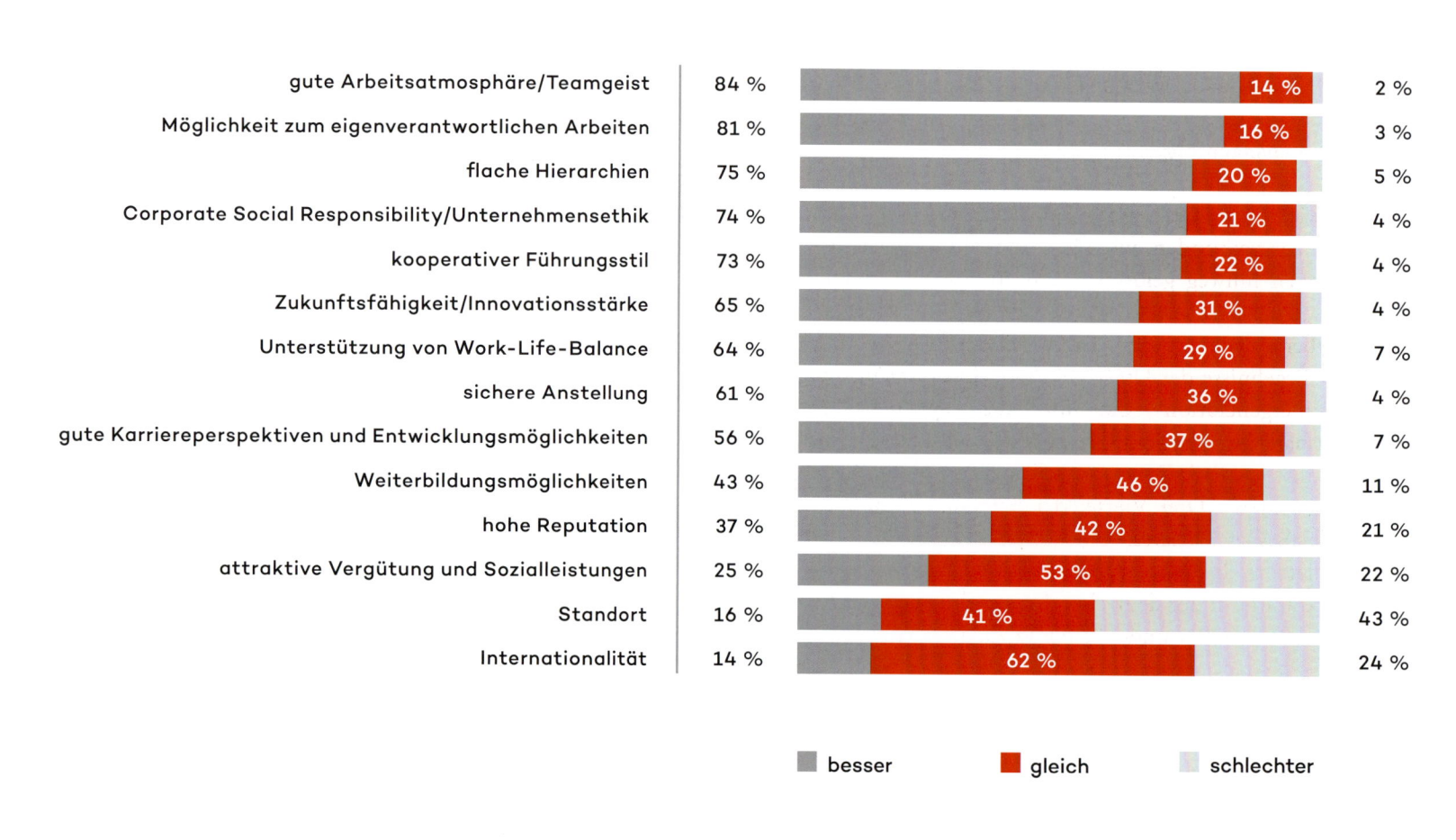

	besser	gleich	schlechter
gute Arbeitsatmosphäre/Teamgeist	84 %	14 %	2 %
Möglichkeit zum eigenverantwortlichen Arbeiten	81 %	16 %	3 %
flache Hierarchien	75 %	20 %	5 %
Corporate Social Responsibility/Unternehmensethik	74 %	21 %	4 %
kooperativer Führungsstil	73 %	22 %	4 %
Zukunftsfähigkeit/Innovationsstärke	65 %	31 %	4 %
Unterstützung von Work-Life-Balance	64 %	29 %	7 %
sichere Anstellung	61 %	36 %	4 %
gute Karriereperspektiven und Entwicklungsmöglichkeiten	56 %	37 %	7 %
Weiterbildungsmöglichkeiten	43 %	46 %	11 %
hohe Reputation	37 %	42 %	21 %
attraktive Vergütung und Sozialleistungen	25 %	53 %	22 %
Standort	16 %	41 %	43 %
Internationalität	14 %	62 %	24 %

Im Vergleich der Erwartungen von Berufseinsteigern und Young Professionals an den künftigen Arbeitsplatz schneiden Familienunternehmen in 9 von 14 Kriterien besser ab als Nicht-Familienunternehmen. Familienunternehmen stehen etwa für eine „gute Arbeitsatmosphäre", die „Möglichkeit zu eigenverantwortlichem Arbeiten" und „flache Hierarchien".

Unternehmensnachfolge

Die Entwicklung eines Familienunternehmens ist untrennbar mit der Frage verbunden, wie die Unternehmensnachfolge über Generationen hinweg gelöst wird. Beeindruckend hoch ist die Zahl der „Unternehmerkinder", die die Nachfolge bereits angetreten haben oder sie zumindest anstreben: 60 Prozent. Das ist eines der Ergebnisse der Umfrage unter „Deutschlands nächster Unternehmergeneration", die durch die Zeppelin Universität Friedrichshafen im Auftrag der Stiftung Familienunternehmen durchgeführt wurde.[5] Der neuen Generation fehlt es nicht an Unternehmergeist: Drei Viertel der befragten Junioren wollen nicht nur als Gesellschafter ins elterliche Unternehmen einsteigen, sondern auch die operative Führung übernehmen. Damit sind Kontinuität in der deutschen Unternehmenslandschaft und das „New Wirtschaftswunder" auch in Zukunft gesichert.

---

[5] „Deutschlands nächste Unternehmergeneration", herausgegeben von der Stiftung Familienunternehmen, bearbeitet vom Zentrum für Europäische Wirtschaftsforschung (ZEW), München 2015.

ÜBER DIE STIFTUNG FAMILIENUNTERNEHMEN

Die gemeinnützige Stiftung Familienunternehmen engagiert sich für eine verbesserte Wahrnehmung der Familienunternehmen in der Öffentlichkeit und Politik, um eine der volkswirtschaftlichen Bedeutung entsprechende Berücksichtigung dieses Unternehmenstyps zu erreichen. Hierzu publiziert die Stiftung regelmäßig Studien im Kontext der Familienunternehmen und unterstützt entsprechende Lehr- und Forschungseinrichtungen an Hochschulen. Um die Familienunternehmen stärker in das Bewusstsein der breiten Öffentlichkeit zu rücken, arbeitet die Stiftung mit führenden deutschen Journalistenschulen zusammen und unterstützt die laufende Berichterstattung der Medien über Familienunternehmen. Zudem ist die Stiftung Ansprechpartner für politische Entscheidungsträger zur Berücksichtigung der besonderen Belange dieses Unternehmenstyps in rechtlichen, steuerlichen und wirtschaftspolitischen Fragen. Die Stiftung richtet auch Veranstaltungen für Familienunternehmen auf regionaler, europäischer und internationaler Ebene aus.

Kontakt
Stiftung Familienunternehmen
Prinzregentenstraße 50
80538 München

Telefon 089 1276400-02
Fax 089 1276400-09

info@familienunternehmen.de
www.familienunternehmen.de
@StiftungFamUnt

FAMILIENUNTERNEHMEN BRAUCHEN EINE GANZHEITLICHE BERATUNG

Ein Unternehmen über Generationen zu führen, stellt eine komplexe und vielfältige Herausforderung dar. Umso wichtiger ist ein zuverlässiger und kompetenter Partner

Von Dr. Hans-Walter Peters, Sprecher der persönlich haftenden Gesellschafter der Privatbank Berenberg

Dr. Hans-Walter Peters, Sprecher der persönlich haftenden Gesellschafter von Berenberg

Familienunternehmen stehen heute vor vielfältigen Herausforderungen. Neben rein geschäftlichen Erwägungen, zum Beispiel zu Eigenkapital- und Finanzierungsfragen, gehören hierzu auch die Bewahrung von Familienvermögen sowie der Zusammenhalt der Familie und die Nachfolgeplanung. Eine moderne Bankberatung muss daher unternehmerisch und individuell geprägt sein sowie die komplexen Anforderungen eines Familienunternehmens kennen und berücksichtigen. Dabei sind der ganzheitliche Beratungsansatz und die Nähe zum Kunden unverändert wichtig.

Die Bedeutung von Familienunternehmen in und für Deutschland ist unbestritten. Sie stellen mit einem Anteil von über 90 Prozent die wichtigste Unternehmensform in Deutschland dar. Mehr als die Hälfte der in der Privatwirtschaft beschäftigten Personen arbeiten in Familienunternehmen. Aufgrund ihrer Solidität und ihres Verantwortungsbewusstseins speziell in schwierigen Konjunkturphasen werden sie zu Recht als „Rückgrat der Volkswirtschaft" bezeichnet. Das überproportionale Wachstum zum Beispiel während der Euro- und Staatsschuldenkrise untermauert dies einmal mehr. Das Erfolgsmodell Familienunternehmen führte dazu, dass sich deren Umsätze und Erträge im Vergleich zur Gesamtwirtschaft erhöhten und die Beschäftigungssituation in Deutschland verbessert werden konnte. Nicht zuletzt sorgte diese Entwicklung dafür, dass sich unsere Volkswirtschaft im Vergleich zu anderen Industrienationen schneller von der Krise erholte.

Worauf basieren das Erfolgsmodell und das Phänomen Familienunternehmen? Und welche Rolle spielt das Geld dabei?

Familienunternehmen zeichnen sich durch generationenübergreifendes Denken und Handeln, eine langfristige Ausrichtung sowie eine regionale Verwurzelung aus. In der Zusammenarbeit mit Familienunternehmen beobachten wir immer wieder, welch wichtiger Erfolgsfaktor das überdurchschnittliche Engagement des familieneigenen Managements ist. Zur unternehmerischen Unabhängigkeit und zum Erfolg trägt jedes Familienmitglied durch die Übernahme von Verantwortung und Risiko bei. Ebenso beeindruckt aber auch der Einsatz der Mitarbeiter, die oft eine besonders emotionale Bindung zur Eigentümerfamilie haben und sich daher den Zielen des Unternehmens in außergewöhnlicher Weise verpflichtet fühlen.

Ein wesentliches Unterscheidungsmerkmal zu anderen Unternehmen ist die oftmals hohe Eigenkapitalausstattung von Familienunternehmen. Während die Eigenkapitalquote aller Unternehmen laut einer Studie der Stiftung Familienunternehmen in den Jahren 2013 und 2014 im Durchschnitt bei 29,5 Prozent lag, wies der Mittelwert bei den 500 größten Familienunternehmen mit 36 Prozent einen deutlich höheren Wert auf. Sie ermöglicht eine größere Unabhängigkeit vom Banken- und Kapitalmarkt und verdeutlicht gleichzeitig den unbedingten Glauben des Unternehmers an die Zukunft seines Unternehmens. Er ist bereit, auch in schwierigen Zeiten weiteres Kapital zur Verfügung zu stellen, was letztlich eine Erhöhung des persönlichen Risikos bedeutet, auch wenn das subjektiv oft nicht so empfunden wird.

Die Entscheidung, dem Unternehmen Eigenkapital zur Verfügung zu stellen, wird im vollen Vertrauen in das eigene Unternehmen und oft mit der Sicht auf die Verantwortung des Unternehmers für seine Mitarbeiter, die Region und in vielen Fällen auch gegenüber den eigenen Vorfahren getroffen. Diese Verhaltensweise sehen wir insbesondere in der Gründergeneration sowie bei einer besonderen Verbundenheit von Familie und Unternehmen. Durch diese Nähe und das Verständnis für das Unternehmen erhöht sich die Bereitschaft des Gebens für das Unternehmen und die Zurückhaltung bei Ausschüttungen. Genau hier ist allerdings auch ein neuralgischer Punkt zu finden: Bei jedem dritten Familienunternehmen ist die Ausschüttungspolitik nicht klar geregelt. Was passiert, wenn einige Familienmitglieder zugunsten des Unternehmens auf Ausschüttungen verzichten und andere mit einer weniger engen Bindung jedoch eher den persönlichen Ertrag im Blick haben, aus Dividendenzahlungen vielleicht sogar den Lebensunterhalt bestreiten müssen?

Wie lösen Familienunternehmen diesen Interessenkonflikt? Allen erfolgreichen Lösungen ist aus unserer Wahrnehmung eines gemein: Es gibt klare, festgeschriebene Regeln für die Familie. Diese mögen zwar rechtlich nicht bindend sein, die emotionalen Verpflichtungen wiegen das jedoch in vielen Beispielen auf.

AUS BESTER FAMILIE

Die notwendige Diversifizierung des Unternehmervermögens

Das Unternehmervermögen umfasst klassischerweise neben dem liquiden Privatvermögen und Immobilien vor allem das Unternehmen. Die Firma macht meist den größten Anteil des Unternehmervermögens aus und ist somit der Mittelpunkt aller Vermögenswerte. Im traditionellen Vermögensverwaltungsgeschäft werden jedoch diese Komponente und die daraus resultierenden Interdependenzen zwischen Firma und anderen Vermögenswerten meist völlig ausgeblendet.

Der Status quo der Portfoliooptimierung im traditionellen Private Banking ist die Markowitz-Portfolio-Theorie. Die Optimierung orientiert sich an zwei Parametern: der durchschnittlichen Rendite und der Volatilität (Schwankung). Diese Betrachtungsweise setzt jedoch voraus, dass man kontinuierliche Marktpreise aller Anlageklassen beobachten kann. Die Anlagen müssen also liquide handelbar sein. Da die eigene Unternehmung in der Regel nicht an der Börse notiert ist, sind solche Marktpreise nicht vorhanden. Das Gleiche trifft in der Regel auch auf den Großteil des Immobilienvermögens zu. In letzter Konsequenz heißt das für die meisten Vermögensverwalter, dass das Unternehmen nicht in die Analyse mit einbezogen wird. Obgleich die Immobilien und die Firma in der Regel wegen ihrer Unverkäuflichkeit auch nicht Gegenstand dieser Portfoliooptimierung sein können, so sollten sie dennoch die Anlageentscheidung des liquide angelegten Teils des Unternehmervermögens beeinflussen. Ein Beispiel hierfür wäre ein Automobilzulieferer, der einen Großteil seines liquiden Vermögens in der angestammten Branche investiert. Er tut dies, weil er sich hier gut auskennt. Andererseits baut er so jedoch ein starkes Klumpenrisiko auf. Solche Wirkungen und Korrelationen müssen aufgezeigt werden. Allein unter Risikogesichtspunkten ist eine Streuung des Kapitals sinnvoll: auf Unternehmen und sonstige Vermögenswerte wie Immobilien, Land und Forst oder aber liquide Vermögensanlagen (das heißt, neben Liquidität können diese auch Anleihen- und Aktieninvestments umfassen). Manch ein Unternehmer, der in seinen Anfängen jeden Euro in sein Unternehmen investiert hat, vergisst später, dass eine Diversifizierung sinnvoll und nötig ist – auch im Interesse des Unternehmens.

Die Aufnahme von Kapital

In der Vergangenheit haben sich Familienunternehmer bei der Aufnahme von Kapital in den meisten Fällen auf die Finanzierung durch ihre Hausbanken verlassen. Dabei genießen Familienunternehmen durch ihre gute Reputation einen Vertrauensvorschuss bei der Bankenfinanzierung und haben bei der Kreditvergabe oft Vorteile gegenüber anderen Unternehmen. Seit der Finanzkrise und vor dem Hintergrund von Basel III haben sich allerdings die Rahmenbedingungen für weniger bonitätsstarke Unternehmen deutlich verschlechtert. In unserem Beratungsalltag sehen wir zwar insgesamt deutlich gestiegene Kompetenzen in puncto Finanzwesen und Treasury, allerdings stellen wir bei kleineren und mittleren Unternehmen nach wie vor fest, dass es regelmäßig an Marktkenntnis hinsichtlich der jeweils passenden Finanzierungsformen fehlt.

Generell können Anleihen kapitalmarktfähiger Familienunternehmen helfen, zum Beispiel das nachhaltige Wachstum zu fördern und gleichzeitig die Interessen der Gesellschafter zu befriedigen. Voraussetzung für den Kapitalmarkt ist jedoch die Bereitschaft, Zahlen und andere Informationen bekannt zu geben. Nicht alle Familienunternehmen sind bereit, diese Anforderungen an Transparenz zu erfüllen. Manchmal geht es darum, dem Wettbewerb keinen Einblick gewähren zu wollen, manchmal geht es auch einfach nur ums Prinzip. Aus unserer Sicht sollten Familienunternehmer daher die Begebung einer Anleihe insbesondere dann in Betracht ziehen, wenn herkömmliche Finanzierungsquellen nicht mehr zur Verfügung stehen oder das Unternehmen ein starkes Wachstum anstrebt und hierfür sehr viel Kapital benötigt.

Zukunftssicherung des Familienunternehmens

Das ganzheitliche Verständnis von Familie und Unternehmen ist auch bei der Nachfolgeplanung relevant. Die operative und finanzielle Nachfolge zu sichern, gehört zu den wichtigsten und schwierigsten strategischen Herausforderungen eines Familienunternehmers. Hinzu kommen neue gesetzliche Rahmenbedingungen – so macht das neue Erbschaftsteuerrecht die Übergabe von Unternehmensvermögen zu einem heiklen Unterfangen. Für eine schonende Unternehmensübertragung und zur Notfallvorsorge empfiehlt sich daher grundsätzlich eine Reihe von Maßnahmen, die mit einem Spezialisten abgestimmt werden sollten. Dazu gehören eine Finanzplanung, eine strategische Nachfolgeplanung, eine Unternehmensbewertung sowie eine Bilanzanalyse und möglicherweise Umstrukturierungen. Dabei ist eine frühzeitige Liquiditätsvorsorge notwendig, da aufgrund der Neuregelung ein vollständiger Steuererlass in vielen Fällen unwahrscheinlich ist.

Um diesen Herausforderungen zu begegnen, empfiehlt es sich, den Nachfolgeprozess rechtzeitig anzustoßen und so den langfristigen Fortbestand des Unternehmens, aber auch die Selbstständigkeit und Unabhängigkeit des eigenen Lebenswerkes zu sichern. Während ein erfahrener Unternehmer viele andere Entscheidungen routiniert aufgrund seines Erfahrungsschatzes treffen kann, beschäftigt er sich mit der Nachfolgethematik in der Regel nur einmal. Die Ziele und zentralen Herausforderungen beim Übergang sind am besten in einem strukturierten Prozess zu diskutieren und zu lösen. Es geht darum, dass die Familienmitglieder bei Entscheidungsprozessen eingebunden sind und diese nachvollziehen können. Daher gilt es, Familie, Unternehmen, Vermögen und Persönlichkeit in Einklang zu bringen. Die Unternehmerfamilie diskutiert zunächst über die gemeinsamen Werte und Ziele sowie über die Erwartungen der Mitgesellschafter an die Familie und das Unternehmen sowie darüber, wie die Kinder die Zukunft des Unternehmens sehen. Ausgehend davon werden die Aufgaben und Rollen in der Familie und im Unternehmen bestimmt und Regeln für den Umgang mit der Beteiligung innerhalb der Unternehmerfamilie festgelegt. Das Ergebnis ist ein Gerüst für ein erfolgreiches und langfristiges Miteinander der Gesellschafter und Familienmitglieder. Mit klaren Vereinbarungen bei der Nachfolgeregelung kann die Unsicherheit der Beteiligten verringert und Missverständnissen und Konflikten frühzeitig vorgebeugt werden.

Stiftungen sichern die Kontinuität des Familienunternehmens

Eine weitere Möglichkeit ist die Einbeziehung einer Stiftung in die Nachfolgeplanung. Im Rahmen der Übertragung von Gesellschaftsanteilen in eine Stiftung können zum Beispiel Erbstreitigkeiten vorgebeugt werden, oder es kann etwa eine Zersplitterung verhindert werden. Auch Abfindungsverpflichtungen und ungeklärte Machtverhältnisse könnten dazu führen, dass der Geschäftsbetrieb nachhaltig gestört wird oder es zu einer Existenzbedrohung kommt. Die Stiftung als Instrument der Nachfolgeplanung hingegen kann eine langfristige und kontinuierliche Investitions- und Geschäftspolitik sichern. Außerdem wird durch die Einbindung einer Stiftung in die Unternehmensstruktur einem Verkauf des Unternehmens oder einem Einstieg strategischer Finanzinvestoren vorgebeugt. Als bestimmende Motive zur Einbeziehung einer Stiftung in die Unternehmensnachfolge können somit die Unternehmenskontinuität sowie die Sicherung der Unternehmensliquidität und des Familienvermögens genannt werden. Die Fortführung des Unternehmens im Rahmen einer Stiftung ist zudem steuerlich interessant. Vor dem Hintergrund der Erbschaftsteuerreform gewinnt der Einsatz von Stiftungen auch unter erbschaftsteuerlichen Gesichtspunkten weiter an Attraktivität.

Die Wahl der Stiftung als Unternehmensnachfolge schließt eine Nachfolge der Unternehmensführung durch Familienmitglieder nicht aus. Dem Stifter ist es freigestellt, in der Stiftungssatzung vorzusehen, dass das Unternehmen entweder zwingend oder fakultativ durch einen geeigneten familieninternen Nachfolger als Vorstand der Unternehmensstiftung oder Geschäftsführung des Beteiligungsunternehmens weitergeführt wird.

Fazit

Beim Führen eines Unternehmens gibt es viele Aspekte zu berücksichtigen. Für strategische Fragestellungen braucht der Familienunternehmer einen zuverlässigen und kompetenten Partner, der die typischen Anforderungen eines Familienunternehmens kennt, die Werte und das Geschäftsmodell versteht und auch seine individuellen Bedürfnisse in die Gesamtplanung einbezieht. Dabei gilt es, nicht nur in Kategorien wie Kreditgewährung oder Vermögensanlage zu denken, sondern sämtliche Aspekte miteinander zu verzahnen und Abhängigkeiten aufzuzeigen. Der Familienunternehmer muss von seiner Bank heute eine ganzheitliche Beratung erwarten können, die es ihm ermöglicht, seine Ressourcen für die beiden wichtigsten Bestandteile seines Lebens zu verwenden: seine Familie und sein Unternehmen. Hier liegen die Wurzeln des Privatbankiers.

DIE LAST DES ERFOLGS

Familienunternehmen sind seit vielen Jahrzehnten ein Erfolgsmodell „Made in Germany". Für den Weg in eine erfolgreiche Zukunft aber werden sie sich von einigen Gewohnheiten ihrer profitablen Gegenwart lösen müssen

Von Dr. Peter Sewing, Geschäftsführer Obermark GmbH

Dr. Peter Sewing,
Geschäftsführer
Obermark GmbH

Familienunternehmen stehen für beständiges Wirtschaften mit verlässlichen Geschäftsmodellen und Kundenbeziehungen. Über Generationen wuchsen viele von ihnen zu großen und global agierenden Unternehmen, die heute nicht selten Marktführer in ihren Branchen sind. Die Ursprünge dieser Erfolge reichen aber häufig weit zurück in die Vergangenheit, zu Momenten, in denen die Kinder den Mut besaßen, das Unternehmen ihrer Väter grundlegend zu verändern. Ohne diesen Aufbruch in neue und unbekannte Geschäftsfelder oder Märkte wäre etwa der Maschinenbauer Voith noch immer eine kleine Schlosserei, der auf Edelmetallverarbeitung spezialisierte Technologiekonzern Heraeus eine Apotheke und der Discounter Aldi ein kleiner Tante-Emma-Laden in Essen-Schonnebeck. Mit großer Wahrscheinlichkeit hätten es die Unternehmen ohne diese Urform der Disruption nicht bis in die Gegenwart geschafft. Für den Weg in eine erfolgreiche Zukunft müssen sie nun erneut zu Pionieren werden.

Die Frage, wie veränderungsfähig Familienunternehmen heute sind, ist keine theoretische Übung – die Antwort darauf entscheidet über ihren künftigen Erfolg, langfristig sogar über ihre Existenz. Unsere Gegenwart ist vor allem durch die Digitalisierung einem umfassenden Wandel unterworfen. Das Tempo dieser Veränderungen ist beispiellos. Zyklen, die sich früher in einem halben Jahrhundert vollzogen, laufen heute zum Teil in nur fünf Jahren ab. Die digitale Epoche ist in ihren Auswirkungen nur mit den Umwälzungen vergleichbar, die einst der Buchdruck oder die Erfindung der Dampfmaschine hervorriefen. Fast täglich erreichen neue Technologien und Materialien die Märkte, die sich wiederum stetig ostwärts in den asiatischen Raum verschieben. Auch die Menschen ändern sich, eine junge Generation von Digital Natives steht bereit, die Arbeit ihrer Vorgänger zu übernehmen, ausgestattet mit ganz neuem Wissen und anderen Einstellungen.

In der globalen Wirtschaft lassen sich die Signale dieser Prozesse längst deutlich erkennen: Die Marktanteile vieler etablierter Unternehmen schwinden allerorts, die Konkurrenten aus den Schwellenländern holen auf, der Wettbewerb nimmt zu. Die Zeiten, da sich verlässliche wie komplexe Produkte nur mit deutscher Ingenieurskunst produzieren ließen, sind passé. Wettbewerber kommen plötzlich auch aus Branchen oder Regionen, mit denen man früher nicht einmal in Berührung kam. Wie also können Familienunternehmen unter diesen Bedingungen künftig ihren Platz behaupten?

Viele familiengeführte Unternehmen sind längst auf dem Weg, stellen sich der digitalen Transformation, implementieren neue Formen der Arbeit und Kollaboration, entdecken neue Märkte und Geschäftsmodelle, kooperieren mit neuen Partnern. Der Zwang zur Veränderung bedeutet große Anstrengungen, die von der Belegschaft durch die häufig besondere Identifikation mit dem Unternehmen aber angenommen werden. Außerdem sind Familienunternehmen traditionell solide finanziert, sodass für die Transformation auch seitens des Kapitals Schwungmasse vorhanden ist.

Trommeln statt verstecken

Und doch stehen die Organisationen des Mittelstands vor ganz eigenen Problemen. Gerade bei kleinen und mittleren Unternehmen abseits der Metropolen, wie etwa den mehr als 1000 Hidden Champions in Deutschland, schlägt beispielsweise der Fachkräftemangel mit einiger Wucht durch. Der Deutsche Industrie- und Handelskammertag (DIHK) veröffentlichte in seinem aktuellen Innovationsreport, dass sich mehr als 80 Prozent der Unternehmen vor allem aus dem Mittelstand in ihrer Innovationsfähigkeit ausgebremst fühlen. Der Grund: fehlendes Fachpersonal. Die kleinen und mittleren Unternehmen stehen vor der Herausforderung, künftig weniger hidden zu sein und dafür mehr zu trommeln, also die Kommunikation nach außen zu verbessern oder überhaupt zu entwickeln.

Diese von außen wirkenden Herausforderungen sind immerhin leicht zu erkennen, ungleich schwieriger wird das, wenn man nach den inneren Beharrungskräften in einer Organisation sucht. Die US-Ökonomen Charles A. O'Reilly und Michael L. Tushman, der eine von der Stanford Graduate School of Business, der andere von dem Pendant in Harvard, untersuchten dabei einen Faktor, der als Problem zunächst geradezu paradox anmutet: den Erfolg. In ihrem Buch „Lead and Disrupt: How to solve the innovator's dilemma" gehen sie davon aus, dass gerade die heute erfolgreichen Unternehmen, vor allem die mit stolzer Tradition, potenziell am meisten durch ein Phänomen gefährdet sind, das die beiden Wissenschaftler als das „Erfolgssyndrom" bezeichnen.

AUS BESTER FAMILIE

Schon in der Antike hatte der griechische Philosoph Aristoteles behauptet: „Wen die Götter strafen wollen, dem schenken sie 40 Jahre Erfolg". Als Strafe brauchen wir den Erfolg der Familienunternehmen sicher nicht betrachten – bestraft wird nur, wer sich nicht bewegt. Nicht von den Göttern, sondern von den Märkten.

O'Reilly und Tushman verdeutlichen ihre Annahme mit dem Beispiel der US-Bücherkette Barnes & Noble. 1996 bot sich ihr die Chance, für 50 Millionen US-Dollar ein Unternehmen mit dem Namen Amazon zu kaufen, das zu diesem Zeitpunkt einen Jahresumsatz von 16 Millionen US-Dollar erwirtschaftete. Die Bilanz von Barnes & Noble wies zeitgleich einen Umsatz von zwei Milliarden US-Dollar aus. Aus heutiger Sicht eine einmalige Gelegenheit, die der Buchhändler aber bekanntermaßen nicht ergriff. Die Geschäftsführung trieb damals die Sorge, dass durch Kauf und Unterstützung der Entwicklung von Amazon Umsätze aus den eigenen erfolgreichen und profitablen Läden abfließen würden. Heute kämpft Barnes & Noble um seine Existenz.

Beispiele dieser Art gibt es viele. O'Reilly und Tushman erkennen darin ein wiederkehrendes Muster: Wie viele Menschen widmen sich Manager am liebsten den Themen, mit denen sie sich am besten auskennen. Die Autoren sprechen vom toxischen Effekt des Erfolgs, gerade in der Krise werden die Kräfte auf die Wahrung des Status quo gerichtet, man versucht mehr von dem zu tun, was einen schon früher erfolgreich machte. Das führt auch zu einer dominanten Logik in der Organisation, die sich immer auf das Gestern bezieht. Dee Hock, Gründer und ehemaliger CEO von Visa, behauptete, es sei leichter, neue Ideen zu entwickeln, als die alten aus den Köpfen zu kriegen. In diesem Sinne können die Wurzeln eines Unternehmens dann zu Ketten werden, die das Fortkommen verhindern.

Die drei Fallen

Seit drei Jahrzehnten arbeite ich mit Familienunternehmen zusammen. In der Obermark Gruppe schätzen wir diese sehr und sehen in ihnen nicht nur bedeutende und verlässliche Vermögenswerte, sondern auch einen wichtigen Wert für unsere Gesellschaft. Ich erkenne mitunter aber auch einige Parallelen zu O'Reillys und Tushmans Aussagen.

Vor allem kleine und mittlere Familienunternehmen bedienen oft das Klischee der Tüftler, die mit ihrem Spaß an der permanenten Weiterentwicklung von Produkten und Anlagen den Grundstein für den Erfolg des Unternehmens legten. Um diese Genies herum entstehen mitunter Strukturen, die dem Gründer 50 oder 100 Helfer zuordnen. Diese Unternehmen wirtschaften damit oft jahrzehntelang erfolgreich – sie schaffen es aber nicht mehr, signifikant zu wachsen. Die Gründe dafür sind vielschichtig, oft wurde beispielsweise versäumt, eine zweite Führungsebene aufzubauen, eine wichtige Voraussetzung, um weiteres Wachstum zu generieren.

Ein weiteres Problem ist auf den ersten Blick kaum als ein solches zu erkennen, gilt der enge und oft über Jahrzehnte gepflegte Kontakt zu den Kunden doch eigentlich als wichtiger Vorteil von Familienunternehmen. Nur ist ein langjähriger nicht zwangsläufig auch ein guter Kunde. Wenn er zum Beispiel nicht mehr in sein Wachstum investiert oder ständig nach „Extras" verlangt, die die Margen erodieren lassen.

Der in Indien geborene Ökonom Vijay Govindarajan formuliert drei Fallen, in die Unternehmen bei den an sich notwendigen Veränderungsprozessen geraten können. Die erste nennt er die Zufriedenheitsfalle: Bewusst oder unbewusst erzeugt Erfolg auch Selbstzufriedenheit. Der Erfolg vieler Unternehmen und Unternehmer ist ein süßes Gift, es gaukelt Sicherheit und Stärke vor – und in dieser Komfortzone sucht man meist vergebens nach den im positiven Sinne leicht paranoiden Gründern oder Managern, die bei null anfangen, um aus dem Nichts etwas aufzubauen und zu wachsen. Erfolgreiche Unternehmen und Unternehmer haben etwas zu verlieren, entsprechend entscheiden sie ganz anders, als es ein Gründer täte, der etwas aufbauen will.

In diesem Szenario lauert auch die zweite, die Kompetenzfalle. Wer etwas sehr gut kann, wird immer versuchen, mit diesen Kompetenzen erfolgreich zu sein. Ein Weltmarktführer orientiert sich also eher an seinen Fähigkeiten und seinem Know-how, ein Gründer aber sucht nach dem, was die Kunden wollen, und holt sich dann die nötigen Kompetenzen dafür von außen. Gerade bei kleinen Familienunternehmen beobachten wir zum Beispiel ein mangelndes Interesse, über Zukäufe nachzudenken, vor allem, wenn es um Kandidaten geht, die nicht unmittelbar im selben Geschäftsfeld agieren. Die Realität in kleinen und mittleren Familienunternehmen ist noch häufig eine Mentalität des Einigelns. Es herrscht der Anspruch, alles selbst zu machen, so wenig wie möglich nach draußen zu geben. Das betrifft die Wertschöpfung, aber auch Informationen. Und wer über einen langen Zeitraum die besten Produkte am Markt herstellt, meint schnell, alles über sein Geschäft zu wissen, und begibt sich dadurch unweigerlich nicht mehr in unbekanntes Terrain. Auch dann nicht, wenn es vielleicht direkt vor der eigenen Haustür liegt.

Die dritte Falle bezeichnet Govindarajan als die Kannibalisierungsfalle: Ein traditionell erfolgreiches Geschäft will man nicht durch ein neues gefährden. Es ist die eingangs erzählte Geschichte von Barnes & Noble und Amazon – die verschenkte Zukunft, aus Sorge um das Heute.

Wie also umgeht man diese drei Fallen? Govindarajan glaubt, dass der erfolgreiche Weg in die Zukunft nicht nur Neugierde und Offenheit für neue Ideen und Geschäftsfelder erfordert, sondern auch immer wieder ein bewusstes Loslassen von in der Zukunft nicht mehr hilfreichen Verhaltensweisen und geschäftlichen Aktivitäten, selbst wenn man damit in der Gegenwart noch erfolgreich und profitabel ist. Mit Blick auf die Beispiele am Anfang des Textes musste ein erfolgreicher Maschinenbauer wie Voith also zuerst aufhören, eine kleine Schlosserei sein zu wollen. Heraeus konnte nur ein weltweit führender Verarbeiter von seltenen Metallen werden, weil die Nachfolger der Gründer entschieden, nicht mehr als Apotheker zu arbeiten. Die Identität und die Kompetenzen der Schlosserei und der Apotheke finden sich gleichwohl bis heute in den Unternehmen, nur werden diese für andere Geschäfte eingesetzt. Es sind die Wurzeln, aber nicht die Ketten der Organisation.

Alles gut?

Die Professorin Dr. Friederike Welter vom Institut für Mittelstandsforschung Bonn veröffentlichte im September dieses Jahres einen bemerkenswerten Artikel in der Frankfurter Allgemeinen Zeitung. Darin ging die Wissenschaftlerin der Frage nach, ob der Mittelstand in Deutschland den Geist des Silicon Valleys tatsächlich brauche. Das Fazit des umfangreichen Textes lautete sinngemäß: Nein, denn alles ist gut. Die Autorin konterte die Innovationskraft des Silicon Valleys mit der wichtigen gesellschaftlichen Rolle, die der Mittelstand in Deutschland innehabe. Sie lobte die langfristige Ausrichtung des Mittelstandes. Das eine könne man mit dem anderen folglich gar nicht vergleichen.

Aber ist das so? Natürlich sind Familienunternehmen ein wichtiger Wert unserer Wirtschaft. Sie dienen nicht allein dem Zweck der Profitmaximierung, sind vielmehr Teil eines gesamtgesellschaftlichen Biotops, in dem sie durch langfristige Strategien erfolgreich agieren, nicht in Quartalen, sondern in Generationen denken. Sie zeigen Verantwortung, nicht nur gegenüber dem Kapitalmarkt, sondern auch für das Umfeld, die Menschen, Mitarbeiter und deren Familien.

Aber wird das die Wettbewerber davon abhalten, diesen Unternehmen die Marktanteile streitig zu machen? Die Familienunternehmen werden sich als in Deutschland endemische Art der Organisation im Ökosystem Wirtschaft nicht unter Schutz stellen lassen. Sie werden sich anpassen und verändern müssen. Das ist die Evolution, nicht der Stärkste oder Klügste überlebt, sondern wer sich am schnellsten an veränderte Bedingungen anpassen kann. Ein solcher Prozess wird schmerzhafte Entscheidungen erfordern. Sich von heute noch erfolgreichen traditionellen Geschäften zu trennen, ist dabei möglicherweise noch der einfache Teil. Sich auch von traditionellen Verhaltensweisen, Konzepten und einigen Einstellungen zu lösen, weil sie in einer veränderten Umgebung nicht mehr hilfreich sind und dem Unternehmenserfolg in der Zukunft im Wege stehen, ist dagegen oft viel schwieriger.

Dr. Peter Sewing ist Geschäftsführer der Obermark Gruppe, die in mittelständische Unternehmen mit dem Ziel einer dauerhaften gemeinsamen Entwicklung investiert. Obermark unterstützt die Führungskräfte dabei, die Unternehmen der Gruppe durch Innovationen und langfristig orientierte Veränderungen erfolgreich weiterzuentwickeln.

www.obermark.ch

DIE FAMILIENUNTERNEHMEN

Das Schloss „The Iron Rock" ist das erste Vorhangschloss der Firma ABUS. Es legte den Grundstein für ABUS auf dem Weg zur führenden Marke für Sicherheitstechnik

AUS BESTER FAMILIE

ABUS

SEIT 1924

Menschen das „gute Gefühl der Sicherheit" geben. So lautet bei ABUS, der Marke für Haus-, Objekt- und Mobile Sicherheit, das Motto bereits im Jahr 1924. Damals gründete der Schlossmacher August Bremicker (1860–1938) in Volmarstein an der Ruhr gemeinsam mit einigen seiner Söhne die August Bremicker und Söhne KG, abgekürzt: ABUS. Sie stellten in einer Kellerschmiede Vorhangschlösser aus Blech und Stahl mit dem klingenden Namen „The Iron Rock" und einem hohen Anspruch her: Sicherheit braucht Qualität. Zu Beginn arbeitete Werner Bremicker, einer der Söhne, tagsüber allein im neuen Familienunternehmen, während seine Brüder noch ihren regulären Tätigkeiten nachgingen. Nach Feierabend arbeiteten alle bis spät in die Nacht, um das stetig wachsende Unternehmen voranzubringen. Die Herausforderung lag im Vertrieb der Vorhangschlösser. Als zwei Jahre nach Firmengründung drei Brüder von Werner Bremicker ihre Anstellungen verloren, musste das junge Unternehmen jedoch die Familien ernähren. Werner wurde kaufmännischer Kopf,

> »ABUS steht nicht nur für Produkte, sondern für eine Emotion: das gute Gefühl der Sicherheit.«
>
> ABUS Unternehmensprofil

sein Bruder Gustav Bremicker entwickelte als Werkzeugmacher neue Schlösser. August Bremicker junior und Siegfried Bremicker trugen die Hauptverantwortung in der Produktion, während August Bremicker senior seinen Söhnen beratend zur Seite stand.

Tägliche harte Arbeit von früh morgens bis tief in die Nacht hinein prägte die mühsame Anfangszeit, die für alle Beteiligten nur kärglichen Lohn abwarf. Das große Gottvertrauen, das die Familie Bremicker als überzeugte Christen bis heute haben, half ihnen in dieser schwierigen Phase. Martin Luthers Ausspruch „Bete und arbeite", bis heute Unternehmensgrundsatz von ABUS, war dabei prägend. Sie wurden belohnt. Ende der 1920er-Jahre beschäftigte ABUS bereits mehr als 300 Mitarbeiter. Wenige Jahre später entstand der erste Neubau mit mehr als 6000 Quadratmetern Fläche. Die Marke ABUS war zu einem Begriff auf dem Vorhangschlossmarkt im In- und Ausland geworden. Die Mitarbeiter schafften es kaum mehr, die Nachfrage zu bedienen, die zu 80 Prozent aus dem Ausland kam.

Der hohe Exportanteil führte im Zweiten Weltkrieg zu starken Gewinneinbußen. Mit Kriegsende musste ABUS die Produktion komplett einstellen und erhielt erst 18 Monate später die Erlaubnis, weiterzuarbeiten. Mit 79 Mitarbeitern und Gottes Hilfe wagten die Bremicker-Brüder ohne den 1938 verstorbenen Vater den Neuanfang. Die verschärfte Konkurrenzsituation nach dem Krieg zwang ABUS dazu, die Produktionsverfahren zu optimieren, die Produktpalette auszubauen und ▶

AUS BESTER FAMILIE

Unternehmensgründer August Bremicker mit seiner Frau vor ihrem Haus in Volmarstein

Die ABUS Security World am Stammsitz der ABUS Gruppe in Volmarstein

»Wir wollen das Leben ein Stück sicherer machen!«

ABUS Unternehmensmission

Neben klassischen Alarmfunktionen zum Schutz vor Einbruch und Co. bietet die Secvest Touch Funkalarmanlage viele weitere Sicherheitsfunktionen wie die Integration elektronischer Zutrittskontrollsysteme oder die Live-Videoverifikation über das Smartphone

Gemeinsam mit Profi-Radfahrern vom Movistar Team, bei dem ABUS seit 2017 Helm- und Sicherheitspartner ist, wurde ein einzigartiger Aero Helm entwickelt – der „ABUS GameChanger"

ABUS

Über 90 Jahre dokumentierte Unternehmensgeschichte – ein Blick in das firmeneigene Museum am Hauptsitz der Unternehmens

neue Absatzmärkte zu erschließen. Als erster deutscher Anbieter vermarktete ABUS sehr erfolgreich Vorhangschlösser aus Messing, Türzylinderschlösser kamen hinzu. Ein Zweigwerk in Rehe im Westerwald entstand 1957, das heute neben der Serienproduktion die Forschungs- und Entwicklungsabteilung sowie ein Schulungszentrum umfasst. 1969 entstand in Volmarstein, das heute zum Ort Wetter gehört, ein neues Verwaltungs-, Verpackungs- und Logistikzentrum. Im gleichen Jahr gründeten die Bremickers die ABUS (Hong Kong) Ltd., die vor Ort mit ausländischen Partnern kooperiert und mit eigenen Mitarbeitern die Herstellung koordiniert und überwacht. Dieses Dualitätsprinzip verfolgt ABUS auf allen Auslandsmärkten.

Anfang der 1970er-Jahre baute ABUS das Programm „Mechanische Sicherheit für Haus und Wohnung" systematisch auf, hinzu kamen Zweiradschlösser sowie Fahrradhelme und -taschen. Neuentwicklungen entstanden in Zusammenarbeit mit der Polizei, Sicherheitsexperten, Sachversicherern und internationalen Normenausschüssen. 2001 übernahm ABUS den Alarmsystemhersteller Security-Center Augsburg, 2003 kam als Tochtergesellschaft die Schließanlagen GmbH Pfaffenhain im Erzgebirgsvorland hinzu, 2010 das Elektronik-Unternehmen SECCOR aus Taufkirchen.

Heute steht ABUS, die bekannteste Marke für Haus- und Mobile Sicherheit, nicht mehr nur allein für hochqualitative Schlösser aller Art. Rauchmelder, Videoüberwachungssysteme und Alarmanlagen sowie Zutrittskontrollsysteme haben die Produktpalette strategisch klug erweitert. Das Motto des mittelständischen Unternehmens mit weltweit mehr als 3500 Mitarbeitern, das die Gründerfamilie Bremicker als hundertprozentige Gesellschafter in vierter Generation führt, bleibt dabei bis heute: „An Gottes Segen ist alles gelegen." Und Menschen „das gute Gefühl der Sicherheit" zu geben ist zum Credo geworden, das gleichermaßen überzeugend nicht nur für Kunden, sondern auch für Mitarbeiter und Geschäftspartner gilt. ◀

DATEN UND FAKTEN

INHABERFAMILIE
Familie August Bremicker in der dritten und vierten Generation

GRÜNDER
August Bremicker (1860–1938) und vier seiner Söhne

FAMILIENEINFLUSS
inhabergeführt, geschäftsführende Gesellschafter

UNTERNEHMENSANTEILE FAMILIENMITGLIEDER
100 %

MARKTPOSITION UNTERNEHMEN
Marktführer (GfK)

BRANCHE
Schloss und Beschlag, Elektro und Zweirad

PRODUKTE
Produkte für die Bereiche Haussicherheit, Objektsicherheit und Mobile Sicherheit

STANDORTE
Wetter, Rehe, Pfaffenhain, Affing, diverse Auslandsniederlassungen

VERTRIEB
weltweit

MITARBEITER
über 3500 weltweit

ABUS
AUGUST BREMICKER
SÖHNE KG
Altenhofer Weg 25
58300 Wetter

Telefon 02335 634-0
www.abus.com

Die Masse macht's:
RITTER SPORT setzt für seine Sortenvielfalt gleich 13 verschiedene Kakaomassen ein

AUS BESTER FAMILIE

ALFRED RITTER

SEIT 1912

Von Victor Hugo stammt die wunderbare Erkenntnis, dass nichts so stark sei wie eine Idee, deren Zeit gekommen ist. Diese Zeit kam für Clara Ritter ziemlich genau im Jahr 1932, und die Idee kam ihr in quadratischer Form. Die Firmengründerin war nämlich auf den Gedanken verfallen, das gute alte Produkt Schokolade aus seinem formalen Zwangskorsett zu befreien. Ihr unkonventioneller Vorschlag, der dann alsbald in die Tat umgesetzt wurde, lautete wie folgt: „Machen wir doch eine Schokolade, die in jede Jackentasche passt, ohne dass sie bricht, und das gleiche Gewicht hat wie die normale Langtafel." Einer Anekdote zufolge waren die zu kleinen Jackentaschen der Fußballfans für die einfache, aber geniale Innovation aus dem Hause Ritter verantwortlich. Denn in die passten die herkömmlichen Schokoladentafeln auf dem Weg zum Sportplatz einfach nicht hinein, und wo König Fußball rief, lieferte „Ritter's Sport Schokolade" natürlich sofort die adäquate Antwort.

Zu diesem Zeitpunkt war das Unternehmen schon 20 Jahre lang stetig ge-

> »Nicht Ruhe geben, bis die Erde quadratisch ist.«
>
> Hans Peter Adamski

wachsen. Am Anfang der Firmengeschichte stand aber das Jawort, das sich Alfred und Clara Ritter 1912 gaben. Beflügelt von der Macht der Liebe und dem Gleichklang beruflicher Leidenschaften, erfolgte kurz danach die Gründung des gemeinsamen Betriebs in Bad Cannstadt. Die Braut hatte dort schon einen Süßwarenladen besessen, während Bräutigam Alfred Eugen sich als selbstständiger Konditor einen Namen gemacht hatte. Das erste Geschäftshaus in der Wilhelmstraße Nr. 16 reichte dann 1930 für all die Leckereien und größer werdenden Ambitionen nicht mehr aus, und es erfolgte der Um-

zug in das beschauliche Waldenbuch. Dass sich hier auch heute noch der Stammsitz der Alfred Ritter GmbH & Co. KG befindet, sagt sehr viel über kluge Strategie und positive familiäre Kontinuität aus. Diese Kontinuität zeigte sich nicht zuletzt in Gestalt von Sohn Alfred Otto Ritter. Er hauchte dem Unternehmen, dessen Werbeslogan „Mit RITTER SPORT kann ich das auch" mittlerweile in die Umgangssprache eingegangen war, neues Leben ein. Als 1964 die bis dahin gültige Preisbindung von einer D-Mark für eine Tafel Schokolade fiel, konzentrierte sich Alfred Otto Ritter ebenso mutig wie kompromisslos auf das Schokoladen-Quadrat. Seine Entscheidung traf den Nerv der Zeit, die schon den mobilen – auf Freizeit, Sport und Reisen fokussierten Menschen aktueller Prägung vorwegnahm. RITTER SPORT war „Quadratisch. Praktisch. Gut" – und ist es bis heute. Familienunternehmen haben nicht nur die Tradition auf ihrer Seite, sondern im besten Falle auch Flexibilität und Instinktsicherheit. So wurde in den bunten 70ern die dazu passende ▶

AUS BESTER FAMILIE

In Nicaragua entsteht eine eigene RITTER SPORT Kakaoplantage. Auf einer Nettofläche von 1200 Hektar baut RITTER SPORT dort eigenen, nachhaltigen Kakao an

Clara Ritter, die Großmutter der heutigen Inhaber und Erfinderin des Schokoladenquadrats

»Wir stellen genussvolle Lieblingsschokoladen her, die die Welt ein bisschen besser machen.«

Alfred T. Ritter

Seit 2016 ergänzen zwei vegane Sorten das RITTER SPORT Sortiment: Dunkle Mandel Quinoa und Dunkle Voll-Nuss Amaranth

Marli Hoppe-Ritter und ihr Bruder Alfred T. Ritter mit ihren Kindern, der vierten Generation der Familie Ritter

ALFRED RITTER

Schokolade soweit das Auge reicht: der Schokoshop in der Bunten SchokoWelt Berlin

„Bunte Palette" eingeführt, das heißt jede Sorte erhielt eine charakteristische und fröhliche Farbe. 1976 kamen dann der „Trick mit dem Knick" und die „Masche mit der Tasche" dazu. Die innovative Schlauchbeutelverpackung und der praktische Knick-Pack schlugen der Konkurrenz ein Schnippchen und gehören ungebrochen zu den genuinen Bestandteilen des RITTER SPORT Markenauftritts. 1978 ging das Unternehmen, das nach dem Tod von Alfred Otto Ritter zunächst von seiner Frau Marta weitergeführt wurde, in die Hände der dritten Generation über. 1983 übernahm Alfred Theodor Ritter den Vorsitz des Beirats, in dem auch die Schwester Marli Hoppe-Ritter vertreten ist. Unter seiner Geschäftsführer-Ägide, die er von Dezember 2005 bis Dezember 2014 innehatte, nimmt der Familienbetrieb, der mit rund 1450 Mitarbeitern zuletzt in 2016 respektable 470 Millionen Euro Umsatz erzielt, weiter Fahrt auf. RITTER SPORT engagiert sich vielfältig und innovativ: Es entsteht ein nachhaltiger Kakaoanbau in Nicaragua, Plantagenarbeiter werden kostenfrei ärztlich versorgt und durch Fortbildungen gefördert. Eine technologische Innovation stellt die Erfindung einer Kakaofrucht-Öffnungsmaschine dar, die ein Verletzungsrisiko der Arbeiter ausschließt.

Gegenwärtig liegt die Exportquote bei knapp 40 Prozent, und heute wird RITTER SPORT Schokolade in über 100 Ländern genossen. Pro Tag werden mehr als 3,5 Millionen Tafeln der quadratischen Köstlichkeiten produziert. Damit ließe sich die Strecke Stuttgart–Rom problemlos pflastern, getreu dem Motto von Hans Peter Adamski: „Nicht Ruhe geben, bis die Erde quadratisch ist." Diese dynamische Ruhe strahlt das Unternehmen, das sich zu 100 Prozent in Familienbesitz befindet und im Jahre 2012 100 Jahre jung wurde, in ganz besonderem Maße aus. Aber vor allem auch das Wissen um die eigene Herkunft. Deshalb können sich seit 2005 wissbegierige Besucher im Museum Ritter am Standort Waldenbuch und seit 2010 in der Bunten SchokoWelt Berlin im Herzen der Hauptstadt über die ungebrochene Strahlkraft dieses faszinierenden Familienbetriebs ins Bild setzen. ◄

DATEN UND FAKTEN

INHABERFAMILIE
Alfred T. Ritter und Marli Hoppe-Ritter mit ihren Kindern in der dritten und vierten Generation

GRÜNDER
Alfred Eugen Ritter (1886–1952)
Clara Ritter, geb. Göttle (1877–1959)

FAMILIENEINFLUSS
Alfred T. Ritter ist Vorsitzender des Aufsichtsrates (Beirat), Marli Hoppe-Ritter ist Aufsichtsratsmitglied (Beirat)

UNTERNEHMENSANTEILE DER FAMILIE
100 %

MARKTPOSITION UNTERNEHMEN
Nr. 2 auf dem deutschen Tafelschokoladen-Markt

STANDORT
Waldenbuch

VERTRIEB
in über 100 Ländern der Erde

JAHRESUMSATZ
ca. 470 Mio. €

MITARBEITER
ca. 1450

ALFRED RITTER GMBH & CO. KG
Alfred-Ritter-Straße 25
71111 Waldenbuch

Telefon 071 57 97–0
www.ritter-sport.de

Die ante-Gruppe verwendet Holz von Fichten, Kiefern und Douglasien aus den umliegenden heimischen Wäldern, die nach dem Prinzip der Nachhaltigkeit bewirtschaftet werden

AUS BESTER FAMILIE

ANTE-HOLZ
SEIT 1927

Es klingt wie der Traum jedes Unternehmers: produzieren inmitten der Rohstoffvorkommen. Wenn der Rohstoff dann auch noch nachhaltig ist, zu 100 Prozent regenerativ und einen Reststoffanteil von 0 Prozent erzeugt, erscheint das wie eine absolute Zukunftsvision. Dabei stammt das Unternehmen, das Josef Ante seinerzeit in Winterberg-Züschen gründete, aus dem Jahr 1927. Und das Geheimnis lautet schlicht und einfach: Holz. Ursprünglich stellte man aus dem Holz der umliegenden sauerländischen Wälder Schnittholz, Grubenholz und Besenstiele her. Und ganz ähnlich wie sein Material, wuchs der kleine Familienbetrieb gemächlich, aber unaufhaltsam.

Heute ist die ante-Gruppe eines der größten inhabergeführten Familienunternehmen der europäischen Holzindustrie. Das Produktportfolio umfasst Schnittholz, Konstruktionsvollholz (KVH®), Brettschichtholz (BSH), Abbund sowie Produkte für Haus und Garten, wie etwa Möbel, Spielgeräte, Zäune und Sichtblenden. Außerdem werden die Hobel- und

> »Die wichtigsten Innovationen sind die, die das Denken verändern.«
>
> ante-holz-Unternehmenscredo

Sägespäne, die bei der Produktion als Nebenprodukte anfallen, zu HD®-Pellets verpresst und entsprechend mit der Zertifizierung DIN Plus als lose Ware oder in 15-Kilogramm-Säcken verkauft. Für den Transport der losen Ware werden eigene Silozüge direkt zum Endkunden geschickt.

Nach dem Zweiten Weltkrieg übernahm die zweite Generation die Firma, ehe 1982 Jürgen Ante als Geschäftsführer in das Unternehmen eintrat. Unter seiner Leitung wurden mehrere Tochtergesellschaften gegründet. 2004 wurde ein Beirat eingerichtet, der viermal pro Jahr zusammentritt und der Geschäftsführung beratend zur Seite steht. Die ante-Gruppe besteht heute aus den drei Gesellschaften ante-holz GmbH, ante Haus und Garten GmbH & Co. KG und ante-holz GmbH & Co. KG. Sie befindet sich zu 100 Prozent im Besitz der Familie Ante. In dritter Generation halten der Geschäftsführer Jürgen Ante und seine Tochter Julia Ante 100 Prozent der Anteile.

Neben dem Stammwerk im hessischen Bromskirchen-Somplar unterhält die ante-Gruppe auch Produktionsstätten in Rottleberode in Sachsen-Anhalt, am ursprünglichen Standort in Winterberg sowie im polnischen Kożuchów. 2007 wurde das neue Sägewerk mit Weiterverarbeitung im Bereich Konstruktionsvollholz in Rottleberode eingeweiht. Seit 2008 produziert die ante-Gruppe unter der Marke ante neo exklusive In- und Outdoor-Möbel sowie Accessoires. ▶

AUS BESTER FAMILIE

Josef Ante, der Unternehmensgründer

Sägewerk mit Weiterverarbeitung im Bereich Konstruktionsvollholz (KVH®) in Rottleberode

»Als inhabergeführtes Familienunternehmen sind wir verantwortungsvollem Denken und Handeln verpflichtet.«

Die Unternehmensführung

Vater Jürgen Ante mit Tochter Julia Ante

Das Portfolio umfasst Produkte für Haus und Garten, wie etwa Böden, Möbel, Zäune und Sichtblenden

ANTE-HOLZ

Kurzholztransport aus dem Wald direkt ins Werk

2010 kam in Rottleberode eine Produktion für farbbehandeltes Gartenholz im mittleren Preissegment hinzu. Somit hat sich ante auch im Bereich Gartenholz als Komplettlieferant in allen Bereichen positioniert. Im polnischen Werk, das rund 15 Prozent der Gesamtproduktion erzeugt, werden vor allem die lohnintensiven Gartenholzprodukte hergestellt. Von den insgesamt rund 800 Mitarbeitern der ante-Gruppe, darunter etwa 35 Auszubildende, sind rund 650 an den deutschen Standorten beschäftigt. Insgesamt erwirtschafteten sie im Jahr 2016 einen Umsatz von rund 200 Millionen Euro.

Das verwendete Holz stammt von Fichten, Kiefern und Douglasien aus den umliegenden heimischen Wäldern, die nach dem Prinzip der Nachhaltigkeit bewirtschaftet werden. Somit wird pro Jahr nicht mehr Holz geerntet, als im gleichen Zeitraum zuwächst. Deutschland besitzt im europäischen Vergleich die größten Holzvorräte. Insgesamt werden hierzulande nur zwei Drittel des jährlich nachwachsenden Holzes genutzt. Der Umgang mit der Ressource Wald erfolgt also sehr nachhaltig. Dass auch die ante-Produkte diesem Prinzip folgen, zeigt die Zertifizierung nach gleich zwei internationalen Standards, nämlich sowohl FSC als auch PEFC. Ein weiteres Umwelt-Plus für den universell einsetzbaren Rohstoff Holz: Er ist stofflich und energetisch verwertbar sowie biologisch CO_2-neutral abbaubar. Aus diesem Grund gibt es bei ante keinen Abfall. Das gesamte Restholz, das bei der Herstellung von ante-Produkten anfällt, wird komplett verwertet. Hobel- und Sägespäne werden zu Pellets verpresst und die Hackschnitzel in die Zellstoff-, Papier- und Holzwerkstoffindustrie geliefert. Der in zwei eigenen Biomasseheizkraftwerken erzeugte Ökostrom wird ins öffentliche Netz eingespeist. Solchermaßen abgesichert, kann sich das Wachstum des Familienunternehmens ante fortsetzen – im Einklang mit dem Weltklima und ganz natürlich. ◂

DATEN UND FAKTEN

INHABERFAMILIE
Familie Ante in der dritten und vierten Generation

GRÜNDER
Josef Ante, 1927, Winterberg-Züschen

UNTERNEHMENSANTEILE DER FAMILIE
100 % bei Jürgen Ante und Julia Ante

FAMILIENEINFLUSS
inhabergeführt durch Jürgen Ante; Julia Ante ist in leitender Position tätig

KONTROLLGREMIUM
Beirat

STANDORTE
Stammwerk Bromskirchen-Somplar, Rottleberode, Winterberg-Züschen, Kożuchów/Polen

UMSATZ
ca. 200 Mio. € (2016)

MITARBEITER
850 (2016)

AUSBILDUNGSPLÄTZE
ca. 30

AUSZEICHNUNGEN
„Sägewerk des Jahres in Europa", Zeitschrift Holzkurier (2002), Mittelstandspreis, Eurobaustoff, Fachgruppe Holz (2007)

ANTE-HOLZ GMBH
Im Inkerfeld 1
59969 Bromskirchen-Somplar

Telefon 02984 308–0
www.ante-holz.de

Die Richard Anton KG stellt hochwertige Kohlenstoffprodukte in unterschiedlichen Korngrößen und Qualitäten her

AUS BESTER FAMILIE

RICHARD ANTON KG

SEIT 1904

Das Firmenlogo der Richard Anton KG zeigt einen Elefanten – wie auch schon im Jahre 1904. Das Familienunternehmen wird in vierter Generation von Florian Mader geführt. Der Hauptsitz der Richard Anton KG ist in Gräfelfing bei München, produziert wird in Obernzell bei Passau und in Mannheim. Das Unternehmen liefert seine Produkte „made in Germany" direkt und über Vertriebspartner in die ganze Welt. Als Spezialist für Kohlenstoffprodukte verarbeitet es die Materialien zu hochqualitativen Vorprodukten. Damit stellen dann Fertigungsbetriebe hochwertige Endprodukte her, ob Bremsbeläge, Schiffsmotoren oder Gusseisenbauteile zum Beispiel für Getriebe, Waschmaschinen oder Windräder.

Die Richard Anton KG ist weltweit einer der größten Hersteller von synthetischem Grafit und Spezialkoksen für Bremsbeläge und weltweit führender Lieferant von Kohlenstoffprodukten zur Aufkohlung. Typisch und ein Zeichen ihrer großen Expertise: Die Richard Anton KG kauft die Rohstoffe selbst ein und legt durch ihre Auswahl die Basis für

> »Qualität, Zuverlässigkeit und Fortschritt sind unser Credo. Seit 113 Jahren bilden diese drei Säulen das Fundament unseres Handelns und unseres Erfolges.«
>
> **Florian Mader**

Topqualitäten am Ende der Lieferkette. Mit dem Einkauf von Naturgrafit hatte seinerzeit mit Richard Anton alles angefangen. Daher auch das Logo von 1904 für die im selben Jahr von ihm gegründete Firma.

Es steht für die Elefanten, die damals leibhaftig auf Ceylon – heute Sri Lanka – 500 Kilogramm schwere Grafitfässer von den Bergwerken zum Hafen in Colombo trugen. Die Fässer wurden von dort nach Europa verschifft. Dieser Handel war anfangs das alleinige Geschäft von Richard Anton. 1927 erwarb er eine Fabrik im bayerischen Obernzell und machte so aus dem reinen Handelshaus auch einen Produzenten. 1980 wurde das Mannheimer Werk auf der Friesenheimer Insel gebaut. Mit einem eigenen Schiffsanschluss kann die Ware direkt vor Ort entladen werden.

1980 war schon lange die dritte Generation am Ruder – und auch lange schon der Name Mader im Spiel. Denn 1966 war Richard Mader als persönlich haftender Gesellschafter in die Firma eingetreten. Er hatte Dorothea Anton, die Enkelin des Firmengründers, geheiratet. Dann trat mit Florian, dem Sohn von Richard und Dorothea, die vierte Generation die Nachfolge an. Er arbeitet seit 2003 im Unternehmen und trat 2013 an die Spitze.

Unter Richard Mader baute das Unternehmen seine Aktivitäten und seine Er- ▶

AUS BESTER FAMILIE

Die erste Belegschaft 1927 im Werk Obernzell

»Nur aus hochwertigen Rohstoffen entstehen perfekte Endprodukte. Das ist der Leitsatz, dem wir Tag für Tag im Interesse unserer Kunden gerecht werden.«

Florian Mader

Qualität hat einen Namen – RANCO, die Produktfamilie der Richard Anton KG

Richard Mader und Sohn Florian. Der Vater war von 1966 bis 2013 am Ruder, seither ist Florian der Chef

Die Richard Anton KG produziert hochwertige Kohlenstoffe im idyllischen Obernzell

RICHARD ANTON KG

Für ihre vielseitig einsetzbaren Produkte übernimmt die Richard Anton KG auch die Logistik

folge weiter aus. So importierte die Richard Anton KG erstmals im Jahr 1972 Roheisen aus Ungarn, später auch aus Brasilien, Tschechien und Russland. Heute liefert sie alle gängigen Roheisensorten an die Gießereiindustrie. Die Kohlenstoffe werden je nach Einsatz passgenau geliefert, das heißt zerkleinert, gesiebt oder vermahlen. Zuvor werden diese in den werkseigenen Laboren auf ihre Verwendung hin exakt analysiert. Außerdem übernimmt die Richard Anton KG auf Wunsch auch die komplette Logistik.

Die Aufkohlungsmaterialien liefert das Unternehmen ebenfalls an Gießereien und auch an Stahlwerke – ob Elektrodengrafit oder Petrolkoks, ob Einblas- oder Schäumkohle. Auch hier ging es in der dritten Generation mit Richard Mader an der Spitze stetig voran. Seit seinem Eintritt 1966 erhöhte das Unternehmen seinen jährlichen Absatz von rund 1000 Tonnen auf aktuell gut 100 000 Tonnen. Nicht zuletzt etablierte er die Richard Anton KG als Hightech-Zulieferer synthetischer Grafite und Spezialkokse, der mit den großen Herstellern von Bremsbelägen neue Grafitsorten entwickelt, die auf Jahre eine gleichbleibende Qualität vorweisen müssen und auch können. Aktuell werden aus diesen Vorprodukten bis zu 300 Millionen Scheibenbremsbeläge pro Jahr hergestellt. Ihre Produktpalette rundet die Richard Anton KG mit Mahlgrafiten ab, die vielseitig eingesetzt werden können, zum Beispiel als Schmiermittel, in Dämmmaterialien oder bei chemischen Prozessen, etwa wegen ihrer elektrischen Leitfähigkeit. Alles in allem entwickelte sich die einstige „Rußmühle" im Eckerbachtal – so nannte damals mancher in Obernzell die Produktionsstätte – zum größten strategischen Partner von Gießereien und Stahlwerken mit modernsten Produktionsanlagen in Obernzell und Mannheim.

Dabei galt und gilt im Familienunternehmen die Devise: stetige Expansion der Produktbereiche und permanente Weiterentwicklung sowie stetige Qualitätsverbesserung und kontinuierliche Modernisierung. Für die vierte Generation mit Florian Mader heißt das: Expansion des Kohlenstoffgeschäfts im Ausland, weiterer Ausbau der Produktion sowie Investitionen in die Entwicklung neuer Anwendungsbereiche. Und das geschieht weiterhin unter dem Firmenlogo mit dem Elefanten – Sinnbild für Kraft, Standfestigkeit und Tradition. ◀

DATEN UND FAKTEN

INHABERFAMILIE
Familie Mader
in der vierten Generation

GRÜNDER
Richard Anton

FAMILIENEINFLUSS
geschäftsführender Gesellschafter Florian Mader

UNTERNEHMENSANTEILE DER FAMILIE
100 % in Familienbesitz

MARKTPOSITION UNTERNEHMEN
weltweit einer der größten Lieferanten von synthetischem Grafit und Spezialkoks für Bremsbeläge sowie einer der führenden Lieferanten von Aufkohlungsmaterial

BRANCHEN
Gießerei- und Stahlindustrie, Automobil- und chemische Industrie

PRODUKTE
synthetischer Grafit, grafitierter Koks, kalzinierter Petrolkoks, Anthrazit und Roheisen, Kohlenstoffe vermahlen bis zu 2 my Feinheit

STANDORTE
Gräfelfing bei München, Obernzell bei Passau und Mannheim

VERTRIEB
weltweit, überwiegend Deutschland und Europa

SOZIALES ENGAGEMENT
bei der Hilfsorganisation Global H2O, der Christiane Herzog Stiftung, dem Dr. von Haunerschen Kinderspital München sowie bei weiteren Einrichtungen

RICHARD ANTON KG
Würmstraße 55
82166 Gräfelfing

Telefon 089 898144–0
www.richard-anton.de

Überall in der industriellen Fertigung, wo bei der Bearbeitung Schmutz, Staub und Späne anfallen, sorgen ARNOLD Schutzabdeckungen für Schutz und Sicherheit

AUS BESTER FAMILIE

ARNO ARNOLD

SEIT 1864

Das Maschinenbauunternehmen verdankt seine Existenz dem Tango" – hat jemals ein Anfangssatz einer Unternehmensgeschichte seine Leserschaft noch neugieriger gemacht? Schwer vorstellbar. So gesehen kann bei der nun folgenden Chronik der Arno Arnold GmbH kaum etwas schiefgehen, solange auch erklärt wird, welche Verbindung der argentinische Paartanz und das hessische Unternehmen nun haben. Die Lösung ist einfach und heißt Bandoneon. Das flexible Handzuginstrument wurde in Deutschland erfunden und gelangte Mitte des 19. Jahrhunderts nach Uruguay und Argentinien, wo es bald zum prägenden Bestandteil jedes Tango-Orchesters wurde – und auch in vielen Tangos selbst besungen wurde.

Der berühmteste Hersteller von Bandoneons war Ernst Louis Arnold, der seit 1864 mit seinen Söhnen in Carlsfeld im Erzgebirge die anspruchsvollen Musikinstrumente in feiner Handarbeit fertigte. Vor allem Sohn Alfred Arnold brachte die Fertigung der Instrumente zur Perfektion. Bandoneons aus den 1920er-Jahren mit

> »Die wichtigsten Innovationen sind die, die das Denken verändern.«
>
> ARNO ARNOLD-Firmenphilosophie

dem Markenzeichen „AA" – oder in Südamerika „Doble-A" genannt – erlangten Weltruf. Sie galten als „Stradivari der Balginstrumente" und sind heute kostbare Raritäten. Doch der Zweite Weltkrieg und die folgende Enteignung setzten dieser musikalischen Tradition ein ungewolltes Ende. Das Familienunternehmen verließ Carlsfeld und wagte unter Arno Arnold, dem Großneffen des ursprünglichen Gründers, im Jahr 1949 den Neuanfang – eben in Obertshausen, nahe Offenbach.

Arno Arnold griff in der Wiederaufbauzeit und der aufkommenden industriellen Blüte eine Idee auf, die er schon 1930 hatte patentieren lassen. Er modifizierte die Windlade des Instruments und entwickelte sie zum Faltenbalg für die industrielle Nutzung weiter, ganz konkret zum „harmonikaförmig gefalteten Balg als Schutzabdeckung für Führungsbahnen an Werkzeugmaschinen", so die Bezeichnung seines Patents. Zwar wurden weiterhin auch Bandoneons hergestellt, doch in den 1970er-Jahren vollzog Günter Weinmann, der Schwiegersohn von Arno Arnold, letztendlich den Wandel vom Instrumentenhandwerk zum Industrieunternehmen. 1971 verließen die letzten Bandoneons die Fertigungsstätte in Obertshausen.

Heute entwickelt, konstruiert und fertigt das Unternehmen flexible Abdeckungen, die Maschinen und Menschen während Fertigungsprozessen schützen, darunter Faltenbälge, verschiebbare Teleskopbleche ohne Faltenbalg, Komplettabdeckungen, Rollbandabdeckungen, Gliederschürzen und vieles mehr. Seine große Innovationskraft beweist die ARNO ARNOLD GmbH ▶

AUS BESTER FAMILIE

Die seit 1864 im Hause ARNOLD gefertigten Bandoneons galten als die „Stradivari" der Handzuginstrumente

»Unsere innovativen Schutzabdeckungen für Maschinen stehen für Kreativität, Ästhetik und Kompetenz.«

Wolf Matthias Mang, Geschäftsführer

ARNO ARNOLD flexibler Maschinenschutz gibt hohe Sicherheit für wertvolle Maschinenteile, die vor Einflüssen im Maschineninneren geschützt werden müssen. ARNOLD Produkte werden durch die zahlreichen Schutzrechte und die sorgfältige Herstellung in Deutschland dem Prädikat „Made in Germany" in jeder Hinsicht gerecht

Fix & Finish-Schutzabdeckungs-Komplettsysteme werden als Gesamtkonstruktion entwickelt, gefertigt und montagefertig als Einheit geliefert

Schon bei der ersten Konzeption binden Maschineningenieure die F&E-Abteilung von ARNO ARNOLD ein. Nach aufwendigen Eignungs- und Lebensdauertests werden die Ergebnisse ausgewertet und analysiert

ARNO ARNOLD

Geschäftsführerehepaar Wolf Mang und Simone Weinmann-Mang: „Aus der 150-jährigen Firmengeschichte ist die Verpflichtung geblieben, die weltweiten Kunden durch technisch hochwertige und innovative Produkte zu unterstützen."

seitdem immer wieder durch zahlreiche Patent-, Gebrauchsmuster- und Schutzrechtsanmeldungen, derzeit hält sie über 40 nationale und internationale Schutzrechte. Gefertigt werden die Produkte übrigens nur in Deutschland, und zwar neben dem Hauptsitz Obertshausen auch wieder in der ursprünglichen Heimat Carlsfeld. Zwei Tochterfirmen, in Italien und China, Vertriebspartner in den USA und Kanada sowie ein eigener Direktvertrieb sorgen für das internationale Geschäft. Insgesamt beschäftigt die ARNO ARNOLD GmbH rund 100 Mitarbeiter, im Jahr 2018 wird ein Gesamtumsatz von über 15 Millionen Euro angestrebt.

Geführt wird das Unternehmen in fünfter Generation vom Ehepaar Wolf Mang und Simone Weinmann-Mang, die auch 100 Prozent der Anteile halten. Als Familienunternehmer fühlen sie sich einer werteorientierten Führung verpflichtet, die nicht nur beste Leistungen für die Kunden, sondern auch die eigenen Mitarbeiter zum Ziel hat. Eine breite Palette von innerbetrieblichen Maßnahmen ist dafür im Einsatz – von Sicherheitstrainings und Gesundheitstagen bis zu Hilfen in der Pflege- und Familienbetreuung, Sportangeboten und vielem mehr.

Gleichzeitig setzen Wolf Matthias Mang und Simone Weinmann-Mang die Familientradition und die gefühlte Verpflichtung fort, technisch hochwertige Produkte herzustellen, die sich dem Wandel der Industrie flexibel anpassen. Mit Erfolg: Überall in der industriellen Fertigung, wo bei der Bearbeitung bewegliche Maschinenteile geschützt werden müssen, findet man ARNOLD Schutzabdeckungen. Und beobachtet man diese bei der Arbeit, wird eine verblüffende Brücke geschlagen: Durch die Bewegungen der Maschinen, die den Takt und Rhythmus für die Schutzabdeckungen vorgeben, entsteht eine Art symbiotischer Tanz. Und da ist er wieder, der Tango. Der Tanz, der nicht nur die alte und die neue Welt verbindet, sondern auch eine Brücke vom Bandoneon zur Maschinenabdeckung schlägt. ◀

DATEN UND FAKTEN

INHABERFAMILIE
Familie Mang
in der fünften Generation

GRÜNDER
Ernst Louis Arnold

UNTERNEHMENSANTEILE FAMILIENMITGLIEDER
100 %

FAMILIENEINFLUSS
inhabergeführt durch
Wolf Matthias Mang und
Simone Weinmann-Mang

MARKTPOSITION UNTERNEHMEN
Innovationsführer

BRANCHE
Maschinenbau

PRODUKTE
Schutzabdeckungen und
flexibler Maschinenschutz

STANDORTE
Produktion in Obertshausen
und Carlsfeld, Niederlassungen
in China und Italien

UMSATZ
15 Mio. € (2018)

MITARBEITER
ca. 100

ARNO ARNOLD GMBH
Bieberer Straße 161
63179 Obertshausen

Telefon 06104 4000-0
www.arno-arnold.de

Blick auf das Kontorhaus Laeiszhof,
den Firmenhauptsitz in Hamburg

AUS BESTER FAMILIE

BDJ VERSICHERUNGSMAKLER

SEIT 1845

Um 1 Uhr nachts am 5. Mai 1842: Ein Speicher im Hamburger Nikolaiviertel hat Feuer gefangen. Weil auch in den umliegenden Gebäuden leicht entzündliche Waren lagern, können die Flammen schnell um sich greifen. Sie breiten sich über die gesamte Altstadt aus. Nach vier Tagen Feuersbrunst liegt Hamburg in Schutt und Asche. Der Wiederaufbau prägt die Hansestadt – und mit ihm neue Leitideen, Denkmuster und Strategien, die auch eine Zeitenwende für die Versicherungswirtschaft einläuten. Nach dem Engagement der Feuerwehren kam nun der Großeinsatz der Versicherungen – denn: Der Sachschaden nach dem Hamburger Stadtbrand betrug mehr als das Zwanzigfache der jährlichen Steuereinnahmen und überstieg nach heutigem Geldwert eine Milliarde Euro.

Es waren Vordenker wie Hinrich Jacob Burmester gefragt. Zum einen, um den steigenden Bedarf an Feuerversicherungen zu organisieren, zum anderen aber auch, um die Versicherbarkeit von Gütern im Zuge der frühindustriellen Massenproduktion künftig genauer taxieren und

» Unternehmensberater mit Weitblick. Weil das Risiko keine Grenzen kennt.«

BDJ-Unternehmensphilosophie

Prämien besser kalkulieren zu können. Weil Burmester darin besonderes Geschick bewies und ihm diverse Versicherungsgesellschaften zwischenzeitlich ohnehin schon ihre Vertretung übertragen hatten, entschloss er sich 1845 zur Gründung eines Assekuradeurs, ein in Hamburg damals verbreitetes Vehikel, um Dienstleistungen für Versicherer erbringen zu können. Er legte damit den Grundstein für die heutige Versicherungsmakler-Gruppe Burmester, Duncker & Joly.

Nach mehr als 170 Jahren Aufbauarbeit, Expansion und Fusion – 1976 schloss sich Burmester mit dem Assekuradeur Duncker & Joly zusammen – zählt die BDJ Versicherungsmakler GmbH & Co. KG heute zu den führenden Industrie-Versicherungsmaklern in Deutschland. Über die Partnerorganisation Trust Risk Control (TRC) agiert die Holding in 85 Ländern weltweit und erwirtschaftete 2016 einen Umsatz von 100 Millionen Euro.

Die insgesamt 90 Beschäftigten in Hamburg, Köln und Berlin sind Spezialisten auf ihrem Gebiet, entwickeln situationsgerechte, zeitgemäße und kreative Lösungen für das Risiko- und Versicherungsmanagement ihrer Kunden und beraten auf Augenhöhe.

Ob Industrie- und Gewerbebetriebe, internationale Handelshäuser, Dienstleister oder gemeinnützige Organisationen – die Experten von BDJ scheuen keinen Risikobereich und halten für jede Wirtschaftsbranche die passenden Versicherungslösungen bereit. Ob Nahrungsmittelhersteller, Maschinenbauer, metall- oder kunststoffverarbei- ▶

AUS BESTER FAMILIE

Hendrik Bockelmann (Geschäftsführung) mit dem Wire Dancer Award als „Best Producing Broker"

»Die Sicherheit der Kunden ist unser Ziel.«

BDJ-Unternehmensmotto

Eingang zum Laeiszhof, Trostbrücke 1

Firmengründer Hinrich Jacob Burmester (1799–1876)

Die Führungskräfte der BDJ-Gruppe

BDJ VERSICHERUNGSMAKLER

Robert von Bennigsen und Dr. Johann-Christian Paschen
(Geschäftsführung)

tende Betriebe, aber auch Freizeitparks und Zoos, die Luftfahrtbranche oder der Schienenverkehr – die BDJ-Experten verstehen sich als Brancheninsider, die mit ihren Kunden in deren Sprache sprechen.

So wie auch bei der Versicherung von Filmproduzenten. Hier blickt die BDJ-Gruppe sogar auf eine mehr als 80-jährige Erfahrung zurück: 1933 gegründet, versichert die Deutsche FilmversicherungsGemeinschaft (DFG) als hundertprozentige BDJ-Tochter Kino-, TV- und Werbefilmproduktionen. Denn: Bricht sich der Hauptdarsteller drei Tage vor Drehende das Bein oder setzt ein Kurzschluss die Requisiten in Brand, müssen maßgeschneiderte Lösungen her, um noch größere Katastrophen zu verhindern.

Führt die Filmversicherung der BDJ-Gruppe den deutschen Markt schon lange an, so hat auch die auf Sicherheits- und Facilitymanagement-Unternehmen spezialisierte Tochter ATLAS seit geraumer Zeit die Nase vorn: 2002 ins Leben gerufen, konnte das Unternehmen bereits mehrere tausend Haftpflichtschäden bearbeiten und dank dieser reichen Erfahrung den Schadenverlauf von Unternehmen auch hinsichtlich ungewöhnlicher Parameter bewerten. Als Berater für Sicherheitsdienstleister belegt ATLAS den Spitzenplatz am deutschen Markt und betreut die führenden Branchenunternehmen des Landes.

Eine Bestätigung, die auch das jüngste Kind der Gruppe zu Höchstleistungen anspornt: 2015 gegründet, nimmt sich die BDJ Bau + Projekt Versicherungsmakler GmbH aktuell der maßgeschneiderten Absicherung nationaler und internationaler Bauprojekte mit großen Investitionsvolumen an. Das Abstimmen der Versicherungskonzeption mit den Auftragnehmern oder Banken der Bauherren, das Beraten bei der Synchronisierung von Architekten- und Bauverträgen sowie Schulungen im Schadenmanagement gehören dabei zu den Spezialdienstleistungen der erfahrenen Makler.

Der Feuereifer von Burmester, Duncker & Joly reicht aber auch weit über das Berufliche hinaus. So engagiert sich das Unternehmen unter anderem in Umweltschutzorganisationen, für Kulturbetriebe und im Verein „Hamburg macht Kinder gesund", indem es medizinisch dringende Projekte an den drei großen Kinderkliniken der Hansestadt unterstützt, die von den Krankenkassen nicht finanziert werden. ◄

DATEN UND FAKTEN

INHABERFAMILIEN
Familien Bockelmann, Paschen, Schües und von Bennigsen in der siebten Generation

GRÜNDER
Hinrich Jacob Burmester (1799–1876)

FAMILIENEINFLUSS
inhabergeführt

UNTERNEHMENSANTEILE FAMILIENMITGLIEDER
100 %

MARKTPOSITION UNTERNEHMEN
deutschlandweit unter den Top 10 der Industrieversicherungsmakler, Marktführer in der Filmversicherung

BRANCHE
Versicherungswirtschaft

DIENSTLEISTUNGEN
Industrieversicherung, Risikoberatung, Versicherungs- und Schadenmanagement

STANDORTE
Hamburg, Köln, Berlin

VERTRIEB
weltweit in 85 Ländern über die Partnerorganisation Trust Risk Control (TRC)

MITARBEITER
90

BDJ
VERSICHERUNGSMAKLER

BDJ VERSICHERUNGSMAKLER
Trostbrücke 1
20457 Hamburg

Telefon 040 37603-0
www.bdj.de

Die Kassenhalle des Bankhauses Berenberg in Hamburg. Die Begleitung vermögender Familien – teilweise über Generationen hinweg – ist eine der komplexen und verantwortungsvollen Aufgaben, der sich die Privatbank verpflichtet fühlt

AUS BESTER FAMILIE

BERENBERG

SEIT 1590

Sie begleitet vermögende Privatanleger und Familien weltweit – und bisweilen über Generationen hinweg: Als eines der führenden privaten Bankhäuser in den Bereichen Wealth Management, Asset Management, Investment Banking und Corporate Banking in Europa trägt Berenberg seit knapp 430 Jahren dazu bei, das Vermögen seiner Kunden zu erhalten und zu mehren. Der Wille, sich ständig weiterzuentwickeln, ohne seine historischen Wurzeln zu vergessen, hat das Unternehmen zu dem gemacht, was es heute ist: zu mehr als einer Bank – nämlich zu einem Beratungshaus und zuverlässigen Partner, der die Bedürfnisse seiner Kunden in den Mittelpunkt stellt und sich durch verantwortungsvolles Handeln auszeichnet.

„Wir sind nicht nur die älteste Privatbank Deutschlands, sondern zugleich auch eine der dynamischsten Banken in Europa", sagt Dr. Hans-Walter Peters, der neben Hendrik Riehmer als persönlich haftender Gesellschafter an der Spitze des Hamburger Traditionsbankhauses steht. Gegründet 1590 von den Brüdern Hans

> »Der Gedanke an die Zukunft ist uns genauso wichtig wie die Erinnerung an unsere Herkunft.«
>
> Dr. Hans-Walter Peters, Sprecher der persönlich haftenden Gesellschafter

und Paul Berenberg, war das Unternehmen ursprünglich im Tuchhandel tätig. Doch in Ermangelung eines funktionierenden Bankensystems übernahmen die Kaufleute bald selbst die Finanzierung ihrer Warengeschäfte. Sie gewährten ihren Kunden Kredite und bevorschussten die Sendungen ihrer Lieferanten. Die Vielzahl der verschiedenen Währungen – im beginnenden 17. Jahrhundert kursierten in Deutschland mehr als 300 davon – bot überdies die Basis für ein umfangreiches Wechselgeschäft mit guten Verdienstmöglichkeiten.

Von Anfang an agierte Berenberg international. Bereits 1833 gründete das Unternehmen eine Tochtergesellschaft in Boston – jener Hafenstadt an der US-amerikanischen Ostküste, in der Berenberg 2011 erneut eine Firma eröffnete. Neben dem Stammsitz in Hamburg und weiterer Standorte ist die Privatbank auch in den Finanzzentren Frankfurt, London, New York und Zürich präsent und mit mehr als 1500 Mitarbeitern in Europa und Nordamerika vertreten.

„Kompetenz ist der Schlüssel zum Erfolg", weiß Hendrik Riehmer: „Daher investieren wir beständig in erstklassiges Know-how und stellen unseren Kunden die bestmöglichen Lösungen zur Verfügung." Mit 100 Aktienanalysten hat Berenberg eines der größten Research-Teams in Europa aufgebaut. Die Portfoliomanager verwalten aktuell 40,7 Milliarden Euro für private und institutionelle Anleger, während die Volkswirte die wirtschaftliche Entwicklung einzelner Staaten ▶

AUS BESTER FAMILIE

Cornelius Berenberg
(1634–1711)

Regelmäßige Kundenveranstaltungen dienen dem intensiven Austausch zwischen Kunden und hochkarätigen Spezialisten.

»Verantwortungsvoll handeln«

Berenberg-Unternehmensprinzip

Stammsitz des
Unternehmens in Hamburg

Berenberg Bank, Grafik, 1886

BERENBERG

Die Gesellschafter Dr. Hans-Walter Peters (Sprecher) und Hendrik Riehmer

DATEN UND FAKTEN

GRÜNDER
Hans (1561–1626) und
Paul II. Berenberg (1566–1645)

FAMILIENEINFLUSS
inhabergeführt

VERWALTETES VERMÖGEN
40,7 Mrd. € (2016)

BRANCHE
Privatbank

DIENSTLEISTUNGEN
Wealth Management, Asset Management, Investment Banking, Corporate Banking

STANDORTE
Hamburg, Düsseldorf, Frankfurt, München, Münster, Stuttgart, Wien, Luxemburg, Zürich, Genf, London, Paris, New York, Boston, Chicago, San Francisco

MARKTGEBIET
Deutschland, Europa, USA

MITARBEITER
1500 weltweit, davon ca. 1000 in Deutschland

---

analysieren. Darüber hinaus sorgen allein 280 hauseigene IT-Spezialisten für eine moderne Infrastruktur. Für den Ausbau von Know-how wurde Berenberg in den vergangenen Jahren etliche Male prämiert. Laut Handelsblatt etwa rangiert das Unternehmen auf Platz 1 unter der „Elite der Vermögensverwalter". Und das Magazin „Professional Wealth Managment" der Financial Times Group kürte Berenberg im vergangenen Jahr zur „Best private bank in Germany".

Im Wealth Management kann Berenberg als Ansprechpartner für konservative und auf Kapitalerhalt fokussierte Anleger ebenso wie für aktive, markt- und chancenorientierte Investoren punkten. Auch für Unternehmen bietet Deutschlands älteste Privatbank individuelle und ganzheitliche Beratung, sei es bei Käufen oder Verkäufen von Unternehmen, der Beschaffung von Eigen- und Fremdkapital oder bei der Begleitung von Börsengängen und Kapitalerhöhungen.

Eine mehr als 400-jährige Tradition pflegt Berenberg zudem im gesellschaftlichen Engagement: Bereits Ende des 16. Jahrhunderts übernahmen die Gründer des Bankhauses Verantwortung in der Führung der „Niederländischen Armencasse", einer der ältesten karitativen Einrichtungen der Welt, in die Berenberg bis heute einzahlt. Zum Einsatz für die Allgemeinheit will die Privatbank auch andere Unternehmen animieren und verleiht daher an deutsche Familienunternehmen regelmäßig den „Berenberg-Preis für unternehmerische Verantwortung". Darüber hinaus fördert die Berenberg Bank Stiftung Künstler durch die Vergabe von Stipendien, die der kreativen Entwicklung begabter Nachwuchstalente dienen. Seit vielen Jahren engagiert sich Berenberg außerdem im Golfsport. Von 2010 bis 2013 begleitete die Bank mit den „Berenberg Masters" ein vielbeachtetes Turnier der „European Senior Tour" als Hauptsponsor. Außerdem unterstützt die Bank seit 2014 die „Berenberg Gary Player Invitationals" in England und den USA und hat ein Team aus hochkarätigen Markenbotschaftern zusammengestellt. ◂

BERENBERG
PRIVATBANKIERS SEIT 1590

BERENBERG – JOH. BERENBERG, GOSSLER & CO. KG
Neuer Jungfernstieg 20
20354 Hamburg

Telefon 040 35060–0
www.berenberg.de

22 000 Simulationsschränke pro Jahr verlassen das Werk der BINDER GmbH in Tuttlingen.
Dass er mit ihnen einmal so erfolgreich werden würde, konnte Peter Michael Binder 1983 noch nicht ahnen

AUS BESTER FAMILIE

BINDER
SEIT 1850

Sie haben das Weltall bereist, können die meisten Krankheiten behandeln und leben immer länger: Mit Wissenschaft und Forschung haben die Menschen den Planeten und das eigene Leben verändert. Doch damit Wissenschaftler neue Formeln und neue Medikamente entwickeln können, brauchen sie nicht nur das nötige Wissen, sondern auch die dafür nötigen Geräte. Sie brauchen Firmen wie BINDER aus Tuttlingen.

Das inhabergeführte Familienunternehmen aus Baden-Württemberg ist heute der Weltmarktführer für Simulationsschränke, die in wissenschaftlichen und industriellen Laboren verwendet werden. Darunter sind Inkubatoren, Wachstumsschränke, Umweltsimulationsschränke, Ultratiefkühlschränke oder Trocken- und Wärmeschränke – in ihnen werden Antikörper und pharmazeutische Wirkstoffe gelagert oder Bakterien gezüchtet. Die Simulationsschränke kommen in der Raumfahrt zum Einsatz, in der Automobil- und Pharmaindustrie, in der Lebensmittel-, Chemie- sowie Elektronikbranche. Also, in so gut wie allen Branchen.

> »Die drei roten Dreiecke stehen für beste Produkte, beste Beratung und besten Service.«
>
> BINDER-Unternehmenscredo

Dass er mit seinen Klimaschränken einmal so erfolgreich werden würde, konnte Peter Michael Binder 1983 noch nicht ahnen. Damals gründete er in Tuttlingen ein Unternehmen, das er „WTB Binder Labortechnik GmbH" nannte. Es stellte Trocken- und Brutschränke her. Binder trat damit in die Fußstapfen seiner Vorfahren, die seit Mitte des 19. Jahrhunderts als Unternehmer tätig waren: von 1850 an mit der Schuhmanufaktur Gebrüder Binder und von 1923 an mit der Firma „Wilhelm Binder medizinische und chirurgische Instrumente".

Das Unternehmen seines Vaters stellte Heißluftsterilisatoren für Instrumente in Arztpraxen her. Als Peter Michael Binder fünf Jahre alt war, starb sein Vater. Plötzlich musste seine Mutter die Firma weiterführen, der Sohn half mit. 1981 verkaufte er die Firma seines Vaters. Das Geld vom Verkauf nahm er als Startkapital, um eine eigene Firma zu gründen. Seine Idee: Er wollte die Heißluftsterilisatoren zu Schränken, zu Simulationsschränken ausbauen. Weil er damit schnell sehr erfolgreich wurde, konstruierte er immer mehr Schränke, die immer mehr Klimata erzeugen konnten. Heute verlassen 22 000 Simulationsschränke pro Jahr das Werk in Tuttlingen.

Die Schränke sehen zwar alle recht ähnlich aus, haben aber sehr unterschiedliche Funktionen: Konstantklima-Schränke etwa messen, wie lange Lebensmittel und Medikamente haltbar sind und wie sie auf Feuchtigkeit und Temperatur reagieren. In CO_2-Inkubatoren wird erforscht, ▶

AUS BESTER FAMILIE

Der Firmengründer Peter Michael Binder stammt aus einer traditionsreichen Unternehmerfamilie

»Best conditions for your success«
BINDER

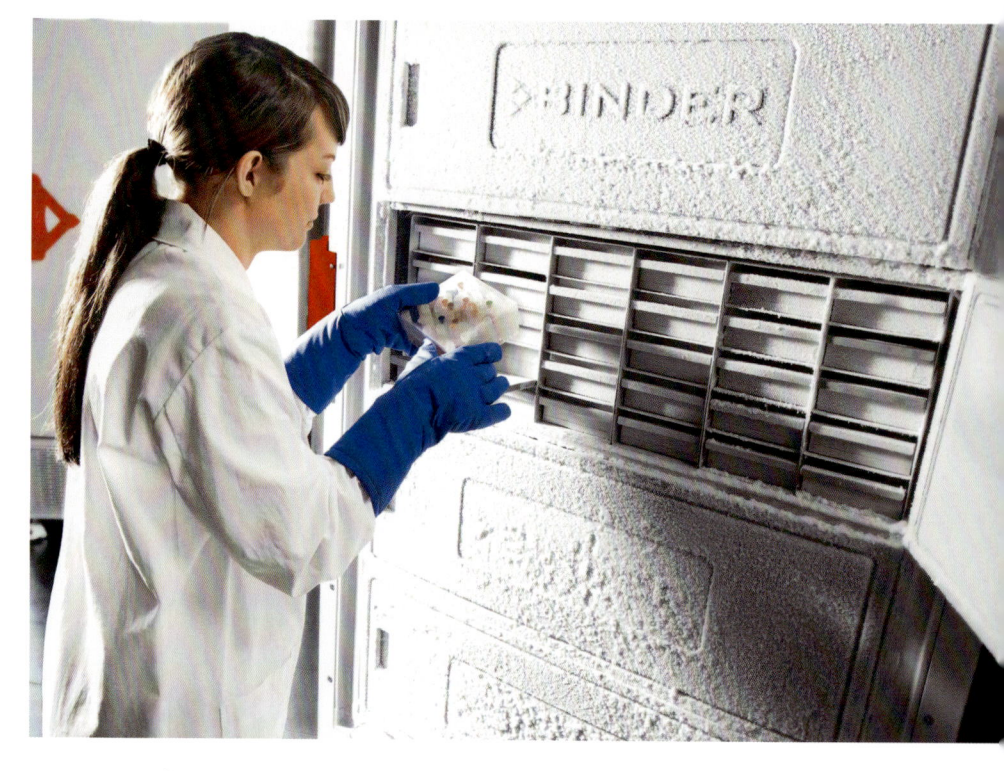

Der Ultratiefkühlschrank arbeitet in einem Temperaturbereich bis -86 °C und wird zur Langzeitlagerung von Proben eingesetzt

Die Simulationsschränke ähneln sich – haben aber völlig unterschiedliche Funktionen

Das Unternehmen wächst. Und erweitert seinen Firmensitz

BINDER

Die Zentrale in Tuttlingen. Im Herbst wird hier mit der BINDER COMPETENCE FACTORY eine weitere Produktionsstätte eröffnet

DATEN UND FAKTEN

INHABERFAMILIE
Familie Binder
in der vierten Generation

GRÜNDER
Gebrüder Binder

UNTERNEHMENSANTEILE DER FAMILIE
100 %

MARKTPOSITION UNTERNEHMEN
weltweit der größte Spezialist für Simulationsschränke für wissenschaftliche und industrielle Labore

BRANCHE
Labortecnik

STANDORTE
fünf Standorte in Tuttlingen, Moskau, Hongkong, Shanghai und New York

VERTRIEB
eigener Außendienst in Europa; Vertriebsniederlassungen in Moskau, New York, Shanghai und Hongkong

JAHRESUMSATZ
63 Mio. € (2016)

MITARBEITER
ca. 400 weltweit, davon 350 in Tuttlingen (2016)

---

wie sich Stammzellen entwickeln und was für eine erfolgreiche künstliche Befruchtung benötigt wird. In anderen Schränken wird menschliches Gewebe gezüchtet. BINDER stellt mittlerweile aber nicht mehr nur Simulationsschränke her, sondern auch das, was dazugehört – Anlagen zur externen Wasserversorgung etwa oder Türsysteme, die einem auch mit einem Tablett in den Händen einen einfachen Zugang ermöglichen. Diese Systeme kontrollieren auch, ob eine Person überhaupt befugt ist, den Schrank zu öffnen. Denn in ihnen lagern nicht nur sehr teure, sondern mitunter auch gefährliche Wirkstoffe.

Vor 17 Jahren benannte Peter Michael Binder sein Unternehmen in BINDER GmbH um. 2005 eröffnete BINDER ein neues Forschungs- und Entwicklungszentrum am Standort in Tuttlingen und initiierte im selben Jahr die Entstehung einer dortigen Hochschule. 2011 erweiterte BINDER seine Produktionsanlagen um 3800 Quadratmeter, die Simulationsschränke werden komplett in Deutschland hergestellt. Die Firma investiert aber nicht nur in den Ausbau der eigenen Fertigungsanlagen, sondern seit Jahren schon einen großen Teil des Umsatzes in Forschung und Entwicklung allgemein. Seit 1998 stiftet sie zudem den von der Deutschen Gesellschaft für Zellbiologie vergebenen Innovationspreis.

Die Zeichen stehen auf Wachstum. Deshalb wird das Familienunternehmen seine Produktionskapazitäten weiter ausbauen. Im Herbst 2017 wird die BINDER COMPETENCE FACTORY eröffnet – eine hochautomatisierte Fabrik am Standort in Tuttlingen, wo auf weiteren 8300 Quadratmetern die gesamte Blechverarbeitung und der Geräterohbau untergebracht wird. Schon heute erwirtschaftet BINDER mit seinen etwa 400 Mitarbeitern knapp ein Drittel seines Umsatzes in Asien. Rund 80 Prozent der Simulationsschränke werden ins Ausland expandiert. 2016 lag der Umsatz bei 63 Millionen Euro. ◀

▶BINDER
Best conditions for your success

BINDER GMBH
Im Mittleren Ösch 5
78532 Tuttlingen

Telefon 07462 2005–0
www.binder-world.com

Seit 1966 verkauft das Berliner Familienunternehmen bito Farben, Lacke, Tapeten, kurzum:
alles, was Boden, Wand und Decke schmückt. Eine Besonderheit: bito stellt die Farben auch selbst her

AUS BESTER FAMILIE

BITO

SEIT 1966

Die Lehre von den Farben ist nicht nur eine Pflichtlektion für jeden Malerlehrling. Nein, auch Philosophen, Dichter und Denker haben sich mit der Ästhetik und dem Phänomen Farbe beschäftigt – von Johann Wolfgang von Goethe gibt es sogar ein eigenes Werk „Zur Farbenlehre". So gesehen ermöglicht, wer mit Farben handelt, einen poetischen Blick auf die Dinge, vor allem wenn er die Farben auch herstellt wie das Familienunternehmen bito. Mit moderner Mischtechnik, entwickelt von Meistern des Malerhandwerks, füllt das Unternehmen jährlich Zigtausende Eimer ab. Die schweren Arbeiten erledigt dabei längst der allerdings weniger poetische Kollege Industrieroboter.

Gegründet wurde bito 1966 von Rudolf Spitzley. Der gebürtige Dortmunder und gelernte Großhandelskaufmann baute gemeinsam mit seinen Kollegen Hans-Peter Haas und Gunther Wirth einen Farbengroßhandel auf, der Name des Unternehmens stammt von dem Malereibetrieb birkle & thomer. Bereits Anfang der Siebzigerjahre eröffnete Spitzley das erste Studio in der Bayreuther Straße in Berlin, verkaufte dort Tapeten, Teppichböden, Gardinen. Wenige Jahre später entstand in der Bielefelder Straße das bito-Mutterunternehmen, bis heute Hauptsitz und

> »Jeder Tag, an dem ich etwas lerne, ist ein guter Tag. Jeder Tag, an dem ich das Gelernte umsetze, ist ein besserer Tag. Leisten Sie sich mehr bessere Tage.«
>
> bito-Unternehmensmotto

Dienstleistungszentrum der Firma. Vor allem in den Jahren nach der Wende wuchs der Handelsbetrieb stark, übernahm eine GmbH im niedersächsischen Uelzen, eröffnete neue Lager, Malerdepots und pünktlich zum 40-jährigen Jubiläum auch die ersten Niederlassungen in Hamburg. Dazu ist das Unternehmen immer wieder auf Fachmessen präsent, der „Farbe 2007" in Köln, der bautec in Berlin, der „Farbe 2010" in München, und entwickelte ein eigenes Testcenter.

bito stellt Maler- und Bodenlegerbedarf her, berät Architekten und Planer, verkauft neben seinen Kernprodukten auch Klebeband und Werkzeuge – eben alles rund um den Maler und Bodenleger und deren Gewerk. In den über 50 Jahren, die seit seiner Gründung vergangen sind, ist aus dem kleinen Farbenhandel eine Aktiengesellschaft mit einem Jahresumsatz von 25 Millionen Euro geworden. Das Handelsgeschäft ist in der bito Verkaufsgesellschaft mbH organisiert. Die Leistungen und damit auch die Herstellung der bito-Produkte werden von der bito Aktiengesellschaft erbracht. In der ▶

AUS BESTER FAMILIE

bito-Standorte und -Depots finden sich in und um Berlin, in Hamburg und Uelzen

»Es ist einfach, mit uns zu arbeiten.«

bito-Unternehmenswert

Alles für den Maler? bito berät auch Architekten und Planer, begleitet sie bei der Baustellenarbeit

Der Vorstand (von links): Richard Haverland, Susan Wernicke und Joachim Spitzley (Vorsitzender)

Für jeden Geschmack: Über 100 000 Farbtöne können in den bito-Töncentern hergestellt werden

BITO

Mit diesem Bus warb bito in den 1970er-Jahren in Berlin für sein Sortiment, das sich zunächst auf Tapeten, Teppichböden und Gardinen beschränkte

Region Berlin-Brandenburg ist das Unternehmen nach eigenem Bekunden der einzige industrieunabhängige Marktteilnehmer. Hauptkunden sind zwar Handwerker und andere Fachleute, doch auch Privatkunden können die Produkte von bito bekommen: Seit 2003 führt das Unternehmen die Marke „preismaxx"; auf der gleichnamigen Internet-Plattform oder über Amazon und Ebay bietet die Firma etwa Wand- und Fassadenfarben, Sockelleisten und Malerbedarf für „Do it yourself"-Heimwerker an.

bito befindet sich zu 100 Prozent im Besitz der Familien Spitzley und Haverland. Joachim Spitzley, der als Sohn des Gründers ab 1982 im Betrieb mitarbeitete und ihn 1996 übernahm, ist Vorsitzender im Vorstand der Aktiengesellschaft, dem außerdem noch Richard Haverland und Susan Wernicke angehören. Finanzvorstand Richard Haverland ist auch Prokurist. Kristina Spitzley sitzt dem Aufsichtsrat vor, der viermal im Jahr zusammentritt. Die Eigentümerfamilien bestellen und kontrollieren die Geschäftsführung. Doch auch die Mitarbeiter halten Anteile an einer Mitarbeiter-Beteiligungsgesellschaft und sind so am Gewinn beteiligt.

Seit 2013 ist der Olympiasieger und Weltmeister im Diskuswerfen, Robert Harting, Markenbotschafter von bito, zu sehen unter anderem im Imagefilm auf YouTube. Darüber hinaus engagiert sich bito seit Jahren in der regionalen Standortförderung beim Verein „Made in Berlin" und in der Handwerksinitiative „Dein Leben. Mach was draus!". Zudem ist das Unternehmen Kooperationspartner der Christoph Metzelder Stiftung und unterstützt so Bildungsprojekte für Kinder und Jugendliche.

Zu den Hauptstandorten in Berlin und Hamburg kommen heute Depots in Brandenburg/Havel, Köpenick, Lichtenberg, Spandau, Reinickendorf und Uelzen – bito ist nach wie vor nur nördlich des „Weißwurstäquators" präsent. Doch das soll sich in Zukunft ändern – geplant ist, bald auch deutschlandweit Farben, Lacke und Teppiche an den Handwerker zu bringen. Mit der Bundeshauptstadt bleibt das Unternehmen aber weiter eng verbunden. Denn Gründer Rudolf Spitzley, der 1996 mit nur 59 Jahren überraschend bei einem Flugzeugabsturz über Afrika starb – ein Schock für Familie und Mitarbeiter –, hat sich mit seinem Betrieb ein kleines Denkmal gesetzt. ◂

DATEN UND FAKTEN

INHABERFAMILIE
Familie Spitzley

GRÜNDER
Rudolf Spitzley, 1966

FAMILIENEINFLUSS
gemischte Führungsstrategie, die Familie bestellt und kontrolliert die Geschäftsführung

UNTERNEHMENSANTEILE FAMILIENMITGLIEDER
Gesellschafter sind Joachim Spitzley (80 %) und Richard Haverland (20 %)

BRANCHE
Handel

PRODUKTE
Farben, Tapeten, Lacke, Bodenbeläge, Werkzeuge, Wärmedämmung

STANDORTE
Berlin, Hamburg

VERTRIEB
durch den eigenen Außendienst

MITARBEITER
130 (2017)

BITO AKTIENGESELLSCHAFT
Bielefelder Straße 6
10709 Berlin

Telefon 030 477 998–0
www.bito-ag.de

Für alle Kunden das passende Produkt: Das Portfolio von Blickle Räder+Rollen umfasst mehr als 30 000 verschiedene Räder, Lenk- und Bockrollen. Das Unternehmen aus Baden-Württemberg gehört zu den drei weltweit führenden Anbietern der Branche

AUS BESTER FAMILIE

BLICKLE

SEIT 1953

Blickle zählt zu den weltweit führenden Produzenten von Rädern, Lenk- und Bockrollen. Das Unternehmen führt über 30 000 Produkte im Portfolio. Die Blickle Räder+Rollen GmbH u. Co. KG hat ihren Firmensitz im schwäbischen Rosenfeld. Dort arbeiten mehr als 700 der insgesamt über 900 Mitarbeiter des Unternehmens. Neben dem Hauptwerk am Stammsitz Rosenfeld hat Blickle auch einen Produktionsstandort in China, in welchem die Blickle Zweitmarke „Pegasus" für den nordamerikanischen Markt produziert wird. Außerdem unterhält Blickle 16 eigene Vertriebsgesellschaften in Europa, Nordamerika und Asien und exportiert in über 120 Länder weltweit.

Das Unternehmen liegt in den Händen von Familie Blickle; Geschäftsführer sind Reinhold Blickle, der Sohn des Firmengründers, seine Frau Denise Blickle sowie Walter Wager. Auch die nächste Generation ist bereits im Unternehmen tätig.

Blickle Räder+Rollen entstand 1953, als Wilhelm Sülzle seine alteingesessene Eisenwarenfabrik unter seinen Söhnen und seinem Schwiegersohn Heinrich Blickle aufteilte. Die neugegründete Firma Blickle übernahm dabei die Produktion der eisernen Schubkarrenräder und entwickelte daraus ein Programm an hochwertigen Rädern, Lenk- und Bockrollen. Von Beginn an setzte das Unternehmen auf Qualität und Kundennähe und baute sein Programm mit qualitativ hochwertigen Produkten „made in Germany" nach und nach aus.

Nach dem unerwarteten Tod des Firmengründers Heinrich Blickle 1961 übernahm seine Frau Elisabeth Blickle die Geschäftsleitung. Die ersten Gehversuche auf internationalem Terrain machte Blickle 1967 mit der Gründung der ersten ausländischen Vertriebsgesellschaft in der Schweiz. In den darauffolgenden Jahren wurde die Internationalisierung konsequent vorangetrieben und in allen wichtigen Märkten Tochtergesellschaften gegründet. Ein weiterer Meilenstein in der Historie des Unternehmens war 1972 der Bau eines neuen Büro- und Fabrikgebäudes im Rosenfelder Industriegebiet. Im Jahr 1977 trat der älteste Sohn des Firmengründers, Reinhold Blickle, in die Geschäftsführung ein. Durch verschiedene Firmenübernahmen gelang Blickle der Einstieg in neue Fertigungstechnologien. So wurde 1998 der größte französische Hersteller von Polyurethan-Rädern aufgekauft. 2006 folgte die Übernahme eines Kunststoffspritzgusslieferanten.

Heute produziert Blickle jährlich mehr als 15 Millionen Räder, Lenk- und Bockrollen im Tragfähigkeitsbereich von 20 bis 50 000 Kilogramm. Zahlreiche Innovationen, angefangen von Kunst- ▶

> »Für jeden Einsatzzweck das beste Rad, die beste Rolle zu entwickeln«
>
> Blickle-Unternehmensmission

»We innovate mobility«

BLICKLE-Firmenslogan

Der Stammsitz: Blickle ist im schwäbischen Rosenfeld zu Hause, wo mehr als 700 der insgesamt über 900 Mitarbeiter des Unternehmens beschäftigt sind

Einblick in die Konstruktion: Hier entwickelt ein Ingenieur bei Blickle kundenspezifische Rollen

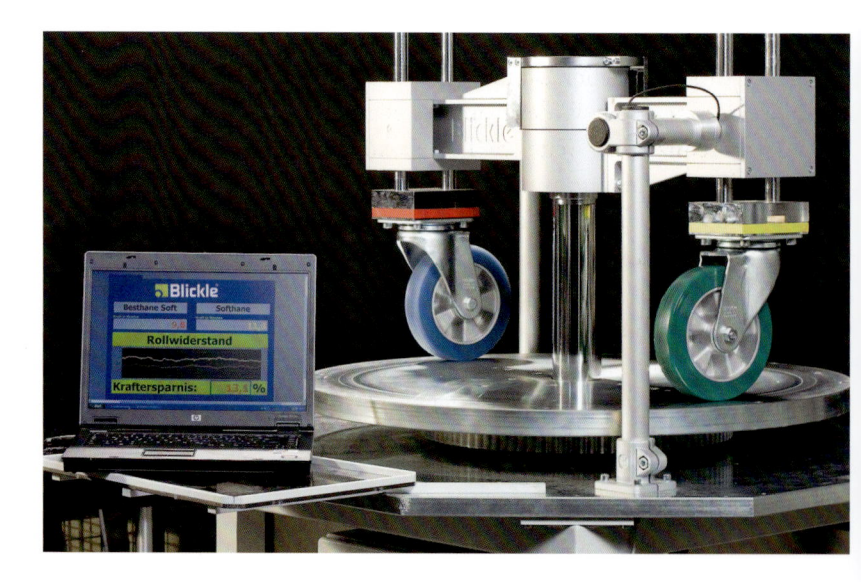

Sicher ist sicher: Im firmeneigenen Prüf- und Testlabor stehen den Ingenieuren zahlreiche Testanlagen zur Verfügung. Intensive Tests garantieren dort die bewährte hohe Blickle-Qualität

BLICKLE

Familie Blickle: die Geschäftsführer Reinhold und Denise Blickle und ihre Kinder Sarah und David

DATEN UND FAKTEN

INHABERFAMILIE
Familie Blickle in der zweiten und dritten Generation

GRÜNDER
Heinrich Blickle, 1953, Rosenfeld

FAMILIENEINFLUSS
inhabergeführt

BRANCHE
Räder, Lenk- und Bockrollen

MARKTPOSITION
eines der drei weltweit führenden Unternehmen der Branche

VERTRIEB
16 Blickle Vertriebsgesellschaften in Europa, Nordamerika und Asien, Export in über 120 Länder weltweit

MITARBEITER
weltweit über 900, davon mehr als 700 in Rosenfeld

AUSBILDUNGSQUOTE
ca. 10 %

UMSATZ
200 Mio. €
(Unternehmensgruppe 2017)

---

stoffrollen, verschiedenen Polyurethan-Laufbelägen, Kompakt- und Heberollen, Edelstahl- und Führungsrollen sowie eine Vielzahl von Branchenlösungen für spezielle Einsatzgebiete, unterstreichen den Anspruch des Unternehmens, der sich auch im Firmenslogan „We innovate mobility" ausdrückt. Ein Beispiel für die hohe Innovationskraft des Unternehmens ist die Entwicklung spezieller Laufbeläge, die den Rollwiderstand von Rädern um bis zu 40 Prozent reduzieren. Schwere Lasten können so leichter bewegt werden, was die Ergonomie am Arbeitsplatz erhöht.

Blickle Räder+Rollen kommen an fahrbaren Maschinen und Transportgeräten aller Art zum Einsatz. In der Intralogistik werden mithilfe der Produkte schwerste Lasten transportiert. Auch im Maschinenbau werden Blickle Räder+Rollen eingesetzt. Zusätzlich erfüllen spezielle Produkte alle spezifischen hygienischen Anforderungen, die bei der Lebensmittelproduktion oder im Krankenhaus gestellt werden. Darüber hinaus entwickelt Blickle auch eigens für Kunden angefertigte Sonderlösungen.

Trotz der vielfältigen Produktpalette garantiert Blickle mit dem 2010 gebauten Logistikzentrum eine einzigartige Lieferperformance. Mehr als 8000 Produkte sind europaweit innerhalb eines Tages versandfertig, weitere 12 000 Artikel innerhalb von ein bis drei Tagen. Täglich verlassen 60 bis 70 Tonnen Material das Logistikzentrum in Rosenfeld. Im Jahr 2015 wurde ein weiteres Hochregallager mit einer Höhe von 40 Metern in Betrieb genommen. Es bietet Platz für 43 400 Gitterbox- oder Europaletten-Stellplätze, in denen vollautomatisierte Regalbediengeräte arbeiten. Weitere 54 000 Stellplätze bietet das angrenzende Kleinteilelager. Dadurch kann das Unternehmen auch kurzfristig und flexibel auf Bestellungen reagieren, und die Ware gelangt zeitnah zu ihrem Bestimmungsort.

Die WirtschaftsWoche hat Blickle Räder+Rollen 2015 unter „Deutschlands beste Mittelständler (Top 100)" gewählt. Außerdem wurde Blickle 2017 bereits zum zweiten Mal die Auszeichnung „Weltmarktführer – Future Champion" von der WirtschaftsWoche verliehen. ◂

Blickle®
we innovate mobility

BLICKLE RÄDER+ROLLEN
GMBH U. CO. KG
Heinrich-Blickle-Straße 1
72348 Rosenfeld

Telefon 07428 932–0
www.blickle.de

Akrobatisches Talent gehört zur Marke Bogner: Kampagnenbild aus dem Jahr 2016 mit aktueller Winterkollektion

AUS BESTER FAMILIE

WILLY BOGNER

SEIT 1932

„Ganz der Vater!" oder „Das hat er aber von der Mutter!" – seit jeher sind das beliebte Überlegungen an der familiären Kaffeetafel. Je nach Temperament mag man sich heute darüber streiten, ob denn dieses oder jenes Talent mehr den Genen oder mehr der Erziehung zu verdanken sei, doch wie auch immer: Willy Bogner wurde so manches in die Wiege gelegt, und er wusste es zu nutzen. Sportass, Filmemacher, Unternehmer: Alles trifft auf Willy Bogner junior zu, und beide Eltern haben ihren Teil dazu beigetragen.

Begonnen hat die unternehmerische Erfolgsgeschichte der Familie Bogner 1932 in München, wo Willy Bogner senior einen Ski-Vertrieb gründete. Damit machte er sein Hobby zum Beruf, denn zu der Zeit ist er bereits mehrfacher Deutscher Meister in der Nordischen Kombination. Das Leben als Geschäftsmann hindert ihn nicht an weiteren sportlichen Erfolgen: 1935 wird er Weltmeisterschafts-Dritter, und bei den Olympischen Winterspielen 1936 in Garmisch-Partenkirchen spricht er den olympischen Eid. Dabei trägt er wie das gesamte deutsche Team eine Windbluse, die Maria Lux entworfen hat. Bald heißt die junge Frau mit Nachnamen Bogner, und ihr Entwurf wird zur Grundlage der Sportmarke Bogner. Bereits kurz nach dem Kriegsende präsentieren die Bogners 1948 ihre erste Modenschau. Maria wird zur „Königin der Keilhosen" ernannt, ein Produkt, das die nächsten 20 Jahre von keiner Skipiste und keinem Après-Ski wegzudenken ist. Stars wie die Monroe und die Bergman lassen sich von Maria Bogner einkleiden, und der „Spiegel" erklärt sie zur „Coco Chanel der Sportmode". Gute Ideen werden natürlich nachgeahmt. So erging es auch Maria, die 1952 ein kleines B als Zipper am Reißverschluss befestigen ließ und damit das Branding in der Sportmode erfand. Ehemann Willy kümmerte sich derweil um die Sportkollektion und die Vermarktung. Ein nicht ganz unwesentlicher Baustein für den unternehmerischen Erfolg: Jedes deutsche Team der Olympischen Winterspiele blieb den Bogners seit 1936 treu – bis heute kleidete Bogner das Team schon 18-mal in Folge ein.

Dass Sohn Willy Freude am Skifahren entwickelt, überrascht bei dieser Familiengeschichte nicht. Wie sein Vater fährt er zahlreiche Preise ein: 70 Pokale in 300 Rennen und sechs deutsche Meistertitel im Spezial-Slalom, Abfahrtslauf und in alpiner Kombination. Sein akrobatisch ▶

> »Bogner ist ein eigener Lebensstil, definiert durch die Begeisterung für Sport, Mode und das Streben nach höchster Qualität.«
>
> Bogner-Unternehmensmotto

AUS BESTER FAMILIE

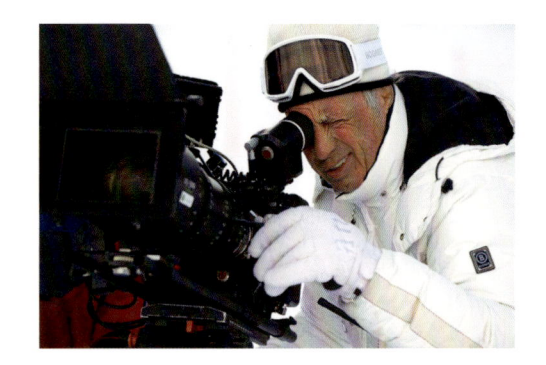

Willy Bogner junior an der Kamera

»Bogner beweist seit mehr als 85 Jahren kompromisslose Leidenschaft für Sport und Mode und ist weltweit Marktführer in hochwertiger Skimode.«

Willy Bogner junior

Die Sixties: Model in Rosa und Blau, Kampagnenbild 1964

Der aktuelle Bogner-Vorstand (v.l.n.r.): Jon Jarlgaard, Marcus Breyer, CEO und Vorstandsvorsitzender Alexander Wirth, Christian Ender und Andreas Baumgärtner

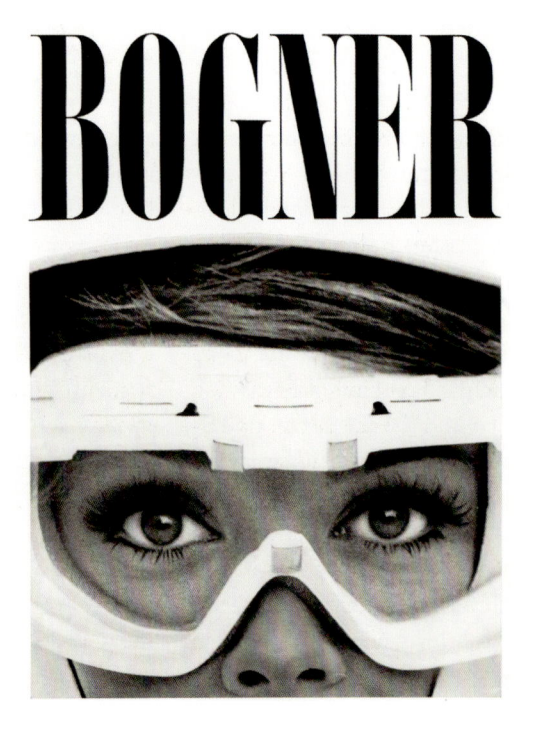

Kampagnenbild aus dem Jahr 1962

WILLY BOGNER

Willy Bogner 1977, zwei Jahre, bevor er das Unternehmen übernahm

zu nennendes Talent auf den Brettern verbindet er früh mit einer anderen Leidenschaft: dem Film. Schnitt: St. Moritz 1968. Ein bekannter britischer Staatsdiener mit einer Schwäche für geschüttelte Martinis behält im Kugelhagel auf der Skipiste einen kühlen Kopf und entkommt seinen Verfolgern mit einer halsbrecherischen Skijagd. „Im Geheimdienst Ihrer Majestät" heißt der Film aus der James-Bond-Reihe, bei dem Willy Bogner junior auf Ski mit einer 30 Kilogramm schweren Kamera bewaffnet den spektakulären Stunt bei 100 Stundenkilometern in den Schweizer Alpen filmt. Mit einem Schlag ist er in der Filmwelt berühmt, doch gibt er sich nicht damit zufrieden, für andere zu arbeiten, sondern produziert selbst. Der größte Erfolg wird 1986 „Fire and Ice", den 1,7 Millionen Menschen in den Kinos sehen und für den er den Bayerischen Filmpreis erhält. So wie Willy junior sportlich in die Fußstapfen seines Vaters trat, bewies er auch bald, dass er über die modischen Talente seiner Mutter verfügt. Seine 1971 entstandene erste Skikollektion „Formel W" kommt gut an. Ein Jahr später tritt er ganz in die elterliche Firma ein. 1979 übernimmt er ein Unternehmen mit 1300 Mitarbeitern und einem Umsatz von 60 Millionen Euro.

Längst ist die Marke, deren erste Produkte in einem kleinen Hinterhof in der Münchener Innenstadt hergestellt wurden, führend in modisch inspirierter, anspruchsvoller Sportswear. Im Laufe der vergangenen Jahrzehnte brachte Bogner insgesamt sechs Produktlinien auf den Markt, und Jahr für Jahr entstehen in der Bogner Designabteilung über 3000 neue Modelle. Das Jahr 2009/10 konnte als das erfolgreichste Geschäftsjahr der Firmengeschichte verbucht werden. In den USA gehört die Marke sogar zum offiziellen Sprachgebrauch, „Bogners" stehen dort im Wörterbuch als Synonym für Keilhosen. Und in Deutschland antworten in Umfragen 86 Prozent aller Befragten auf die Frage „Kennen Sie Bogner?" mit einem überzeugenden „Ja". Ein Erfolg, der nicht zuletzt der prominenten Persönlichkeit Willy Bogner junior als Olympionike und Filmemacher mit großer Medienpräsenz zu verdanken ist. Mit der Leidenschaft für Sport und Mode, die den Motor für Kreativität und Kontinuität des Unternehmens bildet, führt seit 2016 Alexander Wirth als Vorstandsvorsitzender die operativen Geschäfte in die Zukunft. ◀

DATEN UND FAKTEN

INHABERFAMILIE
Familie Bogner
in der zweiten Generation

GRÜNDER
Maria Bogner (1914–2002) und
Willy Bogner senior (1909–1977)

UNTERNEHMENSANTEILE DER FAMILIE
100 %

EIGENKAPITALQUOTE
51 % (2016)

MARKTPOSITION UNTERNEHMEN
Premium Sports Fashion
weltweit

BRANCHE
Textilbranche

PRODUKTE
Bekleidung und Accessoires

VERTRIEB
EMEA, APAC, Amerika;
weltweit in über 50 Ländern

STANDORTE
München, Zürich, Salzburg,
Newport, Hongkong

MITARBEITER
820 (weltweit)

BOGNER

WILLY BOGNER GMBH & CO. KGAA
Sankt-Veit-Straße 4
81673 München

Telefon 089 43606-0
www.bogner.com

Das lachende Kindergesicht ist eine echte Marken-Ikone. Das aktuelle Brandt Kind ist bereits das vierte Gesicht und lächelt seit 1983 von der Markenzwieback-Packung

AUS BESTER FAMILIE

BRANDT

SEIT 1912

Er krümelt beim Abbeißen, ist in Form und Geschmack einzigartig und weckt Erinnerungen an eine sorglose Kindheit – der Zwieback! Im 16. Jahrhundert diente das „zweimal Gebackene" als Verpflegung für Matrosen und Soldaten, später sollte der Zwieback in erster Linie Kinder und Kranke stärken. Heute ist er ein allgemein beliebter Knusperspaß und in fast jedem Haushalt zu finden. Dabei sind Marke und Produkt Synonyme: Denn wer Zwieback sagt, meint Brandt.

Am 21. Oktober 1912 wagt der damals 26-jährige Bäcker- und Konditormeister Carl Brandt den Schritt in die Selbstständigkeit. Er gründet im westfälischen Hagen, am heutigen Verwaltungssitz, die „Märkische Zwieback- und Keksfabrik" mit nur einem Fuhrwerk, aber mit dem eisernen Willen, Zwieback in gleichbleibend hoher Qualität industriell herzustellen und zu einem für jedermann erschwinglichen Preis auf den Markt zu bringen. Brandt entwickelt das Rezept und 1929 auch gleich die „Zwiebackschneidemaschine". Dieses von Brandt patentierte Gerät avanciert später zum wichtigsten Instrument der industriellen Zwiebackproduktion.

Die Herausforderung der damaligen Zeit ist die Verpackung. Denn ähnlich wie selbst gebackene Plätzchen bleibt Zwieback nur in einer luftdichten Blechdose langfristig frisch und knusprig. Das ist aber aufwendig und teurer. So entwickelt der ideenreiche Unternehmer die bis heute patentierte „Frischbleibe-Packung". Der dreilagige, mit dünnstem Aluminium gefütterte Beutel mit Knister-Effekt trägt wesentlich dazu bei, den Brandt Zwieback endgültig als Markenartikel zu positionieren. Das auf der Packung abgebildete Brandt Kind wechselte im Laufe der Jahre nur dreimal sein Antlitz. Es verdient zu Recht den Titel „Marken-Ikone".

Fortan beginnt ein rascher Aufstieg des Unternehmens, auch durch den Erwerb der Firma „Zugspitze Keks- und Schokoladenfabrik AG" im Jahr 1940, die eine der heutigen Hauptsäulen der Brandt Gruppe bildet. Am 5. Juli 1956 wird Firmengründer Carl Brandt 70 und erhält für sein Wirken das große Bundesverdienstkreuz am Bande. Betty Brandt, seine Ehefrau, steigt mit großem sozialen Engagement in die Geschäftsführung ein. 1975 wird die mehrheitliche Beteiligung an der „Pauly Zwiebackfabrik GmbH & Co. KG" erworben. Nach dem Tod von Betty Brandt 1984 wird Carl-Jürgen Brandt, der Sohn des Firmengründers, alleiniger Gesellschafter des Unternehmens und ist ▶

> »Seit über 100 Jahren stehen wir als Marke mit dem Kinderlächeln für Vertrauen, Verlässlichkeit, Gesundheit und Genuss.«
>
> Carl-Jürgen Brandt

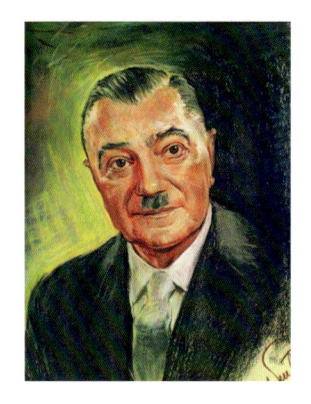

AUS BESTER FAMILIE

Unternehmensgründer
Carl Brandt

Blick in die Zwiebackproduktion

»Brandt –
Da steckt das
Gute drin!«

Markenclaim

Die Produktpalette hat sich erweitert: Es gibt verschiedene Sorten, mit Schokolade oder Kokosraspeln, Vollkorn-Zwieback, Sommer-Varianten sowie die Minis im Kleinformat

Auch heute noch legt das Unternehmen Wert auf seine Tradition. Blick in „Unsere kleine Zwiebackwelt"

BRANDT

Carl-Heinz, Carl-Jürgen und Christoph Brandt beim Firmenjubiläum 2012

es heute noch. Im Zuge der weiteren Expansion folgt die Übernahme eines Schokoladenherstellers und eines Gebäckspezialisten. Seit 2001 gehört die BURGER Knäcke GmbH & Co. KG offiziell zur Brandt Familie, wodurch ab sofort die gesamte Kategorie „Trockenflachbrote" abgedeckt wird. 2014 beteiligt sich das Familienunternehmen Brandt mehrheitlich an der Firma Schoko-Dragee GmbH.

Der Jahresumsatz der Brandt Gruppe beträgt heute gut 215 Millionen Euro. Mit rund 950 Mitarbeitern und einem Anteil von 73 Prozent ist Brandt Marktführer in Deutschland und vertreibt seine Produkte – allein sechs Millionen Zwiebäcke pro Tag, Knäckebrot, Schokolade und Dragees – weltweit. So feiert Carl-Jürgen Brandt im Jahr 2012 voller Stolz das 100-jährige Firmenjubiläum, gemeinsam mit seiner Frau Monika Brandt sowie den Söhnen Carl-Heinz Brandt und Christoph Brandt, die als Vertreter der jüngsten Familiengeneration behutsam an die Nachfolge herangeführt werden.

Mit handwerklichem Können, hoch entwickelter Technik und vor allem der Liebe zur Backkunst hat Gründer Carl Brandt dem Unternehmen von Anfang an zu einem rapide wachsenden Marktanteil und einem heute bei 90 Prozent liegenden Bekanntheitsgrad verholfen. Name und Rezeptur sind dabei fast unverändert geblieben. Zu dem Klassiker Markenzwieback haben sich inzwischen Varianten für spezielle Ernährungsbedürfnisse gesellt: So gibt es laktosefreien Zwieback und Markenzwieback ohne Zuckerzusatz. Natürlich kommt das Thema Genuss nicht zu kurz, denn es gibt Zwieback auch mit Schokolade oder Kokosraspeln, Vollkorn-Zwieback, Sommer-Varianten sowie die Minis im Kleinformat in vielen verschiedenen Sorten. Die neuste Innovation sind die Müslis, der neue Wellsnack im Miniformat, der mit Superfoods gebacken wird.

Der Markenclaim „Brandt – Da steckt das Gute drin!" ist ein bleibender Anspruch, um das Verbrauchervertrauen zu bestätigen und zu stärken. So verwendet Brandt seit 2017 für die Teige aller Zwiebäcke bestes Sonnenblumenöl statt des bisher verwendeten zertifizierten Palmöls. Für die Zwiebackspezialitäten werden ausschließlich UTZ-zertifizierte Schokoladen und entsprechender Kakao eingesetzt. ◀

DATEN UND FAKTEN

INHABERFAMILIE
Familie Brandt in der zweiten und dritten Generation

GRÜNDER
Carl Brandt

FAMILIENEINFLUSS
geschäftsführender Gesellschafter und Vorstand der Geschäftsführung, mit zwei familienfremden Geschäftsführern

UNTERNEHMENSANTEILE FAMILIENMITGLIEDER
100 %

MARKTPOSITION UNTERNEHMEN
absolute Marktführerschaft in Deutschland

BRANCHE
Lebensmittel und Süßwaren

PRODUKTE
Zwieback, Knäckebrot, Schokolade und Dragees

VERTRIEB
weltweit

JAHRESUMSATZ
215,4 Mio. € (2016)

STANDORTE
Hagen, Ohrdruf, Landshut, Burg, Rhede

MITARBEITER
957, davon 42 Auszubildende

BRANDT ZWIEBACK-SCHOKOLADEN GMBH & CO. KG
Kölner Straße 32–34
58135 Hagen

Telefon 02331 477–0
www.brandt-zwieback.de

Weltmarktführer: BROCKHAUS ist mit Messgeräten für
weichmagnetische Materialen führend

AUS BESTER FAMILIE

BROCKHAUS

SEIT 1864

In einer Zeit, in der klassische Verbrennungsmotoren zunehmend infrage gestellt und Geschäftsmodelle digitalisiert werden, müssen sich Unternehmen mit der Zukunftfähigkeit ihrer Produkte auseinandersetzen. Bei der BROCKHAUS Unternehmensgruppe blickt man mit großer Zuversicht auf die aktuellen Megatrends, denn in den letzten Jahrzehnten hat man das Geschäftsmodell diesbezüglich strategisch diversifiziert.

Das historische Kerngeschäft des Familienunternehmens ist die Stahlbearbeitung – und das seit mehr als 150 Jahren. BROCKHAUS stellt Bandstahl für anspruchsvolle Anwendungen her, insbesondere für die Automobilindustrie. Inzwischen besteht die Unternehmensgruppe aus vier komplementären Geschäftsbereichen. Hierzu gehört zum Beispiel auch die Brockhaus Messtechnik. Dort fertigt das Unternehmen Messgeräte für magnetische Materialien, wie sie von Universitäten, Forschungsinstituten, der Transformatoren- und Generatorenindustrie, aber auch immer stärker von den Autoherstellern nachgefragt werden. Grund dafür ist der Trend zum

»Wir streben täglich danach, unsere Kunden besser zu verstehen.«

BROCKHAUS Unternehmensleitbild

Elektroauto, von dem BROCKHAUS auf diese Weise profitieren kann.

Seit mehr als einem Jahrzehnt bedient man in Plettenberg darüber hinaus den Wachstumsmarkt Umwelttechnik. BROCKHAUS stellt in diesem Geschäftsbereich Verfahrenstechnik für Gas und Wasser bereit – und zwar insbesondere, um belastete Abluft und Abwasser in der Chemie-, Öl- und Gasindustrie zu reinigen. Auch das Recycling von metallischen Produktionsabfällen gehört zum Portfolio. Alles in allem also ein hohes Maß an Diversifizierung, wie es für eine Organisation dieser Größe ohne Zweifel ungewöhnlich ist. Bei der Messtechnik für Elektroblech nimmt BROCKHAUS die Position des Weltmarktführers ein, in den Geschäftsbereichen Stahl und Umwelt verfügt man über eine differenzierte Marktposition.

Gegründet wurde BROCKHAUS dort, wo das Industrieunternehmen bis heute seinen Firmensitz hat: in Plettenberg im Sauerland. Im Jahr 1864 eröffnete Friedrich Brockhaus dort ein Fabrikgeschäft. Der Geschäftsmann entstammte der Familie, die Anfang des 19. Jahrhunderts auch den Verlag gleichen Namens gegründet hatte. Im Lauf des 20. Jahrhunderts meisterte das Unternehmen diverse politische und wirtschaftliche Krisen und wuchs zu einer großen mittelständischen Gruppe.

Nachdem im Jahr 2000 rund 70 Familienmitglieder den Großteil des Familienunternehmens verkauft hatten, führte Dirk E. Brockhaus von diesem Zeitpunkt an als Alleingesellschafter die verbliebenen Werke – und kaufte nur zwei Jahre später zwei weitere Werke vom Käufer zurück. ▶

AUS BESTER FAMILIE

Mit einem Fabrikgeschäft fing alles an: Firmengründer Friedrich Brockhaus

»Allein Qualität sichert beständiges Unternehmertum.«

Hermann Brockhaus, 1927

BROCKHAUS stellt Bandstahl für sicherheitsrelevante Automobilkomponenten her

Die fünfte und sechste Generation: Dirk und Caspar Brockhaus führen die Geschäfte des Familienunternehmens

Durch die lange Tradition in der Stahlverarbeitung entstand ein weiteres, sehr regionales Geschäft: das Recycling von metallischen Produktionsabfällen

BROCKHAUS

Reinigung von Abluft und Abwasser: BROCKHAUS bietet Full-Service-Lösungen für die chemische Industrie

DATEN UND FAKTEN

INHABERFAMILIE
Familie Brockhaus
in der sechsten Generation

BRANCHE
Industrie (industrielle Produkte und Dienstleistungen)

PRODUKTE UND DIENSTLEISTUNGEN
Herstellung von Bandstahl für anspruchsvolle Anwendungen in der Automobilindustrie, Full-Service-Anbieter für nachhaltige Lösungen, d. h. Verfahrenstechnik für Gas und Wasser sowie Recycling von metallischen Produktionsabfällen, Herstellung von Messgeräten für magnetische Materialien

STANDORTE
Produktion an drei Standorten in Südwestfalen

UNTERNEHMENSSTRUKTUR
Unternehmensgruppe mit zwei GmbHs und einer GmbH & Co. KG

VERTRIEB
Vertretungen in mehr als 20 amerikanischen und asiatischen Ländern (inkl. Middle East)

MITARBEITER
180 Mitarbeiter (2017)

UMSATZ
60 Mio. € (2017)

BROCKHAUS STAHL

BROCKHAUS UMWELT

BROCKHAUS MESSTECHNIK

BROCKHAUS
UNTERNEHMENSGRUPPE
Kahley 10–18
58840 Plettenberg

Telefon 02391 9582-0
www.brockhaus.com

Die Worte ihres Vorfahren Hermann Brockhaus nehmen sich die Unternehmer Dirk und Caspar Brockhaus bis heute zu Herzen: Er hatte bereits 1927 gesagt, dass „allein Qualität" beständiges Unternehmertun sichere. Um allzeit hohe Qualität gewährleisten zu können, produziert BROCKHAUS bis heute ausschließlich in Deutschland, und zwar an den Standorten Plettenberg und Lüdenscheid. Vertrieben werden die Produkte des Familienunternehmens allerdings in mehr als 20 amerikanischen und asiatischen Ländern, in denen man eigene Handelsvertretungen betreibt.

Zu den Kunden der südwestfälischen Unternehmer gehören verschiedenste Unternehmen, Weltkonzerne genauso wie kleine Unternehmen aus der Nachbarschaft. Doch unabhängig davon, wie groß sie sind und aus welcher Branche sie stammen: Jederzeit haben die Menschen bei BROCKHAUS den Anspruch, ihre Kunden noch besser zu verstehen und die eigenen Angebote und Leistungen weiter zu optimieren. „Dadurch werden wir zum Partner unserer Kunden und nachhaltig erfolgreich", heißt es in der Firmenphilosophie des Familienunternehmens. Zudem legt man großen Wert auf den „Code of Conduct", der Regeln für einen ethisch korrekten Umgang mit Lieferanten, Kunden und Mitarbeitern festlegt.

Das Unternehmen bietet seinen Angestellten gesundheitsfördernde Maßnahmen an und stärkt darüber hinaus über ein Duales Studium den firmeneigenen Nachwuchs. Wie es für einen gut aufgestellten Mittelständler typisch ist, geben die Mitarbeiter ihrem Arbeitgeber viel zurück und zeichnen sich durch Teamgeist und die Bereitschaft aus, Verantwortung zu übernehmen. Verantwortung für dieses Familienunternehmen, das sich auch in Zukunft breit aufstellen wird – um alle denkbaren Herausforderungen wie gewohnt zu meistern. ◀

Das Produktportfolio der Brohl Wellpappe GmbH & Co. KG: hochwertige Transport- und Verkaufsverpackungen sowie Displays aus Wellpappe oder Vollpappe

AUS BESTER FAMILIE

BROHL WELLPAPPE

SEIT 1778

Warum man heute Geld mitunter umgangssprachlich als Kohle bezeichnet? Vielleicht ist dies ja auch ein Verdienst der Unternehmerfamilie Boltersdorf. Nach der Währungsreform benötigt Fritz Josef Boltersdorf dringend Bargeld. Für die Papierfabrik bekommt er Bezugsscheine für Kohle, die Fabrik liegt infolge von Kriegsschäden aber noch still. Ganz Unternehmer, tauscht er daher an der Mosel die Kohle gegen Wein. Diesen transportiert er mit einem holzgasbetriebenen Lkw nach Hamburg und verkauft ihn dort an der Reeperbahn. Aber der Reihe nach …

1778 ist für Wilhelm Boltersdorf wohl das wichtigste Jahr seines Lebens: Er heiratet Katharina Elisabeth Strepp und tritt damit in die Papierfabrik Kreuzauer Mühle des Tillmann Strepp ein. Fortan ist die Geschichte des Betriebs untrennbar mit dem Namen Boltersdorf verbunden. Wilhelms Nachfolge tritt Heinrich Boltersdorf an. In die Zeit der nächsten Generation, vertreten durch Damian Boltersdorf, fällt der Brand von 1852, durch den die Fabrik vollständig zerstört wird. Der Wie-

> »Fortschritt und Tradition sind für uns keine Gegensätze.«
>
> Brohl Wellpappe-Credo

deraufbau gelingt, Bernhard und dann Josef Boltersdorf führen den Betrieb durchs 19. und ins 20. Jahrhundert. Josef vollzieht dann 1919 den Ortswechsel, durch den die Firma ihren heutigen Namen erhält: Er übernimmt eine Papierfabrik in Brohl am Rhein und verkauft den Betrieb in Kreuzau. Im Zweiten Weltkrieg liegt die Produktion brach und kann erst 1948, nach harten Jahren des Wiederaufbaus, erneut aufgenommen werden. 1953 – nur ein Jahr nach seines Vaters Tod und der Übernahme der alleinigen Verantwortung für den Betrieb – steigt schon erwähnter Fritz Josef Boltersdorf in die Erzeugung und Verarbeitung von Wellpappe ein.

1957 entsteht in Ahrbrück ein weiterer Firmenstandort. 1959 übernimmt Brohl Wellpappe einen Papierverarbeiter in Fleisbach (Lahn-Dillkreis). 1972 konzentriert man in Brohl am Rhein die Papier- und in Ahrbrück die Wellpappenherstellung. Ahrbrück und Fleisbach teilen sich die Verarbeitung. Da die immer dringlichere Vergrößerung in Ahrbrück nicht möglich ist, wird 1990/91 das Werk in Mayen in Betrieb genommen.

Ein Jahr zuvor stirbt Fritz Josef Boltersdorf. Die siebte Generation mit den Kindern Christine, Detlef, Hans-Joachim und Maximilian Boltersdorf übernimmt. Sie werden zusammen mit Fritz Josefs Frau Helene, die im Jahr 2013 verstirbt, alleinige Gesellschafter der Brohl Wellpappe Gruppe, die sich damit bis heute vollständig in Familienbesitz befindet. Geschäftsführer sind die beiden Brüder Detlef und Maximilian Boltersdorf. ▶

AUS BESTER FAMILIE

Fritz Josef Boltersdorf hat das Unternehmen maßgeblich geprägt

»In Abhängigkeit von der gewünschten Druckqualität und der geforderten Auflagenhöhe erarbeiten wir mit unseren Kunden die für sie beste Lösung.«

Zitat aus dem Selbstverständnis

Mayen ist Hauptsitz und mit 35 000 Quadratmetern überdachter Fläche das größte Werk der Gruppe

Blick auf die Wellpappenproduktionsanlage am Standort Mayen

An den modernen Faltschachtelklebemaschinen werden die Zuschnitte verklebt und verschlossen

BROHL WELLPAPPE

Das Hochregallager am Standort Föhren bietet 11 000 Euro-Paletten Platz

1996 entschließt sich die Unternehmerfamilie schweren Herzens, die Papierherstellung aufzugeben und die Fabrik in Brohl zu schließen. Im Jahr 2000 wird die Produktion komplett nach Mayen verlegt, dem heutigen Hauptsitz des Unternehmens. Durch Akquisitionen festigt die Firma ihre Stellung im Markt: 2003 übernimmt man die Wellpappe Rheinland GmbH mit Sitz in Niederzier bei Jülich, 2006 kommt die Ehm-Gruppe in Trier hinzu. Diese wird bereits Ende 2009 in ein neues Werk nach Föhren, zwischen Trier und Wittlich, verlagert. Im Jahr 2013 wird der holländische Display-Spezialist USP Display BV in Dronten mehrheitlich übernommen.

Die Produktpalette umfasst heute eine große Bandbreite an Transport- und Verkaufsverpackungen sowie Displays aus Wellpappe oder Vollpappe. Dabei werden den Kunden alle heute möglichen Druckverfahren angeboten, nämlich Flexo-Direktdruck, Flexo-Vordruck, Offset- und Digitaldruck sowie alle gängigen Lackier- und Veredelungsvarianten. Die individuelle Beratung wird bei Brohl Wellpappe ebenso großgeschrieben wie eine – mithilfe des eigenen Fuhrparks – termingerechte Anlieferung sowie das hohe Qualitätsniveau. Bereits 1994 wird ein Qualitätsmanagement nach ISO 9001 installiert, 2006 gehört die Brohl Wellpappe mit der Einführung eines Hygienemanagements gemäß GMP zu den Ersten der Branche ebenso wie 2009 mit der Zertifizierung durch den FSC für umweltverträgliches Rohstoffmanagement. Auch in Bezug auf die Belegschaft hat man längst vollzogen, was andere noch diskutieren: Seit 2003 haben Mitarbeiter die Möglichkeit, in Form einer mittelbaren stillen Beteiligung vom Erfolg ihrer Firma zu profitieren. Die Kennzahlen dieses Erfolgs: 614 Mitarbeiter (auf Vollzeit-Basis) erwirtschaften einen Umsatz von 109 Millionen Euro (2016).

Kurze Entscheidungswege, hohe Flexibilität im Umgang mit Kundenwünschen und Marktbedingungen, Mut zu Investitionen und eine starke Bindung der Familie und der Mitarbeiter an die Firma: Die Brohl Wellpappe ist in vielerlei Hinsicht ein Musterbeispiel für den Erfolg mittelständischer Familienunternehmen. ◀

DATEN UND FAKTEN

INHABERFAMILIE
Familie Boltersdorf
in der siebten Generation

GRÜNDER
Wilhelm Boltersdorf
(1756–1832)

FAMILIENEINFLUSS
Gesellschafter der Gruppe sind Christine, Hans-Joachim, Detlef und Maximilian Boltersdorf, Detlef und Maximilian sind Geschäftsführer

UNTERNEHMENSANTEILE DER FAMILIE
100 %

BRANCHE
Papierverarbeitung/Verpackung

STANDORTE
Mayen, Föhren, Niederzier, Sinn-Fleisbach, Wittlich, Ahrbrück, Nijmegen, Dronten

PRODUKTE
Transport- und Verkaufsverpackungen sowie Displays aus Wellpappe oder Vollpappe, vor- und nachgelagerte Dienstleistungen, Flexo-, Offset- und Digitaldruck

EXPORTQUOTE
31 %

UMSATZ
109 Mio. € (2016)

MITARBEITER
614 (2016)

Brohl **WELLPAPPE**

BROHL WELLPAPPE GMBH & CO. KG
Nikolaus-Otto-Straße 3
56727 Mayen

Telefon 02651 954-0
www.wellpappe.de

Flexible Innenräume prägen die Autos der Zukunft. Wenn sie autonom fahren, passt sich der Innenraum den wechselnden Anforderungen an. Arbeiten, entspannen oder Besprechungen abhalten: Dreh- und faltbare Sitze, ein versenkbares Lenkrad sowie verstellbare Konsolen und Displays machen es möglich

AUS BESTER FAMILIE

BROSE

SEIT 1908

"Das wird sich durchsetzen" – kaum ein anderer Satz hat häufiger den Beginn einer Erfolgsgeschichte geprägt. Besonders frühzeitig einen Markttrend zu erkennen, ist eine der ersten Tugenden eines erfolgreichen Unternehmers. Dies gilt auch für Max Brose. Kurz nach der Jahrhundertwende beobachtet der junge Kaufmann aus Wuppertal, wie schnell das Automobil die Pferdefuhrwerke und Kutschen von den Straßen verdrängt. Von der Zukunftsfähigkeit des Autos überzeugt, gründet er 1908 in Berlin ein Handelsgeschäft für Automobilausrüstung, das er bis zum Ausbruch des Ersten Weltkriegs betreibt. Nach Kriegsende bleibt er der Idee treu und gründet 1919 mit seinem Geschäftspartner, dem Chemiker Ernst Jühling, im oberfränkischen Coburg das Metallwerk Max Brose & Co. Fortan stellt das Unternehmen Automobilteile auch in Eigenfertigung her. Mit dem Kurbelapparat für Autofenster legt Brose in den folgenden Jahren den Grundstein für eine beispiellose Erfolgsgeschichte. Wesentliches technisches Merkmal ist der Einsatz der „Schlingfederbremse". Diese ermöglicht es, eine Seitentürscheibe mittels Kurbel in jeder gewünschten Position zu halten.

Brose ist gewappnet für die Wirtschaftswunderzeit nach dem Zweiten Weltkrieg. Als 1954 der millionste VW-Käfer vom Band rollt und später die Marken Auto Union, Ford, Mercedes, MAN und Opel zu Tausenden auf deutschen Straßen fahren, ist es das Unternehmen Brose, das sie unter anderem mit Fensterhebern ausstattet. Daneben stellt das wachsende Unternehmen auch Lüftungsklappen, Sonnenblenden, Ausstellfenster und Kanister her. Bald schon ist Brose der größte Industriebetrieb in Coburg.

Als Firmengründer Max Brose im Jahr 1968 stirbt, hinterlässt er einen Betrieb mit fast 1000 Mitarbeitern. Nachdem seine Tochter Gisela das Unternehmen drei Jahre geleitet hat, überträgt sie die Verantwortung ihrem Neffen Michael Stoschek. Mit nur 23 Jahren übernimmt dieser das Steuer und führt Brose in eine erfolgreiche Zukunft als internationaler Automobilzulieferer.

Innovationen wie der erste elektrische Fensterheber und die erste elektrische Sitzverstellung in Europa sowie eine Weltneuheit – der elektronische Einklemmschutz für Fensterheber – prägen die folgenden Jahre. Ebenso der Beginn der weltweiten Expansion: Ende der 1980er-Jahre gründet das Unternehmen die ersten ausländischen Produktionswerke in England und Spanien. 1993 geht im mexikanischen Querétaro die erste Produktionsstätte auf dem amerikanischen Kontinent in Betrieb. ▶

> »Unsere Produkte erhöhen Komfort, Sicherheit und Effizienz im Fahrzeug.«
>
> Jürgen Otto, Vorsitzender der Geschäftsführung

AUS BESTER FAMILIE

Jürgen Otto (l.), Vorsitzender der Geschäftsführung, und Michael Stoschek, Vorsitzender der Gesellschafterversammlung

Unterwegs im Zeichen der Automobiltechnik: Firmengründer Max Brose auf der Internationalen Automobil-Ausstellung in Berlin (1928)

»Wir gestalten seit über 100 Jahren die benutzerorientierte Technik des Automobils.«

Michael Stoschek

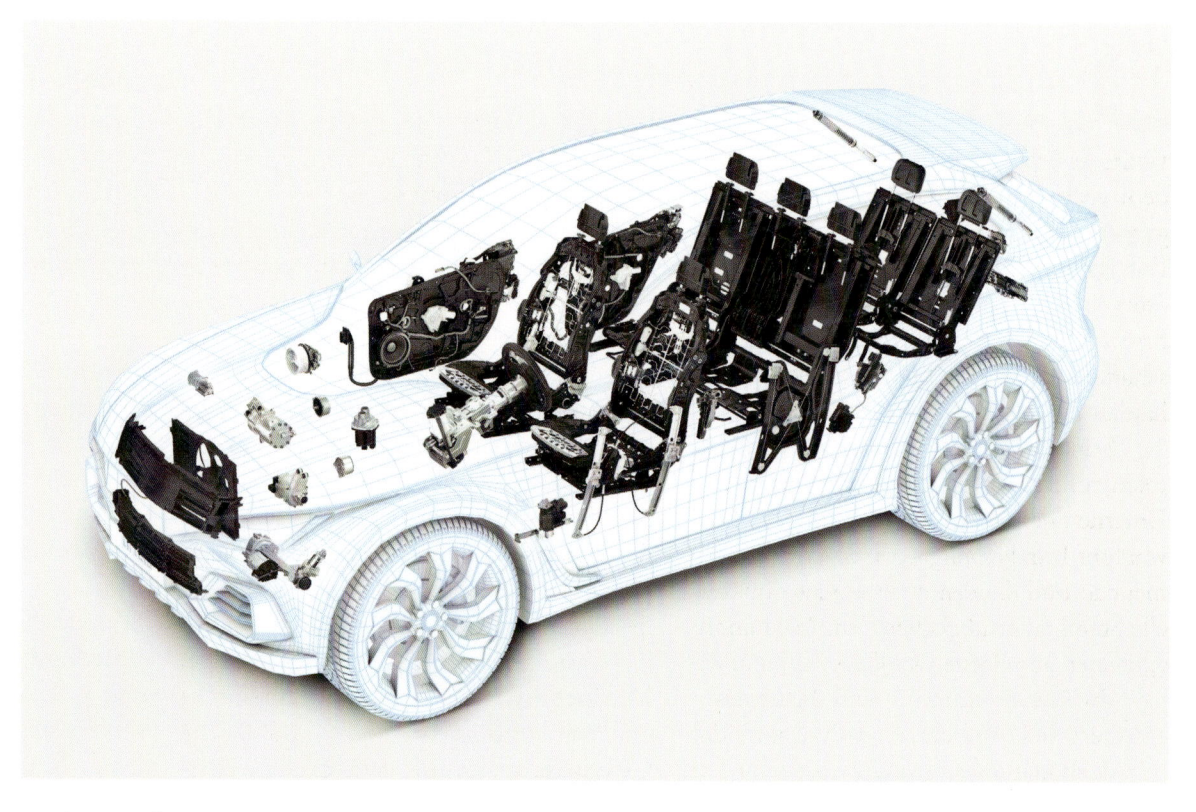

Egal, wo auf der Welt eine Autotür oder ein Fenster geöffnet, ein Fahrzeugsitz verstellt oder die Klimaanlage eingeschaltet wird – in jedem zweiten Neuwagen sind die mechatronischen Systeme von Brose im Einsatz. Sie machen das Fahren komfortabler, sicherer und effizienter

BROSE

Aus Bamberg steuert die Brose Gruppe seit 2016 den globalen Einkauf, die Elektronikentwicklung und die weltweite Informationstechnologie des Familienunternehmens

Heute ist Brose an 60 Standorten in 23 Ländern vertreten und damit in allen wichtigen Automobilmärkten der Welt präsent. Das Unternehmen gehört zu den fünf größten Automobilzulieferern in Familienbesitz. Rund 25 000 Mitarbeiter erwirtschafteten 2016 einen Umsatz von 6,1 Milliarden Euro.

Seinen Erfolg führt Brose auf drei Faktoren zurück. Erstens: Unabhängigkeit. Das Unternehmen ist zu 100 Prozent in Hand von fünf Familienmitgliedern. Deren Zusammenhalt und die damit verbundene finanzielle Stabilität ermöglichen dem Automobilzulieferer, aus eigener Kraft zu wachsen.

Zweitens: Innovationen. Brose konzentriert sich auf einzelne Produktfelder mit dem klaren Anspruch, dort weltweit eine führende Marktposition einzunehmen. Mit jahrzehntelanger Erfahrung entwickelt der Mechatronik-Spezialist immer neue Produkte und Ideen, die das Autofahren komfortabler, sicherer und effizienter machen. Dafür investiert Brose jährlich acht Prozent seines Umsatzes in Forschung und Entwicklung.

Dritter Erfolgsfaktor sind die Mitarbeiter. Sie eint der Anspruch, jeden Tag ein Stück besser zu werden und nach höchster Qualität sowie Effizienz zu streben. Dafür bietet ihnen Brose umfassende Möglichkeiten, sich beruflich und persönlich international weiterzuentwickeln. Sport- und Gesundheitsprogramme, flexible Arbeitszeiten und Unterstützung bei der Kinderbetreuung oder Angehörigenpflege tragen zur Vereinbarkeit von Familie und Beruf bei.

Fast 35 Jahre führt der Gründerenkel Michael Stoschek das Unternehmen operativ und vertritt seit 2006 die Gesellschafterfamilie. Seit diesem Zeitpunkt ist Jürgen Otto Vorsitzender der Geschäftsführung. Er arbeitet eng mit Gesellschaftern und Beirat zusammen. Bindend für alle Mitarbeiter sind die Brose Grundsätze „FIRST": Family, Innovation, Respect, Success, Team. ◀

DATEN UND FAKTEN

INHABERFAMILIEN
Familien Stoschek und Volkmann in der dritten Generation

GRÜNDER
Max Brose

UNTERNEHMENSANTEILE FAMILIENMITGLIEDER
100 % in den Händen von fünf Familienmitgliedern

MARKTPOSITION UNTERNEHMEN
Weltmarktführer bei Türsystemen, angetriebenen Heckklappen, elektronisch kommutierten Kühlerlüftermodulen und Premium-Vordersitzstrukturen

BRANCHE
Automobilzulieferer

PRODUKTE
mechatronische Systeme für Fahrzeugtüren, Heckklappen und -deckel, Verstellsysteme für Vorder- und Rücksitze sowie Elektromotoren und -antriebe

STANDORTE
Hauptsitz in Coburg, 59 weitere Standorte in 23 Ländern

VERTRIEB
weltweit

MITARBEITER
über 25 000, davon 8700 in Deutschland

brose

BROSE FAHRZEUGTEILE GMBH & CO. KG, COBURG
Max-Brose-Straße 1
96450 Coburg

Telefon 09561 21–0
www.brose.com

Das Familienunternehmen Bumat bringt Mode, schnelle Autos oder schwere Lkw in Bewegung: Seit vielen Jahrzehnten fertigt es Drehscheiben, die sowohl bei einer Modeinszenierung als auch im Logistikzentrum Anwendung finden

AUS BESTER FAMILIE

BUMAT

SEIT 1948

Familie Burgmeier bringt mit ihrem Unternehmen Bumat Bewegung an unterschiedlichste Orte: in eine Privatvilla in Teheran, das neue Deutsche Fußballmuseum in Dortmund oder das Anne-Frank-Musical in Amsterdam. Seinen Sitz hat Bumat im baden-württembergischen Hockenheim. Das Unternehmen versteht sich als Maschinenbauspezialist, der Drehscheiben konstruiert, produziert und rund um den Globus selbst in Betrieb nimmt. Das Anwendungsspektrum ist weit: Kein Autohersteller der Welt verzichtet darauf, seine Fahrzeuge mithilfe von Bumat wirkungsvoll in Szene zu setzen.

Seine Innovationsführerschaft zeigt Bumat bei seinen Spezialdrehscheiben. Für Kundenwünsche, die bis dahin nur als Skizze oder Idee existierten, schafft das Ingenieurteam innovative und individuelle Lösungen – so wie eine sich geräuschlos drehende Bühne für das Züricher Opernhaus. Oder es entstehen Drehscheiben mit 33 Metern Durchmesser, die sowohl 1200 Zuschauer auf einer Tribüne sicher bewegen können als auch Flugzeuge. Sie drehen sich bei Wind und Wetter und lassen sich

> »We make the world go round. Since 1948.«
>
> Bumat-Unternehmensslogan

für Shows oder Modenschauen individuell programmieren. 60 Prozent des Umsatzes werden mit Kunden außerhalb Deutschlands erzielt. Entwicklung, Konstruktion, Engineering und Produktion erfolgen in Hockenheim. Die Bumat-Servicetechniker montieren in der ganzen Welt.

Josef Burgmeier war ein findiger Unternehmer, der nach dem Krieg eine Metallbauwerkstätte gründete. Sein Sohn, Wilfried Burgmeier, ein gelernter Maschinenbaumechaniker-Meister, setzte bald nach seinem Eintritt ins väterliche Unternehmen neue Akzente. Die neue Geschäftssparte war in den 1960er-Jahren mit Maschinen und Anlagen wie Betonrüttlern, Betonverteilern oder Schalungssystemen für die Betonfertigteilindustrie auch international erfolgreich. Doch Wilfried Burgmeier hatte noch eine weitere Leidenschaft: Autos. In seiner Freizeit fuhr er Rallys, als Unternehmer eröffnete er die erste VW-Niederlassung der Region. Für den Verkaufsraum entwickelte er Drehbühnen und Drehscheiben und griff dabei auf das Maschinenbau-Know-how aus dem anderen Unternehmenszweig zurück. 1968 entstand die modulare Baukastenkonstruktion, deren Grundidee heute noch im Einsatz ist. Zunächst aus Stahl, werden die Drehscheiben seit 1983 aus Aluminium konstruiert, das leichter ist und geringere Einbauhöhen erlaubt.

Wilfried Burgmeier gestaltete mit seinem Sohn Timo, der 1997 ins Unternehmen eingetreten war, die Zukunft des Unternehmens weiter. Seit 2005 ist Timo Burgmeier alleiniger geschäftsführender ▶

AUS BESTER FAMILIE

Familie Burgmeier mit ihren
Kindern Otto und Oskar

»Jeder Mensch kann alles – aber er muss auch zu allem bereit sein.«

Die Lebensphilosophie von Timo Burgmeier nach einem Zitat von Alma Mahler-Werfel

Sie setzen die neuen Modelle der Automobilhersteller wirkungsvoll in Szene: die Drehscheiben von Bumat

Von hier aus werden Kunden in aller Welt beliefert: der Firmensitz von Bumat in Hockenheim

Ein besonders komfortabler Einsatzbereich für die Drehscheiben von Bumat: Sunlounger für Super-Yachten

BUMAT

Spektakuläre Projekte: Bumat hat sich auch im Bereich der kinetischen Architektur einen Namen gemacht und für diese Privatvilla in Teheran rotierende Räume konstruiert, produziert und montiert

Gesellschafter. Seine Frau Verena steht ihm als Diplom-Kauffrau in den Bereichen Marketing, Strategie und Finanzen zur Seite. „Damit ein kleines Familienunternehmen effizient und ertragreich arbeiten kann, muss jeder unternehmerisch denken und handeln – und täglich neue Impulse setzen", findet Burgmeier.

Mithilfe dieser Einstellung entwickelte Bumat die nächste Produkt-Generation: die „intelligente Drehscheibe". So entstand 2010 die Bumatic-Steuerung, die ermöglicht, dass sich die Scheibe nicht nur dreht, sondern gemäß einer vorgegebenen Choreografie programmiert und positioniert werden kann. So werden Synchronlauf, auf die Drehscheibenbewegung abgestimmte Licht-, Ton- und Bildeffekte oder eine exakte Positionswahl erst möglich.

In den vergangenen Jahren kamen immer wieder neue Einsatzbereiche für die Drehscheiben von Bumat hinzu. So stellt das Familienunternehmen vermehrt drehende Sunlounger und Sofas für Super-Yachten her. Auch in der Industrie werden sie immer häufiger verwendet: Gerade erst hat das Unternehmen ein Projekt im Mercedes-Benz Werk Düsseldorf beendet, wo es einen Drehring mit 25 Metern Durchmesser bereitstellte. Die Konstruktion soll dabei helfen, die Montage des Transporters „Sprinter" effizienter und kostengünstiger zu gestalten.

Die wohl spektakulärste Anwendung von Bumat lässt sich seit 2013 in einem Wohnhaus in Teheran bestaunen. Eine kinetische Sonderkonstruktion lässt dort ganze Räume drehen, was auf der Grundidee einer alten persischen Bautradition basiert. Klimabedingt haben dort viele Häuser einen Wohnraum für den Sommer und einen für den Winter. Auf drei Etagen gibt es eine drehende „Raum-im-Raum"-Konstruktion, die sich je nach Wetter um 90 Grad nach außen beziehungsweise innen drehen lässt. Innerhalb von nur zwei Minuten kann man das Haus so von der Sommerresidenz zum Winterdomizil umgestalten.

Bei Bumat ist die ganze Welt eine (Dreh-)Scheibe. Seit 1948. ◄

DATEN UND FAKTEN

INHABERFAMILIE
Familie Burgmeier
in der dritten Generation

UNTERNEHMENSSTRUKTUR
familiengeführte GmbH

GESCHÄFTSFÜHRUNG
Timo Burgmeier hält als Inhaber und alleiniger Geschäftsführer 100 % an der GmbH

BRANCHE
Maschinenbau

PRODUKTE
Drehscheiben und kinetische Sonderkonstruktionen

MARKTPOSITION
Bumat hat sich als Markt- und Technologieführer im Bereich Drehscheiben etabliert und den weltweit größten Bestand an Mietdrehscheiben

VERTRIEB
Entwicklung, Konstruktion, Engineering und Produktion in Deutschland – Montage, Prüfung, Inbetriebnahme und Wartung von Bumat-Servicetechnikern in der ganzen Welt

MITARBEITER
25 Mitarbeiter am Standort Hockenheim

BUMAT
Drehscheiben seit 1948

BUMAT BEWEGUNGSSYSTEME GMBH
Pfälzer Ring 30
68766 Hockenheim

Telefon 06205 9413-30
www.bumat.com

Am Offenburger Unternehmenssitz sind die meisten Redaktionen von BurdaLife und BurdaHome angesiedelt; das badische Medienzentrum ist zudem der größte Druckstandort des Unternehmens. In Offenburg schlägt auch das Herz der kaufmännischen Administration

AUS BESTER FAMILIE

HUBERT BURDA MEDIA

SEIT 1903

Die Medienbranche wandelt sich in Zeiten der Digitalisierung stetig und rasant. Klar im Vorteil ist in diesem Umfeld ein Unternehmen, in dessen DNA es fest verankert ist, neue Technologien zu verstehen und zu beherrschen – ein Unternehmen wie Hubert Burda Media. Waren es einst die Fortschritte der Drucktechnologie, sind es heute die Möglichkeiten des Consumer-Internets, die es Burda ermöglichen, neue Medienprodukte zu entwickeln und neue Beziehungen zu seinen Kunden aufzubauen.

Als Familienunternehmen mit über 100-jähriger Geschichte verbindet Burda Tradition und Innovation. Der Konzern ist heute eines der größten Medienhäuser Deutschlands und ein international agierendes Medienunternehmen. Angefangen hat diese Erfolgsgeschichte mit dem gelernten Drucker und Setzer Franz Burda („I."), der 1898 in eine kleine Druckerei in Philippsburg eintrat und diese vier Jahre später übernahm. 1903 erschien mit der Philippsburger Zeitung der erste Burda-Titel. 1908 zog Franz Burda in seine Heimatstadt Offenburg und eröffnete dort einen neuen Betrieb.

> »Die digitale Revolution hat alles auf den Kopf gestellt, erfasst alle Lebensbereiche – and it's only the beginning.«
>
> Hubert Burda

1923 kam der gleichnamige Sohn von Franz Burda I. in das väterliche Unternehmen. Nach dem Tod seines Vaters baute der inzwischen promovierte Volkswirt die Drei-Mann-Druckerei binnen weniger Jahre zu einem Großbetrieb mit 100 Mitarbeitern aus. Unter seiner Führung wurde der Betrieb auf das Tiefdruckverfahren umgestellt, und es entstanden schließlich Zeitschriftenklassiker wie Bunte, Das Haus, Freundin, Meine Familie & ich, Mein schöner Garten und Freizeit Revue. Mit dem Medienpreis Bambi brachte er den Hollywood-Glamour nach Deutschland. Auch Franz Burdas Ehefrau Aenne prägte das Unternehmen: 1949 übernahm sie einen defizitären Schnittmusterverlag und schuf daraus den weltweit größten Verlag für Modepublikationen. Heute erscheint burda style in 17 Sprachen und mehr als 100 Ländern.

Seit den 1960er-Jahren ist Verleger Hubert Burda im Unternehmen tätig und übernahm nach dem Tod seines Vaters 1986 das Stammgeschäft mit insgesamt 15 Zeitschriften und den Druckereien. Unter seiner Regie schrieb das Unternehmen deutsche Mediengeschichte: Es entstanden Titel wie SUPERillu als größte Kaufzeitschrift Ostdeutschlands, das Nachrichtenmagazin FOCUS und die Markenfamilie Lisa.

Als einer der Ersten im Verlagsgeschäft erkannte Hubert Burda die umwälzenden Chancen der digitalen Medienrevolution. Bereits Mitte der 1990er-Jahre begann ▶

AUS BESTER FAMILIE

Raissa Gorbatschowa (links) empfängt Aenne Burda 1987 in Moskau. Burda Moden erschien als erste westliche Zeitschrift in der Sowjetunion

»Burda ist ein dynamisches Netzwerk aus Menschen und Marken. Wir brennen für die Themen unserer Leser und Nutzer und schaffen dadurch jeden Tag aufs Neue Nähe.«

Das Credo von BURDA

Das soziale Netzwerk: Bei DLD treffen sich die klügsten Köpfe, um über die Trends der digitalen Welt zu diskutieren. Die Konferenz fand 2005 das erste Mal in München statt – seitdem hat sich DLD zur führenden Digital- und Innovationskonferenz in Europa entwickelt

Gemeinsam mit der Redaktion entscheidet Melvin Ang (links), Burdas Herausgeber in Asien, wer aus der Society von Singapur aufs Cover von Prestige darf

Verleger Hubert Burda mit seinen beiden Kindern Jacob Burda und Elisabeth Furtwängler: „Jede neue Generation erhält das Unternehmen als ein Pfand, dessen Wert es zu bewahren gilt."

HUBERT BURDA MEDIA

Neun junge, talentierte Flüchtlinge haben im Sommer 2016 zusammen mit den IT-Experten von Cliqz ein vierwöchiges IT-Training absolviert. Das Münchener Start-up ist eine Mehrheitsbeteiligung von Burda

er, sein Unternehmen konsequent auf den digitalen Wandel auszurichten: 1995 gründete er FOCUS Online, im Jahr 2001 beteiligte er sich an der Tomorrow Internet AG. Indem er ein wachstumsstarkes Portfolio von Digitalunternehmen auf- und ausbaute, machte er den Konzern zu einem der führenden digitalen Medienunternehmen Europas. 2005 rief er die Konferenz DLD (Digital Life Design) ins Leben, die wichtigste Innovationskonferenz und Austauschbörse der digitalen Welt in Europa.

Im Jahr 2010 übergab Hubert Burda die operative Unternehmensführung an Paul-Bernhard Kallen. „Mit ihm steht eine Unternehmerpersönlichkeit an der Spitze, die einerseits die erforderliche Kontinuität gewährleistet und andererseits die Transformation unserer Geschäfte entschieden vorantreibt", so der Verleger. Obwohl die Geschäfte heute von einem externen Vorstandsvorsitzenden geführt werden, ist das Unternehmen bis heute zu 100 Prozent in Familienbesitz. Die Gesellschaftsanteile liegen zu je knapp 37,5 Prozent bei Jacob Burda und Elisabeth Furtwängler, den Kindern von Hubert Burda, und zu circa 25,1 Prozent bei ihm selbst.

Burda investiert fortwährend in neue Unternehmen und eigene Innovationen. Der selbst entwickelte Cliqz-Browser mit innovativer Search-Funktion und integriertem Anti-Tracking ist seit Anfang 2016 auf dem Markt. Ein starkes neues Standbein in Großbritannien schaffte Burda sich durch die Unternehmensgruppe von Immediate Media, die Anfang 2017 zu 100 Prozent erworben wurde. Das Unternehmen betreibt ein magazinbasiertes Multiplattform-Geschäft mit einem starken digitalen Anteil.

Doch Burda ist heute nicht nur für seine journalistischen Marken oder digitalen Angebote wie HolidayCheck oder XING bekannt, sondern auch für sein seit Jahrzehnten gewachsenes gesellschaftspolitisches Engagement. Burda versteht sich als Plattform, die soziales Unternehmertum fördert. Daher sind mehrere Stiftungen wie die Hubert Burda Stiftung, die Felix Burda Stiftung oder die TRIBUTE TO BAMBI Stiftung beim Unternehmen beheimatet. ◂

DATEN UND FAKTEN

INHABERFAMILIE
Familie Burda in der dritten und vierten Generation

BRANCHE
Medien und Technologie

PRODUKTE UND DIENSTLEISTUNGEN
550 Produkte in Deutschland und 20 weiteren Ländern; sowohl klassische als auch digitale Geschäftsmodelle auf bestimmten thematischen Plattformen wie etwa Berufsleben, Mode oder Wohnen und Garten

STANDORTE
mehr als 18 Standorte in Deutschland, die wichtigsten davon sind München, Offenburg, Hamburg und Berlin; außerhalb Deutschlands befinden sich die größten Länderstandorte in Russland, Indien, Polen und Rumänien; insgesamt ist BurdaInternational in 21 Ländern aktiv (2016), wichtige Märkte sind weiterhin Zentral- und Osteuropa, Westeuropa und Asien

MITARBEITER
10 440 (2016)

UNTERNEHMENSSTRUKTUR
233 selbstständig agierende Gesellschaften, davon 140 in Deutschland und 93 im Ausland

UMSATZ
2,26 Mrd. € (2016)

Hubert Burda Media

HUBERT BURDA MEDIA HOLDING
KOMMANDITGESELLSCHAFT
Arabellastraße 23
81925 München

Telefon 089 9250–0
www.burda.com

Der Callwey Verlag besticht immer wieder durch herausragende und innovative Gestaltung; hier als Beispiel ein veredeltes Vorsatzpapier aus dem Buch „Stilvoll"

AUS BESTER FAMILIE

CALLWEY
SEIT 1884

Callwey bringt die schönen Dinge des Lebens zu Papier – und ins Netz. Das Familienunternehmen aus München ist der führende Verlag in den Themen Architektur, Landschaftsarchitektur, Handwerk, Naturstein, Garten, Design und Lifestyle. Mit seinen Marken Baumeister, Garten + Landschaft, Mappe, RESTAURO, STEIN und Topos gestaltet Callwey Erlebniswelten für seine Leser. Jedes Magazin, jedes Buch, jeder Autor hat das Ziel, einen Mehrwert für die jeweilige Zielgruppe zu kreieren. Unabhängig davon, ob es um Kochbücher, Architekturzeitschriften oder Content-Marketing-Seiten geht: Mit seiner Leidenschaft für Journalismus schafft Callwey individuelle Lösungen für alle Kunden.

In München, wo das Unternehmen bis heute sitzt, fing vor mehr als 130 Jahren alles an. Der gelernte Buchhändler Georg Dietrich Wilhelm Callwey hatte bereits seit elf Jahren in Buchhandlungen und Verlagen wie Jakob Hegner und Ernst Rowohlt gearbeitet, als in ihm der Wunsch reifte, sich selbstständig zu machen. Er erkannte eine Marktlücke: Seiner Ansicht

»Wir stehen für Medien, die Fans schaffen. Und geben damit Impulse für Veränderer.«

Callwey-Credo

nach fehlte in der Verlagslandschaft ein Haus, das sich dem Schöngeist widmete. Am 1. Januar 1884 eröffnete er seine Verlagsbuchhandlung.

Zunächst brachte der junge Verlag Veröffentlichungen im Bereich der Belletristik hervor, erwarb aber bereits im Jahr 1886 die Malerzeitschrift „Die Mappe" und stellte damit die Weichen für das heutige Portfolio. Im Lauf der Jahrzehnte und Generationen kamen immer neue Publikationen aus den Bereichen Kunst, Architektur und Garten hinzu. Einige davon gibt es bis heute: Das Architekturmagazin Baumeister, das die ganze Welt der Architektur in Kritiken, Reportagen und Interviews beleuchtet, erscheint bereits seit 1904 bei Callwey.

Zu Callwey gehören bemerkenswerte Unternehmerpersönlichkeiten – darunter Helmuth Baur-Callwey, der als Verleger die dritte Generation repräsentierte und dem wegen seiner herausragenden Leistungen um das Verlagswesen das Bundesverdienstkreuz verliehen wurde. Seit 2009 führen die Kinder von Helmuth Baur-Callwey und dessen Frau Dr. Veronika Baur-Callwey die Geschäfte des Familienunternehmens. Dabei verantwortet Dr. Marcella Prior-Callwey den Bereich Buch und Dominik Baur-Callwey den Bereich Fachmedien. Unter dem neuen Führungsteam wurde das Programm zu einem breiten Portfolio im Bereich Lifestyle ausgebaut mit Bestsellern wie Burger Unser, Stilvoll oder Häuser des Jahres, mit dem Gartenreiseführer Deutschland oder Westwing – Das große Buch der Wohnstile. Der Verlag verleiht unter anderem die Awards Maler des ▶

AUS BESTER FAMILIE

Buch und Collector's Edition zum Jubiläum des Spitzenrestaurants Tantris mit Rezepten der Kochlegenden Eckart Witzigmann, Heinz Winkler und Hans Haas

Porträt des Verlagsgründers Georg Dietrich Wilhelm Callwey

> »Jedes Magazin, jedes Buch, jeder Autor hat das Ziel, besonderen Content für unsere Leser zu schaffen.«
>
> Callwey

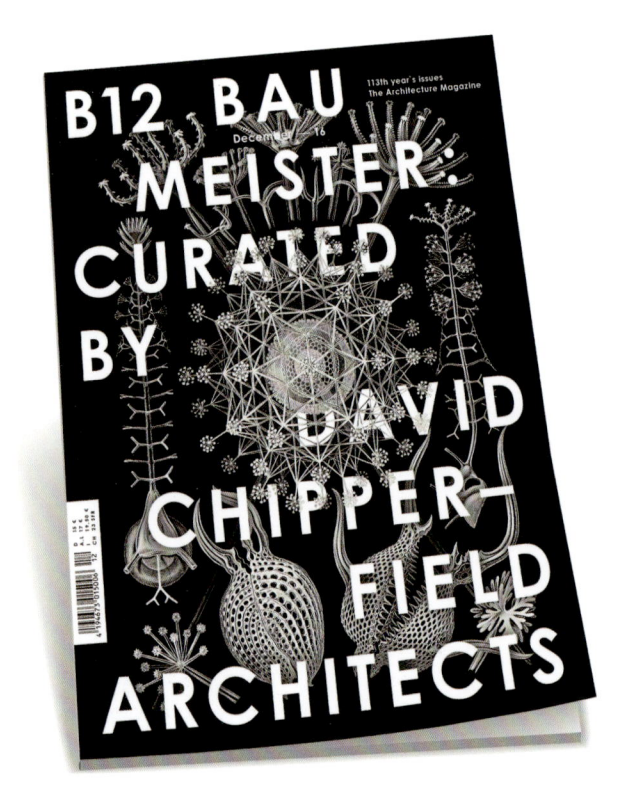

Der Baumeister ist eine der führenden Architekturzeitschriften in Deutschland. Diese Ausgabe wurde im Verlag von Star-Architekt Sir David Chipperfield gastkuratiert

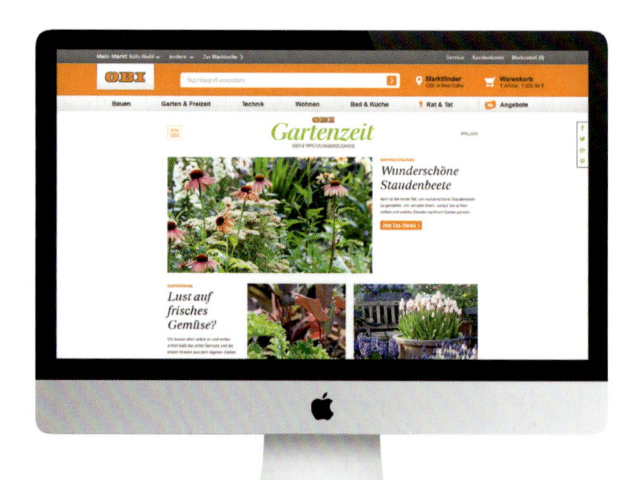

Für OBI entwickelt Callwey Content-Marketing-Lösungen, wie zum Beispiel das Online-Magazin OBI Gartenzeit

CALLWEY

Die geschäftsführenden Gesellschafter in vierter Generation: Verleger Dominik Baur-Callwey und Verlegerin Dr. Marcella Prior-Callwey vor den Porträts Georg Callweys und seines Schwiegersohns und Nachfolgers Karl Baur

DATEN UND FAKTEN

INHABERFAMILIE
Familie Baur-Callwey
in der vierten Generation

BRANCHE
Medien- und Verlagsbranche

PRODUKTE UND DIENSTLEISTUNGEN
Fachmedien, Bücher,
CP- und CM-Produkte

STANDORT
München

VERTRIEB
international mit Schwerpunkt
Deutschland, Österreich und der
Schweiz

MARKTPOSITION
führender Verlag in den Themen
Architektur, Handwerk, Garten
und Lifestyle

MITARBEITER
55 Mitarbeiter

FÜHRUNGSSTRATEGIE
die beiden Geschäftsführer
sind Verlegerin
Dr. Marcella Prior-Callwey
(Leitung Buch) und
Verleger Dominik Baur-Callwey
(Leitung Fachmedien)

Jahres, Häuser des Jahres, Gärten des Jahres und Best of Interior und ist Herausgeber von Jahrbüchern für Berufsverbände wie dem STORE BOOK (Deutscher Ladenbau Verband) oder dem Handbuch Innenarchitektur für den bund deutscher innenarchitekten (bdia).

Wer Inhalte zu ästhetischen Dingen schafft, dem liegt die Schönheit auch selbst am Herzen. So ist es kein Wunder, dass Callwey immer wieder durch herausragende und innovative Gestaltung besticht. Beim Band „Stilvoll" etwa wurde der Haupttitel erstmals gestickt, und bei der Dokumentation zur Geschichte des Restaurants Tantris in München wurde aus der Logo-Schrift des Sternelokals eine Laufschrift entwickelt, die im Buch zum Einsatz kam. Die Produkte von Callwey sind vielfach ausgezeichnet, unter anderem mit dem ADC Nagel, dem TDC-Award, dem LeadAward, dem Red Dot Design Award und dem German Design Award.

Bereits seit 2004 ist der Verlag im Corporate-Publishing-Geschäft tätig und erschloss damit neben den Zeitschriften und Büchern ein drittes Geschäftsfeld. Mit Erfolg: Callwey hat sich im Projektgeschäft und als Content-Marketing-Anbieter etabliert und zählt beispielsweise OBI, Red Bull und den Deutschen Ladenbau Verband zu seinen Kunden. Weil herausragende Marken herausragende Inhalte brauchen, setzt Callwey Unternehmen ganzheitlich in Szene: So entwickelt und realisiert das Verlagshaus effektive Social-Media-Lösungen, inhaltsgetriebene und emotionale Content Sites sowie einzigartige Printmedien.

Es ist viel Zeit vergangen, seit Georg Dietrich Wilhelm Callwey seinen schöngeistigen Verlag in München gegründet hat. Nicht mehr alle Inhalte werden inzwischen auf Papier gedruckt. Doch der Firmengründer würde auch so manche Zeitschrift wiedererkennen, könnte er heute einen Blick auf das Portfolio seines Verlags werfen. Und vor allem: Ob Buch, Zeitschrift oder Website – bis heute hat sich Callwey dem Schöngeist verschrieben. ◀

CALLWEY
SEIT 1884

GEORG D. W. CALLWEY
GMBH & CO. KG
Streitfeldstraße 35
81673 München

Telefon 089 436005–0
www.callwey.de

Die inneren Werte der Waffeleisen von Cloer mit der charakteristischen Herzform sind immer gleich geblieben – „mit Herz gemacht"

AUS BESTER FAMILIE

CLOER
SEIT 1898

Was gibt es Feineres als den Duft frisch gebackener Waffeln? Wenn er Ihnen das nächste Mal in die Nase steigt, achten Sie einmal darauf, welcher Markenname auf dem Automaten steht. Gut möglich, dass es Cloer ist. Denn das Familienunternehmen aus Arnsberg im Sauerland ist bis heute Marktführer bei Waffelautomaten in Deutschland. Und das aus gutem Grund.

Das Unternehmen wurde 1898 von Caspar Cloer als Schmiede und Werkzeugbau gegründet. Nach Anschluss an die Stromversorgung im Jahr 1909 begann Cloer mit der Herstellung eigener Produkte für die neue Technologie. Aus der Schmiede wurde die Manufaktur „Caspar Cloer – Fabrik für elektrische Heiz- und Kochgeräte", die bis heute besteht.

Nach elektrischen Kochplatten, Heizlüftern und Bügeleisen wurden die ersten elektrischen Waffeleisen entwickelt. Denn aus fertigungstechnischer Sicht ist ein Waffeleisen eigentlich nichts anderes als zwei Bügeleisen, die mit einem Gelenk verbunden sind.

»Mit Herz gemacht«
Cloer-Unternehmensmotto

Caspar Cloer experimentierte auch mit der Form der Waffel, um das bestmögliche Backergebnis zu erzielen. Sein Ziel war es, die Waffeln so zu gestalten, dass sie an allen Stellen gleich dick sind. Dies führte ihn zu der charakteristischen Form mit fünf herzförmigen Teilstücken, die bis heute unverändert von Cloer hergestellt wird.

1936 starb Caspar Cloer mit 66 Jahren, seine drei Söhne Carl, Wilhelm und Eugen Cloer übernahmen das Unternehmen und entwickelten gemeinsam die Produkte weiter. Erstmals verwendeten sie auch das Leichtmetall Aluminium. Das machte in den Bügeleisen die Verwendung von Thermostaten notwendig, die dann ebenfalls im eigenen Werk gefertigt wurden.

Auch für Waffeleisen kam nun Aluminiumdruckguss und Thermostatsteuerung zum Einsatz. Dabei fanden die Brüder heraus, dass Bräunungsgrad und Fertigstellung der Waffel optimal mit den entwickelten Thermostaten kontrolliert werden konnten. So entstand der erste „Automat" mit Reglung und Kontrollleuchte.

Zwischen 1957 und 1965 wurde die Familie von Schicksalsschlägen getroffen. Innerhalb weniger Jahre starben Carl, Eugen und Wilhelm Cloer sowie Carls Sohn Wilhelm (junior), sodass 1966 der erst 25-jährige Günther, der Sohn von Carl Cloer, das Familienunternehmen übernahm.

Unter seiner Führung wurde Anfang der 1980er-Jahre eine neue Fertigung in einem Industriegebiet außerhalb der Stadt aufgebaut. Nach nur zehn Jahren Produktion am neuen Standort erfolgten die ersten Schritte nach China. Zunächst wurden Baugruppen in China gefertigt und in der heimischen Endmontage verarbeitet. Mitte der 1990er-Jahre wurde die gesamte Fertigung inklusive Maschinenpark zu hongkongchinesischen Partnern verlagert.

Ambitionen, wieder in Deutschland zu fertigen, gibt es nicht. Im Gegenteil, denn auf die über 25-jährige Zusam- ▶

AUS BESTER FAMILIE

Er gründete das Unternehmen im Jahr 1898: Caspar Cloer, hier mit seiner Frau

Aus einer Familie: Die Produkte von Cloer erkennt man an ihrem schlichten und eleganten Corporate Design

»Die Waffelschmiede der Nation«

So wurde und wird Cloer oft genannt

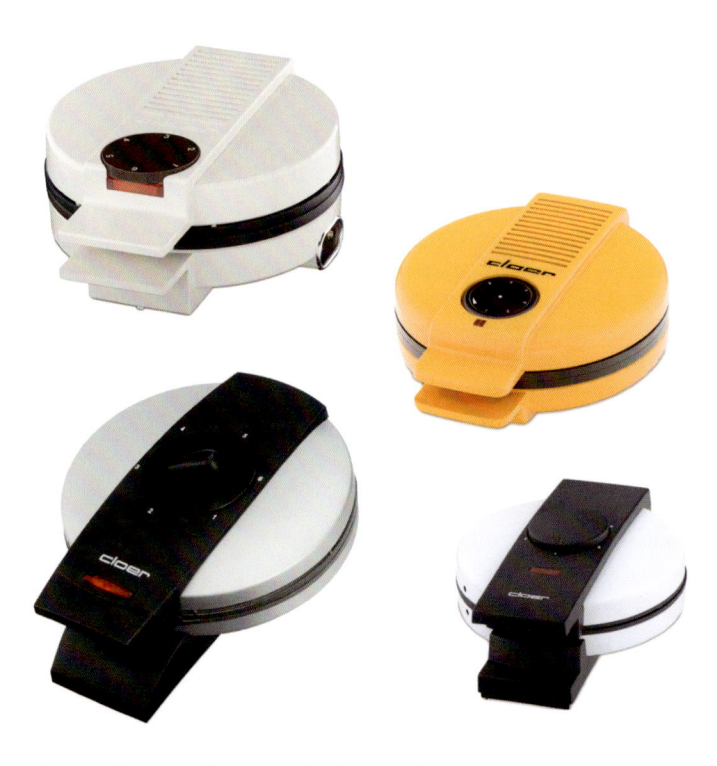

In den 70er-Jahren produzierte Cloer in damals angesagten schrillen Farben. Heute gibt es die Waffelautomaten in modernem und zeitlosem Design

Unverkennbar Cloer: Die klare Linienführung mit dem markanten Cloer-Bügel hat ebenso Tradition wie die Waffelform

CLOER

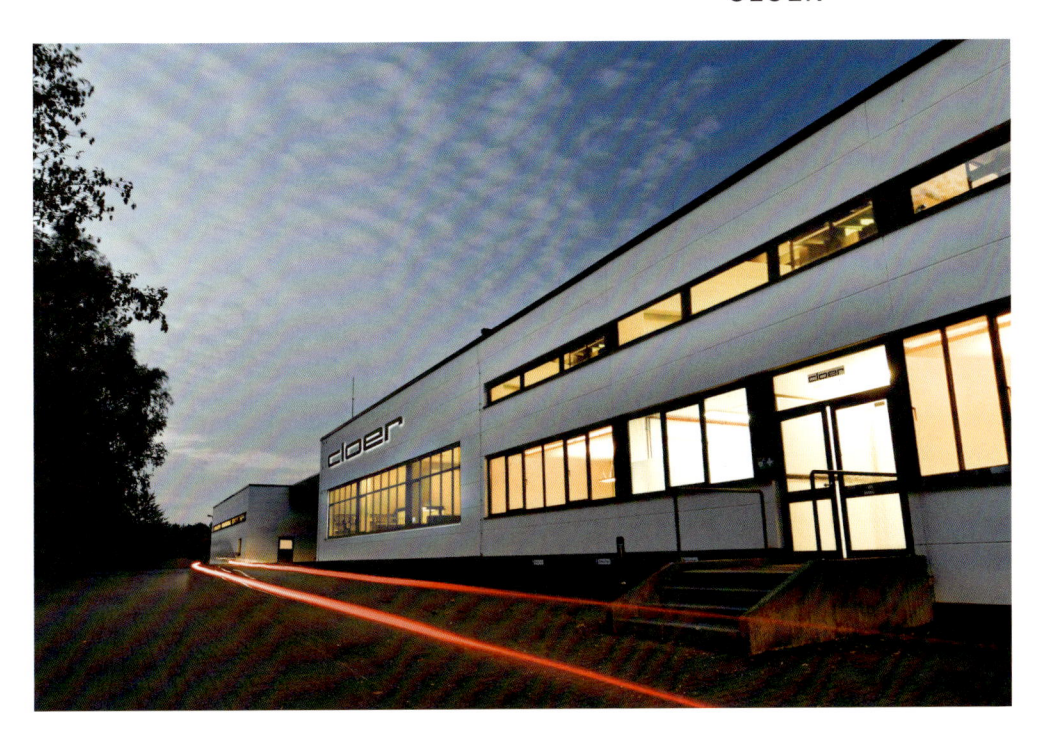

Im Sauerland zu Hause: Cloer sitzt schon immer in Arnsberg-Neheim und seit den 1980er-Jahren im benachbarten Industriegebiet Bergheim

DATEN UND FAKTEN

INHABERFAMILIE
Familie Cloer
in der vierten Generation

BRANCHE
Elektrohaushaltskleingeräte

PRODUKTE
Waffeleisen, Toaster,
Wasserkocher, Filterkaffee-
Automaten usw.

UNTERNEHMENSSTRUKTUR
Holding Caspar Cloer
GmbH & Co. KG mit eigenen
Tochterunternehmen

VERTRIEB
Hauptmarkt ist Deutschland
mit eigenem Außendienst,
darüber hinaus Vertriebspartner
im europäischen Ausland und
Importpartner u. a. in Japan,
Korea, Taiwan und Vietnam

MITARBEITER
35 Mitarbeiter in Deutschland

GESCHÄFTSFÜHRUNG
Achim Cloer, der Urenkel des
Firmengründers

UMSATZ
15 Mio. €

menarbeit mit den chinesischen Fertigungspartnern ist man bei Cloer stolz. Die meisten dieser Fertigungsunternehmen sind mittelständische Familienbetriebe, genau wie Cloer. Mit einigen dieser Familienunternehmen arbeitet Cloer nun schon in der zweiten Generation zusammen, und diese Partner gehören heute ebenfalls zur Cloer-Familie.

Seit 2007 betreibt Cloer ein eigenes Büro in Hongkong, ein zweites Büro in Shenzhen mit einem Team von Ingenieuren, die täglich die Fertigung begleiten und überwachen, sowie ein eigenes Elektrolabor am Stammsitz in Arnsberg. Das gehört zum Konzept von Cloer: Design, Entwicklung und Qualitätslabor in Deutschland, Werkzeugbau und Produktion in China. Verbunden mit einem durchgängigen Qualitätsmanagementsystem ist dies das Erfolgsrezept für die hohe Qualität der Cloer-Produkte.

Bis heute ist der Elektrogerätehersteller zu 100 Prozent in Familienbesitz. Seit 2004 steht Achim Cloer als Hauptgesellschafter und Geschäftsführer an der Spitze des Familienunternehmens und vertritt damit die vierte Generation. Das erklärte Ziel ist es, die Marke Cloer zu einer weltweit etablierten A-Marke zu entwickeln.

Heute wird die Marke Cloer bereits in über 30 Ländern weltweit vertrieben. Zum Programm gehören neben verschiedenen Waffelautomaten vor allem Frühstücksprodukte wie Toaster, Wasserkocher, Filterkaffeemaschinen, Kaffeemühlen, Mixer oder elektrische BBQ-Grills.

Bei allen technischen Neuheiten und modischen Veränderungen, eine Veränderung ist im Hause Cloer tabu: die Herzform der Waffel, die einst von Caspar Cloer entwickelt wurde. So schlägt mit diesem Waffelherz noch heute in jedem Gerät, das das Fertigungsband verlässt, das Herz des Gründers und dokumentiert die Maxime des Unternehmens: „mit Herz gemacht". ◀

cloer

CLOER ELEKTROGERÄTE GMBH
Von-Siemens-Straße 12
59757 Arnsberg

Telefon 02932 6297–0
www.cloer.de

Die Oberflächengestaltung von Conzen-Rahmen
ist Handarbeit wie vor 160 Jahren

AUS BESTER FAMILIE

CONZEN
SEIT 1854

Düsseldorf, Flughafen-Drehkreuz und Sitz großer deutscher Unternehmen, hat nicht nur die längste Theke der Welt hervorgebracht. Nein, die ehemalige Residenz- und heutige Landeshauptstadt ist auch führend auf dem Kunstmarkt. Und so gründete Friedrich Gottlieb Conzen genau hier im Jahr 1854 seine Spiegel- und Gemälderahmenfabrik, weil sein Vetter, ein Galerist, einen Einrahmer und Rahmenhersteller für seine Kunstwerke brauchte. Zu der Zeit erlebte die Düsseldorfer Schule, eine Gruppe von Malern, die an der königlich-preußischen Kunstakademie ihr Handwerk gelernt hatten, gerade ihre Hochzeit. Ein guter Zeitpunkt also, in einen Markt einzusteigen, der sich vor allem darum bemüht, Kunstwerken buchstäblich den richtigen Rahmen zu geben.

Lag der Schwerpunkt am Anfang noch auf Arbeiten für die Malerschule, wurde der Betrieb schon bald Hoflieferant des Königlich-Preußischen, Fürstlich-Hohenzollernschen und Schaumburg-Lippischen Hofes. Seinen größten Umbruch hat das Unternehmen jedoch pünktlich zum 160. Jubi-

> »Im Dienst der Kunst seit 1854«
>
> Conzen-Unternehmensmotto

läum erlebt: Die frühere F. G. Conzen GmbH fusionierte mit seinem Wettbewerber Werkladen zur Werkladen Conzen Kunst Service GmbH – der Dienst an der Kunst bleibt jedoch nicht nur im Motto erhalten. Mit der Verschmelzung mehrerer Tochtergesellschaften ist Conzen nun Teil einer schlagkräftigen Gruppe, die in Köln mit dem Werkladen einen großen stationären Laden unterhält, aber auch stark in den Onlinehandel eingestiegen ist. Gerade das soll im Zuge der Digitalisierung weiter ausgebaut werden, denn

bisher macht Conzen nur rund 22 Prozent seines Umsatzes im Internet.

Für diese Schritte ist Friedrich Georg Conzen junior verantwortlich, der Ururenkel des Gründers trat 2004 in den Betrieb ein und führt ihn gemeinsam mit Dr. Frank Warda in fünfter Generation weiter. Weitere Mitglieder der Gründerfamilie sind über eine Beteiligungsgesellschaft ins Unternehmen eingebunden. Ihr Einfluss ist weiterhin groß: Sie bestimmen die Geschäftsführung. Ein Beirat findet sich zweimal jährlich als Kontrollgremium zusammen. Rund 70 Mitarbeiter beschäftigt die Firma derzeit, die von Düsseldorf und Köln aus den Vertrieb im In- und Ausland vorantreiben. So ist das Unternehmen nicht nur in Deutschland als größter Einrahmer unterwegs, sondern vermutet sich auch in Europa an der Spitze in diesem Segment.

Wie so viele deutsche Familienunternehmen mit langer Tradition musste auch das Haus Conzen nach dem Zweiten Weltkrieg sein Geschäft wieder aufbauen. 1943 waren die Geschäftsräume vollständig zerstört worden, Friedrich Conzen, ▶

Persönliche Beratung
steht im Mittelpunkt

»Qualität ist, wenn der Kunde zurückkommt und nicht der Rahmen.«

Friedrich Conzen frei nach Hermann Tietz

Offene Manufaktur
in Düsseldorf-Flingern

Rahmenetikett als
ehemaliger Hoflieferant

Blick in die Vergolderei
vor dem Ersten Weltkrieg

UV-absorbierende Verbundgläser gehören in Museen zum Standard

DATEN UND FAKTEN

INHABERFAMILIE
Familie Conzen
in der fünften Generation

GRÜNDER
Friedrich Gottlieb Conzen

FAMILIENEINFLUSS
inhabergeführt durch Friedrich Conzen und Dr. Frank Warda

MARKTPOSITION UNTERNEHMEN
Deutschlands größter Einrahmer und Kunstdienstleister dieser Art

BRANCHE
Kunstmarkt und Innenausstattung

PRODUKTE
Bilderrahmen, Einrahmungen, Restaurierungen und Digitaldruck

STANDORTE
Düsseldorf und Köln

VERTRIEB
in der DACH-Region, dazu über Galerien weltweit, etwa in New York

MITARBEITER
70 (2017)

CONZEN

IM DIENST DER KUNST
SEIT 1854

WERKLADEN CONZEN KUNST SERVICE GMBH
Fichtenstraße 56
40233 Düsseldorf

Telefon 0211 57701–0
www.conzen.de

Großvater des heutigen Geschäftsführers, musste neu anfangen. Er errichtete Verkaufsräume und erweiterte das Unternehmen um Galerien und eine Leistenfabrik. Dabei konzentrierte er sich in den folgenden Jahrzehnten nicht nur auf seinen Betrieb, sondern kümmerte sich als Präsident des Hauptverbandes des Deutschen Einzelhandels und der Industrie- und Handelskammer auch um die Belange anderer Gewerbetreibender in Nordrhein-Westfalen.

Dazu passt, dass sich das Unternehmen schon seit vielen Jahren für gehörlose Menschen engagiert, die im Betrieb ausgebildet und beschäftigt werden. Und wer kunstinteressiert ist, kann eine kostenlose Führung durch die hauseigene Sammlung Alt-Düsseldorf mit Düsseldorfer Stadtansichten bekommen, ergänzt um eine der weltweit größten Kollektionen antiker Rahmen von der Gotik bis zum Jugendstil – beide Sammlungen sind im sogenannten Alten Haus in der Bilker Straße zu sehen.

Rahmen aus dem Hause Conzen fassen sowohl das selbstgemalte Bild des eigenen Kindes ein als auch berühmte Gemälde wie das „Mädchen am Klavier" von Paul Cézanne und weitere Kunstwerke von Matisse und Picasso, die in der Eremitage in St. Petersburg hängen. Wer das gesamte Leistungsspektrum sehen will, muss nach Flingern fahren, in das aufstrebende Düsseldorfer Quartier für junge Künstler und Galerien. Dort präsentiert Conzen, was an Rahmen möglich ist – von Naturholzleisten bis zum historischen Ovalrahmen. Darüber hinaus werden Passepartouts und Gläser geschnitten sowie Digitaldrucke angefertigt. Galeristen und Kunsthändler werden hier genauso empfangen wie Privatkunden. Individuell soll es nur immer sein, so wie der Kunde es sich wünscht. Als eingetragener Handwerksbetrieb für die Denkmalpflege ist Conzen zudem Experte für die Konservierung und Restaurierung von Kunstwerken und betreibt Kunsthandel mit hochwertigen Grafiken. Mit seinen Restaurierungsaufträgen bewahrt Conzen, so beschreibt es das Unternehmen, Werte, egal ob ideelle oder materielle. ◄

Ein großer Name in der Duftwelt: Seit 2007 gehört 4711 zum Portfolio von Mäurer & Wirtz. Das Unternehmen in Stolberg ging aus einer Seifensiederei hervor und ist heute einer der größten Duftersteller Deutschlands

AUS BESTER FAMILIE

DALLI-GROUP MÄURER & WIRTZ GRÜNENTHAL

Die Erfolgsgeschichte von Michael Mäurer und Andreas August Wirtz beginnt wie viele andere: Alles startete mit einem kleinen Betrieb, einem Ladenlokal und einem begrenzten Markt. „Bewundernswert, aber irgendwie bekannt", könnte sich der Leser denken und vielleicht sogar weiterblättern. Falscher könnte er wohl kaum liegen – und er würde sich die Geschichte entgehen lassen, wie aus einer kleinen Seifensiederei nicht nur ein Waschmittelkonzern, sondern auch der Hersteller einiger der bekanntesten Düfte Deutschlands und ein Pharmakonzern von Weltrang entstanden ist. Gleich drei Unternehmen also.

Aber von Anfang an: Anno 1845 gründen die besagten Herren Mäurer und Wirtz eben jene Seifensiederei in Stolberg bei Aachen. Die dort produzierten Schmier-, Kern- und Walkseifen sowie feinen Seifen werden in einer Kolonialwarenhandlung vertrieben, dank ihrer Qualität mit stetig größerem Erfolg. Schon wenige Jahre später expandiert das Haus Mäurer & Wirtz, erste Lieferungen gehen ins nahe Ausland, bald schon wird

»Wir denken nicht in Quartalen, sondern in Generationen.«

Dr. Hermann Wirtz, geschäftsführender Gesellschafter der dalli-group und von Mäurer & Wirtz

Seife in Paris in Lizenz hergestellt. Eine Rasierseifenrezeptur aus Stolberg entwickelt sich in San Francisco zum Verkaufsschlager. Mit dem Erfolg wächst auch das Portfolio: Ab 1885 beginnt die Herstellung von Waschpulver unter dem Namen dalli. dalli-Seife und dalli-Waschpulver verbreiten sich rasant. Im Laufe der Jahrzehnte wird der Handwerksbetrieb zum Unternehmen und Markenartikler.

Im Jahr 1950 entstehen so unter dem Dach der „dalli-Werke Mäurer & Wirtz" zwei eigenständige Geschäftsbereiche. Während der Bereich der dalli-Markenartikel vor allem die Waschpulver herstellt, ist Mäurer & Wirtz für Seifen und Körperpflegemittel des gehobenen Bedarfs zuständig. Ein stetiges Wachstum verzeichnen beide. So entwickelt Mäurer & Wirtz erste Düfte, etwa das traditionsreiche Tabac Original, das als Meilenstein in der Herrenparfümerie gilt. Später wird man viele weitere Düfte in Lizenz von unterschiedlichen Modelabels produzieren – und im Jahr 2007 sogar die vielleicht bekannteste Parfümmarke Deutschlands übernehmen: 4711. Diese Marke gehört seitdem, ebenso wie Tosca oder Sir Irisch Moos, zum Portfolio von Mäurer & Wirtz. Auch die Waschpulversparte expandiert. Mit der Herstellung der Marke Tandil für den Kunden Aldi macht die Firma in den 1960er-Jahren einen entscheidenden Schritt ins Handelsmarkengeschäft. Seit Kurzem gehört ihr auch die Traditionsmarke Dash für Deutschland, Österreich und die Schweiz. ▶

AUS BESTER FAMILIE

Der Kupferhof Grünenthal: Der historische Hof war einmal Familienbetriebsstandort und verlieh dem Pharmaunternehmen seinen Namen

Neuer Hauptsitz in Aachen: Heute gibt sich Grünenthal einen moderneren Look

> »Eine moderne und souveräne Unternehmensgruppe, deren Leidenschaft und Engagement jedes Handeln prägt.«
>
> Dr. Hermann Wirtz

Traditionsprodukt: Das erste dalli-Waschmittel wurde schon 1885 hergestellt

Das Portfolio von Mäurer & Wirtz umfasst neben Eigenmarken auch Lizenzmarken

DALLI-GROUP/MÄURER & WIRTZ/GRÜNENTHAL

Die Welt der Düfte: Zum Portfolio gehören die traditionsreichsten Düfte Deutschlands – von Tabac Original und Sir Irisch Moos bis zum Kölnisch Wasser von 4711

Parallel zu dieser Entwicklung treibt Hermann Wirtz, einer der drei Enkel des Firmengründers Andreas August Wirtz, die Diversifizierung des Familienunternehmens voran. Schon 1946 hatte er ein weiteres Unternehmen gegründet, die Chemie Grünenthal GmbH, die ihren Namen dem einstigen Familienbetriebsstandort Kupferhof Grünenthal verdankt. Nachdem ursprünglich Desinfektionsmittel und Kosmetikartikel hergestellt wurden, ist Grünenthal auch das erste pharmazeutische Unternehmen, das nach dem Zweiten Weltkrieg Penicillin in Westdeutschland einführt. Heute hat sich Grünenthal auf die Indikationen Schmerz, Gicht und Entzündungserkrankungen spezialisiert und beschäftigt weltweit rund 5500 Mitarbeiter, 1900 davon in Deutschland. Der Jahresumsatz 2016 betrug rund 1,4 Millarden Euro. Damit ist Grünenthal der umsatzstärkste Teil der familieneigenen Unternehmen. Die dalli-group setzte mit ihren rund 1750 Mitarbeitern etwa 878 Millionen Euro um, während Mäurer & Wirtz mit seiner rund 330 Mann starken Belegschaft rund 184 Millionen Euro Umsatz erzielte.

Organisatorisch ist Mäurer & Wirtz heute eine eigenständige Tochtergesellschaft der dalli-group, beide sind inhabergeführt und werden durch einen Beirat kontrolliert. Grünenthal hingegen wird von einem Fremdmanagement geführt, unterliegt aber ebenfalls der Kontrolle des Beirats. Die drei Unternehmen sind heute noch zu 100 Prozent im Besitz der Familie Wirtz.

Bei allen Unterschieden haben sie eines gemeinsam: Mit ihrer langen Tradition und der fundierten Expertise im jeweiligen Segment stellen sie hochwertige Produkte her, gemäß dem Qualitätsanspruch der Wirtz-Gruppe. Im stetigen Abgleich mit aktuellen Anforderungen erobern sie neue Geschäftsbereiche und Märkte. Dazu können die angepeilten vier bis fünf völlig neuartigen Medikamente beitragen, die Grünenthal bis 2022 auf den Markt bringen will, aber auch neue effektive Waschmittel oder trendsetzende Duftkreationen aus dem Hause Mäurer & Wirtz. So wird die Erfolgsgeschichte eines erstaunlichen Familienunternehmens fortgeschrieben – und zwar in drei Richtungen auf einmal. ◂

DATEN UND FAKTEN

INHABERFAMILIE
Familie Wirtz
in der fünften Generation

GRÜNDER
Michael Mäurer und
Andreas August Wirtz

FAMILIENEINFLUSS
dalli-group und Mäurer & Wirtz
werden von Inhabern und Beirat
geführt; auch Grünenthal unterliegt der Kontrolle eines Beirats

UNTERNEHMENSANTEILE FAMILIENMITGLIEDER
100 % in Familienbesitz

MARKTPOSITION UNTERNEHMEN
dalli-group europaweit Platz 1
bei Handelsmarken, Mäurer &
Wirtz Top 3 der Dufthersteller in
Deutschland, Grünenthal Platz 2
in Europa bei zentral wirkenden
Analgetika

BRANCHE
Konsumgüter/Pharma

PRODUKTE
Schönheits- und Haushaltspflege, Düfte und duftbezogene
Pflegeartikel, Pharmaprodukte

PRODUKTIONSSTANDORTE
Deutschland, Italien, Schweiz,
Ecuador, Chile, Brasilien, Niederlande, Rumänien, Österreich

VERTRIEB
dalli-group Fokussierung auf
Europa, Mäurer & Wirtz ca. 100
Märkte, Grünenthal 155 Länder

MITARBEITER
dalli-group ca. 1750
Mäurer & Wirtz ca. 330
Grünenthal ca. 5500

**DALLI-WERKE GMBH & CO. KG/
MÄURER & WIRTZ GMBH & CO. KG**
Zweifaller Straße 120
52224 Stolberg
Telefon 02402 8901
www.dalli-group.com/www.m-w.de

GRÜNENTHAL GMBH
Zieglerstraße 6
52078 Aachen
Telefon 0241 569–0
www.grunenthal.de

Alpinaweiß kam 1913 als erste kaltwasserlösliche Leim-Pulverfarbe auf den Markt. Seit 1995 bewirbt eine weiße Katze das Original, das sich zu Europas meistverkaufter Innenfarbe entwickelte

AUS BESTER FAMILIE

DAW
SEIT 1895

Die Geschichte von DAW ist eine Geschichte voller Forschergeist. Und obwohl ihre Protagonisten aus Hamburg stammten, begann sie im Odenwald, vor mehr als 130 Jahren. Denn hier, in der Nähe von Darmstadt, hatten der Kaufmann Ernst Murjahn und sein Sohn Eduard Schürfrechte für Mangan erworben. Bei den ersten Bodenuntersuchungen im Jahr 1885 stieß Eduard Murjahn jedoch auf Hornblende, ein wichtiges Mineral aus der Gruppe der sogenannten Amphibole. Durch seinen ausgeprägten Forschergeist erkannte er nicht nur das Potenzial des Minerals, sondern entwickelte sogleich ein Verfahren, es entsprechend aufzuarbeiten. Vier Jahre später gründete er die „Deutschen Amphibolin-Werke von Eduard Murjahn" und startete die Herstellung von Farb- und Verputzpulver sowie Rostschutzfarben.

Schon im Jahr 1894 setzte die nächste Generation die Familiengeschichte fort, ebenfalls mit einer eigenen Erfindung: Robert Murjahn, Eduards Sohn, entwickelte auf der Basis von Kalk und Kreide ein Verputz-Anstrich-Pulver, das er schon

> »Innovative Beschichtungssysteme seit 1895«
>
> DAW-Firmenclaim

ein Jahr später industriell herstellte. Angelehnt an den Namen der väterlichen Firma, gründete er die „Deutsche Amphibolin-Werke von Robert Murjahn", die heutige DAW. An ihrem Sitz in Ober-Ramstadt produzierte das Unternehmen das erwähnte Verputz-Anstrich-Pulver sowie „Murjahn's Anstrich-Pulver". Nun war es nicht mehr weit bis zum ersten Produkt, das noch heute mit ungebroche-

nem Erfolg auf dem Markt ist. 1913 kam die erste kaltwasserlösliche Leim-Pulverfarbe auf den Markt. Ihr Name: Alpinaweiß. Seit 1995 in der Werbung von einer weißen Katze begleitet, sollte sie sich zu Europas meistverkaufter Innenfarbe entwickeln.

1926 trat dann Dr. Robert Murjahn, Sohn von Robert Murjahn, ins Unternehmen ein – und auch er hatte den Erfindungsreichtum seiner Vorväter geerbt. Zwei Jahre nach seinem Eintritt ins Unternehmen präsentierte er das wässrige Emulsionsbindemittel „Caparol", mit dessen Hilfe ein Maler aus Pigmenten und Füllstoffen die benötigte Anstrichfarbe selbst herstellen kann. Der Markenname ergab sich aus den Anfangsbuchstaben der drei Bestandteile Casein, Paraffin und Oleum (chinesisches Holzöl). Damit leitete Murjahn die Emulsionsbindertechnik im Malerhandwerk ein und schuf eine eigene Marke, die auch heute noch einen Standard darstellt. Mit ihrem bunten Elefanten als Signet zählt sie weltweit zu den Qualitätsführern – mit ihr wurden nationale Wahrzeichen wie das Brandenburger Tor, der Kreml in Moskau ▶

109

AUS BESTER FAMILIE

Dr. Klaus Murjahn, Seniorchef und Mitglied des Verwaltungsrats, und CEO Dr. Ralf Murjahn

»Alle fünf Inhaber waren oder sind Naturwissenschaftler. Darum bilden Produktqualität und Innovationskraft die Wurzeln unseres Erfolges.«

Dr. Ralf Murjahn

Prüfung auf Deckkraft und Ergiebigkeit der Farbe im firmeneigenen Labor

Caparol hat mit seinem Markenlogo, dem gestreiften Elefanten, ein über das Malerhandwerk hinaus einprägsames Logo geschaffen

Besprechung im Farbdesign-Studio

DAW

Foyer des Erweiterungsbaus der Firmenzentrale in Ober-Ramstadt

oder das Olympiastadion in Peking gestrichen.

Aber zurück zur Geschichte. Denn nach dem Zweiten Weltkrieg entstand noch eine weitere bis heute wirkende Innovation. Im Jahr 1957 wurden die ersten Wärmedämm-Verbundsysteme für Fassaden entwickelt und rund 25 Jahre später das erste Unternehmen für WDVS sowie Fassadenputzsysteme gegründet. Zu ihren bekanntesten Innovationen der jüngeren Zeit zählen etwa die Capatect Fassadenplatte aus dem Jahr 2002, die aufgrund ihrer schwarzweißen Sprenkelung auch „Dalmatinerplatte" genannt wird, oder die Capatect Hanffaser-Dämmplatte, die 2013 mit dem Österreichischen Klimaschutzpreis ausgezeichnet wurde.

Seit 2008 wird das Unternehmen, das seit 2013 unter der europäischen Rechtsform als DAW SE firmiert, in fünfter Generation von Dr. Ralf Murjahn geleitet. Sein Vater, Dr. Klaus Murjahn, ist Mitglied des Verwaltungsrates. Nach wie vor ist das Unternehmen in Ober-Ramstadt beheimatet, wo auch 1600 seiner insgesamt 5600 Mitarbeiterinnen und Mitarbeiter beschäftigt sind. Der Rest der Belegschaft ist an neun weiteren Standorten in Deutschland oder den weltweit mehr als 40 Standorten im Einsatz. Gemeinsam erwirtschafteten sie im Geschäftsjahr 2016 einen Umsatz von rund 1,3 Milliarden Euro.

Seinem Standort im Odenwald ist DAW immer treu geblieben und hat als größter Arbeitgeber die Geschicke des rund 15 000 Einwohner zählenden Städtchens geprägt. Der Produktionsturm der DAW ragt wie ein Wahrzeichen 46 Meter hoch über den Stadtrand und die grüne, waldreiche Umgebung hinaus. Hier befindet sich auch der restaurierte Eichhof, ein bäuerliches Anwesen, das Seniorchef Dr. Klaus Murjahn zu einem nachhaltig geführten Betrieb mit Hofladen umrüstete und das seit 2009 auch den Betriebskindergarten der DAW beheimatet. Hier können dann auch die kommenden DAW-Generationen dem firmeneigenen Forschergeist freien Lauf lassen. ◀

DATEN UND FAKTEN

INHABERFAMILIE
Familie Murjahn
in der fünften Generation

GRÜNDER
Robert Murjahn

UNTERNEHMENSANTEILE FAMILIENMITGLIEDER
100 %

MARKTPOSITION UNTERNEHMEN
größter privater Hersteller von Baufarben und Wärmedämmung in Europa

BRANCHE
Chemie/Farben

PRODUKTE
Farben, Lacke, Lasuren, Wärmedämm-Verbundsysteme

STANDORTE
Hauptsitz in Ober-Ramstadt, mehr als 40 weltweit

UMSATZ
ca. 1,3 Mrd. € (2016)

MITARBEITER
ca. 5600 weltweit, davon 1600 in Ober-Ramstadt

DEUTSCHE AMPHIBOLIN-WERKE VON ROBERT MURJAHN

DAW SE
Roßdörfer Straße 50
64372 Ober-Ramstadt

Telefon 06154 71–0
www.daw.de

Das Herbeder Steinkohlenbergwerk: Hier teufte C. Deilmann von 1913 bis 1914 zwei Schächte ab. In den ersten Jahren übernahm das Unternehmen viele schwierige Abteuf- und Untertagearbeiten

AUS BESTER FAMILIE

C. DEILMANN

SEIT 1888

Wer Erfolg haben will, muss zu Veränderungen bereit sein. Nach dieser Maxime hat die Familie Deilmann ihr Unternehmen in den vergangenen 130 Jahren breit aufgestellt. Die C. Deilmann GmbH & Co. KG mit Sitz in Bad Bentheim ist heute eine in vierter Generation geführte Industrie- und Finanzholding, die sich über ihre Tochtergesellschaften mit Zukunftsthemen der Menschheit befasst: Ernährung, Bildung, Energie und Gesundheit.

Angefangen hat alles 1888. Carl Deilmann senior gründete damals die gleichnamige Bergbauunternehmung in Dortmund und übernahm im Auftrag von Bergwerksunternehmen schwierige Abteuf- und Untertagearbeiten. So dichtete er die Gruben gegen eindringendes Wasser ab, nahm Tiefbohrungen vor und baute Schächte. 1921 übernahm er die Aktienmehrheit der Deutschen Tiefbohr-AG in Aschersleben. Die erste bedeutende Erdgaslagerstätte Westeuropas wurde 1938 mit der Bohrung „Norddeutschland I" im Bentheimer Wald erschlossen.

»Werte durch Beständigkeit und die nötige Beweglichkeit«

C. Deilmann-Unternehmensleitbild

Von 1936 an diversifizierte die zweite Generation die Geschäftsaktivitäten. „CD" Carl Deilmann, der Sohn des Unternehmensgründers, trieb die durch seinen Vater bereits begonnene Internationalisierung der Unternehmensgruppe weiter voran. Zu seinen Meilensteinen gehören unter anderem die Erdölexploration in Südeuropa und im Mittleren Osten ab 1952, die Erdöl- und Erdgasexplorationen in der Nordsee ab 1963 und der Beginn der Uranaktivitäten in Nordamerika im Jahr 1968.

Ab den frühen 1950er-Jahren übernahm mit den Brüdern Hans Carl Deilmann und Dr. Jürgen Deilmann die dritte Generation Verantwortung. In verschiedenen Leitungsfunktionen trugen sie maßgeblich dazu bei, die C. Deilmann AG zu einem weltweit erfolgreichen Konzern mit Milliardenumsätzen und rund 10 000 Mitarbeitern weiterzuentwickeln. In den 80er-Jahren gewann das Unternehmen die Preussag AG (heute TUI) als starken Partner.

Als die Preussag AG den Stahlkonzern Salzgitter übernahm, entschloss sich die Familie Deilmann, ihr Unternehmen vollständig neu auszurichten. Sie veräußerte 1991 die verbliebenen Aktienanteile an der C. Deilmann AG an Preussag und gründete die heutige C. Deilmann GmbH & Co. KG als familiengeführte Industrie- und Finanzholding. Mit Carl-Gerrit Deilmann als geschäftsführendem Gesellschafter und Carl-Joachim Deilmann als Gesellschafter beteiligt sich heute die vierte Unternehmergeneration über die Holding an mittelständischen Unternehmen mit Umsatzerlösen von 10 bis 180 Millionen Euro.

Zum Unternehmen gehört heute mehrheitlich die Klasmann-Deilmann GmbH, der weltweit führende Produzent von Kultursubstraten für den professionellen ▶

AUS BESTER FAMILIE

Führend bei Kultursubstraten: Die Produkte von Klasmann-Deilmann bilden die Grundlage für das Wachstum von Pflanzen

Vier Generationen Unternehmertum: die Deilmanns

»Wir achten darauf, die Substanz unseres Unternehmens und unsere Werte zu bewahren.«

Vier Generationen C. Deilmann

Mit aktivem Risikomanagement und dynamischer Liquiditätshaltung zum Mehrwert: das Anlagekonzept der CD Capital

Partner der Lebensmittelindustrie: Die Uticon Ingenieursgroep plant für ihre Kunden Produktionslinien und Fabriken

C. DEILMANN

C. Deilmann befasst sich über die Tochtergesellschaften mit den wichtigsten Zukunftsthemen der Menschheit: Ernährung, Bildung, Energie und Gesundheit

Gartenbau. Zudem produziert und vertreibt die Tochtergesellschaft Stoffe wie Torf, Holzfasern und Kompost. Seit 2009 ist Klasmann-Deilmann überdies im Bereich der Erneuerbaren Energien und Nachwachsenden Rohstoffe aktiv.

Auch die niederländische Uticon Ingenieursgroep B. V. gehört zu C. Deilmann. Das Ingenieurbüro beschäftigt 90 Ingenieure an vier Standorten in den Niederlanden und Belgien. Es bietet Kunden vor allem in der Ernährungswirtschaft professionelle Services, umfassendes Projektmanagement und unterstützt sie im Bereich Engineering.

Die CD Capital GmbH bündelt die langjährigen Vermögensverwaltungsaktivitäten der C. Deilmann-Gruppe. Die unabhängige Vermögens- und Portfolioverwalterin ist von der Bundesanstalt für Finanzdienstleistungsaufsicht (BaFin) lizensiert und nutzt einen eigenen, erfolgreichen Ansatz, um Risiken aktiv zu steuern und Liquidität dynamisch zu erhalten. Das Ziel ist dabei, ein Höchstmaß an Kapitalschutz bei möglichst geringen Wertschwankungen zu gewährleisten.

„Wir achten darauf, die Substanz unseres Unternehmens und unsere Werte zu bewahren", heißt es bei C. Deilmann. Zu diesen Werten gehört seit 1888 die Bereitschaft, sich zu verändern und das eigene Geschick selbst zu gestalten. Das breit gestreute Firmenportfolio soll dabei helfen, das Unternehmen auch in wirtschaftlich schwierigen Zeiten robust zu halten.

Zu den Werten des Unternehmens gehört es, den Mitarbeiterinnen und Mitarbeitern eine vorbildliche Führungskraft zu sein – also wertschätzend zuzuhören, klug abzuwägen und konsequent zu entscheiden. Um das Familienunternehmen erfolgreich weiterzuführen, handelt und denkt man bei C. Deilmann langfristig. Immer im Blick hat das Unternehmen die Balance, die wirtschaftliche Substanz des Unternehmens zu erhalten und gleichzeitig auch unternehmerische Risiken einzugehen. Veränderung hört schließlich nie auf. ◀

DATEN UND FAKTEN

INHABERFAMILIE
Familie Deilmann
in der vierten Generation

BRANCHE
Industriebeteiligungen,
Vermögensverwaltung

UMSATZ
Beteiligung an mittelständischen Unternehmen mit Umsatzerlösen von 10 bis 180 Mio. €

FIRMEN DER HOLDING
Klasmann-Deilmann
(weltweit führender Hersteller von Kultursubstraten für den Produktionsgartenbau),
Uticon (Ingenieurbüro an vier Standorten in den Niederlanden und Belgien),
CD Capital (bankenunabhängiger, BaFin-lizensierter Vermögensverwalter)

GESCHÄFTSFÜHRUNG
Carl-Gerrit Deilmann
(geschäftsführender Gesellschafter) und
Carl-Joachim Deilmann
(Gesellschafter)

MITARBEITER
1050

STANDORTE
Europa, Amerika, Asien

C. DEILMANN

C. DEILMANN GMBH & CO. KG
Osterberg 8
48455 Bad Bentheim

Telefon 05922 778–0
www.cdeilmann.de

Drei Geschäftsfelder sichern den Erfolg und das Wachstum von DELKESKAMP:
Papier, Wellpappe und Schaumstoff

AUS BESTER FAMILIE

DELKESKAMP

SEIT 1896

Im Jahr 1915 kann Carl Delkeskamp noch nicht geahnt haben, dass der Online-Versandhandel seiner Branche ein Jahrhundert später gute Geschäfte bescheren würde. Dass man als Hersteller von Verpackungen erfolgreich wirtschaften kann, davon war er von jeher überzeugt.

Als bereits amtierender geschäftsführender Gesellschafter der Nortruper Industrie-Verein GmbH übernahm er vor gut 100 Jahren die Anteile des Mitbegründers Hermann Kemper. Damit wurde Carl Delkeskamp alleiniger Gesellschafter der seit 1896 bestehenden Kartonagenfabrik im Artland (Niedersachsen).

Seitdem ist das Unternehmen im Besitz der Familie Delkeskamp – mittlerweile in vierter Generation. DELKESKAMP steht für Verpackungslösungen aus Papier, Wellpappe und Schaumstoff sowie für eine Vielzahl daraus resultierende Dienstleistungen.

„Unser gesamtes Leistungsspektrum basiert einzig auf den Anforderungen unserer Kunden", erläutert Stefan Delkeskamp, der das Familienunternehmen als geschäftsführender Gesellschafter (CEO) seit mehr

»DELKESKAMP steht für Wachstum mit Verstand.«
Stefan Delkeskamp, CEO

als 20 Jahren leitet, die eigene Firmenphilosophie.

Da sich sowohl die Nachfrage als auch die Anforderungen über die Jahrzehnte stark entwickelt haben, sicherte das Unternehmen sein Wachstum durch zusätzliche Standorte und Werke:

1960 nahm DELKESKAMP am Stammsitz in Nortrup die Papierfabrik zur Herstellung von Wellpappenrohpapieren auf Altpapierbasis in Betrieb, zehn Jahre später folgte am selben Standort ein Kunststoffwerk zur Herstellung von Verpackungen und technischen Teilen aus expandiertem Polystyrol (EPS). 1977 übernahm man dann ein zweites Wellpappenwerk in Hannover, und im Jahr 2002 beteiligte sich DELKESKAMP erstmals an einem Unternehmen im Ausland – einem Hersteller von polymeren Schaumstoffen (EPS/EPP), der MORAplast s. r. o. in Odry ganz im Osten der Tschechischen Republik.

Auch wenn die Firmengeschichte von DELKESKAMP durch eine überdurchschnittliche Investitionsquote und einen modernen Maschinenpark geprägt ist, steht Firmenchef Stefan Delkeskamp für „Wachstum mit Verstand".

Neue Märkte zu erschließen, Kooperationen und Partnerschaften einzugehen, das alles gehört für DELKESKAMP dazu, wenn es darum geht, der zunehmenden Globalisierung standzuhalten und den Bedürfnissen der Geschäftspartner gerecht zu werden.

Gleichzeitig geht das Familienunternehmen aber klar auf Distanz zu einer kurzfristigen „Quartalsdenke", wie sie in größeren Konzernen stark verbreitet ist.

Im Wettbewerb kann sich DELKESKAMP heute aus verschiedenen Gründen gut behaupten. Das Unternehmen verfügt über ▶

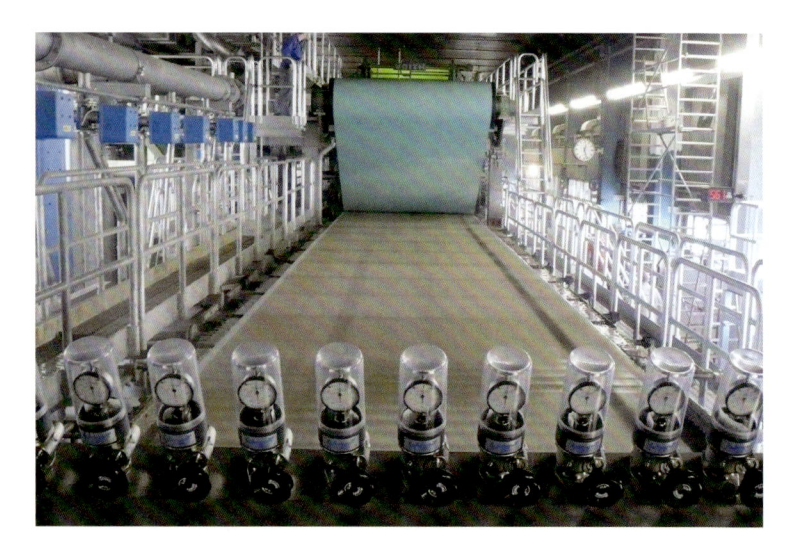

AUS BESTER FAMILIE

Die Papierfabrik: Herstellung von zweilagigen Wellpappenrohpapieren aus Altpapier

Vier Generationen der Geschäftsführung: Carl, Fritz, Claus und Stefan Delkeskamp

> »120 Jahre Tradition erreicht man nicht, wenn man bleibt, wie man ist.«
>
> DELKESKAMP Verpackungswerke GmbH

Einblick in die Fertigung: Der Schäumautomat produziert individuelle EPS-Formteile

Zur rechten Zeit am rechten Ort: Der hochmoderne Fuhrpark von DELKESKAMP macht flexibel im Interesse der Liefersicherheit

DELKESKAMP

Hier wird Wellpappe im Akkord produziert: Die Hochleistungsmaschine schafft 400 Meter pro Minute

DATEN UND FAKTEN

INHABERFAMILIE
Familie Delkeskamp
in der vierten Generation

BRANCHE
Verpackungsindustrie

STANDORTE
Nortrup und Hannover
(Niedersachsen),
Odry (Tschechien)

VERTRIEB
Außendienst in Deutschland,
den Niederlanden, in Benelux,
Polen und Tschechien, Italien
und Großbritannien

MITARBEITER
750 (Stand 31.12.2016)

UMSATZ
172,1 Mio. € (2016)

eine Papierfabrik samt Kraftwerk und kann damit im Geschäftsfeld Wellpappe unabhängig von Zulieferern agieren.

Mit eigener Verpackungsentwicklung und eingebundenem Qualitätslabor weist DELKESKAMP darüber hinaus hohe technologische Kompetenz auf. Der nach wie vor firmeneigene Fuhrpark trägt dazu bei, dass das Familienunternehmen flexibel auf Kundenwünsche eingehen und die Waren schnell und zuverlässig zum Kunden bringen kann. Dass die Unternehmensgruppe immer wieder engagierten Nachwuchs findet, kommt nicht von ungefähr. Aufgrund eines eigens entwickelten Programms „Azubi Plus" wird allen Auszubildenden ein intensives Trainingsprogramm mit wichtigen Schlüsselqualifikationen wie Teamtraining, Rhetorik, Projekt- und Konfliktmanagement vermittelt. Hierfür hat das Unternehmen den Preis „Ausbilder des Jahres 2015" erhalten.

Darüber hinaus fördert DELKESKAMP Duale Studiengänge, Meisterseminare und Weiterbildungen im Sinne eines „lebenslangen Lernens". Als Gründungsmitglied der „Initiative zur Vereinbarkeit von Familie und Beruf" im Landkreis Osnabrück glaubt das Unternehmen nicht nur an flexible Arbeitszeitmodelle, sondern bietet Mitarbeitern familienfreundliche Arbeitsplätze mit Homeoffice an.

DELKESKAMP ist ein sportbegeistertes Unternehmen. Mit den „Artland Dragons" und „RASTA Vechta" sponsert es zwei niedersächsische Basketballclubs. Beim „Artländer Renntag" in Quakenbrück unterstützt es den Pferderennsport über die Region hinaus. Überdies engagiert man sich als Hauptsponsor des Artland Golfclubs.

Der Gesellschaft gibt DELKESKAMP aber nicht nur über den Sport etwas zurück. Es engagiert sich auch als Mitgründer der Pflegeheim Nortrup gGmbH und versorgt in der Gemeinde Nortrup Schwimmbad, Grundschule sowie die Sportanlagen mit Fernwärme aus dem eigenen Kraftwerk.

Dass Carl Delkeskamp einst an die Zukunft von Verpackungen glaubte, hat im Artland und über die Region hinaus viel bewirkt. ◄

**DELKESKAMP
VERPACKUNGSWERKE GMBH**
Hauptstraße 15
49638 Nortrup

Telefon 05436 51-0
www.delkeskamp.de

Unternehmensgründer Mossadegh Hamid steht für ein umfassendes Leistungsangebot im Bereich Messeauftritt und Event.
Sein Anspruch: Kundenerwartungen sollen nicht nur erfüllt, sondern möglichst übertroffen werden

AUS BESTER FAMILIE

DIMAH

SEIT 1994

Auf einer Messe geht es meist recht turbulent zu. Unternehmen müssen sich mit ihren Standmitarbeitern voll und ganz den Besuchern und potenziellen Kunden widmen können. Dafür muss der Messeauftritt tadellos auf die Bedürfnisse abgestimmt sein. Ist die Marke perfekt inszeniert, und spiegelt der Stand die Botschaft des Unternehmens wider? Daran lässt sich die Qualität eines Messestands ablesen. Diesem Ergebnis geht viel Arbeit voraus. Für den DIMAH-Chef Mossadegh Hamid zählt dabei vor allem eines: „Der Messebauer muss sich in den Kunden hineindenken können, permanent mit ihm abstimmen und sich mit einem hohen Maß an Kreativität dieser Aufgabe jedes Mal wieder neu widmen." Diesen Anforderungen stellte sich Hamid, als er 1994 sein Unternehmen gründete und erste Serviceleistungen im Messebau anbot. DIMAH nennt er seine Firma, Hamids Name rückwärts buchstabiert. Verglichen mit anderen Mittelständlern, die teilweise auf jahrhundertealte Geschichte zurückblicken können, ist DIMAH mit ihren 23 Jahren ein recht junges Unternehmen. Dennoch stehen

> »Arbeite hart, gib nicht auf, und vergiss das Leben nicht!«
>
> DIMAH-Unternehmenscredo

für Hamid zwei Dinge immer im Vordergrund, die Fähigkeit, sich stetig neu zu erfinden und kreative Lösungen anzubieten, und seinen langjährigen Erfahrungsschatz einzubringen, um die Kundenwünsche in Szene zu setzen.

Inzwischen sind beim schwäbischen Familienunternehmen, das seinen Sitz in Ostfildern bei Stuttgart hat, rund 20 Mitarbeiterinnen und Mitarbeiter angestellt. Im Team realisieren sie für rund 80 Kunden mehr als 180 Projekte im Jahr. Das reicht von Gesprächen über erste Entwürfe bis zur internen Produktion und den Aufbau der Markenräume – alles aus einer Hand. Zusätzlich werden qualifizierte freie Mitarbeiter und Projektpartner verschiedenster Gewerke für Spezialanfertigungen mit in das jeweilige Team eingegliedert.

Gutes Design zu entwickeln ist wichtig, aber für Hamid kein Selbstzweck. Seiner Meinung nach ist ein Design dann gelungen, wenn es den Kunden zu einem nachhaltigen Geschäftserfolg verhilft. „Dabei arbeiten wir nicht auf der Basis von Annahmen, sondern Wissen", sagt der Geschäftsführer. Damit das gut funktioniert, hat er sich etwas einfallen lassen und einen bestimmten Workflow konzipiert. Der „Designing Business Prozess" stellt sicher, dass dem Kunden während der gesamten Entwicklung und Realisierung ein Projektmanager als direkter Ansprechpartner zur Seite steht. So ist er jederzeit über den aktuellen Stand informiert und bekommt zielgerichtet Lösungen auf offene Fragen. Das bringt entscheidende Vorteile mit ▶

Der Raum als Markenbotschafter in der Markenwelt von Mikron SA Agno

»Eine Marke emotional und nachhaltig im Raum zu inszenieren, ist die Kernkompetenz von DIMAH.«

Mossadegh Hamid

Dreidimensional konzipiertes Markenbild von Mikron SA Agno auf der EMO 2017 in Hannover

Markenarchitektur und Produktinszenierung im Markenkosmos der Firma Gehring Technologies auf der EMO 2017 in Hannover

Der SPINit! ist das Produkt langjähriger Branchenerfahrung, das perfekter Markenbotschafter auf Messen, Events und sonstigen Veranstaltungen ist

DIMAH

Die DIMAH-Designer und -Architekten inszenieren die Marke als Raum

sich: zeitsparendes Arbeiten, Planungssicherheit sowie herausragende und funktionale Markenraumauftritte.

Produziert wird hausintern. Die Produktion übernimmt nicht nur die Anfertigung aller Bestandteile aus den Szenografien für die Markenräume, sie übernimmt auch den Part der Entwicklung. Selbst zu produzieren, die Eigenschaften aller verwendeten Materialien und Stoffe zu kennen, bietet einen enormen Vorteil und verhilft zum Wissensvorsprung in Bezug auf die besten Werkstoffe und Medien. Aus jahrelangen Kenntnissen der Marktgegebenheiten in Gebäuden und auf Messen mit kleinerem Platzangebot hat DIMAH ein multifunktionales Präsentationsmodul konzipiert: das SPINit! Es handelt sich um drei verstellbare Tische, die eng und breit aufgefächert werden können. Die tragende Mittelkonsole kann individuell in Position gebracht werden. Um Laufwege der Messebesucher optimal zu nutzen, lässt sich ein Bildschirm als auch die komplett beschriftete Rückwand mit eigenem Brand zum Publikum ausrichten. Der SPINit! passt sich so den unterschiedlichsten Gesprächssituationen auf engstem Raum an. Über einen integrierten Smart-TV können Präsentationen, Videos und Bilder gezeigt werden.

Für das permanente kreative Arbeiten wurde DIMAH dieses Jahr mit dem German Design Award für exzellentes Kommunikationsdesign ausgezeichnet. Darüber hinaus engagiert sich das Unternehmen auf lokaler Ebene, setzt sich für soziale Einrichtungen ein und ist Hauptsponsor der DIMAH Open, dem Tennisturnier Ostfildern. Bei allen Firmenaktivitäten wird Mossadegh Hamid von Beginn der Gründung an von seiner Frau Renate unterstützt. Ein Thema liegt Hamid besonders auf der Seele, die Nachfolge in seinem Unternehmen zu regeln. Er sagt: „Ein großes Thema, das noch bearbeitet werden muss." Doch bevor es dazu kommt, möchte er seinen Wunsch verwirklichen: dass DIMAH zu den Top-10-Unternehmen seiner Branche in Europa gehört. ◂

DATEN UND FAKTEN

INHABERFAMILIE
Familie Hamid
in erster Generation

GRÜNDER
Mossadegh Hamid 1994 in Stuttgart

FAMILIENEINFLUSS
inhabergeführt vom geschäftsführenden Gesellschafter

MARKTPOSITION UNTERNEHMEN
mittelständisches Unternehmen in Deutschland

BRANCHE
Messe und Event,
3D-Kommunikation

PRODUKTE
Corporate Architecture, Messe-Architektur, Messebau, Design und Markenraumkonzepte

STANDORTE
Ostfildern bei Stuttgart,
Teheran (Iran)

VERTRIEB
EU-weit mit Schwerpunkt in Deutschland und Iran

UMSATZ
3 Mio. €

MITARBEITER
25 in Ostfildern und 10 in Teheran

DIMAH
DESIGNING BUSINESS

DIMAH MESSE+EVENT GMBH
Nielsenstraße 12
73760 Ostfildern

Telefon 0711 341690-30
www.dimah.de

Weltneuheit DoNova®: Ketten aus Gurtband sind genauso leistungsfähig wie Stahlketten und sichern schwerste Lasten

AUS BESTER FAMILIE

DOLEZYCH
SEIT 1935

Wie hebt man ein 600 Tonnen schweres U-Boot sicher aus dem Wasser? Mit dieser Frage sind Sie beim Familienunternehmen Dolezych in den richtigen Händen. Der Dortmunder Hersteller von Ladungssicherungs- und Anschlagmitteln, also Produkten für das sichere Heben und Transportieren von Lasten, produziert auch Hochleistungsrundschlingen, mit denen solche extreme Lasten sicher gehoben werden können. Die umfangreiche Produktpalette umfasst daneben auch Seile, Ketten, Hebebänder, Hebezeuge und Ladungssicherungsmittel – insgesamt über 20 000 verschiedene Artikel.

Franz Dolezych gründete 1935 seine Firma. Mit gerade einmal 22 Jahren begann er mit der Produktion von Drahtseilen für jeden Verwendungszweck. Zunächst verkaufte er seine Produkte in Dortmund, später dann im gesamten Ruhrgebiet. Nach dem Krieg musste Franz Dolezych die Firma neu aufbauen, in den 1950er-Jahren bezog Dolezych den heutigen Stammsitz im Dortmunder Hafen. 1968 trat Franz Dolezychs Sohn Udo in die Firma ein und wurde 1990 deren alleiniger Geschäftsführer. 2011 trat Sohn Tim Dolezych in dritter Generation ins Unternehmen ein.

Die Firma wagte 1992 den ersten Schritt ins Ausland und gründete eine Niederlassung im polnischen Kattowitz. Heute ist Dolezych weltweit vertreten und bietet an insgesamt acht internationalen Standorten seine Produkte an. Zuletzt wurden 2013 die Unternehmen in der Türkei und in den USA gegründet.

Der Niedergang der Kohle- und Stahlindustrie im Ruhrgebiet, aber auch der technologische Wandel beeinflussten die Entwicklung des Unternehmens und veränderten die Produktpalette. Als Ende der 1960er-Jahre synthetische Fasern auf den Markt kamen, entstanden die neuen Produktbereiche textile Hebemittel und Zurrgurte für die Ladungssicherung. Heute ist Dolezych einer der größten Hersteller für Hebebänder, Rundschlingen und Zurrgurte und bietet auch viele individuelle Lösungen an. Für die besonderen Transport- und Hebeaufgaben seiner Kunden entwickelt das Unternehmen immer wieder neue Spezialprodukte und besitzt inzwischen mehr als 100 Schutzrechte.

„Es war und ist eine Riesenaufgabe, die Ladungssicherheit in Deutschland und auf der ganzen Welt populär zu machen", sagt Geschäftsführer Udo Dolezych. So entwickelten Firmeningenieure in den 1990er-Jahren zum Beispiel ein- ▶

> »Wir sind für unsere Kunden der Problemlöser rund um das sichere Heben und Transportieren von Lasten.«
>
> Dolezych-Unternehmensprofil

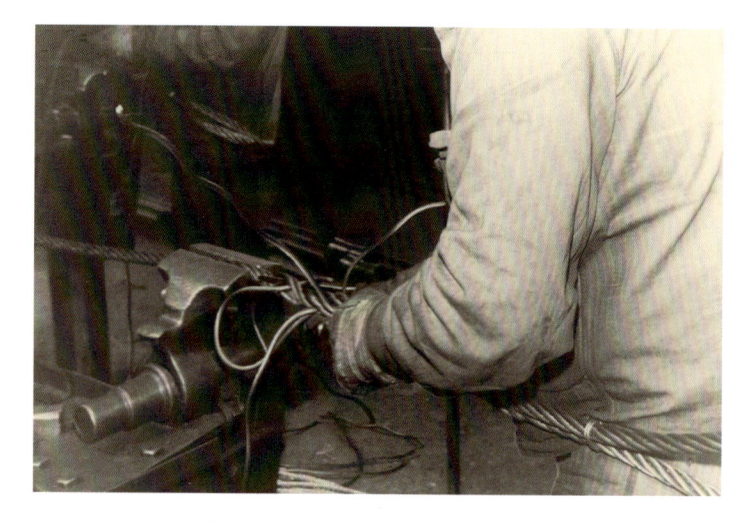

AUS BESTER FAMILIE

Blick auf die historische Produktion:
ein Mitarbeiter beim Spleißen von Drahtseilen

Vater Udo (l.) und Sohn Tim Dolezych
führen das Unternehmen in zweiter
und dritter Generation

»Dolezych – einfach sicher«

Dolezych-Unternehmensmission

Größter Lkw der Welt am Haken: In Chile wird ein über 300 Tonnen
schwerer Muldenkipper mit einer Spezial-Abschleppschlinge gezogen

Drahtseile bildeten lange den
Schwerpunkt des Geschäfts.
Das zeigt ein Katalog von 1970

DOLEZYCH

Dolezych-Hebetechnik im Einsatz: Das Turbinengehäuse einer Windkraftanlage wird sicher gehoben

fache Methoden, mit denen die korrekte Ladungssicherung berechnet werden konnte. Dazu kam ein mobiles Vorspannkraftmessgerät, mit dem geprüft werden kann, ob eine Ladung ausreichend stark verzurrt ist. Mit seiner Hilfe können Kunden Zurrgurte einsparen und somit Kosten senken.

Auch jenseits des Transports bewähren sich die Produkte von Dolezych. 1995 konnte der Berliner Reichstag auch dank Dolezych zwei Wochen lang silbergrau schimmern. 25 Kilometer Spezialgurt sicherten die Textilbahnen, mit denen das Künstlerpaar Christo und Jeanne-Claude den heutigen Regierungssitz verhüllt hatte. Das spektakuläre Kunstprojekt musste wochenlang vorbereitet werden, um die über 100 000 Quadratmeter Stoff an den vorgesehenen Stellen zu fixieren.

Bei Dolezych dreht sich alles um die Sicherheit, denn wenn tonnenschwere Lasten gehoben oder Ladungen auf Lkw durch die ganze Welt transportiert werden, darf nichts schiefgehen. Einen großen Beitrag hierzu leistet die hauseigene Forschungs- und Entwicklungsabteilung. Viele der patentierten Produkte wurden hier entwickelt. Sichere Produkte garantiert auch das Qualitätsmanagementsystem nach DIN EN ISO 9001 – mit einer permanenten Kontrolle der verwendeten Rohstoffe und Stichproben aus der laufenden Produktion. Aber auch Abfallvermeidung und ein sparsamer Umgang mit Ressourcen stehen auf der Dolezych Agenda. Das schont die Umwelt und hält die Kosten – auch für die Kunden – niedrig.

Firmenchef Udo Dolezych ist auch abseits des Unternehmens stark engagiert. Der Ehrenpräsident der Industrie- und Handelskammer zu Dortmund ist zum Beispiel Initiator und Stifter des Schulpreises Wirtschaftswissen in Dortmund und in verschiedenen Fachverbänden aktiv. Besondere Auszeichnungen waren für ihn das Bundesverdienstkreuz am Bande und der Ehrenbürgertitel der chinesischen Stadt Kunshan. In der Metropole am Jangtse-Delta gründete Dolezych im Jahr 2002 eine Niederlassung, heute beschäftigt das Unternehmen dort 150 Mitarbeiter. ◄

DATEN UND FAKTEN

INHABERFAMILIE
Familie Dolezych
in der dritten Generation

GRÜNDER
Franz Dolezych, 1935

FAMILIENEINFLUSS
inhabergeführt, Geschäftsführer Udo und Tim Dolezych

UNTERNEHMENSANTEILE DER FAMILIE
vier Familienmitglieder sind Gesellschafter

MARKTPOSITION UNTERNEHMEN
Marktführer

BRANCHE
Seil-, Hebe- und Ladungssicherungstechnik

PRODUKTE
Produkte zum Heben und Transportieren von Lasten, Schulungen und Prüfservice

STANDORTE
Dortmund, Kattowitz (PL), Balsthal (CH), Kunshan (CN), Santiago de Chile (CL), Istanbul (TR), Kiew (UA), Voronezh (RU), Meriden (USA)

VERTRIEB
weltweit über eigene Auslandsniederlassungen und über 50 internationale Händler, in Deutschland eigener Außendienst

MITARBEITER
200 in Dortmund und 450 weltweit

Dolezych
einfach sicher

DOLEZYCH GMBH & CO. KG
Hartmannstraße 8
44147 Dortmund

Telefon 0231 8285-0
www.dolezych.de

Das Neven DuMont Haus in Köln ist der Stammsitz der DuMont Mediengruppe

AUS BESTER FAMILIE

DUMONT
SEIT 1802

Wir machen relevante Inhalte für eine vernetzte Gesellschaft – die Kernbotschaft der Mediengruppe bringt auf den Punkt, was DuMont seit mehr als zwei Jahrhunderten auszeichnet: Das Familienunternehmen in zwölfter Generation prägt seit jeher mit Innovationskraft und Veränderungswillen starke Medien und Services. Aus dem Zeitungsverlag ist ein modernes und digitales Medienunternehmen geworden. Zum Portfolio gehören nicht nur renommierte Zeitungstitel wie Kölner Stadt-Anzeiger, Kölnische Rundschau, EXPRESS, Mitteldeutsche Zeitung, Berliner Zeitung, Berliner Kurier und Hamburger Morgenpost und deren reichweitenstarke Digitalangebote, sondern auch Fachinformationen und Datenservices sowie technologisch führende Digitalunternehmen für Marketing Cloud Services. Die drei Geschäftsfelder Regionalmedien, Business Information und Digital bilden die strategischen Säulen der DuMont Mediengruppe.

Die Wurzeln des Unternehmens führen zurück zu Bertram Hilden, der 1620 in Köln eine Druckerei für Festschriften und Gebetbücher betrieb. 1664 druckte

»Wir machen relevante Inhalte für eine vernetzte Gesellschaft.«

DuMont Mediengruppe GmbH & Co. KG

und verlegte sein Sohn Peter Hilden erstmals eine Zeitung. Im Jahr 1802 erwarben die Erben Schauberg die in ihrer Druckerei hergestellte „Kölnische Zeitung", die Marcus DuMont 1805 übernahm.

Mit dem Wiedererscheinen des Kölner Stadt-Anzeiger 1949 begann der Aufbau der Mediengruppe. 1964 wurde der EXPRESS gegründet, der 1996 bereits früh mit einem Web-Angebot online ging und das digitale Zeitalter einläutete. Seit 1991 gehört die Mitteldeutsche Zeitung in Halle (Saale) zum Unternehmen, seit 2009 der Berliner Verlag und die Hamburger Morgenpost. Heute stellt sich DuMont bestens positioniert den Möglichkeiten und Herausforderungen einer sich im Wandel befindlichen Mediengesellschaft. Gesellschafter, Aufsichtsrat und Vorstand verstehen die Rolle der Medien als elementaren Bestandteil unserer gewachsenen Demokratie und nehmen die gesellschaftliche Verantwortung auch in der zwölften Generation wahr, nachdem Prof. Alfred Neven DuMont, der das Unternehmen gemeinsam mit seinem Partner Dieter Schütte († 2013) über Jahrzehnte erfolgreich geprägt hatte, im Mai 2015 verstorben ist.

Seit 2014 setzt DuMont mit seinem Zukunftsprogramm konsequent auf die Anforderungen der Digitalisierung und des veränderten Mediennutzungsverhaltens und verbindet dabei langjährige Erfahrung mit einer stringenten digitalen Agenda. Damit einhergehend haben sich auch die Management-Strukturen im Familienunternehmen verändert: Die Gesellschafter und Herausgeber Christian DuMont Schütte und Isabella Neven DuMont wechselten aus dem Vorstand in den Aufsichtsrat, wo sie heute als Vorsitzender beziehungsweise stellvertretende Vorsitzende eng mit dem Vorstand zu- ▶

AUS BESTER FAMILIE

Christian DuMont Schütte und Isabella Neven DuMont, Herausgeber und als Gesellschafter im Aufsichtsrat

Sieben regionale Zeitungstitel gehören zum Portfolio der DuMont Mediengruppe

»DuMont verbindet langjährige publizistische Erfahrung mit einer konsequenten digitalen Agenda.«

DuMont Mediengruppe GmbH & Co. KG

Die Illustration zum Imagefilm der DuMont Mediengruppe zeigt, wie breit das Unternehmen mittlerweile aufgestellt ist

Seit Anfang 2017 sitzt der DuMont Berliner Verlag in einem neuen Gebäude in der Alten Jakobstraße im Feratti-Haus

DUMONT

Das Unternehmen investiert umfangreich in die Weiterentwicklung der Mitarbeiter. In „Open-Network"-Veranstaltungen beispielsweise teilen externe Digitalexperten ihr Wissen. Das Motto der Events lautet: „Lernen! Vernetzen! Ausprobieren!"

sammenarbeiten. Der Vorstandsvorsitzende Dr. Christoph Bauer treibt mit dem CFO Stefan Hütwohl und dem COO Otto C. Lindemann die Digitalisierung voran. Sie setzen die Tradition als Informations- und Technologieanbieter auch im Digitalen fort und bieten attraktive Angebote für Kommunikation und Vermarktung.

Große Teile des Umsatzes werden noch durch die klassischen Medien im regionalen Markt getragen. Allerdings wird mit einem wegweisenden redaktionellen Konzept nun die Trennung zwischen Print und Digital vollständig aufgehoben. Mit datengetriebenen Analysemöglichkeiten steuern Mitarbeiter in den Newsrooms die Online-Angebote in Echtzeit und entwickeln neue Ideen. Die DuMont-Newsportale zählen deutschlandweit zu den Marktführern.

Einen erheblichen Anteil am digitalen Umsatz erreicht das Geschäftsfeld Business Information. Neben dem Veröffentlichungsgeschäft stehen Daten-Services für Unternehmen im Vordergrund, die regulatorische Anforderungen des Gesetzgebers abbilden müssen sowie Smart-Data-Projekte, in denen aus Rohdaten unterschiedlicher Quellen Informationen und Bewertungen generiert werden, die Entscheidungen und die Entwicklung neuer Geschäftsmodelle unterstützen.

Seit 2015 verfolgt die DuMont Digital eine klar definierte Strategie. Nach der vielbeachteten Beteiligung an Facelift, das der US-Analyst Forrester Research im Segment Marketing Cloud Services als Europamarktführer und Nummer 5 weltweit gerankt hat, gehören die Hamburger Kreativ-Agentur upljft und das Münchener Unternehmen censhare zum Portfolio. Darüber hinaus ist DuMont über den Venture Capital Fonds Capnamic an jungen Unternehmen und deren Know-how beteiligt. Die enge Partnerschaft mit Google rundet die erfolgreiche digitale Agenda ab.

„Wir sind DuMont" – mehr als 3600 Mitarbeiter tragen zum Erfolg der Mediengruppe bei und partizipieren an einer Kultur, die auf transparente und partizipative Führung setzt und Unternehmertum und Eigenverantwortung fördert. Mit einem umfassenden Aus- und Weiterbildungsprogramm investiert die Mediengruppe in deren Entwicklung. Durch Veranstaltungen wie der DuMont Management Akademie und des „Open Network", auf denen an allen Standorten mit renommierten Experten über die digitale Welt diskutiert wird, werden die Mitarbeiter in die Zukunft mitgenommen. ◀

DATEN UND FAKTEN

INHABERFAMILIEN
Familie Neven DuMont und Familie DuMont Schütte bzw. Familie Schütte in der zwölften Generation

UNTERNEHMENSSTRUKTUR
Holding mit Tochtergesellschaften

VORSTAND
Dr. Christoph Bauer (CEO), Stefan Hütwohl (CFO) und Otto C. Lindemann (COO)

BRANCHE
Medien

PRODUKTE UND DIENSTLEISTUNGEN
Zeitungstitel, Digitalangebote, Marketing Cloud Services, Business Information

STANDORTE
Köln, Berlin, Hamburg, Halle

VERTRIEB
hauptsächlich in Deutschland

MITARBEITER
3637 (Stand 2016)

UMSATZ
592 Mio. € (Stand 2016)

DuMont MEDIENGRUPPE

DUMONT MEDIENGRUPPE
GMBH & CO. KG
Amsterdamer Straße 192
50735 Köln

Telefon 0221 224-0
www.dumont.de

Dienstleistungen rund um den Menschen: Unter den Dussmann-Mitarbeitern sind Techniker, Köche, Empfangsdamen, Altenpfleger, Erzieher oder Buchhändler – sie arbeiten in einem von fast 200 Berufen

AUS BESTER FAMILIE

DUSSMANN GROUP

SEIT 1963

1963 macht sich in München ein junger Mann mit einer guten Idee selbstständig: Peter Dussmann. Wenige Wochen vorher hatte er im „Hohlspiegel" gelesen, dass jemand im Rheinland als Dienstleistung anbietet, die Wohnungen von Junggesellen in Ordnung zu halten. Warum soll das nicht auch in seiner Wahlheimat München funktionieren – schon damals Single-Hauptstadt Deutschlands? Fortan reinigt sein kleines Unternehmen Wohnungen, gießt Blumen und wäscht Kleidung. 1965 gewinnt er seine ersten gewerblichen Kunden. Denn: Die Zahlungsmoral der Junggesellen ist nicht berauschend, und er will etwas Großes schaffen.

Das ist ihm mehr als gelungen. 54 Jahre später ist aus dieser einfachen Idee ein weltweit tätiger, familiengeführter Multidienstleister geworden. Die Dussmann Group bietet heute mit Gesellschaften in 16 Ländern und 63 500 Mitarbeitern Dienstleistungen rund um den Menschen an. Der Blick ist immer auf die Kunden gerichtet: Welche Bedürfnisse haben sie? Welche Innovationen und Ideen benötigt

> »Wir sind ein internationaler, innovativer Problemlöser für unsere Kunden.«
>
> Dussmann Group-Unternehmensprofil

die Gesellschaft – heute und in Zukunft, damit Menschen sicher und sauber leben und jeden Tag etwas Gutes zu essen bekommen können? Vor welchen Herausforderungen stehen die Kundenunternehmen, die sie gemeinsam mit der Dussmann Group meistern können?

Der größte Geschäftsbereich, Dussmann Service, erbringt aus einer Hand und mit eigenen Mitarbeitern alle Leistungen rund ums Gebäude und gehört zu den Top 5 der deutschen Anbieter von Facility-Management (FM) (Quelle: Lünendonk®). Nach der Gebäudereinigung kamen nach und nach Catering, Sicherheits- und Empfangsdienst, Gebäudetechnik, kaufmännisches Management und Energiemanagement sowie Sterilgutversorgung hinzu. 2013 erwarb die Dussmann Group mit der Dresdner Kühlanlagenbau GmbH einen Kälte- und Klimatechnik-Spezialisten und 2016 die HEBO Aufzugstechnik GmbH. Der Geschäftsbereich Kursana sorgt seit 1985 für die Betreuung und Pflege von 13 600 Senioren in fünf Ländern.

Am bekanntesten ist sicher Dussmann das KulturKaufhaus in der Berliner Friedrichstraße, das im Herbst 2017 zwanzig Jahre alt wird. Nach einem dreijährigen Umbau bei laufendem Betrieb glänzt es wie neu und ist Vorbild für den stationären Medienhandel. Das dazugehörende Café-Restaurant Ursprung bietet ein regionales und nachhaltiges Speisenangebot und den Vertikalen Garten des französischen Gartenkünstlers Patrick Blanc. In den betriebsnahen Dussmann KulturKindergärten werden die Klei- ▶

AUS BESTER FAMILIE

Peter Dussmann gründete das Unternehmen 1963 in München

»Unser Ziel ist es, mit unseren Ideen und Dienstleistungen den Kunden das Leben ein wenig leichter und die Welt Tag für Tag ein bisschen besser zu machen.«

Catherine von Fürstenberg-Dussmann

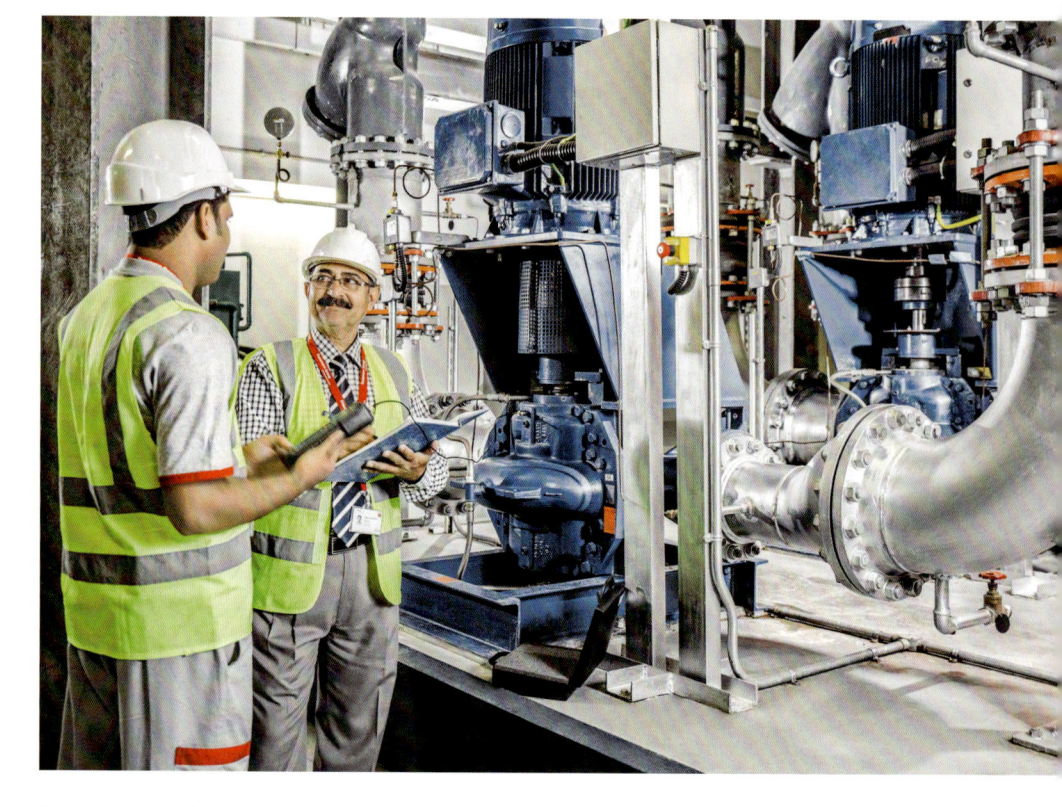

Dussmann-Mitarbeiter erbringen überall auf der Welt, wie hier in Dubai, komplexe Dienstleistungen

Firmensitz der Dussmann Group in Berlin

Mit der Reinigung von Wohnungen fing 1963 alles an. Heute reinigen Dussmann-Mitarbeiter sogar die Vaporetti in Venedig

DUSSMANN GROUP

Catherine von Fürstenberg-Dussmann

nen liebevoll zweisprachig betreut und spielerisch an Kultur herangeführt. Die Eltern profitieren von der Nähe zum Arbeitsplatz und den langen flexiblen Öffnungszeiten.

Der Gründer des Unternehmens, Peter Dussmann, führte die Geschicke der Group vier Jahrzehnte. Er engagierte sich leidenschaftlich für den Erhalt von Kulturdenkmälern. Im Oktober 2008 erlitt Peter Dussmann einen Schlaganfall, an dessen Spätfolgen er am 26. September 2013 verstarb. Sein Lebenswerk aber lebt fort.

Im Dezember 2010 übernahm eine Stiftung die Führung der Dussmann Group. Catherine von Fürstenberg-Dussmann führt das Unternehmen seitdem als Stiftungsratsvorsitzende weiter. Sie steht für ein nachhaltiges Wachstum, vor allem in Italien, Luxemburg, den Vereinigten Arabischen Emiraten, den anderen Golfstaaten sowie in Fernost. Um für die Kunden die jeweils bestmögliche Lösung zu schaffen, kooperiert die Dussmann Group mit anderen Unternehmen. Aber auch ihre eigenen Experten macht sie mit einem umfassenden Weiterbildungsangebot auf dem unternehmenseigenen Dussmann Campus fit für die Zukunft.

Gesellschaftliches Engagement ist für Catherine von Fürstenberg-Dussmann eine Herzensangelegenheit. Gefördert werden der musikalische Nachwuchs sowie Projekte, die sich der kulturellen Bildung von Kindern und Jugendlichen widmen. So erhält das Musikgymnasium Carl Philipp Emanuel Bach in Berlin seit vielen Jahren Unterstützung, und weit über 100 Kinderbibliotheken gingen an soziale Einrichtungen für Kinder und Jugendliche. Eine Spendenaktion für „The House of One" in Berlin, ein gemeinsames Gotteshaus für Juden, Christen und Muslime, und das Engagement der Dussmann-Mitarbeiter beim jährlichen Social Day sind weitere Beispiele für Corporate Social Responsibility.

2017 erhielt die Dussmann Group eine Auszeichnung als familiengeführter Arbeitgeber Nummer 1 in Berlin von der Stiftung Familienunternehmen. Bundesweit schafft sie es auf Platz 11 und gehört außerdem laut Stiftung Familienunternehmen zu den bedeutendsten Familienunternehmen in Deutschland, der „Königsklasse". ◀

DATEN UND FAKTEN

INHABERFAMILIE
Familie Dussmann

GRÜNDER
Peter Dussmann 1963 in München

FAMILIENEINFLUSS
Stiftung und Co. KGaA

MARKTPOSITION UNTERNEHMEN
weltweit größter FM-Dienstleister in Familienbesitz

BRANCHE
Dienstleistungen

PRODUKTE
integriertes Facility-Management (FM), Pflege und Betreuung von Senioren, Einzelhandel und Kinderbetreuung

STANDORTE
Deutschland (Hauptsitz) und 16 weitere Länder

UMSATZ
2,13 Mrd. €

MITARBEITER
63 500 weltweit, davon 33 400 in Deutschland

Dussmann Group

DUSSMANN STIFTUNG & CO. KGAA
Friedrichstraße 90
10117 Berlin

Telefon 030 2025–0
www.dussmanngroup.com

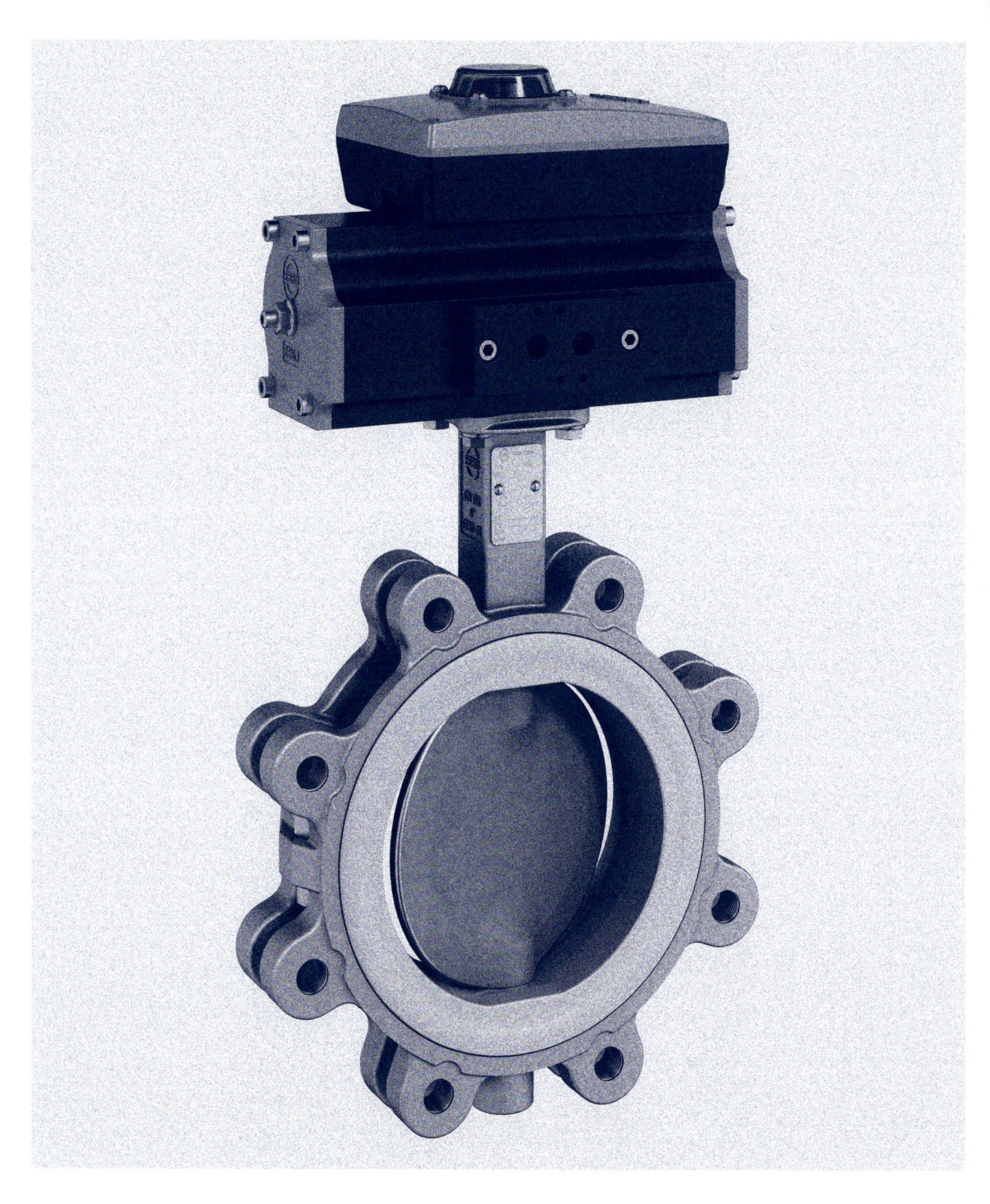

Die Spezialisten für Absperr- und Regeltechnik: Mit maßgeschneiderten Industriearmaturen, Antrieben und Automatisierungslösungen besetzt EBRO einen Spitzenplatz auf dem Weltmarkt

AUS BESTER FAMILIE

EBRO ARMATUREN

SEIT 1972

Mit ihrem breit gefächerten Produktprogramm aus Industriearmaturen, Antrieben und Automatisierungstechnik besetzt die EBRO ARMATUREN Gebr. Bröer GmbH einen Spitzenplatz auf dem Weltmarkt. Das Familienunternehmen, das seinen Stammsitz im westfälischen Hagen unterhält, wird bereits in vierter Generation geführt. Den Grundstein legten Carl und Hulda Bröer, als sie 1934 die Aluminiumgießerei Ernst Bröer GmbH in Hagen-Haspe gründeten. Bereits innerhalb des ersten Jahres stieg die Zahl der Mitarbeiter auf 20 an. 1963 übertrugen sie die Gießerei an Jochen und Peter Bröer, die Söhne des früh verstorbenen Juniorchefs Ernst Bröer.

Die Brüder fertigten 1970 die ersten Absperrklappen für den deutschen Markt und verkauften kurze Zeit später Armaturen für die Gasversorgung in die benachbarten Niederlande. 1972 trennten sie Armaturenfertigung und Gießereibetrieb und gründeten das heutige Unternehmen als selbstständige Produktions- und Vertriebsgesellschaft. Anfang der 1980er-Jahre erhielt EBRO erste Aufträge aus dem Schiffbau, nach und nach

> »Die Serienfertigung ist unser Geschäft, die Entwicklung von Lösungen für spezielle Anwendungen unsere Leidenschaft.«
>
> EBRO-Unternehmensmission

eröffnete das Unternehmen Auslandsniederlassungen in den Niederlanden, in Frankreich und Österreich sowie eine Schwestergesellschaft in der Schweiz. 1989 wurde die Produktion pneumatischer Schwenkantriebe aufgenommen, 1990 folgte die Fertigung eigener elektrischer Antriebe.

Um den Marktanteil in Asien zu vergrößern, kam 1995 eine Fertigungsstätte in Thailand hinzu. Sieben Jahre später erleichterten Auslandsgesellschaften in Australien, China und Amerika das Bedienen der Kunden vor Ort. Mit der Entstehung weiterer Filialen in Chile und den Vereinigten Arabischen Emiraten in 2009 trat Lydia Bröer, Tochter des bisherigen Firmenchefs Peter Bröer, in die Geschäftsführung des Unternehmens ein.

Der Generationenwechsel erfolgte 2012. Seitdem ist Lydia Bröer 100-prozentige Eignerin der EBRO ARMATUREN Gebr. Bröer GmbH. „Das kundenorientierte Agieren, die strategische Ausrichtung auf neue Märkte, die Steigerung der Innovationskraft sowie die kontinuierliche Verbesserung der Leistungen sind wichtige Schlüsselfaktoren für den Erfolg unseres Familienunternehmens", sagt Lydia Bröer.

EBRO verfügt über ein internationales Netzwerk aus Produktionsstätten, Vertriebsniederlassungen und Vertretungen – und agiert damit ganz nah am Kunden. EBRO ARMATUREN erwirtschaftete 2016 einen Umsatz von 163 Millionen Euro und ▶

AUS BESTER FAMILIE

»Die Spezialisten für Absperr- und Regeltechnik«

EBRO-Leitmotiv

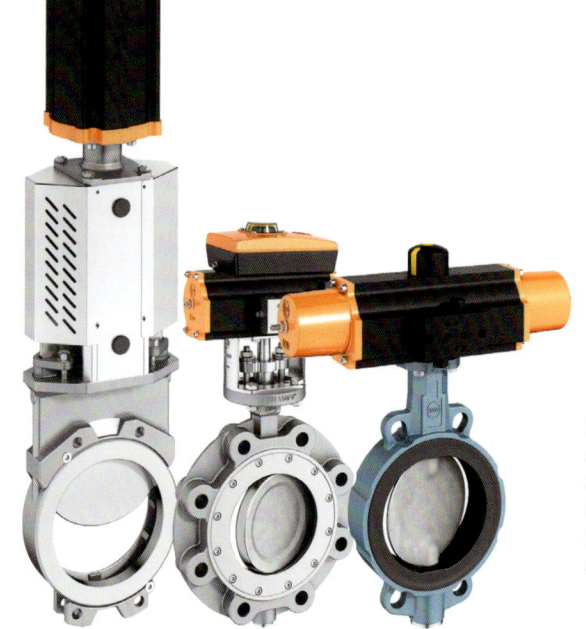

Carl und Hulda Bröer gründeten 1934 die Aluminiumgießerei. Das Foto zeigt sie mit dem Juniorchef Ernst Bröer

Zum Portfolio der EBRO ARMATUREN zählen Absperr- und Regelklappen, Stoffschieber und die passende Antriebs- und Automatisierungstechnik

Ein schlagkräftiges Team, die Geschäftsführung: Lydia Bröer und Peter Bröer

Ein Bild aus den Gründerjahren: Durch beständige Spezialisierung und Expansion wurde aus der Aluminiumgießerei Ernst Bröer GmbH ein internationales Unternehmen

EBRO ARMATUREN

Der EBRO-Hauptsitz im westfälischen Hagen. Hier sind heute rund 370 der weltweit insgesamt 1000 Mitarbeiter beschäftigt

... ist ein global anerkannter Partner im Maschinen- und Anlagenbau mit heute weltweit nahezu 1000 Mitarbeitern an 27 verschiedenen Standorten. 370 davon arbeiten am Firmensitz.

Neben der Produktpalette rund um die Klappe gehört zum Portfolio der EBRO ARMATUREN auch das Produktprogramm des 2005 erworbenen Unternehmens Stafsjö Valves AB im südschwedischen Stavsjö. Als inhabergeführtes Familienunternehmen steht EBRO heute für kurze Entscheidungswege, Marktnähe, Kontinuität und nachhaltige Investitionen in Forschung und Entwicklung.

Dort, wo eine Standardarmatur die Anforderungen nicht erfüllt, entwickelt das Unternehmen maßgeschneiderte Lösungen – und hat sich mit dieser Spezialität in den Geschäftsfeldern Kraftwerkstechnik, chemische Industrie, Wasser- und Gebäudetechnik, Papier- und Zellstoffindustrie, Schiffsbau, Meerwasserentsalzung, Schüttgüter, Mining und Erneuerbare Energien weltweit einen Namen gemacht. Ob auf der Straße, der Schiene oder den Weltmeeren – Tag für Tag werden Millionen Tonnen unterschiedlicher Produkte von A nach B transportiert. Armaturen und Antriebe von EBRO sind dabei immer mit an Bord, zum Beispiel beim Absperren von Silofahrzeugen, in Versorgungsleitungen oder in Filteranlagen von Swimmingpools auf Kreuzfahrtschiffen.

Mit technisch ausgereiften Stoffschiebern und Klappen samt passender energieeffizienter Antriebs- und Automatisierungstechnik bietet EBRO Serienprodukte und individuelle Lösungen gleichermaßen, etwa in den Anlagen der Lebensmittel- und Getränkeindustrie. Hier hat die schonende Handhabung der geförderten Produkte Priorität – und EBRO die mechanisch bestfunktionierenden Komponenten. Weil sie weder das Produkt zerstören noch Verunreinigungen ins Leitungssystem einbringen, finden EBRO ARMATUREN selbst bei Prozessen mit sensiblen Lebensmitteln bedenkenlos Anwendung: Für Milchpulver oder Teeblätter hält EBRO mittels spezieller Flügelschleusen und aufblasbarer Manschetten optimale Lösungen bereit. ◀

DATEN UND FAKTEN

INHABER
Familie Bröer in der vierten Generation

GRÜNDER
Carl und Hulda Bröer

FAMILIENEINFLUSS
inhabergeführt

UNTERNEHMENSANTEILE FAMILIENMITGLIEDER
100 %

MARKTPOSITION UNTERNEHMEN
einer der global führenden Hersteller

BRANCHE
Metallverarbeitung

PRODUKTE
Industriearmaturen und deren Antriebe, Automatisierungstechnik

STANDORTE
Hagen (Deutschland), Brescia (Italien), Samut Prakan (Thailand), Stavsjö (Schweden), Changzhou (China)

VERTRIEB
weltweit über 27 Niederlassungen in 24 Ländern

MITARBEITER
1000 weltweit, davon 370 am Hauptsitz Hagen

EBRO ARMATUREN GEBR. BRÖER GMBH
Karlstraße 8
58135 Hagen

Telefon 02331 904–0
www.ebro-armaturen.com

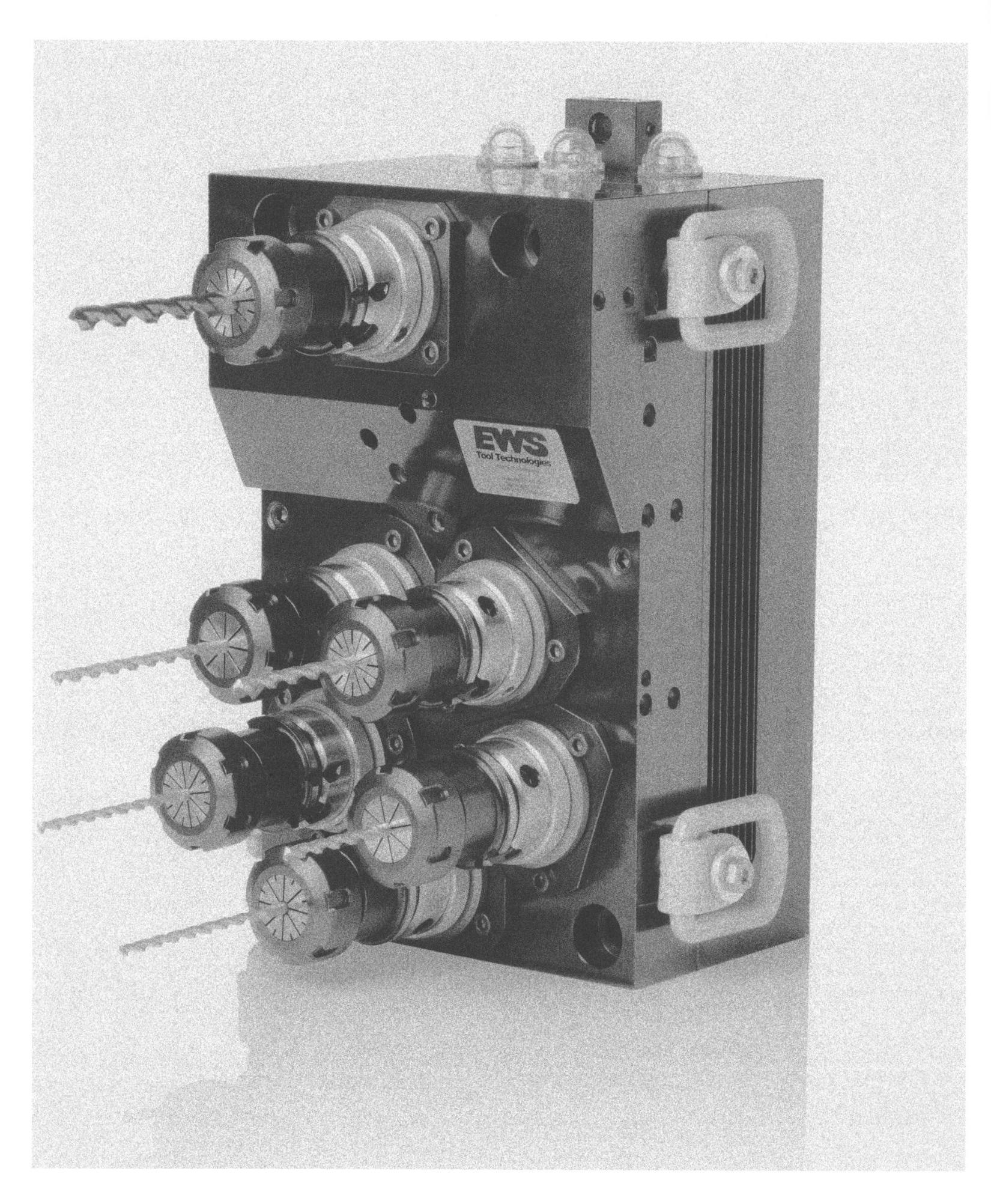

Bohren und Fräsen ist die Welt der EWS-Werkzeugsysteme. Sie umfasst klassische Drehmaschinen genauso wie hochkomplexe Dreh-Fräszentren

AUS BESTER FAMILIE

EWS

SEIT 1960

Um das mit dem Firmennamen vorab schnell zu klären: EWS ist die Abkürzung für Ernst Weigele und Söhne. Der eigentliche Gründer war 1960 Sohn Gerhard. Ihm fehlten in der Firma, in der er zunächst tätig war, bestimmte Teile für seine Arbeit. So beschloss er, sie nebenberuflich selbst zu fertigen. Das war der Beginn des Familienunternehmens EWS, dem Bruder Karl und Vater Ernst folgten. Zunächst stellten sie Laborapparaturen her und lieferten Teile für hydraulische Komponenten. Seit 1970 bildeten dann Werkzeugsysteme für Drehmaschinen den Grundstein für den Erfolg. Über 50 Jahre später ist daraus der Marktführer für CNC Dreh- Fräswerkzeuge geworden.

Die Innovationskraft trieb das Unternehmen schnell voran. Nach seiner Gründung weiteten sich die Aktivitäten stetig aus, sodass der Vertrieb bereits in den 80er-Jahren international ausgebaut wurde. Bald musste eine neue Fertigungshalle in Köngen gebaut werden. Sechs Jahre später schon erfolgte ein Anbau. Zehn Jahre später hieß es wieder Neubau und Umzug nach Uhingen, den jetzigen Fir-

»Unser Fokus liegt auf den Wünschen der Kunden und der Verantwortung für Mitarbeiter und Gesellschaft.«
EWS-Unternehmensprofil

mensitz. Aktivitäten in Korea und Frankreich münden in eigenen Niederlassungen vor Ort. 2006 wurden das Handeln des Unternehmens mit dem Innovationspreis Baden-Württemberg gewürdigt.

Gerhard Weigele, der sich 2005 aus der Unternehmensführung zurückzog, legte mit der Entscheidung, Werkzeugsysteme als Produkt in die Firma zu integrieren, den entscheidenden Grundstein für den Erfolg. Außerdem hat er es verstanden, seinen Söhnen, Frank und Matthias Weigele, schnell Verantwortung und Vertrauen zu übertragen. 1991 steigen die beiden in das Unternehmen ein, ein paar Jahre später übernehmen sie die gesamte Verantwortung und werden zu Teilhabern und Geschäftsführern. Unter ihnen geschieht Entscheidendes: Die statischen Werkzeuge werden angetrieben. Die Söhne brachten mit ihrer dynamischen Entwicklungskraft das Unternehmen weiter voran. Angetriebene Werkzeugsysteme halten Einzug in die Produktion, was zu einem enormen Wachstumsschub führte. So liegt der Anteil statischer Werkzeuge noch bei 35 Prozent des Umsatzes, doch inzwischen werden rund 60 Prozent mit angetriebenen Systemen erwirtschaftet.

Unternehmerisch tätig zu sein heißt für die Familie, nicht nur eine Firma zu führen und erfolgreich Kompetenzen am Markt zu verkaufen, sondern Verantwortung zu übernehmen, für die Welt, in der wir alle leben. Damit verbunden sind soziale und gesellschaftliche Aufgaben, die man aktiv wahrnimmt. So war EWS ▶

AUS BESTER FAMILIE

Ein neues Technologiezentrum bietet Platz für Forschung und Entwicklung

»Bewegung, Schnelligkeit, Präzision – das ist die Welt von EWS.«

EWS-Unternehmensmission

Der Bereich „Angetriebene Werkzeuge" ist eine der Kernkompetenzen von EWS

Seit 1995 führen die Söhne Frank und Matthias Weigele die Firmengeschäfte

Ein flexibles Modularsystem ermöglicht es, die Werkzeugköpfe schnell zu wechseln

In diesem Haus in Köngen legten 1960 die Brüder Gerhard und Karl Weigele und ihr Vater Ernst den Grundstein für das heutige Firmenimperium

DATEN UND FAKTEN

INHABERFAMILIE
Familie Weigele
in der zweiten Generation

GRÜNDER
Gerhard Weigele 1960

FAMILIENEINFLUSS
zwei Gesellschafter halten
je 50 % der Anteile

MARKTPOSITION UNTERNEHMEN
Weltmarktführer

BRANCHE
Werkzeugmaschinenbau

PRODUKTE
statische und angetriebene
Werkzeuge für CNC-Dreh-
Fräszentren und Fräszentren

STANDORTE
Deutschland, Südkorea, USA,
Servicestützpunkte in China
und Russland

VERTRIEB
vorwiegend über Handelshäuser
und Industrievertretungen im
In- und Ausland

UMSATZ
27 Mio. € (2016),
weltweit 50 Mio. €

MITARBEITER
230 in Deutschland plus
186 weltweit

EWS Tool Technologies

EWS WEIGELE GMBH & CO. KG
Maybachstraße 1
73066 Uhingen

Telefon 07161 93040–100
www.ews-tools.de

wesentlicher Mitgründer des Kinderhilfsprojektes „Heart for Children". Das Projekt baut und begleitet ein neues Internat für Waisenkinder in Uganda, die dort ein Zuhause, Bildung und somit die Chance auf eine Zukunft bekommen werden. Der Verein, bei dem neben Matthias Weigele noch weitere EWS-Mitarbeiter unter den Gründungsmitgliedern sind, hat es sich zum Ziel gesetzt, mit persönlichem Engagement und vielen Aktionen, wie beispielsweise Konzerten in der EWS-Arena, das Projekt aktiv zu unterstützen. Die Einnahmen aus diesen Veranstaltungen kommen immer komplett dem Kinderdorf zugute.

Getreu dem Firmenmotto Verantwortung für die Gesellschaft sowie für die Mitarbeiter zu übernehmen, setzt man sich firmenintern besonders für die Ausbildungsförderung ein. EWS hat ein umfangreiches Ausbildungsprogramm und bietet künftigen Kaufleuten, Informatikern, Mechanikern und anderen Technikern eine Zukunft. Rund acht Prozent der Mitarbeiter sind Auszubildende, die fast zu 100 Prozent nach der Ausbildung in Vollzeit übernommen werden. Durch die Zusammenarbeit mit Hochschulen kann man Maschinenbau- und BWL-Studierenden Duale Studiengänge anbieten. Bei so viel Engagement darf ein breit angelegtes betriebliches Gesundheitsmanagement nicht fehlen. Die Mitarbeiter haben die Möglichkeit, an Pilates- und Nordic-Walking-Kursen teilzunehmen, ebenso werden die Kosten für Heilpraktiker und Physiotherapeuten übernommen. Und die Firma hat einen Firmenvertrag mit einem externen Trainingsstützpunkt.

Spätestens seit 2012 ein neues Technologie- und Innovationscenter mit 5000 Quadratmetern Produktionsfläche und zusätzlichem Raum für Forschung und Entwicklung in Betrieb genommen wurde, steht die Digitalisierung ganz oben auf der Prioritätenliste bei EWS. Denn das wichtigste Ziel ist die digitale Transformation. In den nächsten zwei Jahren sollen völlig neue Geschäftsmodelle in der Dienstleistung entstehen. Die neu entwickelte Sensorik wird hierbei eine entscheidende Rolle spielen. Und dabei setzt man im schwäbischen Unternehmen vor allem auf die eigene bewährte und preisgekrönte Innovationskraft. ◀

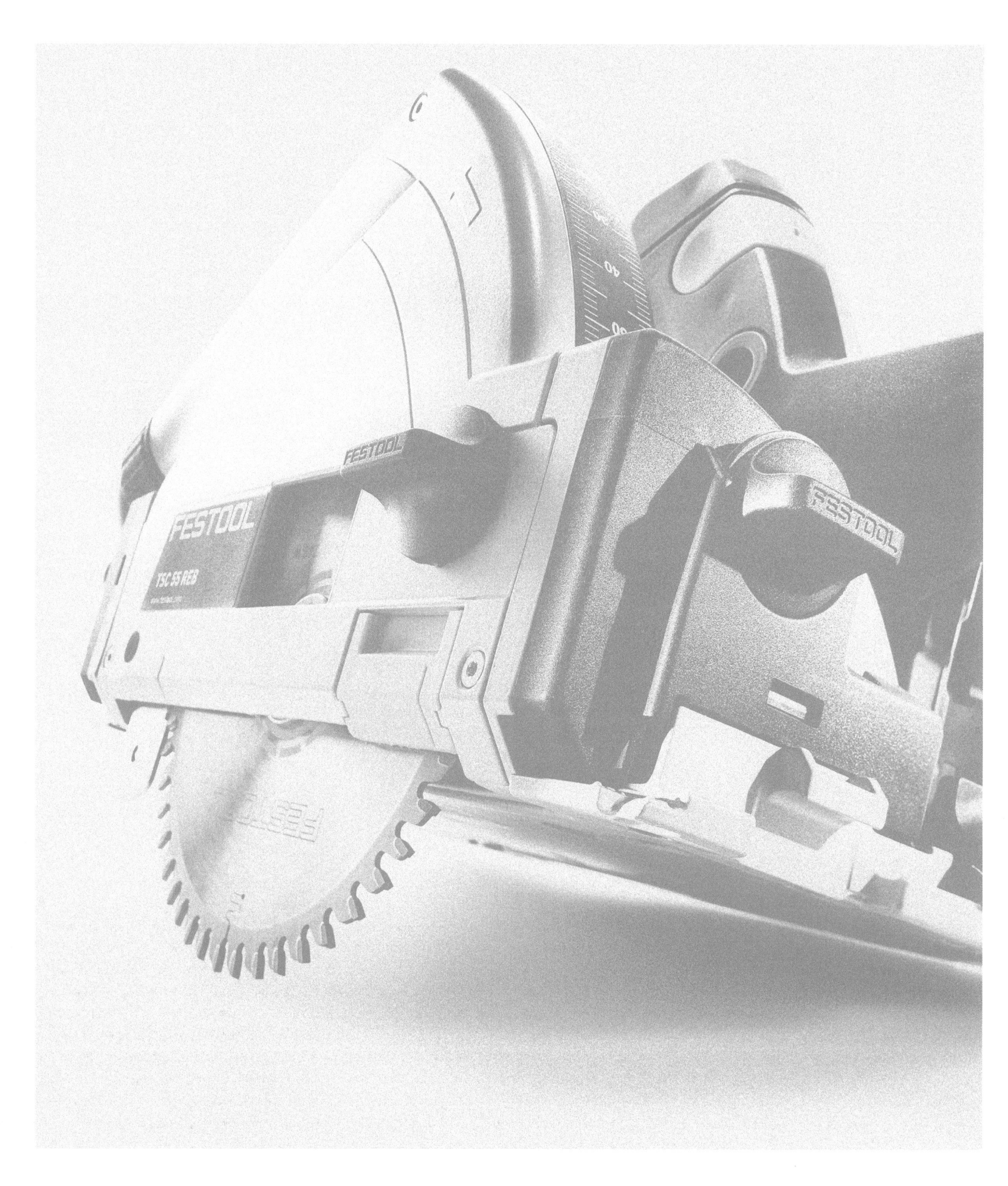

Festool – seit Jahrzehnten bekannt für seine Handkreissägen (im Bild die Tauchsäge „TSC 55" als Akku-Variante) – berühmt für Präzision, Langlebigkeit, Robustheit, Zuverlässigkeit, Wirtschaftlichkeit und geringen Verschleiß

AUS BESTER FAMILIE

FESTOOL

SEIT 1925

Wo gehobelt wird, fallen Späne – dieses Sprichwort aus der Tischlerwerkstatt trifft so sehr aufs alltägliche Leben zu, dass es schon zur Binsenweisheit geworden ist. Neben dem Tischer-/Schreinerhandwerk hat sich die Premiummarke Festool auch auf das Maler- und Lackiererhandwerk sowie auf alle Handwerker rund ums Renovieren und Sanieren spezialisiert.

Umso interessanter, dass es sich ein deutsches Familienunternehmen überdies zur Aufgabe gemacht hat, Handwerkprofis nicht nur die richtigen Werkzeuge in die Hände zu legen, sondern auch ihre Atem- und Umgebungsluft möglichst rein zu halten. Festool – mit Hauptsitz in Wendlingen bei Stuttgart – erweitert im Rahmen seiner „Initiative staubfrei" seit Jahren sein Systemsortiment rund um das Thema sauberes Arbeiten.

Wer heute eine Maschine von Festool kauft, kann den passenden Staubsauger gleich dazubekommen: für Holzstäube, mineralische Stäube, Farbe und Lacke bis hin zu gesundheitsgefährdenden Stäuben – für Baustelle und Werkstatt. So ist das Unternehmen nach eigenen Angaben der einzige Hersteller von Elektro- und Druckluftwerkzeugen, der seine Absaugmobile im eigenen Haus produziert. Festool-Geräte gibt's nur im Fachhandel. Weltweit vertreibt das Unternehmen seine Systemlösungen über 19 Landesgesellschaften und 38 Importpartner. Aus einer Gründung vor über 90 Jahren ist ein Unternehmen mit weltweit 2700 Mitarbeitern und 590 Millionen Euro Jahresumsatz geworden.

> »Perfektion hat bei uns Tradition.«
> Festool-Unternehmenswert

Die Geschichte von Festool beginnt 1925, als die beiden Gründer Albert Fezer und Gottlieb Stoll ihr Unternehmen unter dem Namen „Fezer & Stoll" aufbauen. Sie konzentrieren sich zunächst auf die Reparatur von Holzbearbeitungsmaschinen. Und beginnen, die ersten Werkzeuge für den Holzbau zu entwickeln. Nach nur zwei Jahren bringen Fezer & Stoll ihre erste Innovation auf den Markt: die transportable Kettensäge. Mit ihr werden Handwerker nicht nur mobil, sondern die Maschine erspart ihnen auch mühsame Handarbeit. Der nächste logische Schritt: eine mobile Handkreissäge im Jahr 1930.

So innovativ geht es weiter: Das Unternehmen entwickelt seine Maschinen weiter und baut neue – von der Fräse über den Schleifer bis hin zu verschiedenen Säge-Modellen. Auch sozial engagieren sich Gottlieb Stoll und seine Frau Berta schon früh: Betriebsfeiern, Ausflüge und Krankenbesuche gehören zum Standard im Unternehmen, das inzwischen die Nachnamen seiner Gründer zur Marke „Festo" verschmolzen hat. Während der folgenden Jahre wächst der Betrieb, nutzt Fach- ▶

Neben ihren hochwertigen Produkten bietet die Premiummarke auch ein einzigartiges Servicepaket

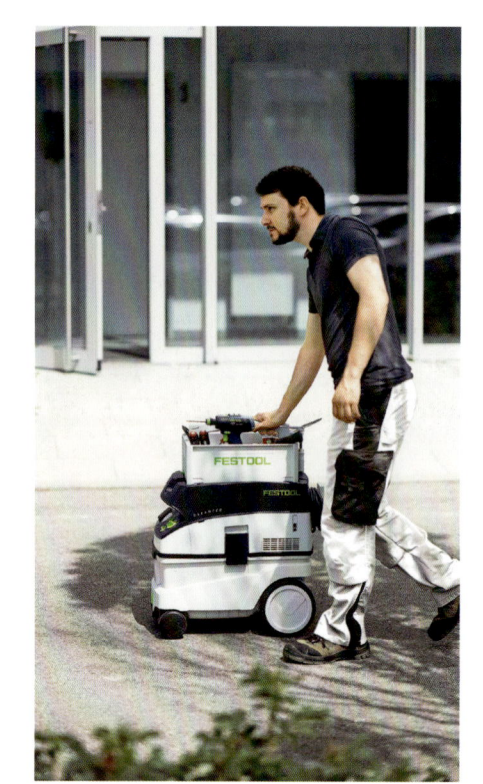

Oben: Innovation „Die perfekte Kante", eine einzigartige Systemlösung für die Bearbeitung von Kanten, und die neuen Akku-Kompaktschleifer von Festool

Links: Neben Systemlösungen für das professionelle Handwerk entwickelt Festool auch Systeme zur Arbeitsplatzgestaltung und zum sicheren, sauberen Transport der Arbeitsmittel

»Wir machen professionelle Handwerker erfolgreich und stolz – das ist unsere tägliche Mission.«

Festool-Unternehmenswert

Barbara Austel, die Aufsichtsratsvorsitzende, vertritt die dritte Generation der Gründerfamilie

Der Hauptsitz von Festool steht in Wendlingen, südlich von Stuttgart

FESTOOL

Gottlieb Stoll, Gründer des Unternehmens in 1925

Am Produktionsstandort für Holzbearbeitungsmaschinen – in den Fünfzigern

messen zur Vorführung seiner Produkte und bezieht neue Räume, die allerdings schon 1950 wieder zu klein sind. Stoll baut im baden-württembergischen Neidlingen den neuen Produktionsstandort auf, der bis heute Hauptproduktionsstandort des Unternehmens ist.

Im Jahr 2000 erfolgt die Ausgliederung aus der Festo AG. Seitdem firmiert der Bereich der Werkzeuge selbstständig – unter dem Markennamen „Festool". Die Gründerfamilien sind über Barbara Austel, die Enkelin Gottlieb Stolls, im Unternehmen vertreten. Austel sitzt dem Aufsichtsrat der Holding vor und gestaltet, in dritter Generation, Strategie und Ausrichtung des Unternehmens mit. Geschäftsführer sind Dr. Christian Rolfs, Dr. Wolfgang Knorr und Christian Oltzscher.

Über die Jahre haben Ingenieure, beraten von Handwerksmeistern mehrerer Gewerke, zig Maschinen erfunden, verbessert und ergänzt, sodass heute mehr als 400 Patente auf Festool eingetragen sind. Dabei hat das Unternehmen nie seine Kunden aus dem Blick verloren. Festool ist weltweit über Social Media (über Youtube, Facebook und Instagram) mit etwa 35 Landeskanälen und sechsstelligen Abonnentenzahlen vertreten. In kleinen Video-Sequenzen zeigt ein Betriebsschreinermeister auf Festool TV, was bei der Handhabung von Pendelhaubensäge, Akku- und Exzenterschleifer zu beachten ist. Darüber hinaus setzt Festool auf seinen Service: etwa über drei Jahre Garantieleistungen für Verschleiß- und Ersatzteile, einen kostenlosen Abholservice sowie Diebstahlschutz, eine zehnjährige Ersatzteilgarantie und die Leistung „15 Tage Testen ohne Risiko". Damit kann sich der Handwerker auf seine Arbeit konzentrieren – mit möglichst geringem Arbeitsausfall.

In Zukunft möchte das Unternehmen expandieren, seine Umsätze auch in Ländern generieren, in denen es heute noch keine eigene Niederlassung hat. So startet beispielsweise eine neue Landesgesellschaft im Oktober 2017 mit dem Verkauf von Festool-Systemlösungen in Südkorea. ◄

DATEN UND FAKTEN

INHABERFAMILIE
Familie Maier-Stoll
in der dritten Generation

GRÜNDER
Albert Fezer und Gottlieb Stoll, 1925

FAMILIENEINFLUSS
Aufsichtsratsvorsitzende ist Barbara Austel, die Enkelin von Gottlieb Stoll

UNTERNEHMENSANTEILE FAMILIENMITGLIEDER
zu 100 % in Familienbesitz

MARKTPOSITION UNTERNEHMEN
führend für den professionellen Anwender von Exzenterschleifern, Oberfräsen und Tauchsägen

BRANCHE
Elektroindustrie

PRODUKTE
handgeführte Elektro- und Druckluftwerkzeuge

STANDORTE
Hauptsitz in Wendlingen; weitere Standorte sind Neidlingen, Illertissen und Česká Lípa (CZ)

VERTRIEB
nur über den Fachhandel weltweit, über 19 Niederlassungen und 38 Importpartner

MITARBEITER
2700

FESTOOL GMBH
Wertstraße 20
73240 Wendlingen

Telefon 07024 804–0
www.festool.com

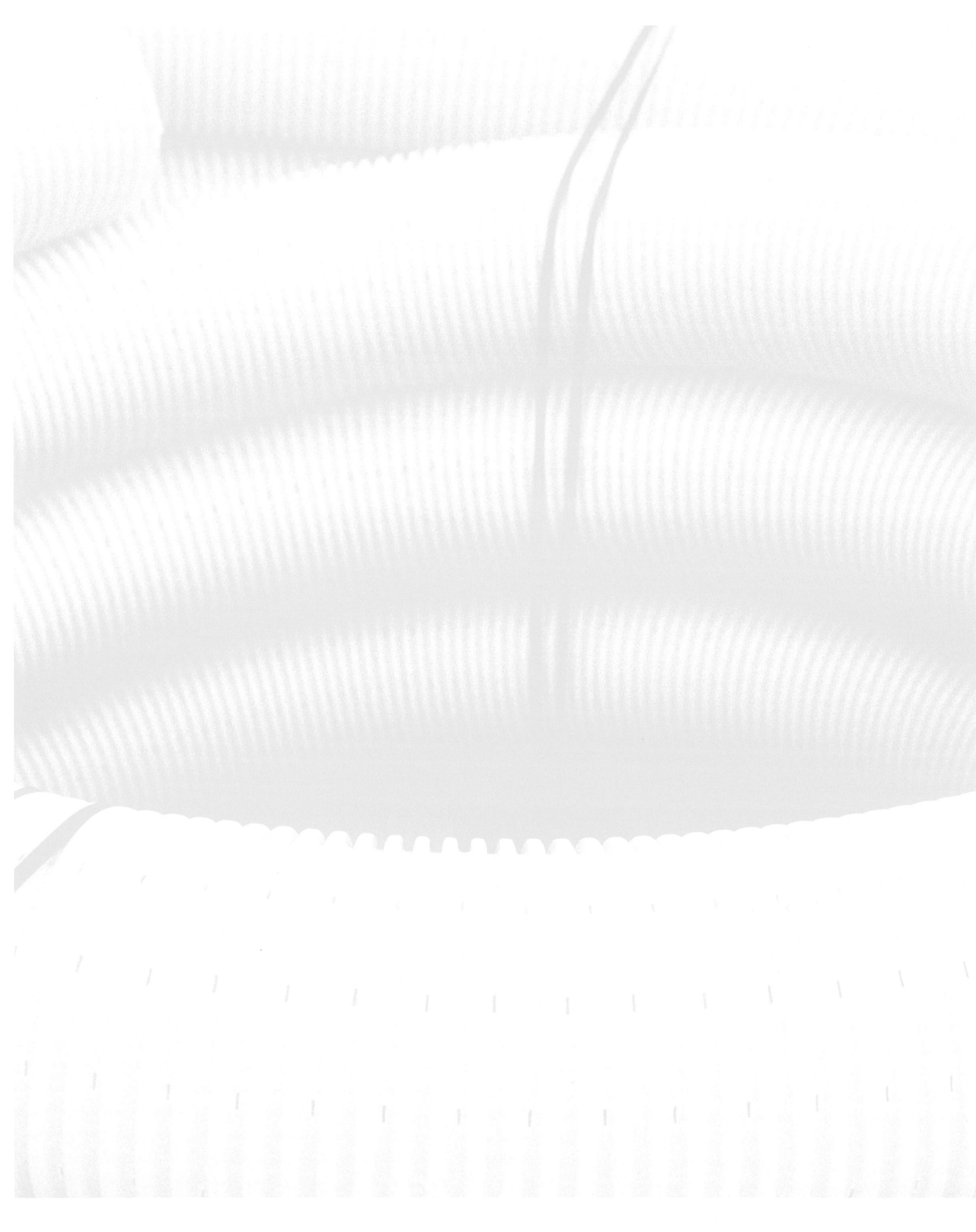

Die Erfindung des flexiblen Kunststoffwellrohres war wegweisend für den Erfolg des Unternehmens.
Es gibt kaum ein Bauvorhaben, bei dem solche Rohre nicht verwendet werden

AUS BESTER FAMILIE

FRÄNKISCHE
SEIT 1906

Es ist der Großmutter zu verdanken, dass FRÄNKISCHE Rohrwerke sich nach Ende des Zweiten Weltkrieges zum Marktführer für gewellte Kunststoffrohre entwickeln konnte. Nur durch zähes Ringen gelang es Frau Dr. phil. Auguste Kirchner, der Ehefrau des 1946 verstorbenen Eigentümers Otto Kirchner, knapp vier Jahre nach Kriegsende, die „Fränkische Isolierrohr- und Metallwarenwerke" aus amerikanischer Treuhänderschaft zu lösen. Anschließend übernimmt sie selbst die Firmenleitung. Als eine der ersten Frauen hatte Auguste Kirchner in Deutschland Chemie studiert und 1923 promoviert. Es war ihre Entscheidung, mit dem Werkstoff Kunststoff zu experimentieren und neue Rohrsysteme zu entwickeln. Damit stellte sie die Weichen für die erfolgreiche Zukunft von FRÄNKISCHE. Das Familienunternehmen wird heute in dritter Generation geführt.

Unter dem Namen „Fränkische Isolierrohr- und Metallwarenwerke Georg Schäfer & Cie." gründen Georg Schäfer, Hermann Bartel und Adolf Kuffer 1906 das Unternehmen. Drei Jahre später treten Otto

> »Unser Unternehmen ist in der Region verwurzelt und auf Langfristigkeit ausgelegt.«
>
> FRÄNKISCHE Rohrwerke-Unternehmensprofil

Kirchner, der Großvater des heutigen geschäftsführenden Gesellschafters, der denselben Namen trägt, und seine beiden Brüder als Teilhaber ein. 1911 wird die Isolierrohrfabrik in Schweinfurt durch einen Brand vollkommen zerstört. Im darauffolgenden Jahr siedelt das Unternehmen deshalb nach Königsberg um, wo es noch heute seinen Hauptsitz hat. Ein Jahr nach dem Ersten Weltkrieg scheiden die Gebrüder Kirchner aus der Firma „Kugelfischer" aus und bekommen als Abfindung unter anderem das Rohrwerk in Königsberg übertragen. Mit hohem Einsatz, viel Geschick und dem notwendigen Quäntchen Glück übersteht FRÄNKISCHE die Weltwirtschaftskrise. 1936 zahlt Otto Kirchner seine beiden Brüder aus und wird alleiniger Inhaber.

Der Innovationskraft des Unternehmens kommt im Laufe der Jahre besondere Bedeutung zu. FRÄNKISCHE-Produkte revolutionieren immer wieder den Weltmarkt: In Königsberg wird in den 50er-Jahren das erste flexible Elektroinstallationsrohr aus Metall erfunden, 1959 das weltweit erste flexible Elektroinstallationsrohr aus Kunststoff und 1961 das erste endlos produzierte, flexible PVC-Dränagerohr. Diese Erfindungen sind wegweisend für die Erfolgsgeschichte von FRÄNKISCHE.

Schauen beim Straßenbau Rohre aus dem Boden, um den Verkehrsweg zu entwässern, oder werden sie beim Garten- oder Sportplatzbau verlegt, stehen die Chancen gut, dass die Produkte aus Königsberg stammen. Bis heute sind viele neue Anwendungsbereiche entstanden. So installiert die Firma optische Netz- ▶

AUS BESTER FAMILIE

Auguste Kirchner, Ehefrau des 1946 verstorbenen Eigentümers Otto Kirchner

Der erste Firmensitz – die Spinnmühle in Schweinfurt

»Unser Ziel ist es, ein Klima des gegenseitigen Vertrauens und der ehrlichen Wertschätzung zu schaffen.«

FRÄNKISCHE Rohrwerke-Unternehmensmission

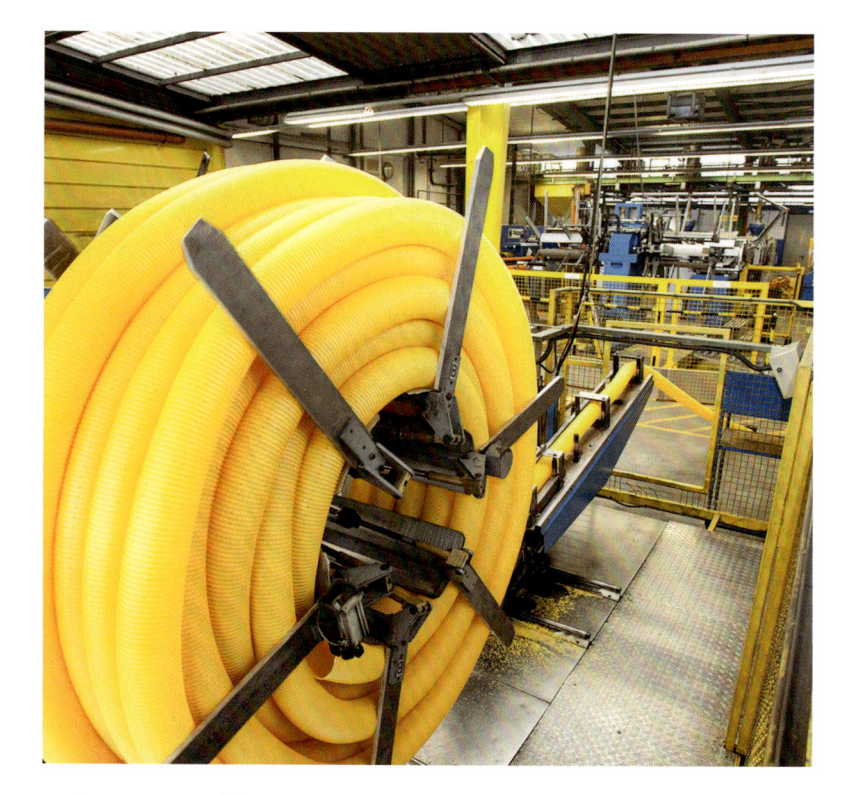

Gelbe Kunststoffwellrohre werden in der landwirtschaftlichen Dränung eingesetzt

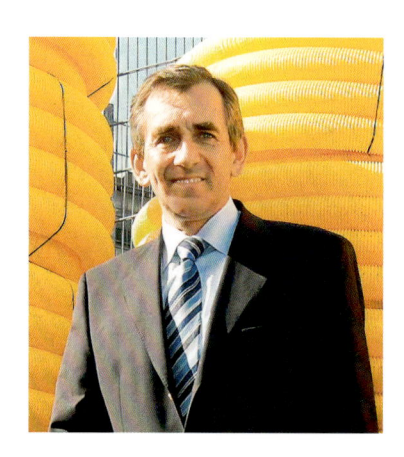

Otto Kirchner, gegenwärtiger geschäftsführender Gesellschafter und Inhaber

FRÄNKISCHE

Täglich verlassen mehr als 2,1 Millionen Meter Rohr die Maschinen

werke in Ein- und Mehrfamilienhäusern. Über Lichtwellenleiter werden dabei die Daten übertragen. Aber auch für die Trinkwasser- und Heizungsinstallation kommen Rohrsysteme von FRÄNKISCHE zum Einsatz. Ebenso werden die Leitungen in Heizungs- und Kühlsystemen verbaut. Auch die Automobilbranche und die Industrie setzen auf Produkte von FRÄNKISCHE, ganz gleich ob es sich um Kraftstoffleitungen oder individuelle Kabelschutzsysteme handelt. Überall, wo es etwas zu entwässern, zu kühlen oder zu lüften gilt, sind FRÄNKISCHE-Rohrsysteme nicht weit.

Es war auch die starke Verwurzelung in der Region, die dazu führte, dass die Inhaberfamilie eine Belegschaftsstiftung gegründet hat. Die Stiftung verfolgt das Ziel, Mitarbeiter und Betriebsrentner sowie deren direkte Angehörige, die durch Krankheit, Unfall oder andere Schicksalsschläge unverschuldet in Not geraten sind, zu unterstützen.

Der heutige Firmenchef Otto Kirchner wurde für sein unternehmerisches und soziales Engagement vor zwei Jahren offiziell ausgezeichnet: Er bekam die Staatsmedaille für besondere Verdienste um die bayerische Wirtschaft verliehen.

Die vielfältigen Geschäftsaktivitäten und die zahlreichen Erfindungen des Unternehmens haben dazu geführt, dass die Geschäftsfelder ständig weiter ausgebaut und differenziert wurden. Dafür werden qualifizierte Mitarbeiter benötigt. Sodass das Unternehmen inzwischen auf rund 3500 Mitarbeiter angewachsen ist, die an Produktions- und Vertriebsstandorten in mehr als 15 Ländern beschäftigt sind. Um den Firmenerfolg langfristig zu sichern, verfolgt Inhaber Otto Kirchner zwei hauptsächliche Ziele. Einerseits orientiert sich das Unternehmen konsequent an den Anforderungen der Märkte und pflegt andererseits eine Führungs- und Kommunikationskultur, die von Teamgeist, Fairness und Offenheit geprägt ist: „So sichern wir am effektivsten den Bestand des Familienunternehmens FRÄNKISCHE, die Arbeitsplätze an unseren Standorten weltweit und unsere Leistungsfähigkeit in den Märkten der Zukunft."

DATEN UND FAKTEN

INHABERFAMILIE
Familie Kirchner
in der dritten Generation

GRÜNDER
Georg Schäfer, Hermann Bartel
und Adolf Kuffer
1906 in Schweinfurt

FAMILIENEINFLUSS
inhabergeführt durch
Otto Kirchner, geschäftsführender Gesellschafter

UNTERNEHMENSANTEILE FAMILIENMITGLIEDER
100 %

MARKTPOSITION UNTERNEHMEN
Marktführer in vielen Bereichen

BRANCHE
kunststoffverarbeitende Industrie

PRODUKTE
Rohre, Schächte und Systemkomponenten aus Kunststoff und Metall für Hoch- und Tiefbau, Automotive und Industrie

STANDORTE
21 Produktionsgesellschaften weltweit, davon 5 deutsche Produktions- und Vertriebsstandorte

VERTRIEBSSTANDORTE UND PARTNER
weltweit

MITARBEITER
3500 weltweit,
davon 1700 in Deutschland

FRÄNKISCHE

FRÄNKISCHE ROHRWERKE
GEBR. KIRCHNER GMBH & CO. KG
Hellingerstraße 1
97486 Königsberg

Telefon 09525 88-0
www.fraenkische.com

Von Dichtungen über Vliesstoffe bis hin zur Medizintechnik: Die Freudenberg Gruppe ist vielseitig aufgestellt –
und investierte allein im Jahr 2016 rund 372 Millionen Euro in Innovationen

AUS BESTER FAMILIE

FREUDENBERG

SEIT 1849

Dieser Konzern aus dem beschaulichen Weinheim in Baden-Württemberg denkt global. Das zeigt sich schon daran, wie man sich bei der Freudenberg Gruppe selbst sieht: als „values-based technology group that best serves its customers and society". Die Freudenberg Gruppe agiert in rund 60 Ländern weltweit und entwickelt Dichtungen, schwingungstechnische Komponenten, Vliesstoffe, Filter, Spezialchemie, medizintechnische Produkte, IT-Dienstleistungen und modernste Reinigungsprodukte.

„Meist nicht sichtbar, aber immer unverzichtbar", so bezeichnet der Konzern seinen Beitrag zum Erfolg der Kunden. Ohne die Freudenberg Gruppe wäre die Luft in Räumen nicht so rein, würden Autos nicht fahren, Anzüge nicht sitzen und Wunden nicht so schnell heilen. Rund 4700 Patente hat die Unternehmensgruppe inne – und bietet stetig neue technisch führende Produkte, Lösungen und Services.

Neu zu denken hat bei der Freudenberg Gruppe Tradition. Im Jahr 1849 gründete

> »Freudenberg ist ein globales Technologieunternehmen, das seine Kunden und die Gesellschaft durch wegweisende Innovationen nachhaltig stärkt.«
>
> Freudenberg Gruppe

Carl Johann Freudenberg in Weinheim eine Gerberei, ein Jahr später entwickelte er mit dem Lackleder seine erste Innovation. Im Lauf der Jahrzehnte erweiterte das Unternehmen sein Know-how und Angebot. 1929 produzierte Freudenberg die ersten Lederdichtungen, 1936 wurden sie erstmals aus Elastomeren hergestellt. Ende der 1940er-Jahre entwickelte das Unternehmen Vliesstoff-einlagen für die Textilindustrie – aus einem Nebenprodukt entstand im Jahr 1948 eine Innovation, die noch heute viele Verbraucher schätzen: die Vileda-Reinigungstücher.

Im neuen Jahrtausend stieg Freudenberg in die Medizintechnik ein und entwickelt diese Sparte seitdem stetig weiter. Heute bringt die Freudenberg Gruppe unter anderem Innovationen bei hochtechnischen Medizinprodukten und intelligenten Dichtungslösungen hervor. Das Unternehmen erzielte im Jahr 2016 rund 30 Prozent seines Umsatzes mit Produkten, die jünger als vier Jahre sind. Damit das so bleibt, investiert die Freudenberg Gruppe in die Zukunft: Rund 372 Millionen Euro flossen 2016 in Forschung und Entwicklung.

Das Erbe von Carl Johann Freudenberg wirkt bis heute weiter. Inzwischen ist der Konzern in siebter Generation in Familienbesitz – und gehört nicht weniger als 320 Nachkommen des Firmengrün- ▶

AUS BESTER FAMILIE

Mit einer Gerberei fing es an: 1849 gründete Carl Johann Freudenberg sein Unternehmen

»Unsere Produkte sind meist unsichtbar, aber immer unverzichtbar.«
Freudenberg Gruppe

Ein Schlüssel zum Erfolg der Elektromobilität liegt in der Bereitstellung leistungsfähiger Batterien. Freudenberg entwickelte dazu den Safety Separator für Lithium-Ionen-Batterien

Der Vorstand der Freudenberg Gruppe:
Dr. Tilman Krauch, Dr. Mohsen Sohi und Dr. Ralf Krieger

Hightech: Die Stanz- und Umform-Anlage zur Produktion von Dichtungsringen der Freudenberg Gruppe

Der Super-Absorber: Er gehört zu den Freudenberg Performance Materials, einer Reihe von passgenauen technischen Textilien für unterschiedlichste Anwendungen

DATEN UND FAKTEN

INHABERFAMILIE
rund 320 Nachkommen des Firmengründers Carl Johann Freudenberg in der siebten Generation

BRANCHE
Dichtungen, Antivibrationssysteme, Vliesstoffe, Filter, Spezialchemie, Medizintechnik, IT-Dienstleistungen, Reinigungsartikel und -systeme

PRÄSENZ
weltweit in rund 60 Ländern

MITARBEITER
48 010 (31.12.2016)

UMSATZ
8,6 Mrd. €
Gesamtumsatz inklusive quotaler Konsolidierung der Gemeinschaftsunternehmen (Stand 31.12.2016)

FIRMEN DER UNTERNEHMENSGRUPPE
zwei Führungsgesellschaften: Freudenberg & Co. KG als strategische und Freudenberg SE als operative Führungsgesellschaft

ders. Freudenberg versteht sich als Unternehmen von Unternehmern. Das operative Geschäft liegt in der Hand von selbstständigen Gesellschaften, deren Geschäftsleiter eigenverantwortlich handeln. Die einzelnen Unternehmen sind zu Geschäftsgruppen zusammengefasst.

Die operative Führungsgesellschaft des Konzerns leiten Dr. Mohsen Sohi, Dr. Tilman Krauch und Dr. Ralf Krieger als Nicht-Familienmitglieder. Sie werden wiederum vom Aufsichtsrat der Freudenberg Gruppe bestellt, in dem mindestens 7 der derzeit 13 Mitglieder aus der Familie stammen müssen.

Bei den Gesellschaften der Freudenberg Gruppe arbeiten insgesamt 48 010 Mitarbeiter, die im vergangenen Jahr einen Gesamtumsatz von 8,6 Milliarden Euro erwirtschaftet haben. Man setzt sich ehrgeizige Ziele in Weinheim: Im relevanten Markt möchte das Unternehmen Marktführer sein oder „an einer guten zweiten Stelle" stehen.

Doch der Freudenberg Gruppe sind nicht nur Märkte und Zahlen wichtig – das Unternehmen will auch Verantwortung für die Gesellschaft übernehmen. Zusätzlich zu bereits bestehenden Projekten hat Freudenberg im Jahr 2015 insgesamt zwölf Millionen Euro zur Verfügung gestellt, um Menschen den Zugang zu Bildung und Arbeit zu ermöglichen und den Umweltschutz zu fördern. 2009 entstand ein gemeinnütziges Trainingszentrum in Indien, in dem Jugendliche eine Berufsausbildung erhalten.

Auch in Deutschland engagiert sich die Unternehmensgruppe. So fördert sie am Stammsitz in Weinheim mit der Initiative „Wir tun was ..." soziale Projekte und setzt sich für die Flüchtlingshilfe ein. Die Freudenberg Stiftung trägt bereits seit 1984 zu mehr Inklusion, Bildung und Demokratie bei. Ein Jugendaustauschprogramm gibt den Mitarbeiterkindern die Möglichkeit, an einem der weltweiten Firmenstandorte eine neue Kultur kennenzulernen. Das alles ist es, was die Unternehmensgruppe zu dem werteorientierten Technologiekonzern macht, als den sie sich bezeichnet. ◀

FREUDENBERG
INNOVATING TOGETHER

FREUDENBERG GRUPPE
Höhnerweg 2–4
69469 Weinheim

Telefon 06201 80–0
www.freudenberg.com

Die Zentrale von Funk im Herzen der Hamburger Innenstadt. Hier arbeiten rund 500 der insgesamt 1150 Funk-Mitarbeiter

AUS BESTER FAMILIE

FUNK

SEIT 1879

Das Wesentliche? Passt in einen Koffer. Jedenfalls bei diesem Familienunternehmen, das Theodor Funk 1879 als „Generalagentur" in Berlin mit dem Schwerpunkt Transportversicherungsgeschäft gründete. Funk ist heute der größte inhabergeführte Versicherungsmakler und Risk Consultant in Deutschland und gehört zu den führenden Maklerhäusern in Europa. Das in fünfter Generation geführte Familienunternehmen berät Unternehmen und Entscheider im Versicherungs- und Risikomanagement und spricht ihnen weltweit die beste Empfehlung zu Sicherheit und Vorsorge aus.

Den entscheidenden Impuls erhielt die Firmenentwicklung bereits 1907, als das Geschäft auf alle Sparten und eine Vielzahl von Versicherungsgesellschaften ausgedehnt wurde. Steter Begleiter bei persönlichen Kundengesprächen der Familie zu dieser Zeit: der Koffer der Gründer. Noch heute ist er das Symbol für die Werte von Funk – auch und gerade im digitalen Zeitalter.

Nach dem Zweiten Weltkrieg wird das Stammhaus in Berlin wiederaufgebaut

»Vertrauen schenkt man nur persönlich.«

und in Hamburg der Grundstein für die künftige Funk-Zentrale gelegt. Der Etablierung zahlreicher Niederlassungen in ganz Deutschland folgte ab 1973 der konsequente internationale Ausbau des Geschäfts. Funk ist mittlerweile mit 15 Standorten in ganz Deutschland sowie 17 weiteren im europäischen Ausland vertreten. International tätige Kunden betreut das Unternehmen, das 2016 mit 1150 Mitarbeitern einen Umsatz von 150 Millionen Euro erwirtschaftete, weltweit mit handverlesenen Partnern aus dem eigenen Netzwerk, The Funk Alliance. Funk ist damit der einzige Versicherungsmakler, der aus Deutschland heraus sein eigenes internationales Partnernetzwerk steuert und den Kunden somit ein flexibles, offenes System anbieten kann. Parallel wuchs in den 1970er-Jahren national das Industriegeschäft: Konsequente Ausrichtung am individuellen Kundenbedarf führte auch zu einer verstärkten Branchenspezialisierung bei ganzheitlicher Risikobetrachtung – flankiert von dem Anspruch, neben bedarfsgerechten Risikolösungen auch passende IT-Lösungen zu bieten.

Mit dem Jahrtausendwechsel erfolgt der Schritt zum Systemhaus für Risikolösungen, das als Consultant nun auch ganzheitliches betriebswirtschaftliches Risikomanagement anbietet – damals als erster Makler in Deutschland. Wenige Jahre darauf komplettiert Funk sein Dienstleistungsspektrum durch den weiteren Ausbau der Vorsorgeberatung.

Die Gesellschafter legen allerhöchsten Wert auf Unabhängigkeit und Kontinuität: Diese Unabhängigkeit wissen die Kunden ebenso zu schätzen wie den Akzent, den Funk dem Aufbau langfristiger ▶

AUS BESTER FAMILIE

Der Eingang der Funk-Zentrale am Valentinskamp 20 in der Hamburger Innenstadt

Die Gesellschafter (von links): Thomas Abel, Christoph Bülk, Dr. Leberecht Funk, Alexander Funk, Dr. Anja Funk-Münchmeyer, Claudius Jochheim, Bernhard Schwanke, Robert Funk, Yorck Hillegaart, Dr. Dieter Schwanke

»Wir sprechen Unternehmen und Entscheidern weltweit die beste Empfehlung für ihre Sicherheit und Vorsorge aus.«

Mit ihm fing 1879 alles an: Unternehmensgründer Theodor Funk

Der Koffer, mit dem Leberecht Funk aus der zweiten Familiengeneration seine Kunden besuchte, existiert noch immer. Heute ist er das Symbol der Funk-Werte – auch und gerade im digitalen Zeitalter

FUNK

Zeichnung der Hamburger Zentrale von Funk

Partnerschaften widmet. Bei Funk fühlt man sich verpflichtet, für dauerhafte und stabile Gesellschafter- und Geschäftsführerverhältnisse zu sorgen, und plant Übergänge langfristig. Das Mehrgenerationenmodell ist Teil der Unternehmenskultur und Erfolgsrezept in der mittlerweile über 135-jährigen Geschichte des inhabergeführten Unternehmens.

Das Fördern von Talenten und Charakteren ist expliziter Teil der Personalpolitik. Funk bietet hier mit der „Funk Akademie" eine Vielzahl an gezielten, bedarfsorientierten Fort- und Weiterbildungsmöglichkeiten. So können die Funk-Experten ihren Kunden in einer sich ständig wandelnden Welt jederzeit die beste Empfehlung aussprechen. Auch bei der Nachwuchsgewinnung denkt das Unternehmen langfristig: Wer bei Funk ein duales Studium oder eine Ausbildung beginnt, erhält – den erfolgreichen Abschluss vorausgesetzt – eine Übernahmegarantie. Funk fördert zudem ausgewählte Stipendiaten im Rahmen des sogenannten Deutschlandstipendiums. Das betriebliche Gesundheitsmanagement bietet den Mitarbeitern zahlreiche präventive Maßnahmen oder die Teilnahme an Firmensport-Events wie dem Hamburger Triathlon. Dass Funk auch darüber hinaus ein außergewöhnlich attraktiver Arbeitgeber ist, davon zeugt unter anderem das renommierte „TOP JOB"-Siegel, mit dem Funk 2015 ausgezeichnet wurde.

Das gesellschaftliche Engagement der Funk-Gesellschafter reicht weit über das Unternehmen selbst hinaus: 2014 gründeten Gesellschafter Dr. Leberecht Funk und seine Ehefrau Maritta die gemeinnützige Funk Stiftung. Die Stiftung fördert schwerpunktmäßig wissenschaftliche und praxisbezogene Projekte rund um die Themen Risikoforschung und Risikobewältigung. Darüber hinaus engagiert sie sich für kulturelle Projekte und künstlerische Talente.

Und der Koffer aus den Gründungsjahren? Wurde über die Generationen hinweg erhalten und befindet sich heute in der Hamburger Zentrale. Denn schließlich ist man bei Funk darauf spezialisiert, Werte für die Zukunft zu bewahren. ◀

DATEN UND FAKTEN

INHABERFAMILIE
Gründungsfamilie Funk, Familien Schwanke und Jochheim sowie die geschäftsführenden Gesellschafter Thomas Abel, Christoph Bülk, Yorck Hillegaart

GRÜNDER
Theodor Funk, 1879

FAMILIENEINFLUSS
geschäftsführende Gesellschafter Thomas Abel, Christoph Bülk, Yorck Hillegaart und Claudius Jochheim

MARKTPOSITION UNTERNEHMEN
größter inhabergeführter Versicherungsmakler und Risk Consultant in Deutschland und eines der führenden Maklerhäuser in Europa

BRANCHE
Versicherungen

PRODUKTE
Versicherungs- und Risikomanagement sowie Vorsorge für Unternehmen

STANDORTE
Hamburg als Zentrale, dazu weitere 31 Standorte in Deutschland und Europa

VERTRIEB
über die Standorte und das eigene internationale Broker-Netzwerk „The Funk Alliance"

MITARBEITER
1150 Mitarbeiter (2017)

FUNK
Valentinskamp 20
20354 Hamburg

Telefon 040 35914–0
www.funk-gruppe.com

Die Gauselmann Gruppe ist ein führendes Unternehmen der Automatenindustrie auf dem europäischen Markt. 600 Menschen entwickeln in vielen Ländern – von Australien bis in die USA – auf Basis der besten Technik die große Spielevielfalt. Die Gruppe betreibt mehr als 600 Spiel- und Entertainmentcenter, gut die Hälfte davon in Deutschland

AUS BESTER FAMILIE

GAUSELMANN

SEIT 1957

Die Erfolgsstory der Gauselmann Gruppe knüpft eng an die Geschichte ihres Gründers an: Innerhalb der vergangenen 60 Jahre formte Paul Gauselmann aus einem Einmannbetrieb einen Weltkonzern mit rund 12 000 Beschäftigten und mehr als zweieinhalb Milliarden Euro Umsatz (2016). Seit den 1980er-Jahren hat die familiengeführte Firma mit Sitz im ostwestfälischen Espelkamp in der deutschen Automaten- und Freizeitwirtschaft die Nase vorn. Überdies rangiert sie als führendes Unternehmen in diesem Segment auf dem europäischen Markt.

Die Entwicklung eines Fernwahlsystems für deutsche Musikboxen – sein erstes von bis dato 300 eigenen Patenten – brachte den Fernmelderevisor Paul Gauselmann 1956 in die Automatenindustrie. 1957 legte der passionierte Tüftler und Spielefreund den Grundstein für die heute international agierende Unternehmensgruppe: Mit 17 Musikboxen, 2000 Mark Erspartem und 100 000 Mark in Wechseln schrieb er das erste Kapitel einer Erfolgsgeschichte, die unter seiner Regie auch heute noch längst nicht zu Ende erzählt ist.

> »More than a game: Die Gauselmann Gruppe hat sich dem Entertainment verschrieben und verantwortet gleichzeitig Prävention und Verbraucherschutz.«
>
> **Gauselmann-Unternehmensmotto**

Im Jahr 1964 wagte Paul Gauselmann mit 15 Mitarbeitern den Sprung in die volle Selbstständigkeit. Der Erfolg nahm Fahrt auf: 1974 eröffnete Gauselmann seine erste Spielothek. Das Tochterunternehmen CASINO MERKUR-SPIELOTHEK avancierte in den folgenden Jahrzehnten zu einer der größten nationalen Spielstättenketten. 1977 kam das erste selbst entwickelte und produzierte Geldspielgerät mit Namen „Merkur B" auf den Markt. Neun Jahre später eröffnete die Gauselmann Gruppe ihr erstes internationales Entertainmentcenter in den Niederlanden. Heute betreibt das Unternehmen als Branchenprimus mehr als 600 moderne Entertainmentcenter in Europa – gut die Hälfte davon in Deutschland.

Zudem ist die Gauselmann Gruppe in vielen weiteren Geschäftsbereichen tätig, zum Beispiel bei Sportwetten, Spielbanken und beim Online-Gaming. Ihre Aktivitäten gliedern sich aktuell in die vier Unternehmensbereiche Merkur (Entwicklung und Fabrikation), Spielbetriebe, Sportwetten sowie Online-Gaming und Financial Services.

Verantwortung ist Programm: Als führender Hersteller von Spielautomaten und Spielstättenbetreiber besetzen Prävention und Verbraucherschutz Schlüsselpositionen in der Unternehmensphilosophie der Gauselmann Gruppe. Zur Unterstützung der Jugend- und Spielerschutzmaßnahmen setzt der Konzern auf das leistungsstarke Ge- ▶

AUS BESTER FAMILIE

Der Beirat der Gauselmann-Familienstiftung (v.l.n.r.): Sonja, Armin, Karin, Karsten, Paul, Michael und Janika Gauselmann

> »Wir sind die Spielemacher!«
>
> Gauselmann-Unternehmensmotto

Die Gauselmann Gruppe betreibt die Merkur Spielbanken Sachsen-Anhalt in Leuna-Günthersdorf und Magdeburg – die modernsten Spielbanken Deutschlands. An der größten Spielbank Deutschlands in Berlin ist sie mit 40 Prozent beteiligt

Der entscheidende Faktor für den Erfolg der Gauselmann Gruppe sind die motivierten und leistungsfähigen Mitarbeiterinnen und Mitarbeiter unter der Federführung von Vorstand Armin Gauselmann. 2017 starteten 83 junge Menschen ihre Ausbildung bei der Gruppe

Musikboxen brachten Paul Gauselmann in die Automatenbranche. 1956 erfand er für die Boxen ein Fernwahlsystem, schon 1957 gründete er nebenberuflich sein Unternehmen

GAUSELMANN

Der Geschäftsbereich Sportwetten umfasst das Angebot und die Vermittlung von Sportwetten unter den Marken Cashpoint (Österreich, Belgien und Dänemark) sowie XTiP (Deutschland) und bedient internationale Märkte

sichtserkennungssystem „FACE-CHECK" – und ist damit Vorreiter in der Branche.

Um die Gauselmann Gruppe auch in Zukunft als Einheit zu sichern, wurde das Unternehmen 2016 in die „Gauselmann-Familienstiftung" überführt. Hierfür brachte die gesamte Unternehmerfamilie ihre jeweiligen Anteile in die Stiftung ein. Funktionen im Stiftungsbeirat und -vorstand wurden mehrheitlich mit Mitgliedern der Familie Gauselmann besetzt.

Von den weltweit rund 12 000 Mitarbeitern der Gauselmann Gruppe sind 7000 in Deutschland beschäftigt. Der Konzern bildet 220 Lehrlinge und Studierende in 16 Berufen und Dualen Studiengängen aus. Neben klassischen kaufmännischen und gewerblich-technischen Fachrichtungen wird seit 2008 auch eine branchenspezifische Ausbildung zum Automatenkaufmann angeboten. Mit zielgerichteten Weiterbildungsprogrammen und individuellen Personalentwicklungsmaßnahmen kommt die Gauselmann Gruppe nicht nur ihrer Verpflichtung als Arbeitgeber nach, sondern sichert sich mit bestens ausgebildeten Fach- und Führungskräften auch die eigene, gute Zukunft. Eine ausgezeichnete Strategie: Aufgrund der Förderung und Entwicklungsperspektiven seiner Mitarbeiter reihte das Magazin „Focus Money" das Unternehmen 2017 zum dritten Mal unter die 1000 deutschen Top-Arbeitgeber ein. Seit 2015 trägt die Gauselmann Gruppe zudem das Gütesiegel für Ausbildungsbetriebe „BEST PLACE TO LEARN".

Paul Gauselmann ist ein Mann mit unternehmerischem Weitblick – und großem Herzen: Für sein gesellschaftliches Engagement – er unterstützt unter anderem die SOS-Kinderdörfer, den heimischen Sport sowie Projekte und Initiativen, die der Gesundheitsvorsorge und Notfallversorgung dienen – wurde er mit dem Bundesverdienstkreuz und dem Verdienstkreuz 1. Klasse des Verdienstordens der Bundesrepublik Deutschland ausgezeichnet. Die Städte Lübbecke und Espelkamp ehrten Paul Gauselmann zudem anlässlich seines 70. Geburtstages für seinen unermüdlichen Einsatz für die Belange der Region mit der jeweiligen Ehrenbürgerwürde. ◀

DATEN UND FAKTEN

INHABERFAMILIE
Familie Gauselmann in der ersten, zweiten und dritten Generation

GRÜNDER
Paul Gauselmann (*1934)

FAMILIENEINFLUSS
Familienstiftung

UNTERNEHMENSANTEILE DER FAMILIE
Gauselmann-Familienstiftung 100 %

MARKTPOSITION UNTERNEHMEN
in Deutschland Marktführer

BRANCHE
Automaten- und Freizeitwirtschaft

PRODUKTE UND DIENSTLEISTUNGEN
Unterhaltungsspielgeräte, Geldmanagementsysteme, Sportwetten, Online-Gaming, Financial Services

STANDORTE
Espelkamp, Lübbecke, Mechernich, Magstadt sowie 16 Game-Design-Studios weltweit

VERTRIEB
Europa (Automaten, Spielhallen und -banken, Sportwetten, Online-Angebote) und Südamerika (Automaten)

MITARBEITER
12 000 weltweit, davon 7000 in Deutschland

GAUSELMANN AG
Merkur-Allee 1–15
32339 Espelkamp

Telefon 05772 49–0
www.gauselmann.de

**GELITA ist einer der weltweit führenden Anbieter von Gelatine, Kollagen und Kollagenpeptiden.
Natürliche Produkte spielen eine wichtige Rolle für gute Lebensmittel**

AUS BESTER FAMILIE

GELITA

SEIT 1875

Gummibärchen, Marshmallows oder Rote Grütze – ohne die Verwendung des Naturprodukts Gelatine wäre uns der Genuss dieser leckeren Süßigkeiten verwehrt geblieben. Dabei kommt der Gelatine die besondere Rolle zu, dass sie neutral in Farbe, Geruch und Geschmack sein soll, aber beim Essen für ein gutes Gefühl im Mund sorgt. Und so wird sie schon seit Langem hergestellt. Der Idee zweier Familienbetriebe, sich zusammenzutun, ist zu verdanken, dass der Erfolg der Speisegelatine nicht mehr aufzuhalten war. Daneben gibt es aber auch fotografische und pharmazeutische Gelatine. Erstere wurde im vordigitalen Zeitalter zur Beschichtung von Filmen und Fotopapier benötigt. Und auch heute noch wird sie bei stationären Fotodruckern und auf Filmen für analoge Fotografie und Röntgengeräte eingesetzt. Als Medikamentenkapsel ist Gelatine ebenfalls nicht wegzudenken, und dafür steht GELITA, dessen Name sich an den Prozess des „Gelierens" anlehnt. Die Wurzeln der heutigen GELITA AG reichen bis in das Jahr 1875. Zunächst produzierten die beiden Gelatine-Fabriken der Familien Stoess und Koepff noch munter nebeneinander her. Nach dem Zweiten Weltkrieg fusionierten sie zur Deutsche Gelatine-Fabriken Stoess & Co. GmbH. Im Jahr 2002 erfolgte die Umfirmierung in GELITA AG. Seit 1935 ist GELITA der Markenname der Unternehmensgruppe.

> »Alle Produkte von GELITA haben etwas mit Essen oder Gesundheit zu tun und stehen deshalb für Lebensqualität.«
>
> GELITA-Unternehmensprofil

Wer schon mal große Pillen schlucken musste, weiß, wie hilfreich es ist, wenn das Medikament in Gelatinekapseln steckt, die leichter einzunehmen sind, weil sie besser „rutschen" und keinen Eigengeschmack haben. Auf diesem Gebiet ist das Unternehmen besonders innovativ, hat diverse Spezial-Gelatinen erfunden. Diese helfen, die Wirkstoffe optimal freizusetzen und ihre Haltbarkeit zu verlängern.

GELITA stellt auch Kollagenpeptide für den Gesundheitsmarkt her. Peptide basieren wie die Gelatine auf Kollagen, haben aber rein stimulierende Wirkung auf verschiedene Körperzellen. Sie leisten in Nahrungsergänzungsmitteln aber als Pille eingenommen auch einen bedeutenden Beitrag für starke Knochen, geschmeidige Gelenke und glatte Haut. Klinische Studien belegen, dass mit ihnen der Gelenkknorpel- und Knochenabbau reduziert wird und sich die Faltentiefe verringert. Kollagenpeptide stärken allgemein Sehnen und Bänder und unterstützen sowohl den Muskelaufbau wie den Fettabbau.

Bei GELITA steht konsequentes Innovationsmanagement ganz oben auf ▶

Bevor die Gelatine fertig produziert ist, müssen kollagene Bindungen aufgelöst werden

Alle verwendeten Rohstoffe stammen von gesunden, geschlachteten und zum menschlichen Verzehr freigegebenen Tieren

»Improving Quality of Life«

GELITA-Unternehmensmission

Erst nach umfangreichen physikalischen, chemischen und bakteriologischen Untersuchungen wird die Gelatine zum Versand freigegeben

Für Kosmetika werden bioaktive Kollagenpeptide eingesetzt. Sie erhöhen die Hautfeuchtigkeit und verhindern die Bildung von Falten

Idyllisch am Neckar gelegen, befindet sich die Eberbacher Unternehmenszentrale der GELITA AG

DATEN UND FAKTEN

INHABERFAMILIE
Familie Koepff
in der vierten Generation

GRÜNDER
Familie Stoess
(Chemische Werke Stoess)
und Familie Koepff
(Deutsche Gelatine-Fabriken)
1875

FAMILIENEINFLUSS
Fremdmanagement, Familie:
Konstanze Koepff-Röhrs,
stellvertretende Aufsichtsratsvorsitzende

UNTERNEHMENSANTEILE FAMILIENMITGLIEDER
Familie Klaus-Philipp Koepff
ca. 65 %,
Familie Peter Koepff
ca. 32 %

EIGENKAPITALQUOTE
65 %

MARKTPOSITION UNTERNEHMEN
Weltmarktführer mit
22 % Anteil

BRANCHE
Nahrungsmittel

PRODUKTE
Gelatine, Kollagenpeptide,
funktionelle Proteine

STANDORTE
21 weltweit, davon 5 in Deutschland (Eberbach, Göppingen, Memmingen, Minden, Sinsheim)

VERTRIEB
weltweit

MITARBEITER
2500 weltweit

GELITA
Improving Quality of Life

GELITA AG
Uferstraße 7
69412 Eberbach

Telefon 06271 84–01
www.gelita.com

der Agenda. So gelangte das Unternehmen unter dem Vorstandsvorsitzenden Jörg Siebert zum Weltmarktführer. Bis heute führt er den Aufsichtsrat. Seit 2010 führt Dr. Franz Josef Konert das Unternehmen. Auch er handelt konsequent nach dem Motto: „Erhalt der Innovationsführerschaft". Das bedeutet, dauerhaft muss zehn Prozent des Umsatzes mit Produkten erwirtschaftet werden, die nicht älter als vier Jahre sind. Das Konzept geht auf und führte dazu, dass der Umsatz zwischen 2010 und 2016 von 438 auf 694 Millionen Euro wuchs und sich das Unternehmen mit mehr als einem Fünftel Marktanteil die Weltmarktführerschaft sichert. Insgesamt hält GELITA 69 Patente.

Bei aller Innovationsfreude legt das Eberbacher Unternehmen zudem Wert auf eine nachhaltige Produktion. So fallen bei der Proteinherstellung aus natürlichen Rohstoffen keine Abfälle an. Alle Nebenprodukte wie Fette, Proteine oder Mineralien können weiterverwendet werden. Damit leistet das Unternehmen einen wesentlichen Beitrag in der „Circle Economy", bei der es darum geht, die natürlichen Ressourcen wertschöpfend zu verwenden und in den natürlichen Kreislauf zurückzuführen.

Dabei wird nichts dem Zufall überlassen. Durch einen gesteuerten Ideen- und Innovationsprozess (Stage-Gate®) werden Projekte angestoßen und zur Marktreife gebracht. Parallel dazu gibt es den „GoBest-Ansatz", der über alle Standorte hinweg die Produktion kontinuierlich verbessern soll, indem er sie hinsichtlich des Einsatzes von Ressourcen steuert.

Getreu der Firmenphilosophie „Improving Quality of Life" setzt sich GELITA nicht nur für Produkte ein, die die Lebensqualität verbessern, sondern tut dies auch in anderen Firmenaktivitäten. Dass im Unternehmen Gesundheit großgeschrieben wird, zeigt auch das firmeneigene Fitnesscenter für die Mitarbeiter. Daneben werden Projekte in der Region gefördert, wie der GELITA Trail Marathon Heidelberg, die Bürgerstiftung Eberbach und andere soziale, sportliche und kulturelle Projekte an den mehr als 20 Unternehmensstandorten weltweit.

So klein, dass sie auf einer Fingerspitze Platz finden: eSIMs von G+D sind fest in Mobilgeräten,
Connected Cars oder Industrie-4.0-Maschinen verbaut

AUS BESTER FAMILIE

GIESECKE +DEVRIENT

SEIT 1852

Die digitale Revolution hat unsere Welt extrem verändert, die Art, wie wir kommunizieren, wie wir einkaufen, kurz: wie wir leben. Sicherheit ist dabei eines der wichtigsten Themen. Denn Identitäten müssen geschützt, Bezahlvorgänge abgesichert und Daten vor jeglichem Missbrauch bewahrt werden. Wer hierfür Sicherheitslösungen anbietet, braucht nicht nur aktuellstes Know-how, sondern auch viel Erfahrung. Der Münchener Sicherheitskonzern Giesecke+Devrient hat davon reichlich, weit mehr als anderthalb Jahrhunderte, um genau zu sein.

Seine Wurzeln hat das Unternehmen nicht in Bayern, sondern in Leipzig, wo es von Hermann Giesecke und Alphonse Devrient im Jahr 1852 gegründet wurde. Giesecke, Sohn einer Schriftsetzerfamilie, und Devrient, dessen Vater eine Chemiefabrik besaß, brachten schon von Haus aus gute Voraussetzungen mit. Sie gründeten eine Buch-, Kupfer- und Steindruckerei als „Typographisches Institut" für hochwertigsten Buch- und Kunstdruck. Diesen Titel führten sie auch noch mehrere Jahrzehnte. Doch schon bald

»G+D macht das Leben von Milliarden von Menschen sicherer.«

G+D-Firmenphilosophie

nach der Gründung stellten sie die Weichen für den Unternehmenserfolg neu, indem sie verschiedene Druckverfahren miteinander kombinierten und die Druckerzeugnisse damit vor Fälschungen schützten. Schon 1854 erhielten sie den ersten Auftrag für den Druck von Banknoten, dem bald internationale Aufträge folgten. So entwickelte sich Giesecke+Devrient zur namhaften Institution für Geld und Wertpapiere.

Eine schmerzhafte Zäsur stellte die Enteignung nach dem Zweiten Weltkrieg dar, doch Siegfried Otto, Schwiegersohn von Ludwig Devrient senior, baute das Unternehmen in München wieder zur neuen Größe auf. In seine Zeit fällt etwa die Entwicklung des mehrfarbigen Stichtiefdrucks, mit dem seinerzeit der Banknotendruck revolutioniert und der für den 1958 erhaltenen ersten Auftrag der Bundesbank zum Druck der D-Mark genutzt wurde. Auch erkannte Otto die Notwendigkeit, Banknotenpapier wieder in Deutschland herzustellen und erwarb 1964 die Papierfabrik Louisenthal am Tegernsee, die heute als eine der modernsten Papierfabriken überhaupt gilt. Weitere wegweisende Innovationen waren unter anderem die Entwicklung des gesamten eurocheque-Systems gegen Ende der 1960er-Jahre oder die Produktion der ersten kommerziellen SIM-Karte im Jahr 1991.

Heute besteht G+D aus einer Holding mit vier Teilkonzernen, die auf unterschiedliche Geschäftssegmente spezialisiert sind. So ist G+D Currency Technology Marktführer für Lösungen rund um Banknoten und Banknotenbearbeitungssysteme und ▶

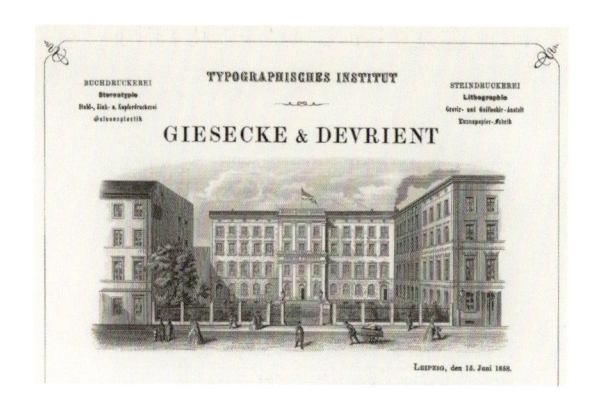

AUS BESTER FAMILIE

Das Stammhaus von Giesecke+Devrient in Leipzig konnte nach der Wiedervereinigung zurückgekauft werden

Kontaktloses Bezahlen mit der Kreditkarte oder dem Mobiltelefon spart Zeit an der Kasse

»Für unsere Kunden sind wir der Partner des Vertrauens für die Absicherung von Bezahlvorgängen, Identitäten, Konnektivität und Daten.«

Ralf Wintergerst,
CEO von Giesecke+Devrient

Seit 1948 hat Giesecke+Devrient seinen Firmensitz in München

Ralf Wintergerst (CEO) und Dr. Peter Zattler (CFO) führen die Geschäfte

Bis zu 120 000 Banknoten pro Stunde können mit dem Banknotenbearbeitungssystem BPS M7 gezählt, sortiert und geprüft werden

DATEN UND FAKTEN

INHABERFAMILIE
Familie von Mitschke-Collande in der fünften und sechsten Generation

GRÜNDER
Hermann Giesecke und Alphonse Devrient

UNTERNEHMENSANTEILE FAMILIENMITGLIEDER
100 %

FAMILIENEINFLUSS
durch Aufsichtsrat und Beirat

MARKTPOSITION UNTERNEHMEN
Top 1–3 in allen relevanten Kernmärkten

BRANCHE
Sicherheitstechnologie

PRODUKTE
Produkte und Lösungen rund um die Sicherheit von Bezahlvorgängen, Identitäten, Konnektivität und Daten

STANDORTE
Hauptsitz München, 72 Gesellschaften, Niederlassungen in 32 Ländern

UMSATZ
ca. 2,1 Mrd. € (2016)

MITARBEITER
ca. 11 300, davon 3800 in Deutschland

beliefert rund 150 Zentralbanken weltweit mit seinen Produkten. G+D Mobile Security ist hingegen weltweit führend bei der Verwaltung und dem Schutz digitaler Identitäten. Hier stellt G+D unter anderem SIM-, Kredit- und ID-Karten und komplette mobile Bezahlsysteme her. Außerdem liefert das Unternehmen die Managementsysteme für diese Karten: So verwaltet G+D fast drei Milliarden SIM-Karten in über 80 Ländern weltweit. Das Unternehmen Veridos ist hingegen ein Joint Venture aus G+D und der Bundesdruckerei, das für Regierungen maßgeschneiderte Gesamtlösungen für internationale ID-, Pass- und Grenzkontrollsysteme liefert. Der vierte Teilbereich von G+D ist das Unternehmen secunet, das IT-Sicherheitslösungen zum Schutz von Daten und Infrastrukturen entwickelt.

Insgesamt setzte Giesecke+Devrient mit diesen Teilbereichen im Jahr 2016 rund 2,1 Milliarden Euro um und belegt führende Positionen in allen relevanten Kernmärkten. Für dieses Ergebnis sorgten weltweit rund 11 300 Mitarbeiter. Rund 3800 davon sind in Deutschland beschäftigt, der Rest ist auf der ganzen Welt in 32 weiteren Ländern aktiv. Ein besonderes Asset ist gerade im Sicherheitsbereich die Innovationsstärke eines Anbieters. Die beeindruckende Zahl von rund 8000 lebenden Patenten und Patentanmeldungen für das Gesamtunternehmen belegt dies im Fall G+D deutlich.

Giesecke+Devrient konnte nach der Wiedervereinigung das ehemalige Stammhaus in Leipzig zurückkaufen, der Hauptsitz ist aber nach wie vor in der Prinzregentenstraße in München zu finden. Inzwischen ist das Unternehmen in der fünften und sechsten Generation in Familienbesitz. Siegfried Ottos Tochter Verena von Mitschke-Collande und ihre vier Kinder sind heute Gesellschafter. Während die Geschäfte durch die Geschäftsführer Ralf Wintergerst (CEO) und Dr. Peter Zattler (CFO) geführt werden, ist die Familie in Aufsichtsrat und Beirat aktiv. So bleiben die Kontinuität und der Erfahrungsschatz des Unternehmens gewahrt – mit Sicherheit. ◀

Giesecke+Devrient
Creating Confidence

GIESECKE & DEVRIENT GMBH
Prinzregentenstraße 159
81677 München

Telefon 089 4119-0
www.gi-de.com

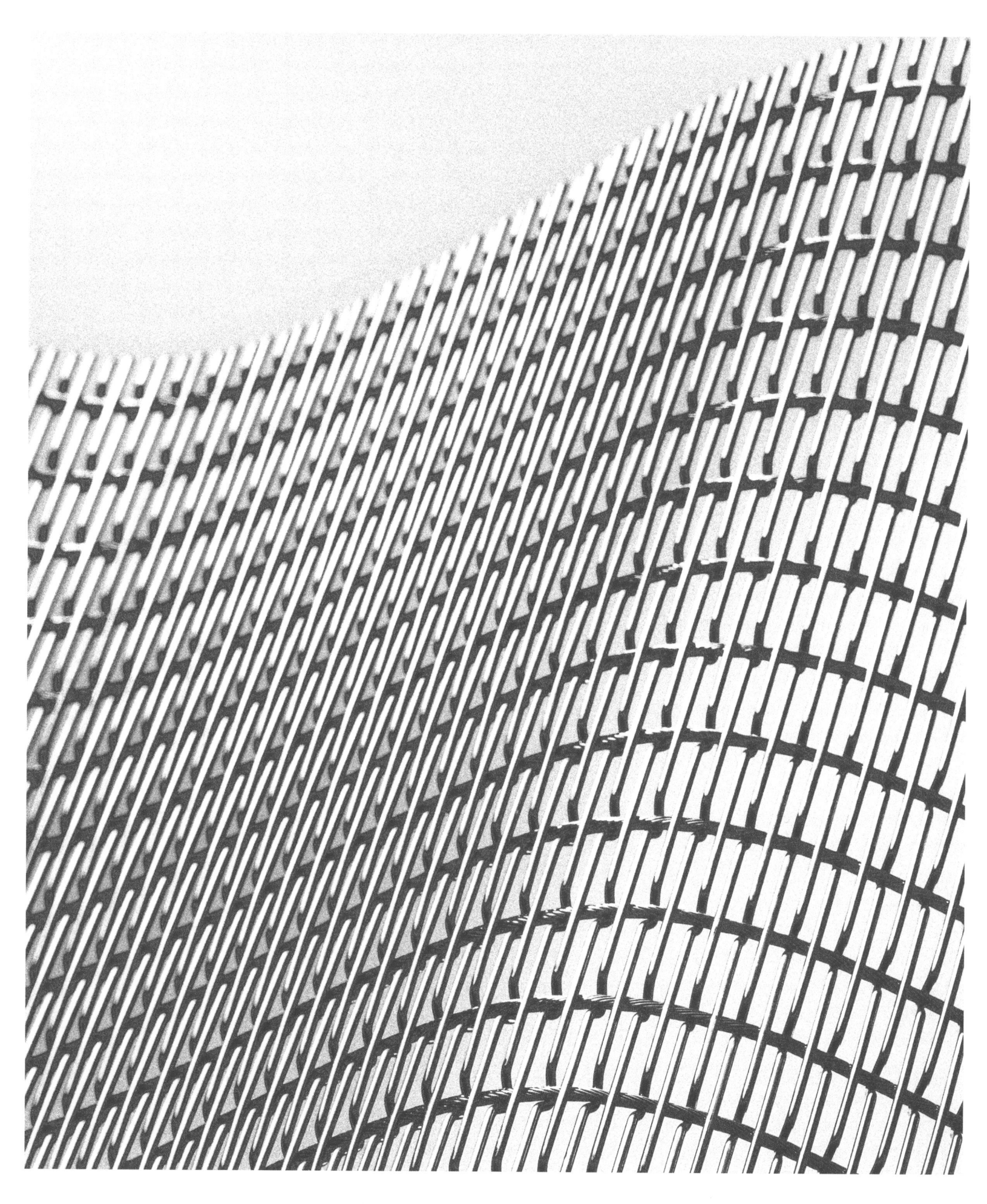

Seilgewebe werden für großflächige Fassadenverkleidungen und Wandverkleidungen verwendet. Das Besondere am Architekturgewebe Omega 1520 von GKD ist, dass innerhalb einer Gewebebahn unterschiedliche Offenheiten hergestellt werden können

AUS BESTER FAMILIE

GKD – GEBR. KUFFERATH AG

SEIT 1925

Die Produkte der GKD – Gebr. Kufferath AG finden sich an den Decken und Wänden im Haupteingang von Schloss Versailles ebenso wie an der Stadionfassade von Atlético Madrid. Sie sind im Antriebssystem unserer Autos, im Tintenstrahldrucker oder beispielsweise in industriellen Fruchtsaftpressen im Einsatz. Denn GKD hat die Tradition des Webens zu einer Schlüsseltechnologie für unzählige Industrieprozesse gemacht. Seit über 90 Jahren stellt die nicht börsennotierte Aktiengesellschaft Drahtgewebekonstruktionen für sehr unterschiedliche Zielgruppen her: Architekten und Bauherren weltweit bekannter Gebäude, führende Unternehmen der Automobil- und Luftfahrtbranche, Nahrungs- und Getränkeindustrie, Rohstoffgewinnung, Umwelttechnologie und viele mehr vertrauen auf diese Produkte.

Im Jahr 1925 gründete Josef Kufferath die technische Weberei in Düren, um Gewebe zur Filtration von Kohleschlämmen zu produzieren. Mit sicherem Gespür erkannte er, wie später auch sein Nachfolger Karl und dessen Söhne, neue Wachstumsfelder und bediente sie aktiv – lange bevor es den Begriff der Megatrends gab. Heute ist das Unternehmen Weltmarktführer für komplexe Lösungen aus technischen Geweben für Industrie und Architektur. In sechs eigenen Werken in Deutschland, den USA, Südafrika, China, Indien und Chile sowie in fünf Niederlassungen beschäftigt GKD insgesamt rund 700 Mitarbeiter. An der Spitze des Unternehmens stehen seit rund 40 Jahren die beiden Enkel des Firmengründers: Ingo Kufferath-Kassner und Dr. Stephan Kufferath-Kassner – der eine Diplom-Ingenieur, der andere Diplom-Kaufmann. Als Vorstände von GKD setzen die Brüder auf weiteres Unternehmenswachstum aus eigener Kraft: Die Eigenkapitalquote von 54,9 Prozent bietet die finanziellen Voraussetzungen dafür. So baut GKD das Produktionsnetzwerk kontinuierlich weiter aus und entwickelt neue Verfahren und Produkte.

Marktnähe und Innovationen sind für das Familienunternehmen so essenziell wie Kette und Schuss beim Weben. Mit 40 Patenten und herausragenden Entwicklungen setzt GKD seit Jahrzehnten regelmäßig neue Branchenstandards: Beispielhaft dafür stehen Prozessbänder aus gewebten Drähten und Seilen, transparente Medienfassaden aus Metallgewebe oder dreidimensionales Filtergewebe. Rund ein Zehntel des jeweiligen Jahresumsatzes fließt in For- ▶

> »GKD konzentriert sich auf Produkte, die einen Beitrag dazu leisten, die Welt gesünder, sauberer und sicherer zu machen.«
>
> GKD-Unternehmensvision

AUS BESTER FAMILIE

Zwei Brüder an der Spitze:
die GKD-Vorstände Ingo und Dr. Stephan
Kufferath-Kassner

»Wir wollen schnell und beweglich bleiben und bereit sein, auch ganz große Ideen umzusetzen.«

GKD-Unternehmensmission

Tief verwurzelt: Düren ist bis heute der Firmensitz der
GKD – Gebrüder Kufferath AG

Dreidimensionales
Hochleistungsgewebe:
Porometric von GKD

Qualität aus Düren in Versailles: Die Gewebe zur Neugestaltung von
Wand und Decken im Pavillon Dufour fertigte GKD

GKD

Hightech-Gewebe für moderne Repräsentativbauten: Auch bei der nationalen Statistikbehörde in Pretoria trug GKD zur Gestaltung der Fassade bei

schung und Entwicklung im firmeneigenem Labor. Hier arbeiten 14 Mitarbeiter an den Innovationen von morgen.

GKD entwickelt Produkte und Anwendungen, die dazu beitragen, die großen, globalen Fragen rund um Wasser, Ernährung, Umwelt- und Ressourcenschonung, Mobilität und Gesundheit zu beantworten. Dazu zählen neue Lösungen zur energetischen und akustischen Gebäudeoptimierung ebenso wie innovative Produkte für die Trinkwasseraufbereitung, Abwasser- und Ballastwasserfiltration oder Klärschlammtrocknung, mit denen GKD zu einer gesunden, sauberen und sicheren Welt beiträgt.

Nachhaltigkeit ist für das Familienunternehmen aber nicht nur ein wichtiger Wert, wenn es um die Umwelt geht. Auch die langfristigen Kundenbeziehungen zeugen hiervon. Das Unternehmen bindet seine Kunden an sich, indem es stets versucht, deren Perspektive einzunehmen und so für sie nachhaltig wirksame Lösungen und Prozesse entwickelt. Basis dafür ist die über drei Generationen gewachsene Unternehmenskultur. Sie ist geprägt von einem offenen und verantwortungsbewussten Miteinander, engagierten, qualifizierten Mitarbeitern, gezielter Weiterbildung und der Ausrichtung aller Prozesse auf den Kundennutzen. Erklärtes Ziel der beiden Vorstände ist es, das Unternehmen global schnell und beweglich auszurichten. Daraus entstehende Synergien festigen weltweit den Ruf als glaubwürdiger und verlässlicher Partner von Kunden, Lieferanten und Mitarbeitern.

GKD begreift deshalb auch die Digitalisierung nicht als Gefahr, sondern als Chance, den heutigen Vorsprung gegenüber den Wettbewerbern auszubauen. So stellt das Familienunternehmen seit Jahren erhebliche Mittel bereit, um die digitale Entwicklung der Geschäftsprozesse und Produkte voranzutreiben. Dazu gehören neue Soft- und Hardware ebenso wie der Ausbau des unternehmenseigenen, global vernetzten Wissensmanagements mit den Tochtergesellschaften. Bis 2023 sollen alle Prozesse im Konzern vollständig digitalisiert sein. Mit Megatrends kennt man sich bei GKD eben aus – seit 1925. ◀

DATEN UND FAKTEN

INHABERFAMILIEN
Familie Kufferath-Kassner und Familie Treuling in der dritten Generation

BRANCHE
Metallindustrie

PRODUKTE
Industriegewebe, Prozessbänder, Architekturgewebe/transparente Medienfassaden

STANDORTE
eigene Werke in Deutschland, den USA, Südafrika, China, Indien und Chile, Niederlassungen in Frankreich, Großbritannien, Spanien, Dubai und Katar sowie weltweite Vertretungen

MITARBEITER
699 konzernweit, 423 in Deutschland (Stand 2016)

UMSATZ
83 Mio. € (2016)

FIRMENSITZ
Düren

UNTERNEHMENSSTRUKTUR
nicht börsennotierte AG mit elf Tochtergesellschaften

MARKTPOSITION
Weltmarktführer für komplexe Lösungen aus technischen Geweben für Industrie und Architektur

VERTRIEB
neben den sechs eigenen Werken zusätzlich Niederlassungen in Frankreich, Großbritannien, Spanien, Dubai und Katar sowie weltweite Vertretungen

GKD – GEBR. KUFFERATH AG
Metallweberstraße 46
52353 Düren

Telefon 02421 803-0
www.gkd.de

GOLDBECK Stammsitz in Bielefeld: Ein XXL-Showroom zeigt Gebäudeexponate in Originalgröße

AUS BESTER FAMILIE

GOLDBECK

SEIT 1969

Das Unternehmen GOLDBECK baut. Dabei wird im sprichwörtlichen Sinne nicht gekleckert, sondern geklotzt. Die Elemente, mit denen man es bei GOLDBECK zu tun hat, sind das Gegenteil von wenig oder klein. Und sie bestehen aus Stahl, Beton und Aluminium. Am Ende entstehen aus ihnen Industriehallen, Logistikhallen, aber auch Bürogebäude und Parkhäuser. Das Besondere dabei ist das Baukastensystem. GOLDBECK baut mit industriell vorgefertigten Bauelementen aus eigener Produktion. Das hat viele Vorteile: Alle Elemente – von den Betonteilen über Stahltragwerke und Aluminiumfassaden bis hin zu den Fensterelementen – haben eine genau definierte, gleichbleibende Qualität. Hohe Stückzahlen machen die Herstellung sehr wirtschaftlich. Und auf der Baustelle senken kurze Bauzeiten die Montagekosten.

Um die Entwicklung zu verstehen, muss man einen Schritt zurücktreten und in die Gründungszeit des Unternehmens blicken. Seine Wurzeln liegen im klassischen Stahlbau. Damit fängt 1969 in Bielefeld alles an. Schnell expandiert Gründer Ortwin Goldbeck und errichtet nach und nach ein Vertriebssystem für seine Stahlteile. Die erste Niederlassung entsteht 1973 in Hannover. Doch dann stellt der unbeirrbare Glaube von Ortwin Goldbeck an industrielles Arbeiten im Bauwesen die Weichen neu. Er richtet in den 1980er-Jahren das Unternehmen ganz neu aus. Er will nicht mehr nur einzelne Stahlbauteile, sondern schlüsselfertige Gebäude erstellen – in kurzen Bauzeiten, hoher Qualität und besonders wirtschaftlich. Ihm schwebt eine spezielle Methode vor: Das systematisierte Bauen mit standardisierten Elementen entsteht. Ortwin Goldbeck realisiert jetzt individuell geplante Gebäude im Baukastensystem. Damit ersetzt er das handwerkliche Geschehen auf der Baustelle durch gesicherte industrielle Qualität. Schwer kontrollierbare Einflüsse – zum Beispiel schlechtes Wetter – können dem Bauvorhaben nichts mehr anhaben.

Das neue Modell kommt gut bei den Kunden an. Binnen kurzer Zeit erschließt GOLDBECK neue Märkte und holt seit 1984 Mitarbeiter als stille Gesellschafter ins Boot, um sie per Anteilsschein am Erfolg des Unternehmens zu beteiligen. Baunahe Dienstleistungen kommen zum Portfolio hinzu. Das neue Jahrtausend steht im Zeichen der Internationalisierung: 1997 wird GOLDBECK International gegründet. Das Unternehmen hat jetzt Niederlassungen in Tschechien, Polen, der Slowakei, Österreich und Großbritannien. 2007 ▶

> »Eine offene Informationskultur zählt zu unseren wichtigsten Unternehmenswerten«
>
> GOLDBECK Unternehmensprofil

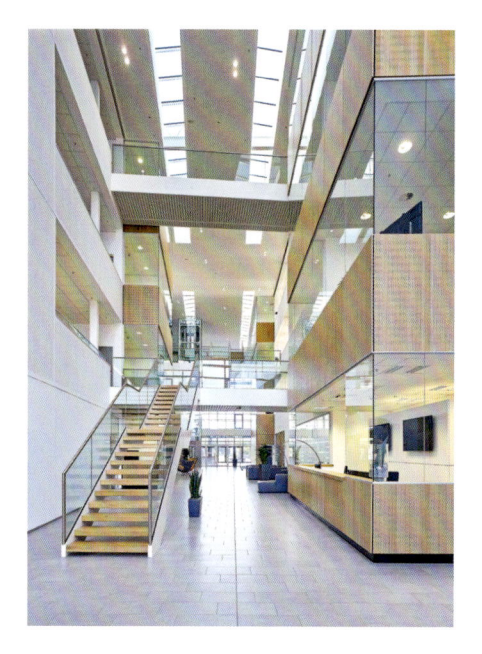

AUS BESTER FAMILIE

GOLDBECK schafft moderne Arbeitswelten

Beim Bau von Parkhäusern ist GOLDBECK Marktführer

Gründer Ortwin Goldbeck im Kreise seiner drei Söhne

Kurze Bauzeiten und weitgehende Stützenfreiheit sind Markenzeichen der GOLDBECK Hallen

»Wir übernehmen Verantwortung für die Nachhaltigkeit unseres Handelns, im unternehmerischen, ökologischen und sozialen Bereich.«

GOLDBECK Unternehmensmission

GOLDBECK

Mit einzelnen Stahlbauteilen begann die Fertigung 1969 in Bielefeld

endet mit dem Generationswechsel eine Ära: Gründer Ortwin Goldbeck übergibt den Staffelstab an seine drei Söhne. Er wechselt in den Unternehmensbeirat. Gemeinsam mit vier Geschäftsführern setzen Jörg-Uwe, Joachim und Jan-Hendrik Goldbeck das Lebenswerk ihres Vaters fort. Jörg-Uwe und Jan-Hendrik als Geschäftsführer der GmbH und der mittlere Sohn Joachim als Geschäftsführer des Tochterunternehmens GOLDBECK Solar GmbH.

Inzwischen ist das Produktspektrum weiter angewachsen auf Seniorenimmobilien, Schulen und Kindertagesstätten. Für besonders nachhaltige Systeme für Büro und Hallen ist die Firma von der Deutschen Gesellschaft für Nachhaltiges Bauen mit Mehrfachzertifikaten ausgezeichnet worden. Verbunden war die Entwicklung mit einem Mehrangebot an Serviceleistungen. Inzwischen ist es für GOLDBECK mit der Fertigstellung eines Baus nicht getan. Der Kunde kann umfangreiche Dienstleistungen für die Betreuung der Immobilie dazubekommen. GOLDBECK Gebäudemanagement versteht sich als technischer Dienstleister und hat sich auf die Bereiche Facility Management, Technischer Service und Facility Management Beratung spezialisiert. Alles kommt aus einer Hand. Die Tochtergesellschaft GOLDBECK PROCENTER bietet zudem Property und Center Management an.

Es war ein weiter Weg vom Stahlbauer zum Komplettanbieter. Gründer Ortwin Goldbeck geht ihn bis heute mit. Denn er hat sich aus den Geschäften noch nicht ganz zurückgezogen. Dreimal im Jahr tritt der Firmenbeirat unter seinem Vorsitz zusammen. Damit es bei der Ausrichtung und Entwicklung nicht zu Unstimmigkeiten kommt, wurden die Firmengrundsätze in einer Familienverfassung geordnet. Sie hilft, bei Meinungsverschiedenheiten Streit zu vermeiden. Denn darin sind die Regeln und Grundeinstellungen der Mitglieder und Gesellschafter, die das Unternehmen betreffen, formuliert und niedergeschrieben. So können trotz des gemischten Managements aus Inhabern und Fremdgeschäftsführern Gesellschaftsanteile nur innerhalb der Familie weitergegeben werden. Auf diese Weise kann die Tradition des Unternehmens auch in der nächsten Generation fortgeführt werden, denn noch ist die europäische Expansion längst nicht abgeschlossen. ◀

DATEN UND FAKTEN

INHABERFAMILIE
Familie Goldbeck
in der zweiten Generation

GRÜNDER
Ortwin Goldbeck 1969
in Bielefeld

FAMILIENEINFLUSS
zu 100 % in Familienbesitz

MARKTPOSITION UNTERNEHMEN
Marktführer in Deutschland
im Hallen- und Parkhausbau

BRANCHE
Bauwirtschaft

PRODUKTE
schlüsselfertige Gewerbeimmobilien, insbesondere Hallen, Bürogebäude und Parkhäuser

WERKE
Bielefeld, Treuen, Ulm, Hamm
Kutna Hora (CZ) und Tovacov (CZ)

VERTRIEB
über 40 Niederlassungen in ganz Europa

UMSATZ
2,45 Mrd. €
(Geschäftsjahr 2016/17)

MITARBEITER
über 5000 an 43 Standorten
in Europa

GOLDBECK GMBH
Ummelner Straße 4–6
33649 Bielefeld

Telefon 0521 9488-0
www.goldbeck.de

Kreativität kennt im Unternehmen PFALZNUDEL keine Grenzen. Doch die Basis der Nudelherstellung bildet ganz klassisch der Durum-Hartweizengrieß, der für beste Kochstabilität und Quellfähigkeit der Nudel sorgt

AUS BESTER FAMILIE

GUTTING PFALZNUDEL

SEIT 1986

Was für ein Angebot: Mehr als 600 verschiedene Nudelmotive gibt es beim Unternehmen PFALZNUDEL im Sortiment zu bestaunen. Manche sind in Form kleiner Paragraphen, andere zeigen sich als Traktoren, High Heels oder Glücksklee. „Unsere Nudeln sprechen die Kunden durch ihre Formen emotional an, so zaubern wir nicht selten ein Lächeln auf deren Gesichter". Dafür legt Geschäftsführerin Gerlinde Thelen trotz ihrer 66 Jahre immer noch gerne selbst Hand an und startet die Nudelmaschinen schon mal um fünf Uhr morgens. Sie stammt von einem Geflügel-Bauernhof. Dort stellten ihre Eltern schon damals nebenher Eiernudeln her. Das Geschäft wuchs bis Ende der 80er-Jahre immer weiter. Und der Geflügelhof entwickelte sich immer mehr zu einem Nudelgeschäft, heute werden die Nudeln ohne Ei hergestellt. Richtig bergauf mit der Firma ging es, als Thelen die Idee kam, Nudeln als Werbeträger zu entwickeln. Der Betrieb läuft sieben Tage die Woche, auch für Neugierige, die an einer Führung teilnehmen können.

»Was Sie suchen, haben wir. Wenn nicht, zaubern wir's eben herbei.«

Gerlinde Thelen

Inzwischen werden die leckeren Teigprodukte in Feinkostgeschäften und Trendshops verkauft. Hier sorgen besonders aufwendig verarbeitete lang gewalzte Nudeln für ein einzigartiges Geschmackserlebnis: Kürbispasta, Trüffelnudeln, Pasta mit Steinpilz, Löwenzahn oder Wein laden ebenso zu leckeren Rezeptkombinationen ein wie so manche süße Kreation, zum Beispiel Schokoladen- oder Kaffeepasta. Auch zu jedem Hobby oder Lebensereignis gibt es passende Pastaformen: Geburtstagszahlen, Gute-Laune-Pasta, Golfer, Fahrräder, Werkzeuge, Pferde oder Autos werden zum trendigen Geschenkartikel. Gut die Hälfte der vier Millionen Euro Umsatz erwirtschaftet die Firma Gutting PFALZNUDEL mit der Werbemittelbranche. Viele Firmen, zum Beispiel BASF, Oracle, Tupperware, Bauknecht oder Thermomix von Vorwerk, lassen sich ihr Logo, ihren Schriftzug oder ihr Produkt in Nudelform kreieren und präsentieren es zu Messen, Events, als Mitarbeiter- oder Kundenpräsent. 60 Prozent der Produktion werden ins Ausland verkauft.

Eines der ersten Produkte war die Erfindung der Nudel in Traubenform durch Ehemann Heinz Thelen. Er ließ sich auch durch schwierige technische Probleme nicht von der Umsetzung seiner Idee abbringen. Tochter und ebenfalls Geschäftsführerin Dr. Corinna Schreieck ist für Nudeldesign und Marketing zuständig: „Die Nudel muss etwas Besonderes bleiben, dafür ist die Produktion zu aufwendig", sagt sie. Schließlich wird für jedes Motiv eine eigene Messing-Matrize ▶

AUS BESTER FAMILIE

Unternehmensgründerin Gerlinde Thelen (links) mit Tochter Corinna Schreieck

Für jedes Nudelmotiv wird eine eigene Messing-Matrize hergestellt

»Nudeln machen glücklich.«

Gutting PFALZNUDEL-Unternehmensprofil

Die Familie mit Heinz Thelen, dem Erfinder der Traubennudel

Im Nudelladen in Großfischlingen gibt es über 250 verschiedene Nudelsorten und -variationen

GUTTING PFALZNUDEL

Die Erfindung der Traubennudel war der Startschuss für die heutige Weltmarktführerschaft bei Designnudeln

DATEN UND FAKTEN

INHABERFAMILIE
Familie Thelen in der zweiten und dritten Generation

GRÜNDER
Gerlinde Thelen 1986

FAMILIENEINFLUSS
inhabergeführt

MARKTPOSITION UNTERNEHMEN
Weltmarktführer Designnudeln

BRANCHE
Teigwaren

PRODUKTE
Designnudeln, Motivnudeln, Logonudeln und Geschmacksnudeln

STANDORT
Großfischlingen

VERTRIEB
weltweit über Großhändler, Werbemittler und Fachhändler

UMSATZ
ca. 4 Mio. €

MITARBEITER
20 Mitarbeiter am Standort Großfischlingen

hergestellt. Die promovierte Musikwissenschaftlerin ist genauso leidenschaftlich wie ihre Mutter für die Firma tätig. Nach einem stressigen Tag entspannt sie sich am besten bei der Leitung von Chören. Und „Pasta la Musica" in Form von Notenschlüsseln gibt es schließlich auch.

Qualität in Form, Geschmack und Farbe ist das oberste Gebot für eine PFALZNUDEL. Dafür sorgen Kreativität und Know-how im Design, Flexibilität in der Verfahrenstechnik, schonende Verarbeitung und jahrelange Erfahrung in der Nudelherstellung mit modernsten Teigwarenmaschinen. Die Basis der Nudelherstellung bildet Durum-Hartweizengrieß, der – als härteste Hartweizensorte – für beste Kochstabilität und Quellfähigkeit der Nudel sorgt. Wegen der besonderen Formen kommt es auf höchste Qualität der Zutaten, die aufwendige Verarbeitung und eine schonende Trocknung bei niedrigen Temperaturen an.

Meistens begegnet einem die PFALZNUDEL nicht als sogenannte normale gelbe Nudel, sondern in farbenfrohem Design. Ob rot, grün, gelb, schwarz, braun, lila, orange oder gar kunterbunt gemischt, werden die Nudeln zusätzlich zum Blickfang. Und ganz natürlich bleiben sie trotzdem. Gefärbt wird ohne Konservierungs- und Farbstoffe, nur mit Gemüse wie Spinat, Rote Beete, Paprika, Karotten oder Tomaten. Die Pasta wird hergestellt wie selbst gemacht.

Spezielles Know-how und Besonderheiten in der Verfahrenstechnik sind der Grund dafür, dass die Gutting PFALZNUDEL seit Jahren für ihre Qualität ausgezeichnet wird. So erhielten die Produkte als einzige Bestwerte vom GaultMillau. Auch das Unternehmenskonzept erregte schon mehrfach mit Preisen Aufsehen, zum Beispiel als Landessieger beim „Mutmacher der Nation" oder beim „Querdenker-Award". Über ihr Engagement im eigenen Unternehmen hinaus setzen sich die beiden Geschäftsführerinnen der PFALZNUDEL für Schwächere in der Gesellschaft ein. Die Firma arbeitet zum Beispiel mit Behindertenwerkstätten zusammen, engagiert sich in der Suchtkrankenhilfe und unterstützt ausgewählte soziale und kulturelle Projekte. ◀

GUTTING PFALZNUDEL GMBH
Hauptstraße 43/45
67483 Großfischlingen

Telefon 06323 5719
www.pfalznudel.de

Zum Produktportfolio des Traditionsunternehmens zählen heute Möbelbeschläge wie dieser Klappenbeschlag, Baubeschläge und elektronische Schließsysteme – derzeit sind rund 150 000 Produkte lieferbar

AUS BESTER FAMILIE

HÄFELE

SEIT 1923

„Von Anfang an nah dran" – wohl kaum ein anderes Grundprinzip kennzeichnet die Erfolgsgeschichte des Unternehmens Häfele so sehr wie der enge Kontakt zu den Kunden. Es war im Jahr 1923, der Erste Weltkrieg kaum vorbei und die Weimarer Republik in ihren Kinderschuhen, als Adolf Häfele und Hermann Funk ihr Fachgeschäft für Eisenwaren im württembergischen Aulendorf gründeten. Die Inflation galoppierte, und die Bedingungen für eine Firmengründung waren denkbar ungünstig. Doch die beiden Gründer bewiesen Biss und Flexibilität, und sie suchten mit offenen Augen ihre Chancen. Der Bedarf an Schreinern und Tischlern stellte sich schnell als eine solche Gelegenheit heraus. So spezialisierte sich die Firma und verlagerte ihren Sitz ins damalige Zentrum der Möbelherstellung: Nagold am Rande des Schwarzwalds. Von hier aus bereiste Adolf Häfele das von Möbelfabriken und Schreinereien geprägte Umland, baute Kontakte auf und fragte die Bedürfnisse des Marktes ab. Die Reisen führten Adolf Häfele bis in die Schweiz und nach Luxemburg. So entstand ein regionales Netzwerk als Basis des Firmenerfolgs.

Nachdem das Unternehmen den Zweiten Weltkrieg weitgehend unbeschadet überstanden hatte, gingen die Geschäfte – auch angeschoben durch den Wiederaufbau des Landes – schnell wieder aufwärts. Im Jahr 1946 trat Walther Thierer, der Neffe Häfeles, ins Unternehmen ein. Als der Firmengründer drei Jahre später starb, übernahm Thierer 26-jährig die Leitung der Geschäfte. Im Laufe der nächsten vier Jahrzehnte führte er den Familienbetrieb durch die Wirtschaftswunderzeit und unternahm erste Schritte zur Internationalisierung. So gründete er 1964 die erste Auslandsniederlassung in der Schweiz, es folgten USA 1973 und Großbritannien 1980. Im Jahr 1971 erschien erstmals „Der Große Häfele", ein umfangreiches Nachschlagewerk für Möbelbeschläge, das nicht nur 25 000 Artikel beinhaltete, sondern dank detaillierter Zeichnungen und Montageanleitungen zu einem Nachschlage- und Lehrwerk wurde. Bis heute gibt es ihn auch als „The Complete Häfele" in Englisch sowie in rund 20 weiteren Sprachen. Ebenfalls in den 1970er-Jahren entstand in Nagold ein modernes Versandzentrum in völlig neuer Dimension.

Die große Internationalisierungswelle von Häfele startete dann unter der Leitung von Hans Nock, der nach über 20-jähriger Exportleitertätigkeit im Jahr 1982 die Geschäftsführung übernahm. Filialen in Australien, Kanada, Japan, Malaysia und viele mehr wurden gegründet. Bis heute wuchs dieses weltweite ▶

> »Weiterdenken: einen Schritt näher am Kunden, einen Schritt voraus«
>
> **Häfele-Firmenphilosophie**

AUS BESTER FAMILIE

Sibylle Thierer führt seit 2003 das Unternehmen

»Dank Kundennähe die Bedürfnisse besser verstehen, Bedingungen analysieren und Potenziale entdecken«

Häfele-Firmenphilosophie

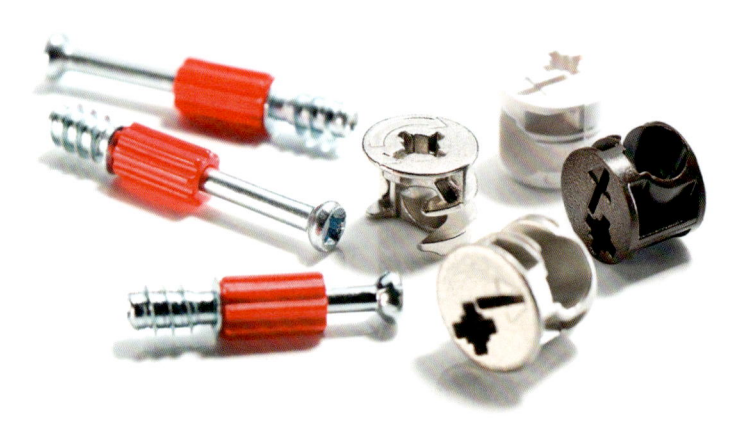

Integrierte Möbelsysteme für kleine Räume haben eine große Zukunft

Das Verbindersystem Minifix ist ein Patent von Häfele und hat die Möbelbranche revolutioniert

Das erste Geschäft der Firma Häfele in Nagold, 1926

HÄFELE

Der Hauptsitz des Unternehmens in Nagold, Baden-Württemberg

DATEN UND FAKTEN

INHABERFAMILIE
Familie Häfele
in der dritten Generation

GRÜNDER
Adolf Häfele

UNTERNEHMENSANTEILE FAMILIENMITGLIEDER
100 %

FAMILIENEINFLUSS
inhabergeführt durch
Sibylle Thierer, kontrolliert
durch Familienbeirat

MARKTPOSITION UNTERNEHMEN
führender Anbieter von
Möbelbeschlägen und Beschlagtechnik im Holzhandwerk

BRANCHE
Möbel- und Bauausstattung

PRODUKTE
Möbel- und Baubeschläge,
elektronische Schließsysteme

STANDORTE
Hauptsitz in Nagold, Produktion
in Berlin, Kenzingen, Jettingen
sowie Budapest (Ungarn)

UMSATZ
rund 1,3 Mrd. € (2016)

MITARBEITER
7300 weltweit, davon 1600 in
Deutschland

Netzwerk auf 37 Tochtergesellschaften und weitere 11 Auslandsniederlassungen an. So wird heute auch der Löwenanteil des Umsatzes im Ausland erzielt, rund 80 Prozent. Produziert wird jedoch fast ausschließlich in Deutschland, in Produktionsstätten in Berlin, in Kenzingen bei Freiburg und Jettingen bei Nagold sowie – als einziger Fabrik im Ausland – im ungarischen Budapest. Zum Produktportfolio zählen heute Möbelbeschläge, Baubeschläge und elektronische Schließsysteme – derzeit sind rund 150 000 Produkte lieferbar. Insgesamt beschäftigt Häfele 7300 Mitarbeiter in 48 Ländern, in Deutschland arbeiten davon rund 1600. Gemeinsam erwirtschaftete die Belegschaft im Jahr 2016 einen Jahresumsatz von rund 1,3 Milliarden Euro.

Ein erneuter Wechsel in der Geschäftsführung von Häfele stand zu Beginn des neuen Jahrtausends an. Mit Sibylle Thierer übernahm im Jahr 2003 die Tochter von Walther Thierer – und damit die dritte Generation der Familie – die Geschicke des Unternehmens. Sie führt Häfele seitdem durch die Digitalisierung und setzt starke Schwerpunkte in den Bereichen Service und Innovation. So entstand 2006 etwa der „360° Objekt-Service", der den Vertrieb von spezialisierten Produkten mit der Koordination durch eigene Häfele-Objekmanager verbindet. Seit 2011 kümmert sich außerdem mit der „Häfele Engineering GmbH & Co KG" eine eigene internationale Vertriebsorganisation speziell um die Anforderungen der Möbelindustrie, entlang ihrer gesamten Wertschöpfungskette. Für die Zukunft setzt Häfele auch auf den Trend zum „Smart Home", den das Unternehmen mit ganzheitlichen Möbellösungen unterstützen will, sowie den urbanen Trend zum „Micro-Living", also den Anforderungen des Wohnens auf kleinsten Flächen, für das natürlich spezielle Möbellösungen gefragt sind.

Auch diese zukünftigen Trends und Entwicklungen will und wird Häfele wie gewohnt begleiten: nah dran. Nah an Architekten, Planern und Möbelherstellern – aber vor allem nah an jedem Menschen und seinen Wünschen und Bedürfnissen für gutes Wohnen und Arbeiten. ◄

HÄFELE

HÄFELE GMBH & CO KG
Adolf-Häfele-Straße 1
72202 Nagold

Telefon 07452 95–0
www.haefele.de

Seit 1878 hat Henkel seinen Firmensitz in Düsseldorf. Weltweit beschäftigt das Unternehmen mehr als 50 000 Mitarbeiter

AUS BESTER FAMILIE

HENKEL

SEIT 1876

Mit Marken wie Loctite, Schwarzkopf und Persil sind die Produkte von Henkel aus dem Alltag von Menschen in mehr als 100 Ländern nicht wegzudenken. Das Familienunternehmen aus Düsseldorf ist vor allem bekannt für Schönheitspflege und Wasch- und Reinigungsmittel. Neben den Endverbrauchern richtet sich Henkel aber auch an Kunden aus unterschiedlichen Industriebranchen. Denn mit seinem Unternehmensbereich Adhesive Technologies ist Henkel der weltweit führende Lösungsanbieter für Klebstoffe, Dichtstoffe und Funktionsbeschichtungen.

Angefangen hat alles mit dem Produkt, für das man Henkel bis heute kennt: Persil. Am 26. September 1876 gründete der 28-jährige Kaufmann Fritz Henkel mit zwei Geschäftspartnern in Aachen die Firma Henkel & Cie. – und stellte zunächst ein Pulver-Waschmittel auf Basis von Wasserglas her. Zu Beginn des 20. Jahrhunderts gelang der große Durchbruch: Persil, das erste selbsttätige Waschmittel, begründete ab 1907 nicht nur das Wachstum des Unternehmens, sondern trug auch zum ge-

> »Nachhaltig Werte schaffen« ist unser Unternehmenszweck, der alle bei Henkel vereint.«
>
> Henkel AG & Co. KGaA

sellschaftlichen Fortschritt bei. Die Menschen mussten die Kleidung von nun an nicht mehr von Hand waschen, was harte Arbeit bedeutet und obendrein das Textilgewebe angegriffen hatte. Heute ist Persil mit mehr als 1 Milliarde Euro Umsatz in über 60 Ländern die größte Marke im Unternehmensbereich Laundry & Home Care, zu dem auch Pril, Perwoll oder Bref gehören.

Innovationen waren und sind der Schlüssel für den langfristigen Erfolg von Henkel. In den Konsumentengeschäften erzielt das Unternehmen über 40 Prozent des Umsatzes mit Produkten, die in den letzten drei Jahren erfolgreich auf den Markt gebracht wurden. Im Unternehmensbereich Adhesive Technologies beträgt die Innovationsrate rund 30 Prozent – bezogen auf einen Zeitraum von fünf Jahren.

Henkel betreibt weltweit Forschungs- und Entwicklungsstandorte, an denen rund 2700 Naturwissenschaftler, Materialwissenschaftler, Ingenieure und Techniker Neues erschaffen. Gemeinsam mit ihren Kollegen aus der Produktentwicklung, dem Marketing, der Produktion und der Verpackungsentwicklung stellen sie sicher, dass die neuen Ideen den Bedürfnissen der Kunden und Verbraucher gerecht werden.

Um dieses Ziel zu erreichen, bindet Henkel auch vermehrt externe Partner wie Universitäten, Forschungsinstitute oder Lieferanten in Projekte ein.

Henkel ist eine Kommanditgesellschaft auf Aktien (KGaA). Die Henkel Management AG ist alleinige persön- ▶

AUS BESTER FAMILIE

Dr. Simone Bagel-Trah, Vorsitzende des Aufsichtsrats und des Gesellschafterausschusses von Henkel sowie Ururenkelin von Firmengründer Fritz Henkel

»Wir gestalten unsere Zukunft mit ausgeprägtem Unternehmergeist auf der Grundlage unserer Tradition als Familienunternehmen.«

Dr. Simone Bagel-Trah zum Wert „Familienunternehmen" bei Henkel

Moderne Klebstoff-Technologien finden in fast allen Bereichen Anwendung – von Verpackungen bis zum Flugzeugbau. Rund um die Welt bietet Henkel dafür hochwirksame Produkte und Lösungen

Durch den Erwerb von Sun Products wurde der Unternehmensbereich Laundry & Home Care 2016 deutlich gestärkt: Henkel wird damit zum zweitgrößten Anbieter von Waschmitteln in Nordamerika

Schwarzkopf erzielt pro Jahr mehr als zwei Milliarden Euro Umsatz und ist damit die wichtigste Marke im Bereich Beauty Care

HENKEL

Firmengründer Fritz Henkel (1848–1930) mit seiner Frau Elisabeth (1852–1904) und den drei Kindern (von links) Hugo (1881–1952), Emmy (1884–1941) und Fritz junior (1875–1930)

lich haftende Gesellschafterin und wird durch einen sechsköpfigen Vorstand geführt, dem Hans Van Bylen seit Mai 2016 als Vorstandsvorsitzender vorsteht. Die Familie Henkel ist in den Aufsichtsgremien des Konzerns vertreten: Dr. Simone Bagel-Trah, seit 2009 Vorsitzende des Aufsichtsrats und des Gesellschafterausschusses, repräsentiert die fünfte Generation der Familie.

Bis 2020 will Henkel sein Wachstum weiter vorantreiben und dafür gezielt investieren. Außerdem hat sich Henkel zum Ziel gesetzt, die Digitalisierung zu beschleunigen und auch die Organisation digital zu transformieren. Um in einem sehr dynamischen Umfeld zu bestehen, will das Unternehmen agiler werden – also noch schneller neue Produkte in den Markt einführen und seine Prozesse noch effizienter gestalten. Gleichzeitig will Henkel entlang der Wertschöpfungskette nachhaltiges Handeln fördern und seine langjährige führende Rolle in diesem Bereich weiter stärken. So nimmt Henkel in zahlreichen internationalen Nachhaltigkeitsrankings regelmäßig Spitzenpositionen ein.

Bei Henkel weiß man: Die Voraussetzung hierfür sind motivierte und engagierte Teams. Henkel bietet seinen Mitarbeitern ein breites Weiterbildungsangebot, flexible Arbeitsmodelle, Betriebskindertagesstätten und eine betriebliche Altersversorgung. Schon seit 1912, lange bevor solche Angebote zum guten Ton gehörten, berät Henkel seine Mitarbeiter mit einer eigenen Abteilung „Soziale Dienste". Schließlich war schon Fritz Henkel der Meinung: „Das Beste, das durch mein Werk gemacht wurde, ist nicht meinen Gedanken entsprungen, sondern meinen Mitarbeitern [...] im gegenseitigen Zusammenarbeiten." ◀

DATEN UND FAKTEN

INHABERFAMILIE
Familie Henkel
in der fünften Generation

BRANCHE
Industrie- und
Konsumgüter

STANDORTE
rund 170 Produktionsstandorte
weltweit

VERTRIEB
in mehr als 100 Ländern

MITARBEITER
rund 51 350 Mitarbeiter
weltweit (Stand 31.12.2016),
davon 8250 in Deutschland

UMSATZ
18 714 Mrd. € (2016)

GESCHÄFTSFELDER
Adhesive Technologies, Beauty
Care, Laundry & Home Care

PRODUKTE
Klebstoff-Technologien, Schönheitspflege, Wasch- und Reinigungsmittel

PATENTE
weltweit knapp 8100 erteilte
Patente sowie rund 5400 laufende Patentanmeldungen

KONTROLLGREMIEN
Aufsichtsrat, Gesellschafterausschuss

EIGENKAPITALQUOTE
54,4 %

HENKEL AG & CO. KGAA
Henkelstraße 67
40589 Düsseldorf

Telefon 0211 797–0
www.henkel.de

Mit der vollständigen Übernahme von Argor-Heraeus wurde Heraeus 2017 der weltweit größte Anbieter von industriellen Edelmetalldienstleistungen

AUS BESTER FAMILIE

HERAEUS

SEIT 1851

Der Technologiekonzern Heraeus gehört zu den Top 10 der deutschen Familienunternehmen. Aus der Verbindung von Materialkompetenz mit Technologie-Know-how schafft das Unternehmen hochwertige Lösungen für seine Kunden, die ihre Wettbewerbsfähigkeit nachhaltig stärken. Heraeus ist in Märkten der Umwelt, Energie, Gesundheit, Mobilität und Industrielle Anwendungen aktiv. Das Portfolio reicht von Komponenten bis zu abgestimmten Materialsystemen. Sie finden Verwendung in vielfältigen Industrien, darunter Stahl, Elektronik, Chemie, Automotive, Medizintechnik und Telekommunikation.

Heute beschäftigt Heraeus rund 12 400 Mitarbeiter an mehr als 100 Standorten in 40 Ländern. Im Geschäftsjahr 2016 erzielte das in den Fortune Global 500 gelistete Unternehmen einen Umsatz ohne Edelmetalle von 2,0 Milliarden Euro und einen Gesamtumsatz von 21,5 Milliarden Euro.

Der Heraeus Konzern agiert als Portfolioorganisation, in der verschiedene Geschäfte gebündelt sind. Alle haben das Ziel, auf ihren jeweiligen Märkten eine führende Rolle einzunehmen. Heraeus sieht als übergeordnetes Ziel, die Geschäftstätigkeit als Unternehmen im Familienbesitz bis zum 200. Firmenjubiläum im Jahr 2051 und darüber hinaus fortzuführen. Schlüsselelemente zur Wahrung dieser Unabhängigkeit sind exzellentes Handeln, ein global einheitliches Verständnis für Führung sowie kontinuierliche Innovation.

Mit Heraeus CEO Jan Rinnert steht erstmals seit dem Jahr 2000 wieder ein Mitglied der Gesellschafterfamilie an der Spitze der Geschäftsführung. „Exzellenz ist kein Projekt, das wir irgendwann abgeschlossen haben", sagt Rinnert. „Das Streben, in all unseren Tätigkeiten eine führende Rolle zu übernehmen, muss in unserer Unternehmens-DNA verankert sein." Daneben nimmt das Thema Führung bei Heraeus eine Schlüsselrolle ein. Wirtschaftlicher Erfolg und eine gute Führungskultur sind nachweislich eng miteinander verknüpft. „Das sehen wir auf unseren Märkten, an unseren Wettbewerbern und bei unseren Kunden. Um in Zukunft nachhaltig erfolgreich zu sein, haben wir bei Heraeus eine gemeinsame, globale Führungskultur etabliert", erklärt Jan Rinnert. Auch Dr. Jürgen Heraeus, Vorsitzender des Aufsichtsrats bei Heraeus, verdeutlicht: „Man wird nichts bewegen können, wenn die Leute an der Spitze keine Vorbilder sind."

In seiner mehr als 165-jährigen Geschichte hat sich das Unternehmen kontinuierlich auf veränderte Situationen eingestellt. Aktuelle globale Trends wie die digitale Transformation sorgen für Handlungsbedarf, sich agil und flexibel aus- ▶

> »Es war immer unsere Stärke, sich neu auf den Wandel einzustellen.«
>
> Dr. Jürgen Heraeus,
> Vorsitzender des Aufsichtsrats
> Heraeus Holding GmbH

AUS BESTER FAMILIE

Der Gründer des heutigen Unternehmens heißt Wilhelm Carl Heraeus. Der Apotheker und Chemiker übernahm 1851 im hessischen Hanau die Einhorn-Apotheke seines Vaters

»Um in Zukunft nachhaltig erfolgreich zu sein, haben wir bei Heraeus eine gemeinsame, globale Führungskultur etabliert.«

Jan Rinnert, Vorsitzender der Geschäftsführung Heraeus Holding GmbH

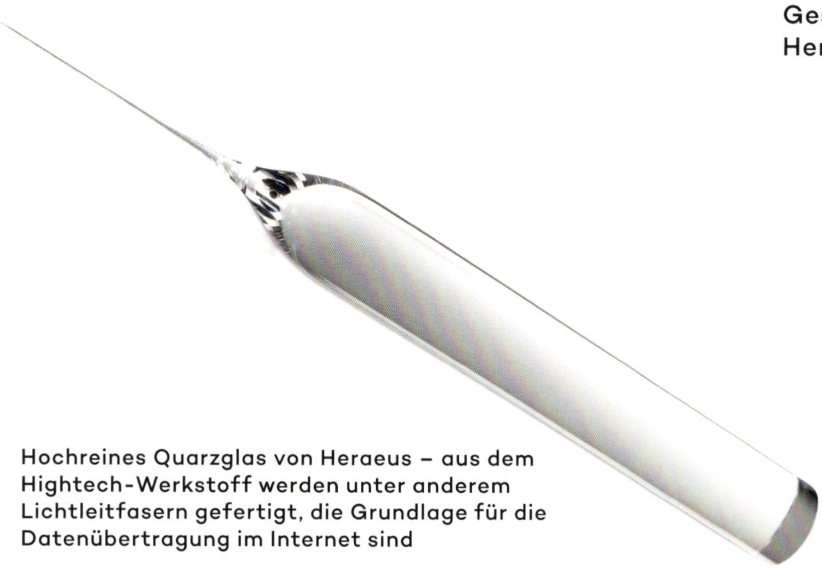

Hochreines Quarzglas von Heraeus – aus dem Hightech-Werkstoff werden unter anderem Lichtleitfasern gefertigt, die Grundlage für die Datenübertragung im Internet sind

Heraeus beschäftigt rund 12 400 Mitarbeiter an 100 Standorten weltweit

Heraeus hat umfassende Erfahrung in der Elektronikindustrie. Diese wird unter anderem mit haarfeinen Bonddrähten aus Edelmetallen beliefert

HERAEUS

CEO Jan Rinnert (links) und Aufsichtsratsvorsitzender Dr. Jürgen Heraeus in der Unternehmenszentrale in Hanau

zurichten. „Es war immer unsere Stärke, sich neu auf den Wandel einzustellen", sagt Dr. Jürgen Heraeus. „Ich bin zuversichtlich, dass wir trotz der aktuellen Entwicklungen langfristig erfolgreich sein können." Dazu gehört auch die Weiterentwicklung des Portfolios. Neben dem Aufbau von neuen Technologieplattformen wie Amorphe Metalle, 3D-Druck, Batterie- und Brennstoffzellentechnologie ergänzt Heraeus seine bestehenden Geschäfte um zusätzliche Kompetenzen und Technologien von außen. So schaffte Heraeus im Jahr 2017 mit der vollständigen Übernahme des Schweizer Goldverarbeiters Argor-Heraeus außerdem den Sprung zum weltweit größten Anbieter von industriellen Edelmetalldienstleistungen von Handel über Edelmetallprodukte bis hin zum -recycling.

Der langfristige Erfolg von Heraeus begründet sich nicht zuletzt in der Innovationskultur, die von Beginn an im Unternehmen gelebt und gefördert wird. Alles begann damit, als der Apotheker und Chemiker Wilhelm Carl Heraeus 1856 mithilfe der Knallgasflamme Platin zum Schmelzen brachte – und somit den Grundstein zur industriellen Nutzung des Edelmetalls legte. Schon bald wurde aus der Hanauer Einhorn-Apotheke die erste deutsche Platinschmelze W. C. Heraeus. 1899 stellt Chefentwickler Dr. Richard Küch mit der Gewinnung von hochreinem Quarzglas einen neuen Hightech-Werkstoff her. Dieser bildet noch heute in Form von Glasfaserkabeln die Grundlage für die Datenübertragung des Internets. Bis heute gelingt es Heraeus' Entwicklern immer wieder, Einsatzgebiete und Grenzen für Hightech-Werkstoffe neu zu definieren. Mit Suprasil hat es Heraeus sogar bis auf den Mond geschafft. Über 700 Mitarbeiter forschen täglich in den 30 weltweiten Entwicklungszentren. „Innovation ist das Herz unserer Arbeit bei Heraeus. Ohne die ständige Entwicklung neuer und bestehender Produkte für unsere Kunden wäre Heraeus nicht das, was es heute ist – ein weltweit agierender Technologiekonzern", reflektiert Jan Rinnert. „Es war ein langer Weg von der Platinschmelze bis zu dem breit aufgestellten Portfolio, das der Heraeus Konzern heute unter seinem Dach vereint. Wir wollen ihn weiter beschreiten, um unseren Erfolg auch zukünftig zu sichern."

DATEN UND FAKTEN

INHABERFAMILIE
Familie Heraeus in der vierten Generation

GRÜNDER
Wilhelm Carl Heraeus (Geschäftsführer von 1851 bis 1889)

FAMILIENEINFLUSS
Dr. Jürgen Heraeus ist Aufsichtsratsvorsitzender, Jan Rinnert seit August 2013 Vorsitzender der Geschäftsführung der Heraeus Holding GmbH

MARKTPOSITION UNTERNEHMEN
führende Position auf den internationalen Märkten in wichtigen Schlüsselindustrien, unter anderem weltweit größter Anbieter von industriellen Edelmetalldienstleistungen, gelistet in den Fortune Global 500

BRANCHE
Technologiekonzern

PRODUKTE
Komponenten und Materialsysteme für die Kompetenzfelder Elektronik, Mobilität, Umwelt, Gesundheit und Industrielle Anwendungen

STANDORTE
mehr als 100 Standorte in 40 Ländern

UMSATZ
Umsatz ohne Edelmetalle: 2,0 Mrd € (Jahr 2016)
Gesamtumsatz: 21,5 Mrd € (2016)

MITARBEITER
12 369 (31.12.2016)

Heraeus

HERAEUS HOLDING GMBH
Heraeusstraße 12–14
63450 Hanau

Telefon 06181 35–0
www.heraeus.com

Durchschlagende Maschinentechnik: Zwei Arbeiter stehen vor der weltgrößten Tunnelbohrmaschine. Mit einem Durchmesser von 17,6 Metern stellte der Herrenknecht-Bohrer einen Abschnitt eines doppelstöckigen Autotunnels in Hong Kong her

AUS BESTER FAMILIE

HERRENKNECHT

SEIT 1977

Hurra, wir sind durch!", „Am Gotthard beginnt die Zukunft.", „Freie Sicht zum Mittelmeer" – das sind einige der Schlagzeilen zum finalen Durchbruch am Gotthard-Basistunnel. Als „Sissi" am 15. Oktober 2010 die letzten Meter der Oströhre erstellte, wurde dies live im Fernsehen übertragen. Weltweit tauchte ihr Bild in den Zeitungen auf. Sissi – das ist eine von vier Herrenknecht-Tunnelbohrmaschinen, die insgesamt mehr als 85 Kilometer der Hauptröhren des Gotthard-Basistunnels aufbohrten. Mit 2 x 57 Kilometern ist er der längste Tunnel der Welt. Doch auch Sissi, Heidi, Gabi I und Gabi II, wie die vier Vortriebsmaschinen getauft wurden, warten mit beachtlichen Fakten auf. Mit einem Durchmesser von 8,83–9,58 Metern sind sie bis zu 450 Meter lang und 2700 Tonnen schwer; bestehend aus 90 000 Einzelteilen, wurden sie speziell für die Vortriebe am Gotthard konstruiert. Sie knackten bis zu 56 Meter Fels pro Tag, und Heidi erreichte eine absolute Punktlandung: Am Ziel betrug die vertikale Abweichung zum Sollwert nur 3 Millimeter, horizontal 0 Millimeter. Zielsicher sind Herrenknecht-Tunnelbohrmaschinen weltweit unterwegs. Bis heute erstellten sie mehr als 1600 Kilometer neue Metrotunnel und mehr als 670 Kilometer Eisenbahntunnel. Mit maschineller Vortriebstechnik werden Ver- und Entsorgungssysteme ausgebaut – sowohl in kleinen Durchmessern als auch mehrere Meter groß. Die unterirdischen Rohrleitungen und Tunnel queren natürliche Hindernisse wie Berge, Flüsse oder Meeresarme und unterqueren dicht bebaute Gebiete. Dabei kann das Leben an der Oberfläche weitestgehend unberührt weitergehen. Für Dr.-Ing. E. h. Martin Herrenknecht, den Unternehmensgründer und heutigen Vorstandsvorsitzenden, hat jedes Tunnelprojekt in der über 40-jährigen Firmengeschichte seinen eigenen Reiz. Unter den über 3700 Projekten sorgen und sorgten nicht nur der Gotthard-Tunnel für internationales Aufsehen: Im Herrenknecht-Werk in China wird 2014 die weltgrößte Tunnelbohrmaschine zum Bau eines Straßentunnels unter einem Meeresarm in Hongkong abgenommen – Rekorddurchmesser: 17,6 Meter. In Las Vegas (USA) schließt eine Herrenknecht-Maschine am Lake Mead einen einzigartigen Vortrieb unter 15 bar Wasserdruck ab – ebenfalls Weltrekord. 2015 unterquert ein Mixschild mit einem Durchmesser von 13,6 Metern den Bosporus in Istanbul, zeitgleich erstellen 21 Herrenknecht-Maschinen 111 Kilometer neue Metrotunnel unter Katars Hauptstadt Doha. Am Anfang stand in den 70er-Jahren „Big John". So hieß damals die Tunnelvortriebsmaschine beim Bau des Schweizer Seelisbergtunnels. Für sie zuständig war der ▶

> »Mich interessieren Lösungen und nicht Probleme. Denke positiv. Gemeinsam gestalten wir die Zukunft.«
>
> Dr.-Ing. E. h. Martin Herrenknecht

AUS BESTER FAMILIE

Dr.-Ing. E. h. Martin Herrenknecht bei einer Durchstichsfeier am Gotthard-Basistunnel

»Beim Jahrhundertbauwerk Gotthard mit von der Partie gewesen zu sein, ist für einen Unternehmer und Ingenieur ein einmaliges Lebensgeschenk.«

Firmengründer Dr.-Ing. E.h. Martin Herrenknecht

Finaler Durchstich am Gotthard-Basistunnel am 15. Oktober 2010

Hauptsitz der Herrenknecht AG in Schwanau, Baden-Württemberg

Martin Herrenknecht mit 29 Jahren auf dem Exkavator „Big John", einem Vorläufer der modernen Tunnelbautechnik. Hier, beim Bau des über 9 Kilometer langen Schweizer Seelisbergtunnels, erlag der Jungingenieur aus dem Schwarzwald der Faszination des Tunnelbaus

HERRENKNECHT

Startschacht des Eurasien-Tunnels auf der asiatischen Seite des Bosporus in Istanbul mit einem Durchmesser von 13,6 Metern

damalige Leiter des maschinentechnischen Dienstes: Martin Herrenknecht. Der passionierte Ingenieur sann, wie man derartige Maschinen noch verbessern könnte, und gründete 1977 die Herrenknecht GmbH. Seine ersten Maschinen sind hydraulische Exkavatoren, die in mehreren europäischen Ländern beim Bau von unterirdischen Kanalsystemen zum Einsatz kommen. Schnell ist dem Vollblutunternehmer klar, dass ein spezialisiertes Geschäft wie seines nur auf weltweiter Ebene erfolgreich sein kann. Von den ersten Gewinnen wird 1979 unter anderem ein Fernschreiber angeschafft. Ab da vergeht kaum ein Jahr ohne bahnbrechende Innovationen: Auf eine immense Nachfrage stoßen die von Herrenknecht entwickelten Mikromaschinen für nicht begehbare Tunneldurchmesser. 1985 wird dann das patentierte Mixschild entwickelt und bewährt sich erstmals beim Bau des 6,2 Kilometer langen Ringtunnels für den Teilchenbeschleuniger HERA bei Hamburg. Heute ist aus dem Ein-Mann-Unternehmen von einst ein weltweiter Konzern geworden, Technologie- und Marktführer in seiner Branche. Zum Konzern Herrenknecht gehören 76 Tochter- und Beteiligungsgesellschaften im In- und Ausland, rund 5000 Mitarbeiter erwirtschaften einen Jahresumsatz von 1231 Millionen Euro (2016). All dies ist zurückzuführen auf die Vision eines Mannes, der – bodenständig und kühn zugleich – in hohem Maße technische Kompetenz, unternehmerische Begabung und persönliche Überzeugungs- und Ausstrahlungskraft in sich vereint. Und längst wird auch nach unten gebohrt: Über das Kerngeschäft hinaus vertreibt Herrenknecht seit rund zehn Jahren neuartige Vortriebs- und Bohrtechnik in den Märkten Mining (Bau unterirdischer Infrastrukturen rund um Rohstoffvorkommen) sowie Exploration (Erschließung von Öl, Gas sowie Erdwärme). Mit seinen innovativen Verfahren und Tunnelvortriebsmaschinen ist Herrenknecht zum „Exportweltmeister" aufgestiegen. Mit der Gründung einer Familienstiftung sowie dem Einstieg seines Sohnes Martin-Devid ist für die Zukunft des Unternehmens gut gesorgt. Martin Herrenknecht führt heute ein international angesehenes und erfolgreiches Familienunternehmen aus Baden-Württemberg, dem Bundesland der Tüftler und Erfinder. Seine Devise richtet sich immer nach vorne: „Denke positiv. Gemeinsam gestalten wir die Zukunft." ◀

DATEN UND FAKTEN

INHABERFAMILIE
Familie Herrenknecht in der ersten und zweiten Generation

GRÜNDER
Martin Herrenknecht (*1942)

FAMILIENEINFLUSS UND FÜHRUNGSGREMIEN
Vorstandsvorsitzender Dr.-Ing. E. h. Martin Herrenknecht, dessen Sohn Martin-Devid Herrenknecht sowie vier familienfremde Vorstandsmitglieder, Aufsichtsrat mit 12 Mitgliedern

MARKTPOSITION UNTERNEHMEN
Technologie- und Marktführer für maschinelle Tunnelvortriebstechnik

PRODUKTE
Tunnelbohranlagen, projektspezifische Equipment- und Servicepakete rund um den Tunnelbau sowie Tiefbohranlagen

STANDORTE
76 Tochter- und Beteiligungsgesellschaften im In- und Ausland

VERTRIEB
weltweit,
Exportquote: über 90 %

JAHRESUMSATZ
1231 Mio. € (2016)

MITARBEITER
4958 weltweit (2016)

HERRENKNECHT AG
Schlehenweg 2
77963 Schwanau

Telefon 07824 302–0
www.herrenknecht.com

Die Flensburger Brauerei, die seit 1994 zur Familienholding gehört, hat für jeden Geschmack etwas im Angebot: vom Kellerbier bis hin zur alkoholfreien Fassbrause

AUS BESTER FAMILIE

HGDF

SEIT 1738

Wir leben in dynamischen Zeiten. Die Produktlebenszyklen werden kürzer, viele Märkte verändern sich radikal, einzelne verschwinden sogar gänzlich. Doch wer wie die Familie Dethleffsen schon die Napoleonischen Kriege, zwei Weltkriege und verschiedenste wirtschaftliche Veränderungen durchlebt hat, bleibt gelassen – und stellt sich breit auf: Das Unternehmen der Familie Dethleffsen ist heute eine Holding mit fünf Tochterunternehmen und einer Beteiligung. Dabei setzt die Familie mit den Bereichen Pharma, Brauwesen, Gebäudereinigung, Pflege, IT-Großhandel und einer Reederei auf ganz unterschiedliche Branchen

Gegründet wurde das Unternehmen von einem Mann, der früh wusste, dass er nicht wie viele seiner Familienmitglieder Kapitän werden wollte. Zu sehr hatten die enormen Verluste durch die Seefahrt den jungen Christian Dethleffsen geprägt. Mut und Fleiß beweisen wollte er aber sehr wohl – und wurde Unternehmer. Im Jahr 1738 fing er an, die Dänisch-Westindischen Inseln mit Lebensmitteln zu beliefern und Zucker von seinen Touren mitzubringen. Seine wichtigsten Handelspartner waren Kopenhagener Handelshäuser und Reedereien. Im Lauf der Zeit setzte Dethleffsen immer mehr Schiffe ein und tat etwas, das man bei HGDF noch heute lebt: Er diversifizierte die Ladungen. Seine Aufgabe erfüllte den Unternehmer. Mit Mut, Zuversicht und Humor führte er sein Geschäft – und bat Gott höchstpersönlich um Geduld und „vergnügte Herzen."

> »Gott verleihe uns Geduld und gebe uns vergnügte Herzen.«
>
> Wahlspruch des Gründers Christian Dethleffsen

In der vierten Generation widmete sich das Unternehmen neben dem Handel zunehmend der Herstellung von Spirituosen. Hermann G. Dethleffsen II., dem Vertreter der fünften Generation, gelang es in der ersten Hälfte des 20. Jahrhunderts, die Marke Bommerlunder berühmt zu machen. Nach dem Zweiten Weltkrieg hatte das Familienunternehmen mit rund 70 Prozent Marktanteil die Marktführerschaft im deutschen Rum-Markt inne. Doch weil der Absatz im Geschäft mit Hochprozentigem rückgängig war, entschloss man sich in Flensburg, unabhängig von der Spirituose werden zu wollen. Die sechste und siebte Generation begann ab den Fünfzigerjahren damit, das Portfolio des Unternehmens auszubauen und in anderen Geschäftsfeldern tätig zu werden. Dabei wurde im Pharmabereich in Doppelherz und Queisser investiert und zudem die Gebäudereinigung Beyersdorf erworben.

Seit 1994 leiten die Cousins Andreas und Hermann Dethleffsen die HGDF Familienholding, deren Name sich von Hermann Georg Dethleffsen, dem Vertreter der vierten Generation, ableitet. Sie ▶

AUS BESTER FAMILIE

Die Anfänge: Christian Dethleffsen betrieb im 18. Jahrhundert Handel mit den Kopenhagener Reedereien

»Menschen vertrauen. Märkte erschließen. Werte leben.«

Das Leitmotiv der HGDF Familienholding

International tätiges Pharmaunternehmen aus Flensburg: Queisser wurde durch Marken wie Doppelherz und Protefix bekannt

Der service- und beratungsorientierte IT-Distributor gehört seit 2012 zur HGDF Familienholding

Sie leiten HGDF seit 1994: die Cousins Hermann (links) und Andreas Dethleffsen

HGDF

Der See verbunden: Bereits seit 1935 ist die FRS Group als internationaler Anbieter von Passagier- und Fährverbindungen Teil des Portfolios von HGDF

DATEN UND FAKTEN

INHABERFAMILIE
Familie Dethleffsen in der achten Generation, wobei ein Teil der Gesellschafter bereits der neunten Generation angehört

UNTERNEHMENSSTRUKTUR
Holding mit fünf Tochterunternehmen und einer Beteiligung

BRANCHE
Pharma, Brauerei, Gebäudereinigung, Pflege, IT-Großhandel und Reederei

MITARBEITER
13 Mitarbeiter in der Holding; insgesamt 1998 Mitarbeiter im Konzern ohne Fährschifffahrt (2016)

UMSATZ
502 Mio. € ohne Fährschifffahrt (2016)

PORTFOLIO DER HOLDING
Queisser Pharma, Flensburger Brauerei, Beyersdorf, FRS Group, ComLine, Optimal Mobile Hilfe GbR

setzten den Expansionskurs fort: Im Lauf der vergangenen zwei Jahrzehnte erwarben sie etwa Anteile an der Flensburger Brauerei und am Hard- und Softwarehändler ComLine, zusätzliche Geschäftsanteile an der Förde Reederei Seetouristik, sie kauften die agitalis Seniorenwohnanlagen und die Optimal Mobile Hilfe in Hamburg. Aus dem Stammgeschäft der Spirituosen verabschiedete man sich hingegen bewusst.

Als Familienholding führt HGDF die Tochterunternehmen unternehmerisch. Dabei bieten die Dethleffsens den nicht zur Familie gehörenden Geschäftsführern der Beteiligungs- und Tochterunternehmen die Möglichkeit, sich unternehmerisch zu verwirklichen. Dazu gehört es etwa, eigene Geschäftsmodelle zu entwickeln und zu gestalten. Die Geschäftsführer der Familienholding sehen ihre Kernkompetenz darin, diesen unternehmerischen Impuls zu begleiten. Mit den Tochterunternehmen vereinbart HGDF einen strategischen Handlungsrahmen – und gibt ihnen damit den Freiraum, den sie benötigen, um sich weiterzuentwickeln.

Die Strategie der Diversifizierung zahlt sich ebenso aus wie die angestrebte Internationalisierung der einzelnen Unternehmen: Mit einem Marktanteil von 14,5 Prozent (LEH + DM) ist Queisser Pharma heute die Nummer 1 der Top-Hersteller im Bereich Selbstmedikation. Auch Flensburger ist Marktführer, wenn es um Biere mit Bügelverschluss im Norden der Republik geht. FRS agiert als weltweit tätiges Fährunternehmen. Die Familienholding möchte das Portfolio auch in Zukunft weiter ausbauen und in Unternehmen mit zukunftsfähigen Geschäftsmodellen investieren. Dafür baute die Holding eine eigene M & A-Abteilung für externes Wachstum auf.

Wichtig ist der Familie bei all dem, die konzernweit fast 2000 Mitarbeiter vertrauensvoll zu führen und eine Unternehmenskultur der Offenheit und des konstruktiven Umgangs mit Fehlern zu leben. Damit das Familienunternehmen auch in Zukunft stürmische Zeiten souverän meistern kann. ◀

HGDF Familienholding Ltd. & Co. KG

HGDF FAMILIENHOLDING LTD. & CO. KG
Raiffeisenstraße 13
24941 Flensburg

Telefon 0461 90929–0
www.hgdf.de

Hoffmann begann 1948 in Frankfurt am Main als Bauunternehmen und spezialisierte sich auf die fachgerechte Renovierung von Stuckfassaden

AUS BESTER FAMILIE

HOFFMANN

SEIT 1948

> »Edel sei der Mensch, hilfreich und gut!«
>
> Unternehmensleitspruch nach Johann Wolfgang von Goethe

Dass sich der Wirtschaftsstandort Deutschland nach dem Zweiten Weltkrieg so schnell wieder erholt hat, ist nicht zuletzt das Verdienst der vielen hart arbeitenden Familienunternehmen hierzulande gewesen. Firmen wie der Hoffmann & Co. Haus- und Grundstücksverwaltung OHG, die 1948 von Paul Hoffmann in Frankfurt am Main gegründet wurde. Zuerst eine Bauunternehmung, firmierte sie in ihren Anfängen als Hoffmann & Co., Bauausführungen und Verputz. Als solche war sie in der Nachkriegszeit maßgeblich am Wiederaufbau der stark zerstörten Mainmetropole beteiligt. Um den gewaltigen Herausforderungen an Mensch und Material gerecht zu werden, wuchs die Zahl der Mitarbeiter rasch auf über 500 an, darunter auch Gastarbeiter aus Italien und Spanien.

Neben der Errichtung öffentlicher Gebäude wie Schulen, Kindergärten und Krankenhäusern bestand ein ebenso ehrenvoller wie schwieriger Auftrag darin, Verputzarbeiten an den Innenwänden des Frankfurter Doms vorzunehmen. Die besondere Aufgabenstellung, die es für Hoffmann dabei zu meistern galt, lag im Herstellen und Auftragen des Putzes. Der musste nämlich genauso beschaffen sein wie der im Mittelalter. Damals waren die Komponenten des Putzes gelöschter Kalk, Sand und Wasser. Hier kam es der Firma zugute, dass sie selbst Kalkgruben besaß, in denen der Kalk gelöscht wurde. Diese Arbeit war sehr gefährlich, denn der Kontakt mit gelöschtem Kalk führt zu schweren Verätzungen. Aufgrund der exponierten Arbeiten am Frankfurter Dom wurde die Firma von Mitarbeitern der Stadt oder Kunden oft einfach nur Dom-Hoffmann genannt.

Gründer Paul Hoffmann war jedoch nicht nur ein Mann der Tat, sondern auch leidenschaftlicher Kunstsammler. Zahlreiche Bilder aus seiner Gemäldesammlung wurden als Leihgaben in namhaften Kunstausstellungen präsentiert. Aufgrund einer Erkrankung, die er sich im Krieg zugezogen hatte und unter deren Folgen er zusehends litt, begann er in den 1980er-Jahren, die Zahl seiner Mitarbeiter zu verringern. Er starb am 30. Juni 1990. Danach führte seine Frau Maria Hoffmann die Firma mit Umsicht und Tatkraft weiter. Ein Jahr später wurde dann der Firmengegenstand in eine Vermögens- und Immobilienverwaltung geändert. Als Maria Hoffmann am 25. April 1997 starb, wurde das Unternehmen in seiner jetzigen Form, also Hoffmann & Co. Haus- und Grundstücksverwaltung OHG, von ihren beiden Töchtern weitergeführt. Bis heute leiten Ingrid und Dr. Christiane Hoffmann die Geschicke der Firma erfolgreich als persönlich haftende Gesellschafterinnen. ▶

AUS BESTER FAMILIE

In den Objekten von Hoffmann wird den Mietern ein besonderes Wohlfühlklima geboten

»Der Akzent liegt bei Hoffmann auf der nachhaltigen und soliden Qualität der Umbauten und Renovierungen.«

Handlungsmaxime von Hoffmann

Heute verwaltet Hoffmann hochwertige Immobilien

Firmengründer
Paul Hoffmann

Bei Hoffmann verbindet sich moderner Wohnkomfort mit hochwertig restaurierten Details, die den Charakter der Immobilie erhalten

HOFFMANN

Ingrid und Dr. Christiane Hoffmann führen das Familienunternehmen in der zweiten Generation

DATEN UND FAKTEN

INHABERFAMILIE
Familie Hoffmann
in der zweiten Generation

FAMILIENEINFLUSS
geschäftsführende
Gesellschafter

RECHTSFORM
offene Handelsgesellschaft

BRANCHE
Immobilien

Paul Hoffmann handelte zeit seines Lebens nach der Maxime, die Johann Wolfgang von Goethe 1783 in seinem Gedicht „Das Göttliche" postulierte: „Edel sei der Mensch, hilfreich und gut!" Diesen Grundsatz verwirklichte der Gründer in seiner gesamten Bautätigkeit, ging es ihm doch nicht nur um vordergründige optische Verarbeitung, sondern um nachhaltige Qualität zum Wohle der Menschen, die sich in den Gebäuden aufhielten. Diese Haltung kam aber auch den Mitarbeitern gegenüber zum Tragen, denen er in jeder Lebenslage behilflich war. Die beiden Vertreterinnen der zweiten Generation haben diese Tradition bewahrt und in das gegenwärtige Motto des Familienunternehmens – Verwaltung mit Herz – transformiert.

Heute beschäftigt sich die Firma mit dem Bauen und Sanieren im Bestand sowie mit der Vermietung und Verwaltung der eigenen Objekte. Dazu zählen vor allem Mehrfamilienhäuser, Gewerbeimmobilien und Einfamilienhäuser. In diesem Kontext werden Altbauten behutsam saniert und liebevoll restauriert, aber auch Gebäude aus den 1960er-Jahren dem aktuellen Wohnkomfort angepasst. Dies geschieht natürlich alles im Sinne des Firmengründers: Der Akzent liegt auf der nachhaltigen und soliden Qualität der Umbauten und Renovierungen. Von der so geschaffenen, angenehmen Atmosphäre profitieren die Menschen, die in den Gebäuden leben.

Die Firma legt großen Wert auf dieses ausdrückliche Wohlfühlklima, das jedem Mieter zuteilwerden soll. Realisiert wird dieses Vorhaben primär durch die Auswahl hochwertiger Baumaterialien sowie hochwertiger Ausstattungen bis hin zu Philippe-Starck-Bädern. Genauso wichtig ist für die Geschwister Hoffmann jedoch eine harmonische Zusammensetzung in Bezug auf die Bewohner der jeweiligen Objekte. Gerade deshalb fühlen sich anspruchsvolle Mieter aus der ganzen Welt sehr wohl in den Objekten der Firma Hoffmann. So präsentiert sich hier ein sehr seriöses, sympathisches, mit Bedacht und Ruhe operierendes Familienunternehmen, das seinen erfolgreichen Beitrag zum hohen Renommee des Standortes Frankfurt am Main leistet. ◂

HOFFMANN & CO

HOFFMANN & CO.
HAUS- UND GRUNDSTÜCKS-
VERWALTUNG OHG
Offenbacher Landstraße 185
60599 Frankfurt am Main

Telefon 069 610068–09
info@hoffmannco.de

Vom reinen Portal für Hotelbuchungen hat sich die HRS Group zu einem Global Player im Geschäftsreisesegment entwickelt. Weltweit tätige Konzerne lagern ihre Prozesse rund um die Hotelbuchung an das Kölner Unternehmen aus

AUS BESTER FAMILIE

HRS
SEIT 1972

Wer schon mal versucht hat, in einer Messestadt wie Hannover oder Frankfurt ein Zimmer zu Messezeiten zu buchen, kennt diese Probleme: denkbar wenige Angebote in schlechter Lage und das zu Mondpreisen. Den Reisenden, die 1972 in Köln kurzfristig nach einem Bett für die Nacht suchten, muss Robert Ragge da wie ein Retter in der Not vorgekommen sein. Ragge hatte damals einen ehemaligen Gemüsehandel zu einer Zimmervermittlung umgebaut und telefonierte die Kölner Hotels für seine Kunden ab, erfolgreich, das sprach sich herum. Die Hotels garantierten Ragge mehrere Zimmer, er lieferte die Kunden und kassierte dafür eine Provision. An diesem Prinzip hat sich nichts geändert. Und mehr als 40 Jahre später ist aus dem Reisebüro in einem ehemaligen Gemüseladen längst eine Holding geworden, die jedem Geschäftsreisenden ein Begriff sein dürfte: Hotel Reservation Service, kurz HRS.

Der Erfolg des gebürtigen Gelsenkircheners Ragge hat viel damit zu tun, dass er früh auf neue Technologien setzte,

> »Nicht reden, sondern machen, Ideen produzieren und sofort umsetzen, ohne Umwege, nur so läuft's.«
>
> HRS-Gründer Robert Ragge

um seine Angebote an Frau und Mann zu bringen. Bereits in den Achtzigerjahren etwa konnten HRS-Kunden online buchen: per Bildschirmtext BTx, einem Vorgänger des heutigen Internets. Dort war HRS dann seit 1995 vertreten, als erstes Buchungsportal überhaupt, und machte die Online-Hotelbuchung populär, so beschreibt es das Unternehmen.

Besonders an HRS ist jedoch weniger die Technik dahinter. Ragge schaffte mit seiner Plattform Transparenz. Kunden bekommen verfügbare Hotelzimmer mit dem aktuellen und genauen Preis angezeigt und können sofort buchen. Hotelmanager können sehen, wie sich die Preise bei der Konkurrenz entwickeln, täglich aufs Neue, das gefällt nicht jedem. Doch für Ragge steht der Wunsch seiner Kunden im Vordergrund – für sie neue Ideen zu entwickeln und umzusetzen, treibt ihn an. So ist es dem Gründer gelungen, aus seiner Messezimmervermittlung ein globales Unternehmen zu machen, das in 27 Ländern Niederlassungen hat, in den Metropolen dieser Welt, New York, Hongkong und Sydney etwa, Tokio und São Paulo.

Dabei ist HRS weit mehr als die Buchungsoberfläche, die jeder Kunde, der die Webseite aufruft, sieht. HRS ist für globale Konzerne zum geschätzten Outsourcing-Anbieter geworden. Sie lagern ihre Prozesse rund um die Hotelbuchung an das Kölner Familienunternehmen aus. Kunden wie Google, China Mobile, Toyota, Hitachi oder Panasonic bietet HRS effiziente Prozesse, darunter etwa Bezahllösungen. Auch wenn die Unternehmens- ▶

AUS BESTER FAMILIE

Tobias Ragge, HRS-Geschäftsführer und Sohn des Firmengründers Robert Ragge

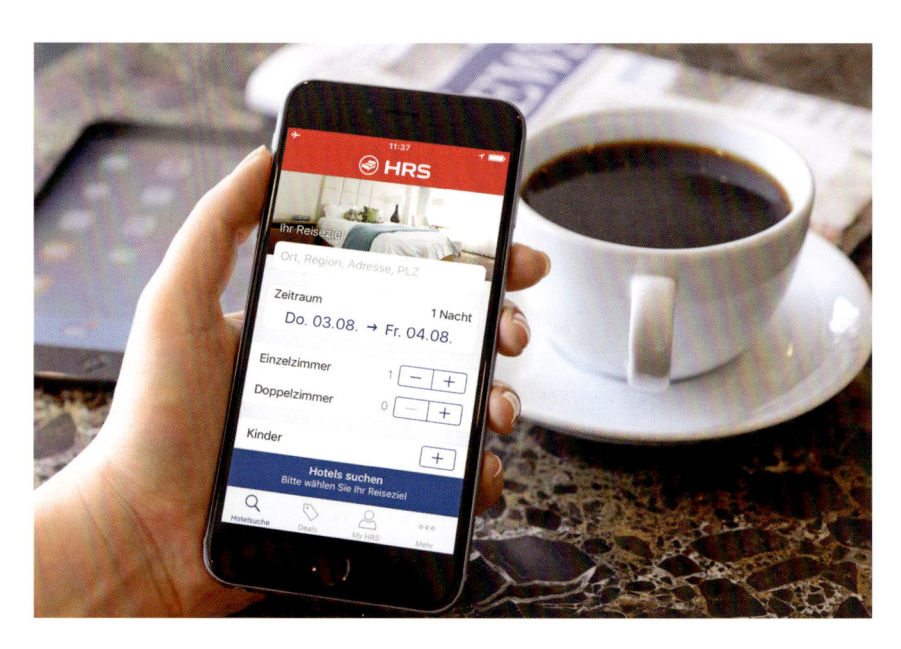

Mit einer großen Hotelauswahl auf einer intuitiv zu bedienenden Buchungsplattform – oder wie hier als mobile App – ermöglicht HRS eine schnelle Buchung und vereinfacht die Geschäftsreise

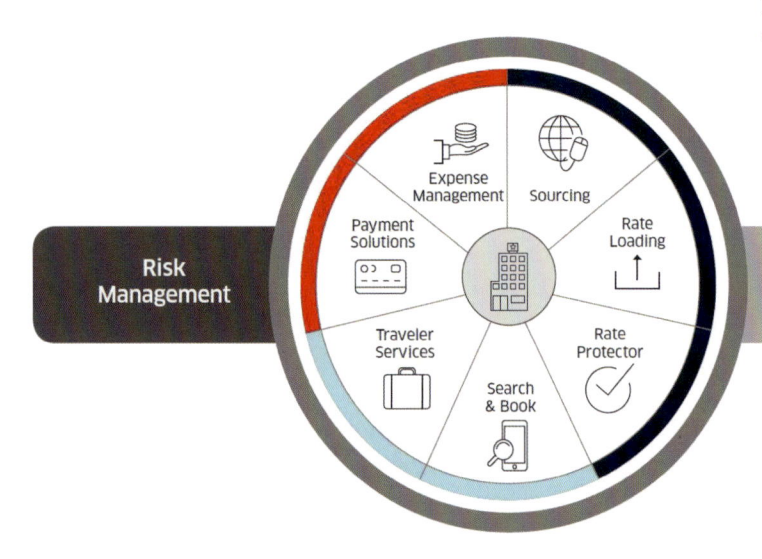

Für Firmenkunden deckt HRS sämtliche Prozesse rund um die Hotelbuchung aus einer Hand ab. Vom Einkauf über die Buchung bis zur Abrechnung

»We simplify business travel.«

HRS-Geschäftsführer Tobias Ragge

Das „Coeur Cologne" präsentiert HRS aufgrund der hervorragenden Infrastruktur und des ansprechenden Designs als guten Gastgeber für Besucher aus aller Welt und bietet Raum für über 850 Mitarbeiter

Geschäftsreisende – ob individuelle oder aus großen Unternehmen – finden bei HRS schnell und bequem das für sie passende Hotel

gruppe wächst, ein wesentlicher Teil des Erfolgsmodells ist, dass die Unternehmerfamilie dem Kerngeschäft treu geblieben ist. Nach wie vor buchen die Kunden über HRS nur Hotelbetten, keine zusätzlichen Flüge, Mietwagen oder komplette Reisepakete.

Doch HRS bedient nicht nur Reisende aus Großunternehmen. Auch individuelle Geschäftsreisende können ihre Zimmer in den mehr als 850 000 Unterkünften im HRS-Sortiment buchen, darunter auch über 450 000 Ferienhäuser und -wohnungen allein in Europa. Die Webseite von HRS ist in 32 Sprachen aufrufbar, registrierte Nutzer bekommen Preisvorteile und können kostenfrei stornieren. Täglich bietet das Portal zudem Hotel-Deals, Sonderangebote und Arrangements. Der Vorteil für die Hotels: Durch die große Kundenanzahl erreichen sie mehr potenzielle Gäste und können ihre Zimmer besser auslasten.

Die Begeisterung der Gründerfamilie für die Hotellerie teilt auch Robert Ragges Ehefrau Gisela. Sie arbeitete zunächst im Betrieb mit, bis sie selbst ein Kölner Nobelhotel aufbaute, das sie heute zusammen mit Tochter Daniela leitet. Sohn Tobias besserte sein Taschengeld auf, indem er Kataloge für HRS verschickte. Der studierte Betriebswirt arbeitete zunächst bei der Lufthansa und stieg 2004 ins Unternehmen ein. Seit 2008 führt er HRS in zweiter Generation. Sein Ziel: sämtliche Prozesse rund um die Hotelbuchungen weiter vereinfachen, das digitale Gästeerlebnis verbessern und HRS weltweit zur Nummer 1 für Geschäftsreisende machen. Auch technisch bleiben Ragges am Ball, veranstalten Hackathons und pflegen den Kontakt zur Start-up-Szene. In ihrem Innovation Hub entwickelt und testet die HRS Group neue digitale Produkte. Die jüngste Innovation ist allerdings nicht nur für die Kunden wichtig. Im Sommer 2017 bezog das Unternehmen seine neue und moderne Firmenzentrale in bester Kölner Lage – auch die eigenen Mitarbeiter brauchen eben eine adäquate Unterkunft. ◀

DATEN UND FAKTEN

INHABERFAMILIE
Familie Ragge
in der zweiten Generation

GRÜNDER
Robert Ragge

FAMILIENEINFLUSS
inhabergeführt durch
Tobias Ragge

UNTERNEHMENSANTEILE FAMILIENMITGLIEDER
zu 100 % bei Familie Ragge

MARKTPOSITION UNTERNEHMEN
weltweit führend im globalen Geschäftsreisemarkt

BRANCHE
Dienstleistung/Tourismus

PRODUKTE
Suchen und Buchen von Hotels weltweit für Geschäftsreisende, online und per App, Outsourcing-Lösungen rund um die geschäftliche Hotelbuchung für Unternehmen

STANDORTE
Köln, Shanghai, Tokio, Singapur, Paris, London, Warschau, Mumbai, São Paulo, New York, Sydney und weitere

MITARBEITER
weltweit 1500 (2017)

HRS GROUP

HRS HOTEL RESERVATION
SERVICE GMBH
Breslauer Platz 4
50668 Köln

Telefon 0221 2077–600
www.hrs.de

Logistik während des Wirtschaftswunders: Im Jahr 1953 rollten neun Fernverkehrslastkraftwagen der Firma Huppertz durch die Straßen der Republik

AUS BESTER FAMILIE

HUPPERTZ GROUP LOGISTICS SOLUTIONS

SEIT 1897

In einer Zeit, in der die Globalisierung der Märkte uns alle betrifft, stehen Logistikunternehmen vor großen Herausforderungen. Bei sinkender Wertschöpfungstiefe bekommen sie immer mehr Aufgaben übertragen: Die Ansprüche steigen, die Kosten sollen es nicht. Möchte man bestehen, kann man nicht weitermachen wie bisher. Im Vorteil ist da, wer in den vergangenen 120 Jahren schon viele Veränderungen gemeistert hat – so wie die Peter Huppertz GmbH. Immer gemäß dem Motto: Wer nicht ständig an sich arbeitet, hört auf, gut zu sein.

Huppertz ist ein modernes Logistik- und Transportunternehmen, das die gesamte Transportkette mit allen physischen, datentechnischen, administrativen und kommunikativen Prozessen abwickelt und vor allem in der Automobil-, der Chemie- und der Verpackungsindustrie agiert. Heute sitzt das Unternehmen in Köln, begonnen hat aber alles in Mülheim am Rhein: Am 1. September 1897 erhielt Peter Huppertz den Zuschlag für die vakant gewordene Stelle des königlich-bahnamtlichen Rollfuhrbestätters. Sein Auftrag war es, alle Waren reibungslos

»Wer nicht ständig an sich arbeitet, hört auf, gut zu sein.«
Huppertz-Unternehmensmotto

zu- und abzuführen. Mit der Industrie in Mülheim wuchs binnen weniger Jahre auch der Tätigkeitsbereich des Unternehmens: Zu Beginn des 20. Jahrhunderts kamen die Lagerei und Möbeltransporte zu der bahnamtlichen Rollfuhr hinzu.

Um 1910 trat Jean ins Unternehmen ein, der älteste Sohn von Peter Huppertz und seiner ebenfalls im Betrieb tätigen Frau Maria. Zu dieser Zeit erfolgten die Transporte mit Pferd und Wagen, die Hauptrelationen im Fernverkehr nach Berlin, Königsberg, Breslau, Frankfurt und Straßburg wurden über die königlich-preußische Eisenbahn abgewickelt. Das Geschäft entwickelte sich weiterhin stetig. In den 1920er-Jahren umfasste der Fuhrpark acht Pferde und sechs Wagen. 1927 kam der erste Lkw hinzu, drei weitere sollten folgen.

Der Zweite Weltkrieg unterbrach die Erfolgsgeschichte. Die fast neuen Lkw wurden beschlagnahmt, stattdessen teilte man dem Unternehmen Altfahrzeuge und 26 Pferde zu. In dieser Zeit trat mit Peter Huppertz die dritte Generation in das Unternehmen ein. Die geschäftlichen Aktivitäten beschränkten sich während des Krieges vorwiegend auf Motorentransporte und darauf, Möbel und Hausrat aus dem bedrohten Kölner Stadtgebiet in das Bergische Land zu liefern.

Mit Kriegsende begann der Wiederaufbau – und eine neue Erfolgsgeschichte. Bereits 1953 gehörten wieder neun Fernverkehrslastkraftwagen zum Unternehmen. Huppertz bezog ein neues Betriebsgelände, gründete Niederlassungen in Frankfurt, Nürnberg und Hamburg ▶

AUS BESTER FAMILIE

Der Gründer Peter Huppertz: Er übergab die Firma später an seinen Sohn Jean

Stets effizient: Zur Philosophie von Huppertz gehört es, dass alle überflüssigen Arbeitsschritte, die nicht zur Wertschöpfung beitragen, vermieden werden

»Die Anforderungen steigen, die Kosten sollen es nicht.«

Deshalb arbeitet man bei Huppertz nach dem Prinzip der Lean Logistics

Die Anfänge: 1897 nimmt Peter Huppertz in Mülheim am Rhein die Stelle des königlich-bahnamtlichen Rollfuhrbestätters an

Ein Unternehmen, das schon immer mit der Zeit ging. Von 1927 an setzte Huppertz Lkw ein

HUPPERTZ GROUP LOGISTICS SOLUTIONS

Stetige Fortentwicklung: In den 1970er-Jahren wird der Fuhrpark erweitert. Bereits 1969 wurde zudem ein Büro am Köln-Bonner Flughafen eröffnet

DATEN UND FAKTEN

INHABERFAMILIE
Familie Huppertz
in der vierten Generation

BRANCHE
Logistik, Verpackung und Transport

PRODUKTE UND DIENSTLEISTUNGEN
Logistics Solutions in der Automobil-, Chemie- und Innerwerkslogistik, EDV-Lösungen und Managementsysteme sowie Konzepte zur Prozessverbesserung

UNTERNEHMENSBEREICHE
Huppertz ASC (Automotive Synchronisation Center), Huppertz MSP (Material Synchronisation and Packaging), Huppertz LS (Logistics Services), Huppertz LOG LAB (Process Improvements „Think & Do Tank"), Trainings und Schulungen

FÜHRUNGSSTRATEGIE
Führungsteam bestehend aus Dr. Peter Huppertz, Dr.-Ing. Anja Huppertz, Hardy Jordan, Peter Herweg, Michael Kutzner, Herbert Schiefer und Frank Römer

---

und überzog die Bundesrepublik mit einem Transportnetz. Nach dem Tod seines Vaters Jean übernahm Peter Huppertz 1956 die Geschäftsführung. Er erschloss, unterstützt von seiner Frau Renate, neue Tätigkeitsfelder. Ab Mitte der 1960er-Jahre befasste sich eine Export-/Importabteilung mit europaweiten Lkw-Transporten, weltweiter Luftfracht und Seeschifffahrt.

Nach dem Tod ihres Mannes übernahm Renate Huppertz 1982 die Leitung der Firma. Sie verlagerte den Firmensitz nach Köln-Niehl, begründete den Geschäftszweig Innerwerkslogistik für die chemische Industrie und legte den Grundstein für logistische Dienstleistungen für die Automobilindustrie. 1990 expandierte sie in die neuen Bundesländer und gründete Niederlassungen in Hettstedt (Sachsen-Anhalt) und Thalheim (Sachsen). Darüber hinaus gründete sie Tochtergesellschaften in Tschechien und Polen.

Seit 1999 leitet Dr. Peter Huppertz, der Sohn von Renate Huppertz, das Unternehmen in vierter Generation – gemeinsam mit seiner Frau, Dr.-Ing. Anja Huppertz. Sie bieten ihren Kunden nicht nur Leistungen in der Automobil-, Chemie- und Innerwerkslogistik, sondern auch intelligente EDV-Lösungen und Managementsysteme sowie Konzepte zur Prozessverbesserung.

Auf aktuelle Herausforderungen hat Huppertz reagiert und das Unternehmen neu strukturiert. Nach dem Vorbild des berühmten Toyota-Produktionssystems halten sich die Mitarbeiter an die Regeln der Lean Logistics. Im Alltag bedeutet das, alle Arbeitsschritte, die nicht zur Wertschöpfung beitragen, zu beseitigen. Dafür analysieren die Mitarbeiter ihre Prozesse und lernen, Überflüssiges zu vermeiden. Das anspruchsvolle Kulturmodell basiert darauf, sich kontinuierlich weiterzuentwickeln und setzt noch viel mehr auf das, was schon seit 1897 Tradition bei Huppertz ist: flexibel, schnell, kostengünstig und in höchster Qualität auf die komplexen Bedürfnisse der Kunden zu reagieren. ◄

HUPPERTZ GROUP
logistics solutions

PETER HUPPERTZ LOGISTIK GMBH
Geestemünder Straße 41
50735 Köln

Telefon 0221 71515–0
www.huppertz-group.de

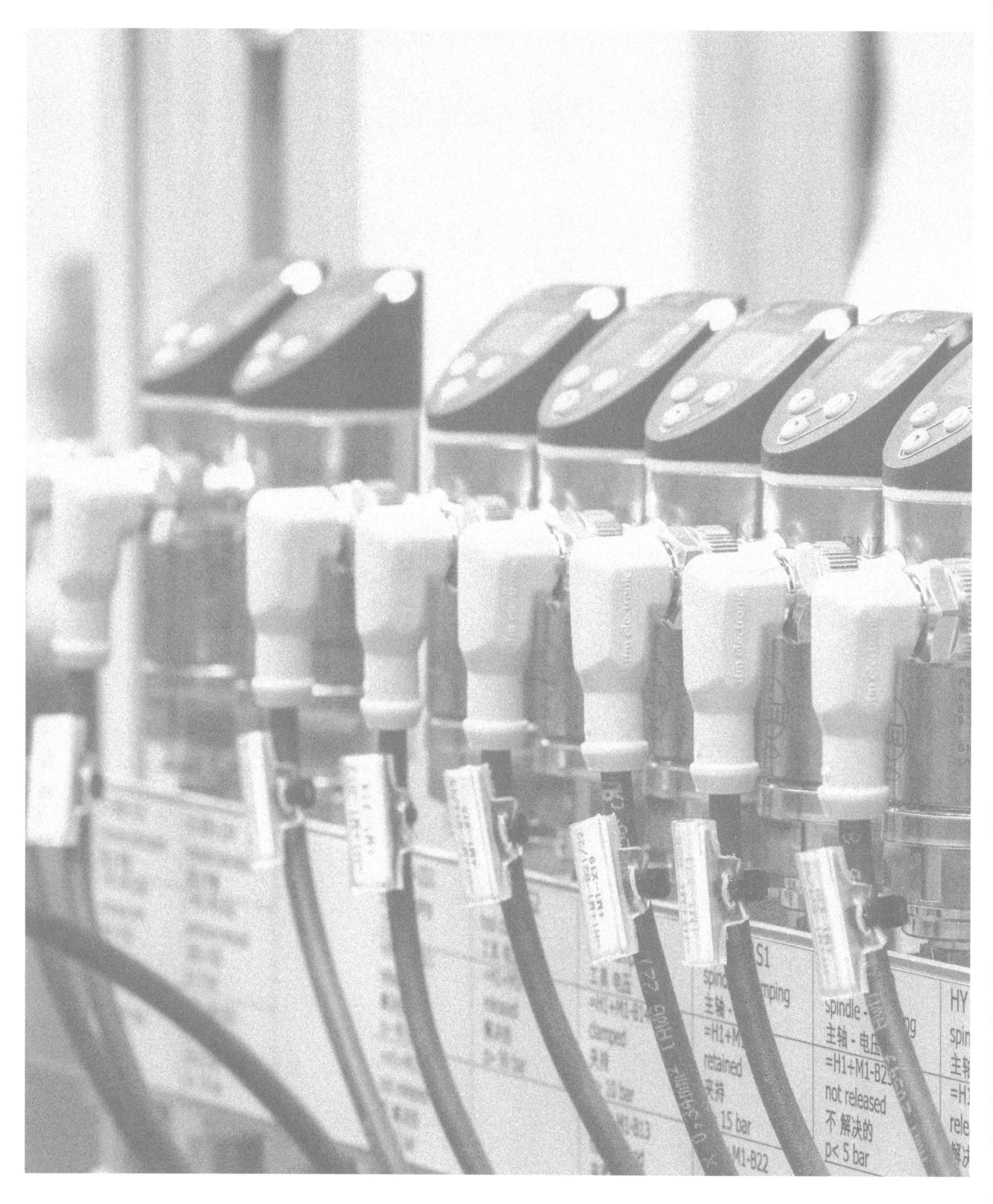

Meist bleibt die Technik hinter dem Äußeren verborgen: Drucksensoren in einer Werkzeugmaschine

AUS BESTER FAMILIE

IFM
SEIT 1969

In Zeiten von Big Data lassen sich leicht unendlich viele Daten sammeln. Die Kunst besteht darin, die richtigen aufzubereiten und über alle Ebenen hinweg zur Verfügung zu stellen. Nur so funktioniert Automatisierung. Eine selektierte Datenkommunikation bildet die Basis für jedes Unternehmen auf dem Weg hin zur „Smart Factory". Herzstück dieser intelligenten Fabrik bilden die Sensoren, Steuerungen und Systeme für die industrielle Automatisierung von ifm: Die Sensoren und Steuerungen, die das Unternehmen produziert, bilden praktisch die Sinnesorgane für jegliche Automatisierungslösung.

Von Anfang an beschritt die „Ingenieurgemeinschaft für Messtechnik" einen erfolgreichen Weg, um Automatisierungstechnik grundsätzlich „besser" zu machen. Mittlerweile ist es fast 50 Jahre her, dass der Elektroingenieur Robert Buck und der Vetriebler Gerd Marhofer 1969 in der Buckschen Küche im baden-württembergischen Tettnang damit begannen, eigene Sensoren und Schaltungen zu entwickeln. Sie waren angetrieben von der Vision, Dinge eben „besser zu machen":

> »ifm – close to you! Mit dem Kunden in die Zukunft – von der Kundenidee zur Innovation.«
>
> ifm-Philosophie

besser in der Zusammenarbeit mit den Mitarbeitern und besser in der Zusammenarbeit mit den Kunden.

Das Startkapital der Firma bestand im Wesentlichen aus Bleistift und Papier, zwei Köpfen voller Ideen und einigen Prototypen, um Schaltungen zu erproben. Aus der Zweckgemeinschaft der Gründer, die beide in einer Elsässischen Firma arbeiteten, in der sie Anlagen in Walz- und Stahlwerken in Betrieb nahmen, entwickelte sich eine freundschaftliche Partnerschaft – und aus ifm wurde ein weltumspannendes Unternehmen. Schon das erste Produkt, der induktive Näherungssensor, wurde eine erfolgreiche Weltneuheit. Robert Buck erfand weiterhin und stellte bald ein kleines Produktprogramm aus vier verschiedenen Artikeln zusammen. 1973 begann ifm, sich mit japanischen Vertragspartnern international auszurichten.

Heute gehört ifm zu den weltweit führenden Unternehmen der Automatisierungsbranche und ist in 80 Ländern tätig. Für über 150 000 Kunden aus Maschinenbau und Industrie entwickelt und vertreibt sie Lösungen für die Automatisierung von Produktionsprozessen – mit Sensoren, Steuerungen und Systemen für die industrielle Automatisierung. Der außerordentlich starke Vertrieb spielt eine wichtige Rolle: Rund 1300 Mitarbeiter und Mitarbeiterinnen sind für ifm mit ihrer Unternehmenszentrale in Essen tätig, mehr als 850 arbeiten in Forschung und Entwicklung, vorrangig in Tettnang am Bodensee. Die Zusammenarbeit mit Forschungseinrichtungen, Universitäten ▶

AUS BESTER FAMILIE

In Tettnang befindet sich der Hauptproduktionsstandort der ifm-Unternehmensgruppe mit vier weiteren Standorten in der Bodenseeregion

Prozessdaten unterschiedlichster Sensoren werden über gängige Feldbussysteme übertragen und ihre Paramenter auf einfache Weise zugänglich gemacht

»Industrie 4.0 möglich machen«

ifm-Unternehmensmission

Moderne Sensoren bieten immer mehr intelligente Funktionen, die über Schnittstellen wie IO-Link oder TCP/IP der SPS zur Verfügung stehen

Eine Doppelspitze als Führungsteam: Martin Buck (links) und Michael Marhofer

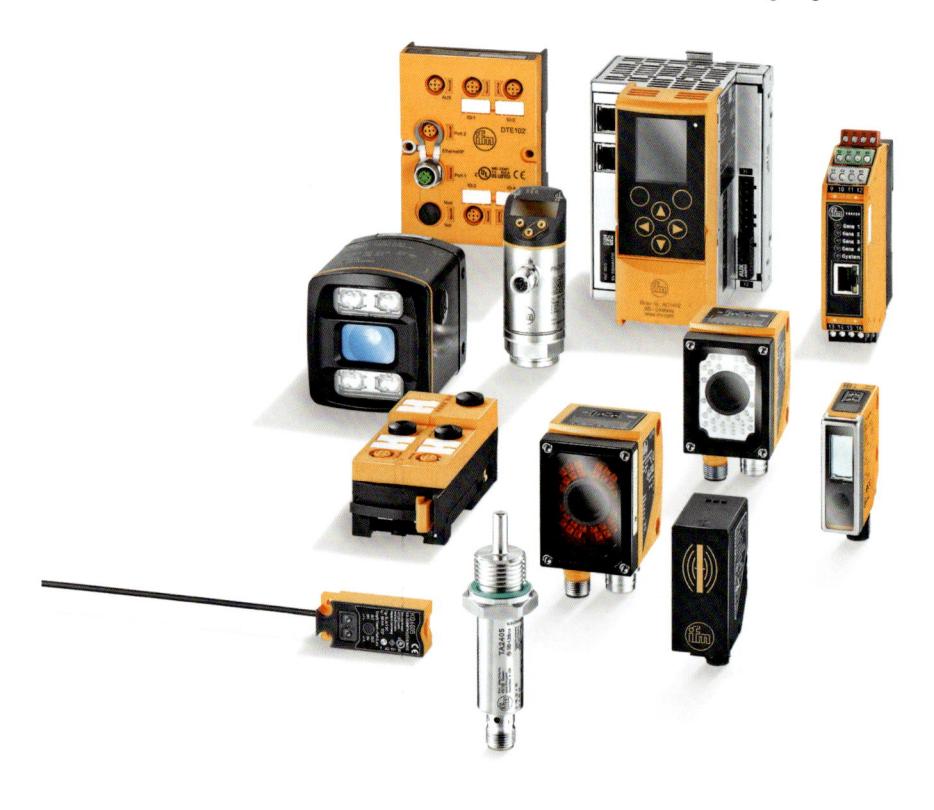

IFM

Sinnbild der Veränderung: Trutzig stemmt sich die Firmenzentrale in Essen gegen die vielspurigen Straßen um sie herum

DATEN UND FAKTEN

INHABERFAMILIEN
Familien Buck und Marhofer in der zweiten Generation

GRÜNDER
Robert Buck und Gerd Marhofer

FAMILIENEINFLUSS
inhabergeführtes Familienunternehmen

MARKTPOSITION UNTERNEHMEN
Weltmarktführer

BRANCHE
Automatisierungsbranche

PRODUKTE
Sensorik, Systemkommunikation und Steuerungstechnik für alle Produktionsprozesse

STANDORTE
Tettnang und vier weitere in der Bodenseeregion sowie 70 internationale Standorte in den USA, in Singapur, Polen, Rumänien und Indien

VERTRIEB
über 1300 Mitarbeiter

UMSATZ
810 Mio. €

MITARBEITER
mehr als 6500 weltweit

AUSZEICHNUNGEN
HERMES AWARD, Bosch Global Supplier Award, „Top-Arbeitgeber für Ingenieure"

IFM ELECTRONIC GMBH
Friedrichstraße 1
45128 Essen

Telefon 0201 2422-0
www.ifm.com

---

und jungen Unternehmen prägt den innovativen Geist von ifm: Über 800 Patente und Patentanmeldungen sind das Ergebnis.

Gemäß dem Firmenmotto „ifm – close to you!" halten die Mitarbeiter engen Kontakt zu den Kunden, kennen alle speziellen Marktanforderungen und landestypischen Eigenschaften. So vereint ifm die Flexibilität eines mittelständischen Familienunternehmens mit der Innovationskraft einer internationalen Firmengruppe. Das Unternehmen soll auch weiterhin in Familienhand bleiben. Bereits 2001 übergaben die Gründer den Staffelstab an ihre Söhne. Seitdem leiten Martin Buck und Michael Marhofer als Vorsitzende des Vorstandes sowie Gesellschafter die Geschicke von ifm. In den vergangenen Jahren konnten sie den Firmenumsatz kontinuierlich bis zum Jahre 2016 auf 810 Millionen Euro steigern.

Schlüssel des Erfolges sind von jeher die Menschen bei ifm: Mehr als 6500 Mitarbeiter schaffen Lösungen für 150 000 Kunden aus Maschinenbau und Industrie. Eine Vielzahl von Auszeichnungen, vom höchstdotierten deutschen Wirtschaftspreis, dem HERMES AWARD, über die Prämierung von Kunden wie etwa dem Bosch Global Supplier Award bis hin zum „Top-Arbeitgeber für Ingenieure", sprechen eine deutliche Sprache. Die Ausbildung von Ingenieuren liegt dem Unternehmen besonders am Herzen. Ausbildungen, Weiterbildungen und Duale Studiengänge und eine langjährige Kooperation mit der Hochschule Ravensburg-Weingarten samt Stiftungsprofessur haben zentrale Bedeutung bei ifm.

Künftig steht das Unternehmen vor der Aufgabe, die Herausforderungen und Erfordernisse auf dem Weg in die Industrie 4.0 zu meistern. Die Schwerpunkte liegen auf dem Datenhandling, der Vorverarbeitung und Auswertung. ifm investiert weiter in den Softwarebereich und beteiligt sich mehrheitlich an der TiSC AG (The i-Solution Company), unter der die beiden Siegener Softwareunternehmen GIB und QOSIT zusammengewachsen sind.

Mit dieser Strategie will sich ifm als Wegbereiter für Industrie-4.0.-Lösungen etablieren – und die „Smart Factory" Wirklichkeit werden lassen. ◀

Ein weltweit äußerst beliebtes Sammlerobjekt ist das original klassische Käfer Haferl aus Porzellan. Es wird bereits seit vielen Jahren exklusiv für Käfer gefertigt

AUS BESTER FAMILIE

KÄFER

SEIT 1930

> »Liebenswert, einzigartig, überraschend, hochwertig, emotional«
>
> Michael Käfer

Hand aufs Herz, woran denken Sie, wenn Sie den Markennamen „Käfer" hören? An feierliche Stimmung und kulinarische Köstlichkeiten, an fröhliche Menschen und prickelnde Getränke in hohen Gläsern, angeboten von einem unaufdringlichen, aber stets präsenten Service? Ja, Käfer hat das geschafft, wovon Marketingexperten träumen: Aus dem Unternehmensnamen ist ein Synonym geworden – für perfektes Catering und Party Service vom Feinsten. Und nicht nur das, denn in Käfer steckt natürlich noch viel mehr.

Dabei fing alles klein an. Man schrieb das Jahr 1930, als Paul und Elsa Käfer in München ein Kolonialwarengeschäft mit Weinen, Likören und Flaschenbier gründeten. Schon drei Jahre später zogen sie nach Bogenhausen in die Prinzregentenstraße, ins heutige Stammhaus. Der Start war schwer, und die Zeiten wurden bald hart, Elsa Käfer musste das Geschäft lange Zeit alleine führen, als Paul in Kriegsgefangenschaft war. Doch die Käfers hielten durch, und bald begann die Wirtschaftswunderzeit. Hier bewährten sich die verschiedenen Talente der Firmengründer. So begeisterte Elsas Küche die Schauspieler des benachbarten Münchener Prinzregententheaters, während Paul stets neue Ideen mitbrachte und Wirklichkeit werden ließ. So drehte sich beispielsweise der erste deutsche Hähnchengrill im Hause „Feinkost Käfer" – so der Name des aufstrebenden Familienbetriebs. Auch Pauls Gespür für edle Weine und anspruchsvolle Kunden zahlte sich aus und half dem Käfer'schen Weinhandel auf die Sprünge.

Aber mit dem eigenen, florierenden Geschäft hatte die Familie Käfer, inzwischen waren auch die beiden Söhne Gerd und Helmut mit ins Unternehmen einbezogen, nicht genug. Diversifizierung in Sachen Genuss stand auf dem Programm. So übernahm Käfer im Jahr 1956 die Gastronomie des Prinzregententheaters und daraufhin sukzessive von weiteren staatlichen Bühnen Münchens. Auch entwickelte Gerd Käfer die Idee, die hauseigenen Delikatessen zu den Kunden und ihren Veranstaltungen zu bringen: Der erste Party Service Deutschlands war geboren – und fand gewaltigen Anklang. Die High Society vom Alpenrand bis Sylt genoss bald die prachtvollen Inszenierungen, die kreativen Speisen und den einzigartigen Service aus dem Hause Käfer.

Doch natürlich waren und sind die Käfers Münchener durch und durch. Hier in der Heimat entwickelten sie stets die meisten Ideen für neue Projekte. Vom eigenen Zelt auf dem Oktoberfest – eine feste Institution seit 1971 – bis zum Restaurant im Stammhaus, das sich zu einem der kulinarischen und gesellschaftlichen Treffpunkte der Stadt entwickelte. ▶

AUS BESTER FAMILIE

Heute bietet Käfer nicht nur Obst in seinen Märkten an. Was aber seit der Unternehmensgründung durch Paul und Elsa Käfer geblieben ist: der hohe Qualitätsanspruch an jedes einzelne Produkt

»Du machst etwas nur gut, wenn du es von ganzem Herzen her und mit Leidenschaft machst.«

Michael Käfer

Hauptgeschäftsführer Michael Käfer

Der schöne Schriftzug „Imbißbar" zeigt im Vergleich zu heute, welche Entwicklung die Marke Käfer genommen hat

KÄFER

Der repräsentative Stammsitz in der Prinzregentenstraße verkörpert genuines Münchener Flair

DATEN UND FAKTEN

INHABERFAMILIE
Familie Käfer
in der dritten Generation

GRÜNDER
Paul und Elsa Käfer

FAMILIENEINFLUSS
inhabergeführt mit
einem Managementteam

UNTERNEHMENSANTEILE FAMILIENMITGLIEDER
100 %

MARKTPOSITION UNTERNEHMEN
Marktführer in Europa im
Segment hochwertiges
Event-Catering

BRANCHE
Gastronomie, Party Service und
Delikatessenhandel

MITARBEITER
1485 (2016)

UMSATZ
130,6 Mio. € (2016)

In der dritten Generation stieg Michael Käfer im Jahr 1988 in die Geschäftsleitung ein. Längst waren das Geschäft und sein Potenzial so stark gewachsen, dass die Kapazitäten im Stammhaus nicht mehr ausreichten. So ließ Michael Käfer 1991 ein eigenes Betriebsgelände im 20 Kilometer außerhalb der Stadt gelegenen Parsdorf errichten. Hier sind die Produktionsküchen untergebracht, in denen die Speisen für den Feinkostladen und für die rund 2000 Veranstaltungen im Jahr vorbereitet werden. Dermaßen aufgestellt, ließen sich auch Aufträge und Projekte völlig neuer Größenordnungen angehen.

So war Käfer etwa verantwortlich für die hochwertigen Hospitality-Programme während der Fußball-WM in Deutschland 2006. In dieser Zeit wurden an den zwölf Spielorten insgesamt 174 000 Gäste beköstigt. Daneben betreibt Käfer auch immer mehr Gastronomien in renommierten Einrichtungen oder bei Weltkonzernen. Schon seit 1998 zählt der Berliner Reichstag dazu, seit 2012 die Münchener BMW Welt. Dort betreibt Käfer gleich vier Restaurants mit einem Konzept, das vom Bistro bis zum zweifach sterngekrönten Gourmetrestaurant reicht. Und einer der neuesten Zugänge des Käfer-Universums steht am schönen Tegernsee. Das jahrhundertealte Gut Kaltenbrunn wurde liebevoll saniert und ist heute ein Wirtshaus mit Biergarten. Die dazugehörigen Eventlocations Rinderstall und Tenne bieten vielen Gästen Platz. Michael Käfer eröffnete das Gut im Sommer 2015.

Heute beschäftigt die Käfer-Gruppe fast 1500 Menschen und setzte 2016 über 130 Millionen Euro um. Sie wird von Michael Käfer als Inhaber gemeinsam mit einem Managementteam geführt. Und obwohl wir nicht wissen, welche neuen, spannenden Pläne für zukünftige Genuss-Events derzeit in der Prinzregentenstraße geschmiedet werden, können wir uns doch mit einem ganz sicher sein: Höchster Genuss ist in jedem Fall garantiert. Dafür steht der Name Käfer. ◂

FEINKOST KÄFER GMBH
Prinzregentenstraße 73

81675 München
Telefon 089 4168–0
www.feinkost-kaefer.de

Eine Badewanne verwandelt das Bad in einen Ort der Entspannung.
Ohne die Firma KALDEWEI wären Wannen heute nicht so verbreitet

AUS BESTER FAMILIE

FRANZ KALDEWEI

SEIT 1918

In einer Zeit, in der die Menschen ständig erreichbar sind, immer mehr Dinge gleichzeitig erledigen wollen und die Tage nur so vorbeirauschen, sehnen sich viele nach Entschleunigung. Abschalten, Ruhe haben, für sich sein. Im Alltag legen sich deswegen viele Menschen abends in die Badewanne. Ein heißes Bad ist Pause, Entschleunigung und Entspannung – und tut nach einem anstrengenden Arbeitstag besonders gut.

Dass das heute so selbstverständlich möglich ist, dass sich also in nahezu allen Häusern und Wohnungen Badewannen befinden, hat vor allem mit ihm zu tun: Franz Kaldewei. Vor fast einhundert Jahren, am 1. Oktober 1918, gründete Kaldewei, der damals noch als Klempnermeister arbeitete, ein Unternehmen in Ahlen, im Münsterland. Er produzierte Rohware für die nordrhein-westfälische Email-Industrie. Kaldewei begann mit Einkochern, Bratpfannen, Waschwannen, Toiletteneimern und Randkesseln. Ab 1924 stellte Kaldewei auch Tonneneinsätze für Herings- und Sauerkrautfässer her.

1928 trat sein Sohn Heinrich Kaldewei in das Unternehmen ein. Vier Jahre später

> »Become the most valuable brand in every bathroom«
>
> KALDEWEI-Unternehmensmotto

kaufte die Firma ein stillgelegtes Stanz- und Emaillierwerk in Ahlen, um die hergestellten Rohwaren selbst mit einer Emailschicht veredeln zu können. 1934 produzierte Kaldewei die ersten freistehenden Stahlbadewannen – ein Meilenstein in der Unternehmensgeschichte. Die Wannen wurden aus mehreren Teilen zusammengeschweißt und vierfach emailliert.

Mit Heinrich Kaldewei, der die Firma 1952 übernahm, gelang dem Unternehmen in den Fünfzigerjahren ein entscheidender Technologiesprung: Zum ersten Mal wurde eine Badewanne nahtlos aus einem Stück Stahl gezogen, ohne Schweißnähte.

1960 revolutionierte das Unternehmen den Markt mit einer neuen Materialstärke für Badewannen aus Stahl-Email. Dank des Modells „KALDEWEI Saniform 3,5 mm" gelang es KALDEWEI, die damals noch weit verbreiteten Gussbadewannen zu verdrängen. Innerhalb von zehn Jahren sank deren Marktanteil von 90 auf 10 Prozent. 1970 wurde KALDEWEI europäischer Marktführer für Badewannen und ergänzte sein Logo mit dem Claim „Europas Nr. 1 in Badewannen".

1973 übernahm Franz-Dieter Kaldewei, der Enkel des Firmengründers, das Unternehmen. Er wollte die Marke KALDEWEI stärken, zu einem bekannten Premiumausstatter für das Bad entwickeln. Kaldewei initiierte große Werbekampagnen und setzte bei der Produktentwicklung verstärkt auf die Erfahrung externer Designer. Mit Erfolg: Mit mehr als 150 nationalen und internationalen Designpreisen ist KALDEWEI heute einer der meistprämierten Badhersteller der Welt.

Auch technologisch entwickelte sich das Unternehmen weiter – es ersetzte die gemauerten Brennöfen durch energie- ▶

AUS BESTER FAMILIE

Für sein modernes und innovatives Design wurde KALDEWEI mit zahlreichen Preisen ausgezeichnet

1918 gründete er das Unternehmen: Franz Kaldewei

»Jede Wanne von KALDEWEI besteht aus einem einzigartigen Material: KALDEWEI Stahl-Email.«

Franz Kaldewei

Technologiesprung: hydraulische Badewannen-Pressenstraße 1958

KALDEWEI hat sich zu einem Premiumausstatter für das Bad entwickelt

FRANZ KALDEWEI

Im KALDEWEI Kompetenz Center wird die Marke begehbar, und Besucher können den Email-Abstich in der werkseigenen Schmelze miterleben

DATEN UND FAKTEN

INHABERFAMILIE
Familie Kaldewei
in der vierten Generation:
Franz Kaldewei (1872–1952)
Heinrich Kaldewei (1904–1973)
Franz-Dieter Kaldewei (geb. 1940)
Franz Kaldewei (geb. 1980)

FAMILIENEINFLUSS
inhabergeführtes
Familienunternehmen

UNTERNEHMENSANTEILE FAMILIENMITGLIEDER
100 %

BRANCHE
Sanitär

PRODUKTE
Duschflächen, Badewannen und Waschtische aus Stahl-Email, Montage- und Ablaufsysteme, Whirlsysteme und SPA-Ausstattungen

VERTRIEB
weltweit

EXPORTQUOTE
über 50 %

MITARBEITER
700 weltweit

---

sparendere Leichtbauöfen. Ein neues, mehr als 20 Kilometer langes Fördersystem ermöglichte es zudem, die Wannen von der Pressenstraße bis zur Verpackungsanlage automatisch zu transportieren.

Es ist die Verwendung reiner, natürlicher Materialien kombiniert mit einer Garantie-Leistung von 30 Jahren, die KALDEWEI-Produkte auch unter ökologischen Gesichtspunkten auszeichnet. Als erster europäischer Badausstatter hat das Unternehmen den umfangreichen Analyseprozess für das Deutsche Gütesiegel „Nachhaltiges Bauen" durchlaufen und eine entsprechende Umweltdeklaration des IBU (Institut Bauen und Umwelt e. V.) erhalten. Schließlich wurde schon in den 90er-Jahren gemeinsam mit der deutschen Stahlindustrie ein geschlossenes Entsorgungskonzept initiiert, das ein 100-prozentiges Recycling der Badewannen am Ende ihrer Gebrauchszeit sicherstellt.

2008 übernahm Franz Kaldewei, der Urenkel des Gründers, das Unternehmen. Neben einer weiteren Internationalisierung steht seitdem der konsequente Ausbau des Produktportfolios im Fokus. So ergänzen seit 2015 Waschtische aus Stahl-Email das Angebot und sollen schon bald das dritte Standbein von KALDEWEI sein. Das Unternehmen investiert aber nicht nur in die Entwicklung neuer Produkte: So können im KALDEWEI Kompetenz Center Besucher beim Herstellungsprozess des KALDEWEI-Emails und des Email-Abstichs live dabei sein. Das 2009 eröffnete Logistikzentrum soll darüber hinaus die nationale und internationale Wettbewerbsfähigkeit der Marke KALDEWEI sichern. Heute, fast einhundert Jahre nach seiner Gründung, hat das Familienunternehmen 700 Mitarbeiter und ist eine der führenden Premium-Marken im Sanitärbereich. ◄

KALDEWEI

FRANZ KALDEWEI GMBH & CO. KG
Beckumer Straße 33–35
59229 Ahlen

Telefon 02382 785-0
www.kaldewei.de

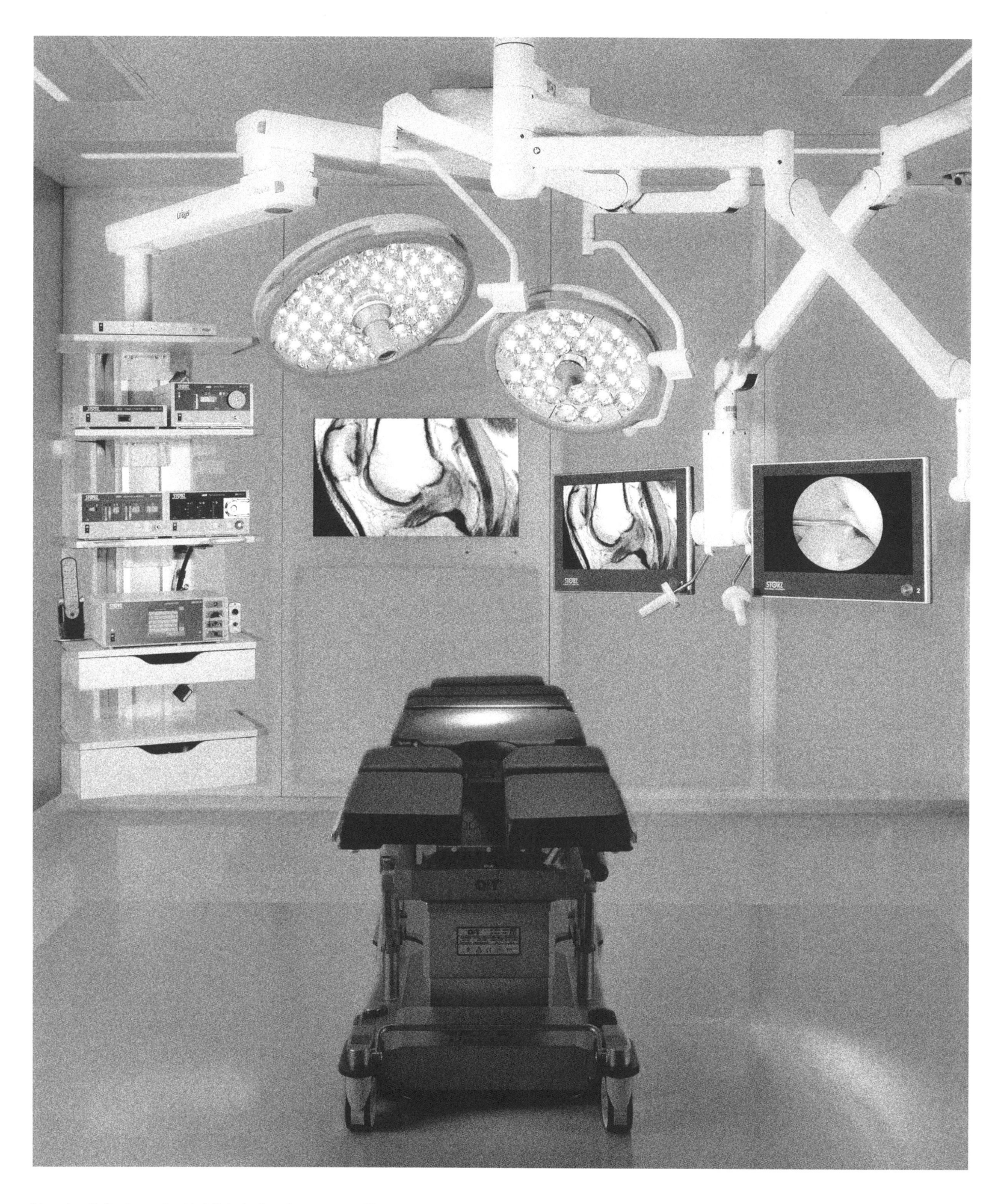

Von der Erfindung der Kaltlichtbeleuchtung zum 3D-Kamerasystem: Als Karl Storz sein
Unternehmen 1945 gründete, sahen Operationssäle noch anders aus

AUS BESTER FAMILIE

KARL STORZ

SEIT 1945

Im menschlichen Körper ist es dunkel. Wer an ihm operieren will, im Bauchraum etwa, braucht Licht und eine hervorragende Bildqualität, denn nur was er sieht, kann er diagnostizieren und therapieren. Doch wie beleuchtet man die fragliche Stelle, ohne den Körper schwer zu verwunden? Diese Frage trieb Karl Storz um. Er wollte Ärzte in menschliche Körper blicken lassen.

Es brauchte viel Mut und Optimismus, um 1945, kurz vor dem Ende des Zweiten Weltkriegs, eine Firma zu gründen, doch er sah seine Chance. Die Möglichkeiten für Chirurgen und andere Fachärzte waren zu dieser Zeit noch denkbar begrenzt. Storz, damals 34 Jahre alt, stellte Instrumente, Stirnlampen und Binokularlupen für Hals-Nasen-Ohrenärzte her. Obwohl er damit erfolgreich war – eine der Stirnlampen ist bis heute eines der meistverkauften Modelle –, tüftelte er weiter, bis zu seinem großen Durchbruch im Jahr 1960: Storz entwickelte das Prinzip der Kaltlichtbeleuchtung, das bis heute Bestand hat. Dabei erzeugt eine starke Quelle außerhalb des Körpers Licht, das

> »Zukunft hat Tradition, aber auch Tradition hat Zukunft.«
> KARL STORZ-Unternehmensmotto

über ein bewegliches Glasfaserkabel in den Körper geleitet wird. Bald darauf traf er den britischen Physiker Harold Hopkins, der gerade die Stablinsenoptik erfunden hatte. Storz erkannte das Potenzial und entwickelte die Technik zusammen mit Hopkins bis zur Anwendung in der Endoskopie weiter: Es entstand eine Bildqualität mit zuvor nie dagewesener Brillianz, mehr Schärfe, einer höheren Auflösung und wirklichkeitsgetreuen Farben. Damit verbesserten sie nicht nur die Diagnose, sie erlaubten es Medizinern auch, Patienten minimal-invasiv, also mit möglichst kleinen Einschnitten, zu operieren.

Diese Patente sind nur zwei der insgesamt mehr als 750 Patentfamilien und weiteren Schutzrechte, die heute zum Firmenportfolio gehören. Sie spiegeln wider, wie wichtig es dem Unternehmer und seinen Nachfolgern war und ist, immer die neueste Technik zu verwenden – oder zu erfinden. Die heute vertriebenen Kamerasysteme etwa zeichnen selbstverständlich in Full-HD-Qualität auf, angereichert durch Visualisierungsmodi, die Gewebe optimal unterscheiden lassen. Chirurgen können mit Instrumenten von KARL STORZ durch den Körper navigieren, ihn visualisieren und therapieren – ganz im Sinne des Gründers. Dafür pflegen die Ingenieure den Dialog mit Medizinern, schließlich sind es deren Werkzeuge, die sie hier entwickeln.

Hier, das ist allerdings schon lange nicht mehr nur Tuttlingen. Schon 1971 baute Storz eine Produktionsstätte im schweizerischen Schaffhausen. Er expandierte nach und nach in die ganze Welt und blieb dennoch seiner unternehmerischen Heimat treu. Gelenkt vom Haupt- ▶

Drei Generationen (v.l.): Dr. h.c. med. Karl Storz (1911–1996), seine Tochter Dr. h.c. mult. Sybill Storz und Karl-Christian Storz, der Enkel des Gründers

»Die Kundenwünsche zu erfüllen, war für mich immer die oberste Maxime.«

Dr. h.c. med. Karl Storz, Gründer

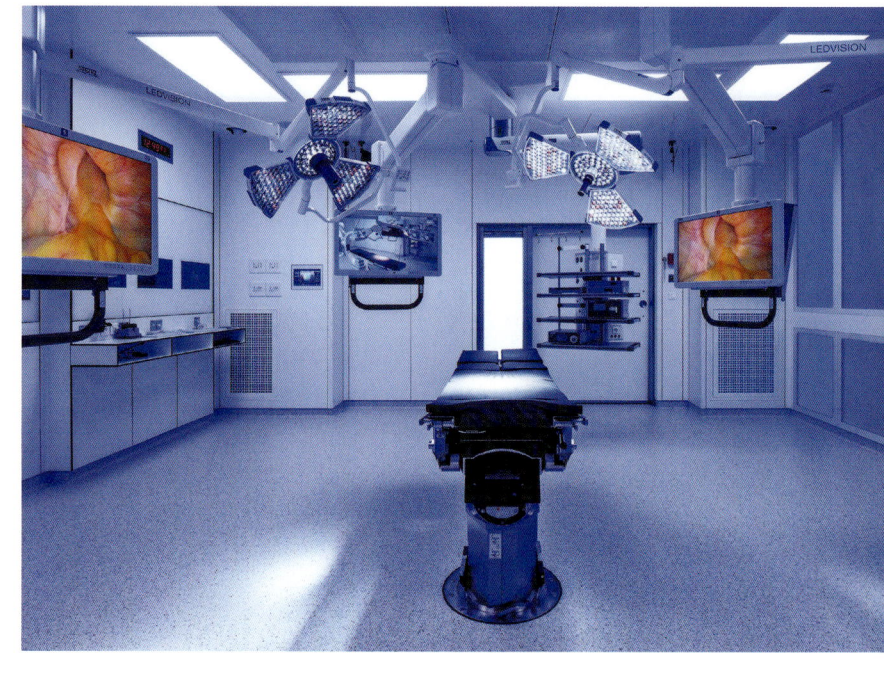

Im integrierten Operationssaal OR1™ von KARL STORZ werden Geräte vernetzt, die Ergonomie sowie die Datenkommunikation im und außerhalb des OP verbessern

Seit Ende der 1950er-Jahre brachte das Unternehmen mehr als 750 Patente und Schutzrechte zur Erteilung

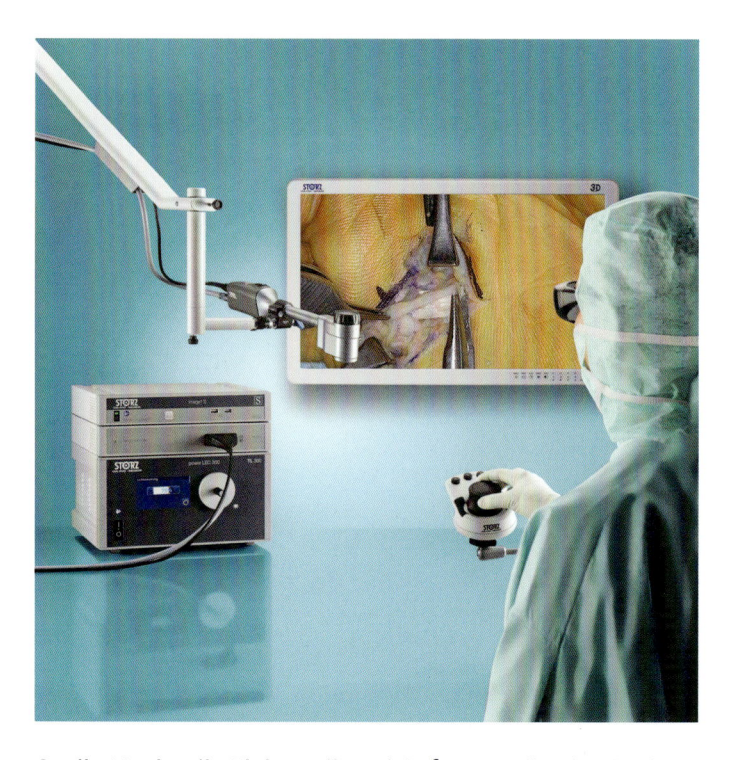

Optik, Mechanik, Elektronik und Software: die vier Säulen der Endoskopie aus dem Hause KARL STORZ

KARL STORZ

Auch 72 Jahre nach der Gründung und trotz vieler globaler Standorte ist der Hauptsitz des Unternehmens in Tuttlingen geblieben

sitz in Baden-Württemberg, bauen und vertreiben heute rund 50 Tochtergesellschaften Endoskope und andere Technologien aus dem Hause KARL STORZ. Von Kapstadt über Sydney nach Buenos Aires unterhält das Unternehmen Standorte in 44 Ländern auf fünf Kontinenten. Auch das Werk in Tuttlingen wächst beständig: In den letzten Jahren entstand nicht nur ein neues Besucher- und Logistikzentrum, im Bau ist auch ein Firmenmuseum mit Archiv, ein Überblick über mehr als sieben Jahrzehnte Unternehmensgeschichte.

Die Verknüpfung von Tradition und Moderne soll, getreu dem Unternehmensmotto, auch für die Firmenspitze gelten. Als der medizinische Ehrendoktor und Bundesverdienstkreuz-Träger Karl Storz 1996 starb, ging die Leitung nahtlos an seine Tochter Sybill über. Sie führt den Betrieb heute gemeinsam mit ihrem Sohn Karl-Christian Storz, der die Firmengruppe, eine Kommanditgesellschaft, in dritter Generation lenken wird. Beiden ist es wichtig, diesen Übergang sorgfältig zu planen und schrittweise zu gestalten. Sie richten ihr Unternehmen lieber langfristig aus, als auf jedes Zucken am Kapitalmarkt zu reagieren. Deshalb eröffnet die Familie neue Standorte im Ausland bewusst dort, wo Experten und Expertenwissen schon vor Ort sind: in Kalifornien etwa, wo ein paar hundert Meilen vom Silicon Valley entfernt Computerchips für die Kamerasysteme aus dem Hause KARL STORZ verarbeitet werden.

Rund 7500 Menschen arbeiten weltweit für das Tuttlinger Unternehmen, das Wert darauf legt, den eigenen Nachwuchs heranzuziehen. Wer seine Ausbildung bei KARL STORZ beginnt, zum Beispiel im gewerblichen beziehungsweise kaufmännischen Bereich oder als Dualen Studiengang, hat eine fast hundertprozentige Chance, übernommen zu werden. So möchte der Familienbetrieb, der sich als Technologieführer sieht, aufbauend auf der Tradition weiter innovativ bleiben. ◀

DATEN UND FAKTEN

INHABERFAMILIE
Familie Storz in der zweiten und dritten Generation

GRÜNDER
Dr. h.c. med. Karl Storz, 1945

FAMILIENEINFLUSS
familiengeführt, Dr. h.c. mult. Sybill Storz und Karl-Christian Storz sind geschäftsführende Direktoren

MARKTPOSITION UNTERNEHMEN
führender Hersteller in der Endoskopie und Systemanbieter für den vernetzten Operationssaal

BRANCHE
Medizintechnik

PRODUKTE
Endoskope, Instrumente und Geräte für die Human- und Veterinärmedizin sowie die Industrie

JAHRESUMSATZ
1,6 Mrd. € (2016)

PRODUKTIONSSTANDORTE
Tuttlingen, Schweiz, USA, Estland und Großbritannien

VERTRIEB
47 Vertriebs- und Marketinggesellschaften in 44 Ländern, dazu Distributoren

MITARBEITER
2000 in Tuttlingen, weltweit 7500 (Stand 2017)

STORZ
KARL STORZ — ENDOSKOPE

KARL STORZ SE & CO. KG
Dr.-Karl-Storz-Straße 34
78532 Tuttlingen

Telefon 07461 708-0
www.karlstorz.com

Die Käserei Champignon schreibt seit dem Jahr 1908 Genussgeschichte

AUS BESTER FAMILIE

KÄSEREI CHAMPIGNON

SEIT 1908

Im Jahre 1908 kreierten der Käser Julius Hirschle und der Käsehändler Leopold Immler einen hochwertigen Camembert mit einer ganz neuen, köstlichen Geschmacksnote. Weil der Käse so herrlich nach frischen Pilzen duftete, nannten sie ihn „Champignon Camembert" und ließen das Produktlogo mit den drei Champignons als Bildzeichen eintragen. Die Marke Champignon Camembert war geboren – und damit der erste Markenartikel der deutschen Milchwirtschaft. 1909 gründeten Hirschle und Immler die Camembert-Industrie Heising und legten den Grundstein für eine der erfolgreichsten Käsereien Europas.

Was mit 500 Litern Allgäuer Milch begann, ist heute eine Unternehmensgruppe mit rund 1000 Mitarbeitern und jährlich ca. 500 Millionen Euro Umsatz (2016). 1961 übernahmen die Brüder Josef und Georg Hofmeister das Unternehmen. Von ihrem Vater, einem bekannten Senner, hatten sie die Käse-Kompetenz geerbt. Die Familie Hofmeister entwickelte das Unternehmen und seine Produkte konsequent bis an die Spitze des jungen deutschen Marktes. Früh setzte sie auf clevere Marketingstrategien; so warb das Unternehmen 1962 als erste Käserei im neuen Massenmedium Fernsehen. Damit pflegte sie eine erfolgreiche Tradition. Bereits in den 1930er-Jahren hatte die Käserei Champignon mit Karl-May-Sammelbildern jahrelang junge und alte Käsefreunde begeistert.

In den 1970er-Jahren erwarb das Unternehmen mehrere Käsereien hinzu. Neben der Käserei Champignon gehören heute das Hofmeister Käsewerk (Moosburg), das Mang-Käsewerk (Kammlach) sowie die Molkerei Hainichen in Freiberg zur Champignon-Hofmeister-Unternehmensgruppe. Ab 1989 erweiterte man die Geschäftsbereiche mit der Marke Alpavit um Milch- und Molkenpulverprodukte, unter anderem für die Herstellung edler Schokoladen und hochwertiger Babynahrung. „Der Wille und die Fähigkeit, innovative Wege zu gehen, Visionen in die Tat umzusetzen und dabei den Menschen im Mittelpunkt unternehmerischen Handelns zu sehen, sind seit jeher das Wesen und die Grundlage unseres Erfolges. Und das wird auch in Zukunft so sein", sagt Firmenchef Robert Hofmeister, der nun in dritter Generation die Käsekunst weiterführt. Für diese Einstellung wurde dem Unternehmen bereits 1961 die begehrte Anton-Fehr-Plakette verliehen. 2009 erhielt die Käserei Champignon als erstes Unternehmen der Milchwirtschaft den Bundesehrenpreis – die höchste Qualitätsauszeichnung der deutschen Ernährungswirtschaft. ▶

> »Womit wir unsere Milch veredeln? Mit Leidenschaft, Entdeckergeist und 100 Jahren Käsekunst.«
>
> Robert Hofmeister

AUS BESTER FAMILIE

Emaille-Schild aus den Kindertagen der „Champignon"-Werbung

Qualität aus Heising: 1938 ist Champignon Camembert die meistverkaufte deutsche Camembert-Marke

»Wir sind stolz darauf, dass es uns als einer der modernsten Käsereien Europas gelingt, die überlieferten Werte des Käsehandwerks zu bewahren und zu pflegen.«

Robert Hofmeister

Instrument der Käsemeister: Mit der Käseharfe wird die eingedickte Milch in kleine Würfel geteilt. Die Molke fließt ab, der gallertartige „Bruch" wird zu Käselaiben gepresst

Am Standort Lauben werden nicht nur Käsespezialitäten hergestellt – hier befindet sich auch der Firmensitz der Käserei Champignon

KÄSEREI CHAMPIGNON

Erfolgreiche Marken leben von Innovationen. Produkttrends setzt die Käserei Champignon gerne selbst. Mit ROUGETTE Ofenkäse wurde ein völlig neues Segment begründet: die heißen Käsegerichte

Qualität kommt gut an. Dass dies im wörtlichen wie im übertragenen Sinn gilt, bewies die Käserei Champignon 1931, als sie Champignon Camembert mit einem Dampfer rund um Afrika schippern ließ. Die Käsespezialität zeigte sich tropentauglich und reisefest. Ein gutes Omen! Heute sind viele Marken der Käserei Champignon Marktführer im Inland und auf internationalen Märkten. In 55 Ländern weltweit stehen sie für besonderen, vielseitigen Käsegenuss in konstant hoher Qualität. Gleichzeitig bleibt das Unternehmen seinen Wurzeln treu, fördert seine Region und stärkt die mittelständischen bäuerlichen Strukturen im Allgäu. Viele Milchbauern sind der Käserei Champignon schon seit Jahrzehnten verbunden. So konnte sich eine vertrauensvolle, nachhaltige Generationen-Partnerschaft entwickeln. Heute wie vor 100 Jahren haben die Verantwortlichen in der Käserei Champignon eine feine Nase für Erfolgsrezepturen. Auf aktuelle Verbraucherwünsche reagieren sie international mit marktgerechten Produktkonzepten. Und regelmäßig gelingt es, Neuprodukte dauerhaft zu etablieren.

Zu den Meilensteinen in der Innovationsgeschichte gehört CAMBOZOLA. 1980 wurde der feinwürzige Weichkäse mit blauen Edelkulturen bundesweit eingeführt und sogar vom großen Paul Bocuse mit drei Sternen geadelt. Rasch entwickelte er sich zu einer der erfolgreichsten Weichkäsemarken in Europa.

Auch eine Erfolgsmarke ist ROUGETTE mit dem beliebten ROUGETTE Ofenkäse. Auch die „Urmarke" Käserei Champignon hat sich weiterentwickelt; im Jubiläumsjahr 2008 feierte die Marke 100 Jahre Käsekunst mit dem neuen Käserei Champignon Hoch-Genuss. Und im Mang-Käsewerk pflegt und entwickelt man mit St. Mang seit 100 Jahren den Inbegriff original Allgäuer Rotkultur-Spezialitäten. Bei der Erfolgsplanung setzt Firmenchef Robert Hofmeister auch in Zukunft auf bewährte Wege: „Hohe Ansprüche an Qualität und Geschmack, neue Trends aufzugreifen und eine konsequente und zeitgemäße Ausrichtung an den Bedürfnissen der Verbraucher." Und: „Wir sind stolz darauf, ein Familienunternehmen zu sein, und werden es auch bleiben."

DATEN UND FAKTEN

INHABERFAMILIE
Familie Hofmeister
in der dritten Generation

BRANCHE
Molkereiprodukte

PRODUKTE
Weichkäsespezialitäten mit weißen, blauen und roten Edelkulturen sowie hochwertige getrocknete Milch- und Molkenprodukte

VERTRIEB
weltweit in 55 Ländern

MITARBEITER
ca. 1000 (2016)

UMSATZ
ca. 500 Mio. €
Gesamtumsatz,
konsolidierter Gruppenumsatz
ca. 330 Mio. €
(Stand 31.12.2016)

MILCHLIEFERANTEN
ca. 1100 Landwirte liefern täglich bzw. zweitäglich

FIRMEN DER UNTERNEHMENSGRUPPE
Käserei Champignon
(Lauben im Allgäu),
Alpavit (Lauben),
Hofmeister Käsewerk
(Moosburg/Oberbayern),
Mang-Käsewerk
(Kammlach/Allgäu),
Molkerei Hainichen-Freiberg (Freiberg/Sachsen 50 % Joint Venture)

KÄSEREI CHAMPIGNON
HOFMEISTER GMBH & CO. KG
Kemptener Straße 17–24
87493 Lauben/Allgäu

Telefon 08374 92–0
www.champignon.de

Vom Apple Store in London bis zur Humboldt-Universität in Berlin: KEMMLIT richtet Sanitärräume auf der ganzen Welt ein

AUS BESTER FAMILIE

KEMMLER

SEIT 1885

Wenn ein Unternehmen seinen 125. Geburtstag feiert, ist das etwas sehr Außergewöhnliches und ein idealer Anlass, um die eigene Historie einmal gründlich zu erforschen und aufzuschreiben. Genau dies wurde bei Kemmler getan, als die Firmengründung sich am 16. März 2010 entsprechend jährte: Im Rahmen eines Festakts wurde in Tübingen Dr. Wolfgang Fischers Buch „Das Baustoffunternehmen Kemmler. Die Geschichte eines schwäbischen Familienunternehmens über fünf Generationen" vorgestellt. Der renommierte Marburger Historiker Prof. Dr. Eckart Conze, der als Initiator des Buchprojekts an diesem Abend den Festvortrag hielt, hob dabei nicht nur die Qualität der im Frankfurter Campus Verlag erschienenen Publikation hervor, sondern stellte die Entwicklung der Firma Kemmler zugleich als Musterbeispiel mittelständischer Unternehmensgeschichte dar. Dies alles macht neugierig auf die Kemmler Firmenfamilie, die sich aus vier Geschäftsbereichen zusammensetzt: Die Kemmler Baustoffe GmbH ist mit 23 Niederlassungen ein führender Baustoff- und Fliesenfachhändler in Süddeutschland. Die Beton Kemmler GmbH produziert in zwei Werken Betonfertigteile wie Wände, Decken und Treppen sowie Rohre und Garagen. Die Kemmler Industriebau GmbH konstruiert und montiert Dächer und Wände für Hallen im In- und Ausland, während, last, but not least, die KEMMLIT-Bauelemente GmbH Umkleide-, WC- und Duschkabinen herstellt

> »Zufriedene Kunden, freundliche Mitarbeiter, starker Service, gesund wachsen«
>
> Kemmler-Unternehmensziele

und damit Schwimmbäder und Sanitärräume in ganz Europa ausstattet. Bei KEMMLIT werden mit bedeutenden Architekten Trennwandsysteme entwickelt, die für ihr Design schon mit vielen Auszeichnungen belohnt wurden: AIT-Innovationspreise, Red Dot Design Awards, iF Product Design Awards und sogar mit einem iF Gold Award, dem Oscar unter den Designpreisen. Und da wir gerade bei Auszeichnungen sind: Viermal hintereinander wurde KEMMLIT in den Kreis der 100 innovativsten Unternehmen Deutschlands gewählt. Das jüngste Gütesiegel TOP 100 wurde im Sommer 2017 von Ranga Yogeshwar wiederum der Schwesterfirma Beton Kemmler überreicht, die für ihr Garagendesign inzwischen ebenfalls Preise wie Red Dot und iF Award gewonnen hat.

2016 erwirtschafteten insgesamt 1700 Kemmler-Mitarbeiter an 26 Standorten in Baden-Württemberg und Bayern einen Umsatz von 420 Millionen Euro. Der geschäftsführende Gesellschafter Dr. Marc Kemmler leitet die Unternehmensgruppe in fünfter Generation. Ihm zur Seite ▶

AUS BESTER FAMILIE

Über 100 000 Bauprodukte liefert Kemmler just in time

»Der Zweck unseres Unternehmens ist es, Kunden zu gewinnen und sie durch Leistung und Partnerschaft zu Stammkunden zu entwickeln.«

Dr. Marc Kemmler

Höchste Produktqualität: Sieben Jahre Garantie werden auf alle KEMMLIT-Trennwände gewährt

Über 10 000 Stammkunden aus dem Bauhandwerk vertrauen auf den schnellen Kemmler-Lieferservice

Der Kemmler-Lenkungskreis (v.l.n.r.): Claus-Werner Neidhart, Marc Kemmler, Martin Heimrich und Kurt Binder

KEMMLER

Beton Kemmler gewann 2016 mit der Garage Béton Brut aus unbehandeltem Beton den Red Dot Design Award

steht an der Spitze des Führungsteams ein Lenkungskreis, der aus den Geschäftsführern Kurt Binder, Martin Heimrich und Claus-Werner Neidhart besteht. Der Gesellschaftsvertrag des Kemmler Konsortiums legt für das Verhältnis zwischen der Familie und dem Unternehmen verbindliche Regeln fest. Alle Unternehmensanteile befinden sich im Besitz von zwölf Gesellschaftern aus dem Familienkreis. Über die Gesellschafterversammlung hinaus treffen sich die Gesellschafter mit ihren Angehörigen seit vier Jahrzehnten alljährlich zu einem großen Familienwochenende mit über 40 Teilnehmern.

Die Wurzeln des Unternehmens gehen auf Michael Pflumm zurück, der 1885 in Dußlingen eine Pulvermühle erwarb und zur Betonwarenfabrik ausbaute. 1908 übernahm sein Schwiegersohn Johannes Kemmler den Betrieb, bevor Dr. Hans Kemmler die Firma ab 1939 durch den Zweiten Weltkrieg und die Nachkriegszeit manövrierte. Peter Kemmler, der 1956 in vierter Generation die Nachfolge antrat, leitete dann eine Phase kräftigen Wachstums ein. Seit 2002 führt Dr. Marc Kemmler die Tradition seiner Familie fort und baut das Unternehmen auch durch Gründung und Zukauf weiterer Baustoffbetriebe aus – dynamisch, aber zugleich solide und eigenfinanziert. Das Familienunternehmen Kemmler folgt dabei gerade nicht dem gängigen Streben nach kurzfristiger Gewinnmaximierung. Marc Kemmler erklärt: „Der Zweck unseres Unternehmens ist es, Kunden zu gewinnen und sie durch Leistung und Partnerschaft zu Stammkunden zu entwickeln. Wenn wir so denken und arbeiten, dann stellt sich auch der lebensnotwendige Gewinn ein." Eine wichtige Funktion erfüllt dabei die bemerkenswert aktive Personalpolitik von Kemmler, in deren Mittelpunkt die Berufsausbildung von Jugendlichen steht. 2016 kommt das Baustoffunternehmen mit 270 Auszubildenden auf eine beachtliche Ausbildungsquote von 16 Prozent – rund dreimal so hoch wie der deutsche Durchschnitt. Alle geeigneten Lehrlinge werden nach bestandener Prüfung übernommen, und im Rahmen der Kemmler-Akademie findet danach kontinuierliche Weiterbildung statt. Neben der wiederholten Auszeichnung TOP JOB erhielt Kemmler dafür 2016 von FOCUS das Siegel TOP Nationaler Arbeitgeber. Besser kann ein erfolgreiches Familienunternehmen wohl nicht in seine Zukunft investieren. ◀

DATEN UND FAKTEN

INHABERFAMILIE
Familie Kemmler
in der fünften Generation

UNTERNEHMENSANTEILE DER FAMILIE
100 %

FAMILIENEINFLUSS
Familienmitglieder in Geschäftsführung und Beirat; Familiengesellschafter wählen Beiräte

STANDORTE
26 Standorte in Baden-Württemberg und Bayern

EIGENKAPITALQUOTE
53 % (2016)

INVESTITIONEN
über 100 Mio. € aus Eigenmitteln (2012–2016)

UMSATZ
420 Mio. € (2016)

MITARBEITER
1700 (2016)

AUSBILDUNGSQUOTE
16 % (2016)

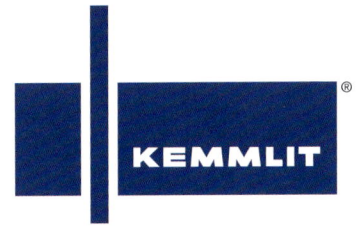

SANITÄREINRICHTUNGEN FÜR HÖCHSTE ANSPRÜCHE

Telefon 07071 151–0
www.kemmler.de
www.fliesen-kemmler.de
www.kemmler-industriebau.de
www.beton-kemmler.de
www.kemmlit.de

Über die Arbeit der Zukunft nachdenken und andere Unternehmen dazu beraten – das ist die Kernkompetenz von Kienbaum. Die älteste Unternehmensberatung Deutschlands sitzt heute in Köln

AUS BESTER FAMILIE

KIENBAUM

SEIT 1945

Für viele große Unternehmen brauchte es am Anfang gar nicht viel. Nötig war eine gute Idee zur richtigen Zeit, viel Willen und Leidenschaft um diese durchzusetzen – und in Gerhard Kienbaums Fall unbedingt ein Fahrrad. Die richtige Zeit war das Jahr 1945, als die deutsche Unternehmenslandschaft in Trümmern lag und die Firmen versuchten, sich neu zu formieren. Die gute Idee war, sie dabei als beratender Dienstleister zu unterstützen. Und das Fahrrad brauchte der just aus der Kriegsgefangenschaft zurückgekehrte 26-jährige Diplom-Ingenieur, um seine Kunden in der Region Gummersbach zu besuchen. Mit seinem am 15. Oktober gegründeten Büro für „Technische Beratung, Übersetzungen und Vertretungen" hatte Kienbaum die erste Unternehmensberatung Deutschlands erfunden.

Anfänglich waren es vor allem Unternehmen im Oberbergischen Land, die er beim Wiederaufbau in allen Fragen der Struktur- und Prozessoptimierung beriet. Doch innerhalb der nächsten zehn Jahre wuchs sein Büro zu einer ganzen Firmengruppe für Planung, Beratung und Betriebsführung und da-

»Organisationen Zukunft geben«
Kienbaum-Firmenphilosophie

mit auch die Reichweite. Heute unterhält Kienbaum neben seinem Hauptsitz in Köln allein in Deutschland zehn weitere Standorte. Elf Büros von Amsterdam bis Zürich sorgen für das Europageschäft, fünf sind in Nord- und Südamerika zu finden und vier in Asien. Aus der ältesten Unternehmensberatung Deutschlands ist ein Global Player mit insgesamt rund 600 Mitarbeitern und einem Jahresumsatz von rund 100 Millionen Euro geworden.

Dabei stand personelle Kontinuität immer oben auf der Agenda des Unternehmens. Gerhard Kienbaum, der neben der Firmenführung stets politisch aktiv war und es in den 60er-Jahren bis zum Wirtschaftsminister von Nordrhein-Westfalen brachte, leitete sein Unternehmen bis 1986. Dann übernahm sein Sohn Jochen Kienbaum, ein studierter Wirtschaftswissenschaftler, der bald zum Pionier der Personalberatung in Deutschland wurde und das Unternehmen für die nächsten rund 30 Jahre prägte. Ganz aktuell findet bei Kienbaum der Wechsel von der zweiten zur dritten Generation statt. Zum Jahreswechsel wird die CEO-Position wiederum weitergegeben: Jochen Kienbaums Sohn Fabian übernimmt dann das Ruder.

Der Absolvent der renommierten Wirtschaftshochschule ESCP Europe in Paris führt den Wandel des Beratungsunternehmens fort, der derzeit von den Kernthemen digitale Transformation und New Work geprägt ist. Alle Geschäftsmodelle und Wertschöpfungsketten müssen daraufhin ausgerichtet werden. Kienbaum hat im Zuge dessen unter anderem eine eigene Beteiligungsgesellschaft mit dem Namen Highland Pine Investment gegründet, die in zu- ▶

AUS BESTER FAMILIE

Vom Berater zum NRW-Wirtschaftsminister: Gerhard Kienbaum

Wie sehen die Arbeitswelten von morgen aus? „New Work" ist ein Schwerpunkt von Kienbaum – und in der Unternehmenszentrale werden viele räumliche Ansätze schon vorgelebt

»Am Anfang war der Rat«

Titel der Autobiografie von Gerhard Kienbaum

Gemacht für Kommunikation: verschiedene Zonen einer Open-Office-Fläche

Abwechslung und Akzente: Auch die optische Gestaltung weicht vom klassischen Büro ab

Die nächsten beiden Generationen: Jochen Kienbaum und sein Sohn Fabian. Ab 2018 wird er der nächste CEO des Unternehmens

DATEN UND FAKTEN

INHABERFAMILIE
Familie Kienbaum in der zweiten und dritten Generation

GRÜNDER
Gerhard Kienbaum

FAMILIENEINFLUSS
inhabergeführt mit zusätzlichen Fremdgeschäftsführern

MARKTPOSITION UNTERNEHMEN
älteste Unternehmensberatung Deutschlands

BRANCHE
Beratung

PRODUKTE
Personal- und Managementberatung

STANDORTE
Hauptsitz in Köln,
10 weitere in Deutschland und
20 weitere weltweit

VERTRIEB
über Standorte in 18 Ländern auf vier Kontinenten

MITARBEITER
ca. 600

---

kunftsgerichtete technologische Plattformmodelle investiert. Die Beteiligungen haben gemein, dass sie dem Kienbaum-Beratungsgeschäft rund um Personal- und Organisationsthemen nahestehen und damit Kienbaums Digitalportfolio als innovative Personal- und Managementberatung weiter stärken.

Die Bedeutung des Kernthemas New Work lässt sich auch räumlich erkennen. So entschloss sich Kienbaum zur Verlegung seines Hauptsitzes nach Köln, wo ein modernes neues Gebäude – firmenintern liebevoll „Raumschiff" genannt – innovative offene Büro- und Arbeitslandschaften bietet. Die Zukunft der neuen Arbeit liegt hier in ebenso kommunikativen wie individuell gestalteten Flächen, die mit tätigkeitsbezogenen Heimathäfen organisatorisch und infrastrukturell dem Zeitgeist entsprechen.

Dabei bleibt Kienbaum seinen geo- und biografischen Wurzeln treu. Etwa als Sponsor des Handballvereins VfL Gummersbach, den Jochen Kienbaum lange Jahre als Mäzen und Aufsichtsrat unterstützte und bei dem Fabian Kienbaum sogar in der Bundesligamannschaft spielte. Auch fördert Kienbaum Kunstschaffende durch die Künstlerbuch-Reihe Kienbaum Artists' Books: Seit 2007 ermöglicht Kienbaum ausgewählten Künstlern, sich mit einem „Kunstwerk in Buchform" zu präsentieren. Bis heute besteht desweiteren die 1994 von Gerhard Kienbaum gegründete „Gerhard und Lore Kienbaum Stiftung", die sich die Förderung von Wissenschaft – insbesondere der Wirtschaftswissenschaften, der Bildung und des Sports – auf die Fahnen geschrieben hat.

Auch hier lässt sich die tiefe Überzeugung erkennen, dass unternehmerischer Erfolg immer mit dem einzelnen Menschen verbunden ist. Das hatte schon Gerhard Kienbaum begriffen, als er sich damals allmorgendlich aufs Fahrrad schwang. ◀

Kienbaum

KIENBAUM CONSULTANTS
INTERNATIONAL GMBH
Edmund-Rumpler-Straße 5
51149 Köln

Telefon 0221 80172−0
www.kienbaum.com

3000 Tonnen der scharfen Stangen verarbeitet das fränkische Unternehmen heute pro Jahr zu diversen Meerrettich-Spezialitäten

AUS BESTER FAMILIE

KOCHs MEERRETTICH

SEIT 1908

Seit der Antike ist Meerrettich als Heilmittel bekannt. Im Mittelalter wurde er gegen Mangelerkrankungen wie Skorbut eingesetzt, und damals begannen die Menschen auch, ihn zu verzehren – in Saucen, zu Fleisch und Fisch. Von slawischen Völkern aus Moldawien importiert, hatte er sich schnell in Mitteleuropa verbreitet. Und nach wie vor ist Meerrettich bei uns als Heilmittel, aber mehr noch als Lebensmittel beliebt: Es gibt ihn zum Lachs und zum Tafelspitz, aber auch zu anderen Fleischgerichten, als Gemüse, Salatwürze oder Gewürz.

Mittlerweile wird Meerrettich wieder überwiegend in Mittelosteuropa angebaut. Noch im 19. Jahrhundert zählte auch die bayerische Region Franken zu den großen Meerrettich-Anbaugebieten in Europa. Damals bauten fränkische Bauern Tausende Tonnen „Kren", wie sie ihn dort nennen, an, legten ihn ein und transportierten ihn in Fässern über den Rhein-Main-Donau-Kanal zur Ostsee, zur Nordsee und zum Schwarzen Meer.

Im fränkischen Baiersdorf lebten vor mehr als 100 Jahren Katharina und Georg

> »Qualität ist unsere Stärke.«
> Hans-Karl Koch, Inhaber

Koch. 1908 gründeten sie ein Unternehmen, um mit Meerrettichstangen zu handeln, und gaben ihm den Namen „Kochs Meerrettich".

Aus dem kleinen Landwirtschaftsbetrieb sollte nach und nach ein erfolgreiches und international tätiges Unternehmen für Meerrettich- und Feinkostspezialitäten werden. Nach dem Zweiten Weltkrieg entwickelte der Sohn von Katharina und Georg Koch Meerrettichkonserven: Er ließ die Stangen raspeln, konservieren und verkaufte sie in Gläsern. Heute führt dessen Sohn, Hans-Karl Koch, das Unternehmen in dritter Generation – und vor drei Jahren ist auch seine Tochter Kathrin als Prokuristin in den Familienbetrieb eingestiegen.

„Kochs Meerrettich" ist also auch mehr als 100 Jahre nach seiner Gründung noch immer in Familienbesitz, hat seinen Stammsitz noch immer in Baiersdorf – hat mittlerweile aber noch viel mehr Produkte im Angebot: neben verschiedenen Meerrettich-Varianten zum Beispiel auch „Sauce für Graved Lachs", „Sambal Oelek" und weitere Feinkostspezialitäten.

Andere Meerrettich verarbeitende Firmen bauen die Stangen nicht mehr selbst an. Das fränkische Familienunternehmen dagegen schon – und zwar seit mehr als 20 Jahren in Ungarn. In keinem europäischen Land wird so viel Meerrettich erzeugt wie in Ungarn. Nach der Wende kaufte Hans-Karl Koch Felder in Kiskunfélegyháza, südöstlich von Budapest gelegen, baut seitdem dort Meerrettich an und lässt ihn auch vor Ort weiterverarbeiten.

Nach der Ernte müssen die Wurzeln rasch verarbeitet werden, von daher bot es sich an, die Produktionsstätten in der Nähe der Felder zu errichten. Pro Jahr werden in Ungarn etwa 3.000 Tonnen „Kochs Meerrettich" erzeugt. Die Pro- ▶

AUS BESTER FAMILIE

Nach der Wende kaufte Hans-Karl Koch Meerrettichfelder in der Nähe von Budapest

Angebaut und verarbeitet wird der Meerrettich im ungarischen Werk der Firma. Hier werden die Wurzeln auf dem Laufband sortiert

»Mit deutschen Rezepturen arbeiten wir für die deutschsprachigen Märkte, und die gesamte Produktion läuft nach deutschen Standards.«

Kathrin Koch, Prokuristin

Hans-Karl Koch leitet heute das Unternehmen, das seine Großeltern gegründet haben

„Tafel Meerrettich" – der Klassiker unter Kochs Firmenprodukten

KOCHs MEERRETTICH

Früher wurden die Stangen noch auf Feldern im mittelfränkischen Baiersdorf angebaut und geerntet

DATEN UND FAKTEN

INHABERFAMILIE
Familie Koch
in der dritten Generation

GRÜNDER
Katharina und Georg Koch

FAMILIENEINFLUSS
inhabergeführt,
Geschäftsführer sind
Hans-Karl Koch
und Holger Braun

UNTERNEHMENSANTEILE FAMILIENMITGLIEDER
100 % bei Hans-Karl Koch

MARKTPOSITION UNTERNEHMEN
führender Verarbeiter von Meerrettich

BRANCHE
Meerrettich- und
Feinkostspezialitäten,
Lebensmittelindustrie

PRODUKTE
Meerrettich- und
Feinkostspezialitäten

STANDORTE
Deutschland (Baiersdorf), Ungarn (Kiskunfélegyháza)

VERTRIEB
Europa, Nordamerika, Asien
durch eigenen Vertrieb;
das internationale Vertriebsnetzwerk umfasst 26 Länder

MITARBEITER
140, davon 130 in Ungarn und
10 in Deutschland (2017)

dukte des Familienunternehmens mit seinen 140 Mitarbeitern werden europaweit vertrieben, Hauptabsatzmärkte sind jedoch Deutschland, Österreich und Ungarn.

Vom Meerrettich werden die Wurzeln verwendet, aber einfach ist der Anbau deshalb noch lange nicht. Denn das Kreuzblütengewächs ist anspruchsvoll: Jede Pflanze muss einzeln eingesetzt und die Wurzeln während der Anbauphase mehrmals ein- und wieder ausgegraben werden. Und das Verarbeiten der Stangen ist nicht unbedingt ein Vergnügen: Die ätherischen Öle, für deren Schärfe die Konsumenten Meerrettich so lieben, treiben beim Raspeln in der Fabrik Tränen in die Augen.

Dazu muss man wissen: Meerrettich ist nicht nur „ein bisschen" scharf – sondern eins der schärfsten Gewürze überhaupt. „Allylisothiocyanat" heißt der Stoff, der dafür verantwortlich ist. Beim Kochen der Wurzeln verliert er allerdings an Wirkung. Dieses Inhaltsstoffs und der vielen in den Wurzeln enthaltenen Vitamine und Mineralstoffe wie Magnesium oder Kalzium wegen wirkt Meerrettich entzündungshemmend und wird deshalb auch als Heilmittel eingesetzt. Bei Schnupfen, Husten und Nasennebenhöhlenentzündungen, aber auch gegen „Kater" soll er Wunder wirken. Wegen dieser antibiotischen Eigenschaften wird Meerrettich auch „Penicillin des Gartens" genannt. Oder auch „die Zitrone aus dem Garten" – denn ein Esslöffel Meerrettich enthält so viel Vitamin C wie eine ganze Zitrone.

Wer vor allem das Aroma beim Essen schätzt: Sahne- oder Tafelmeerrettich passt hervorragend zu Tafelspitz und Lachs, ebenso zu Kalb- und Rindfleisch, Gemüsemeerrettich wiederum macht sich auch gut als Brotaufstrich – in einem Brotkranz zum Beispiel, mit Tomaten, Käse und Schinken. Weitere ungewöhnliche Rezepte mit den scharfen Wurzeln präsentiert das Unternehmen Koch übrigens auf seiner Website. ◂

KOCHs MEERRETTICH GMBH
Judengasse 6–8
91083 Baiersdorf

Telefon 09133 77493
www.kochs.cc

Für jeden Menschen den passenden Stuhl: Kusch+Co stellt seit über 75 Jahren hochwertige Sitzmöbel her – aus dem sauerländischen Hallenberg werden sie in die ganze Welt geliefert

AUS BESTER FAMILIE

KUSCH+CO

SEIT 1939

Es gibt keine schlechte Zeit für gute Ideen. Und doch war es für Ernst Kusch gewiss eine Herausforderung, ausgerechnet im Jahr 1939 ein Unternehmen zu gründen. Der 30-Jährige hatte zuvor bei einem Möbelhersteller gearbeitet, der ihn für seine Ideen – insbesondere die Erfindung eines patentierten Verbindungsdetails für einen Stuhl – nicht entlohnte. Kusch machte kurzen Prozess, er ging. Im sauerländischen Hallenberg übernahm er mit einem Partner eine Wäscheklammerfabrik und startete selbst mit 15 Mitarbeitern die Sitzmöbelproduktion. Der Ausbruch des Zweiten Weltkriegs verzerrte diese Entwicklung, doch sicherte die Herstellung von Lazarettstühlen, Bahren und Feldbetten den Weiterbestand der Firma. Die Vision von Kusch aber war eine andere – und sie brauchte nur noch etwas Zeit.

Im Jahr 1947 konnte Kusch endlich wieder die Stuhlproduktion aufnehmen. Unter der Firmierung „Sauerland Stabil" entstand Kuschs „Urstuhl" mit dem Namen „Programm 100". Das robuste Sitzmöbel mit einer klaren Linie wurde ausschließlich aus dem Holz heimischer Wälder

> »Qualität ist durch nichts zu ersetzen.«
>
> Kusch+Co. Firmenphilosophie

gefertigt und ließ sich universell einsetzen. 100 000-fach verkauft, wurde der robuste Gebrauchsstuhl der erste Erfolg der Firma, der gerade auch Einrichter von Fest- oder Mehrzweckhallen zu Großaufträgen verleitete. Bis zu 1200 Exemplare von „Programm 100" verließen täglich den Betrieb, der mittlerweile schon über 100 Mitarbeiter beschäftigte.

Neben umsatzstarken Absatzmärkten suchte der Firmengründer stets auch weitere Quellen für neue Ideen – und fand diese bei Gestaltern und Designern. So sprach Ernst Kusch etwa Edlef Bandixen an, der als Designer und ausgebildeter Schreiner im Jahr 1963 das „Programm 2000" entwarf, das sich im Laufe von 30 Jahren eine Million Mal verkaufen sollte. Für noch mehr Furore in der Firmengeschichte sorgte kurz darauf ein anderer großer Name: Der junge Luigi Colani beeindruckte Ernst Kusch mit seinen Designentwürfen und arbeitete für ihn in Hallenberg. Ein volles Jahr blieb der exzentrische wie innovative Colani im Sauerland, wo er bei Kusch organische Formen wie die legendäre Liege TV-Relax entwickelte. Dank der entsprechend gebauten Anlagen ist Kusch+Co noch heute in der Lage, weichgeschäumte Polstermöbel mit individuellen Formen herzustellen. Visionäre Ideen wurden hier mit sauerländischem Pragmatismus ohne Zögern angegangen.

Nach dem Tod von Ernst Kusch im Jahr 1969 übernahm sein Sohn Dieter, ebenfalls 30-jährig, das Familienunternehmen. In seine Zeit fällt der Beginn verschiedener Kooperationen mit weniger ▶

AUS BESTER FAMILIE

Führt das Unternehmen in dritter Generation: Ricarda Kusch

»Wir nutzen unsere reiche Vergangenheit, um in Zukunft noch innovativer und kreativer sein zu können.«

Ricarda Kusch, CEO

Stilikone: Mit dem Studio F. A. Porsche wurde das Wartemöbel „Programm 8000" entwickelt

Relaunch eines Klassikers: Klappstuhl 2750 Sóley, Design by Valdimar Harðarson (1983)

Mit vereinter Kraft: In der Nachkriegszeit wuchsen Produktpalette und Belegschaft von Kusch+Co beständig weiter

KUSCH+CO

Wegweisend: Schon von Weitem ist Kusch+Co in Hallenberg leicht zu finden

DATEN UND FAKTEN

INHABERFAMILIE
Familie Kusch
in der dritten Generation

GRÜNDER
Ernst Kusch

UNTERNEHMENSANTEILE FAMILIENMITGLIEDER
100 % verteilt auf zwei Gesellschafter

FAMILIENEINFLUSS
inhabergeführt durch Ricarda Kusch als CEO und Dieter Kusch als Beiratsvorsitzenden

MARKTPOSITION UNTERNEHMEN
einer der führenden Einrichter von Sitzmöbeln in den Marktsegmenten Transport, Health und Office

BRANCHE
Objektmöbelbau

PRODUKTE
Objektmöbel: Sitzmöbel und Tische

STANDORT
Hallenberg

UMSATZ
40 Mio. € (2016)

MITARBEITER
ca. 260 (2017)

---

exotischen, aber weiterhin enorm kompetenten, internationalen Designern, die den Fokus auf Großprojekte verstärkten. So entstand etwa die erste Serie von Sitzmöbeln für Flughäfen. Besonders spektakulär gestaltete sich der Auftrag für die Ausstattung der Olympischen Spiele 1972 in München. Der erste Kunststoffschalenstuhl Deutschlands mit gespritzter Polypropylenschale, das „Programm 1000" aus der Feder von Prof. Hans Ell, wurde 42 000-fach nach München geliefert, dazu 15 000 Tische. Alle Kapazitäten der Produktion in Hallenberg waren damit ausgeschöpft.

Noch heute ist das Bekenntnis zum Standort Hallenberg so stark wie eh und je. Stolz auf heimische Produkte, wird ausschließlich hier produziert. Derzeit beschäftigt Kusch+Co rund 260 Mitarbeiter, die im Jahr 2016 für einen Umsatz von 40 Millionen Euro sorgten. Die Geschicke des Unternehmens leitet schon seit 2006 die Enkelin des Gründers, Ricarda Kusch. Als studierte Wirtschaftswissenschaftlerin und ausgebildete Innenarchitektin erneuerte sie sukzessive das Erscheinungsbild des Unternehmens, vor allem aber konzentrierte sie das mittlerweile stattliche Produktportfolio auf drei Marktsegmente: Transport, Health und Office. Mit Erfolg: So ist Kusch+Co weltweit einer der führenden Anbieter von Sitzmöbeln für Warte- und Loungebereiche auf Flughäfen und europaweit unter den größten Einrichtern von Krankenhäusern und anderen Gesundheitseinrichtungen. Dabei setzt Ricarda Kusch weiterhin auf die Zusammenarbeit mit ausgewählten Gestaltern, von renommierten Branchengrößen wie dem Studio F. A. Porsche bis zu jungen Designern wie Scaffidi & Johansen. Doch das klare Bekenntnis zu Innovation bleibt auch in der dritten Generation mit einer anderen traditionellen Maxime untrennbar verbunden: „Qualität ist durch nichts zu ersetzen". So verbindet Kusch+Co die frischen, guten Ideen mit der Kraft der Erfahrung – „made in Sauerland". ◀

kusch+co

KUSCH+CO GMBH & CO. KG
Gundringhausen 5
59969 Hallenberg

Telefon 02984 300–0
www.kusch.com

Das Traditionsunternehmen Lambertz hat die sich wandelnden Bedürfnisse seiner Kunden im Blick.
Vielfalt und Qualität sowie der Einsatz von nachhaltig produzierten Rohstoffen haben eine hohe Bedeutung

AUS BESTER FAMILIE

HENRY LAMBERTZ

SEIT 1688

Es ist so eine Sache mit manchen Städten in Deutschland – sie sind schön und sehenswert und trotzdem kennen die meisten Menschen sie nur, weil die eine oder andere Berühmtheit dort geboren wurde. Leimen kennen alle durch Boris Becker. Kerpen kennen alle durch Michael Schumacher. Und Aachen? Aachen kennen alle durch die Printen aus dem Hause Lambertz. Seit über 300 Jahren erobern die Süßwaren aus dem schönen Rheinland die Herzen der Deutschen. Nicht zuletzt, weil Lambertz-Produkte eine jahrhundertelange Familiengeschichte und somit jede Menge Tradition in sich tragen.

Den Grundstein des Unternehmens legte 1688 der Bäckermeister Henry Lambertz in Aachen. Dort eröffnete er ein Backhaus zur Herstellung von Printen und nannte es „Haus der Sonne". Seine Nachfahren variierten die ursprünglichen Printen und erschlossen nach und nach neue Käuferschichten. Auch in Adelskreisen sorgte das exklusive Sortiment bald für Aufmerksamkeit – Lambertz wurde zum Hoflieferanten vieler europäischer Königshäuser.

»Tradition pflegen, Innovation leben«

Henry Lambertz-Unternehmenscredo

1820 gelang Henry Lambertz IV. eine Neuerung, die noch heute nachwirkt: Er süßte den Printenteig mit Zuckersirup und Farinzucker, rollte ihn glatt aus und schnitt ihn in Rechtecke. Die Kräuterprinte war geboren. Es folgten weitere süße Revolutionen: 1872 taucht ein weiterer Lambertz-Nachfahre eine Printe in Schokolade: Die Lambertz Schokoprinte wird zum ersten deutschen Gebäck mit Schokoladenüberzug. Henry Lambertz IV. verlässt 1878 das Unternehmen und verkauft seine Anteile an seinen Vetter Christian Geller. 1938 wird dann in nächster Generation die Saftprinte erfunden.

Der Zweite Weltkrieg zerstört fast 75 Prozent der Lambertz'schen Fabrikanlagen. Aber der Wiederaufbau gelingt – am Stadtrand von Aachen entsteht 1963 ein Fabrikneubau. Und die Zeichen stehen weiter auf Expansion. Dominosteine und Spekulatius aus dem Hause Lambertz erringen Ende der 70er- und Anfang der 80er-Jahre die Gunst der Deutschen. Damit war die Spezialisierung auf Printen, die bis heute Saisonprodukt sind, durchbrochen. Noch kurze Zeit vorher befand sich das Traditionsunternehmen in der Krise und stand zum Verkauf. Der Mann, der Lambertz zurück auf die Erfolgsspur brachte, ist bis heute federführend in der Unternehmensleitung: Dr. Hermann Bühlbecker. 26 Jahre alt, stieg er 1976 in die Firma ein, deren damalige Gesellschafter seine Mutter Rosemarie Bühlbecker, seine Tante Paula Kittelberger, geborene Geller, und deren Ehemann Karl Friedrich Kittelberger waren.

Seit 1992 ist Dr. Hermann Bühlbecker Alleingesellschafter – er hält alle Anteile ▶

AUS BESTER FAMILIE

Henry Lambertz

»Es muss sich alles ändern, damit es so bleibt, wie es ist.«

Prof. Hermann Bühlbecker

Saisonartikel wie Dominosteine gehören auch heute noch zum Sortiment

Luftaufnahme des Aachener Stammwerkes

Prof. Hermann Bühlbecker

HENRY LAMBERTZ

Historische Aufnahme: Stammhaus der Lambertz-Printenfabrik in Aachen

des traditionsreichen Familienunternehmens und steuert als Vorsitzender des dreiköpfigen Beirats die Geschicke der Firma. Ein Mann der Taten. Dr. Hermann Bühlbecker trägt das Bundesverdienstkreuz, ist Unternehmer des Jahres 2002, und sein persönliches Engagement kennt keine Grenzen. Ob als Vorstandsmitglied des Bundesverbandes der Deutschen Süßwarenindustrie oder als Mitglied des Wirtschaftssenats im Bundesverband mittelständischer Wirtschaft – Bühlbecker füllt seine Vision jeden Tag aufs Neue und höchstpersönlich mit Leben. „Es muss sich alles ändern, damit es so bleibt, wie es ist", lautet sein oberster Grundsatz. Und so wie Bühlbecker ist auch das Unternehmen ständig in Bewegung: Seit Bühlbeckers Amtsantritt hat sich das Lambertz-Sortiment stärker verändert als in den 300 Jahren davor.

Aus dem Nischenanbieter ist unter seiner Federführung ein Weltkonzern geworden. Von Osteuropa über Asien und Afrika bis nach Übersee findet sich das süße Sortiment in den Warenlagern der Welt.

2016/17 beträgt der Jahresumsatz der Lambertz Gruppe circa 651 Millionen Euro, und die Exportquote liegt bei 15 Prozent. Der Konzern zählt an den Standorten Aachen, Würselen, Erkelenz, Ladbergen, Nürnberg, Neu-Ulm und in zwei Werken in Polen 3500 Mitarbeiter. Die Aachener Printen- und Schokoladenfabrik GmbH ist Weltmarktführer für Weihnachts- und Bio-Gebäcke. Tradition wird trotzdem weiter großgeschrieben – noch immer ist Lambertz fest in familiärer Hand, und die Eigenkapitalquote liegt bei über 50 Prozent. Auch auf große Werbung wurde bis dato verzichtet. Ein Luxus? Nein, vermutlich ist genau das der Grund, warum alle die Printen lieben. Sie sind so geblieben, wie sie immer schon waren. Und schmecken so schön nach guter alter Zeit. ◀

DATEN UND FAKTEN

INHABERFAMILIE
Familie Bühlbecker in der Nachfolge der Familie Lambertz

GRÜNDER
Henry Lambertz

FAMILIENEINFLUSS
Prof. Hermann Bühlbecker ist seit 1992 Alleingesellschafter und steuert als Vorsitzender des dreiköpfigen Beirats die Geschicke der Firma

UNTERNEHMERANTEILE DER FAMILIE
100 % bei Prof. Hermann Bühlbecker

MARKTPOSITION UNTERNEHMEN
Weltmarktführer bei Lebkuchen, Marktführerschaft im Bio-Bereich (Gebäck)

BRANCHE
Lebensmittel/Süßwaren, Dauerbackwaren

PRODUKTE
Lebkuchen, Kekse

VERTRIEB
über Handelskonzerne weltweit

JAHRESUMSATZ
651 Mio. € (2015/2016)

STANDORTE
Aachen, Nürnberg, Dresden, Ladbergen, Neu-Ulm, Erkelenz und zwei Werke in Polen

MITARBEITER
3500 (2017)

AACHENER PRINTEN- UND SCHOKOLADENFABRIK HENRY LAMBERTZ GMBH & CO. KG
Borchersstraße 18
52072 Aachen

Telefon 0241 8905-0
www.lambertz.de

LAMILUX unterwegs: Die faserverstärkten Kunststoffe des Unternehmens werden weltweit nachgefragt und beispielsweise von der Caravanindustrie für die Seitenwände eingesetzt

AUS BESTER FAMILIE

LAMILUX

SEIT 1909

Wenn Kunststoffe auf Tageslicht treffen, kommt kein Weg an der LAMILUX Heinrich Strunz Gruppe aus dem oberfränkischen Rehau vorbei. Das familiengeführte Unternehmen zählt weltweit zu den wichtigsten Produzenten von Hightech-Composites aus carbon- und glasfaserverstärkten Kunststoffen und ist in Deutschland und Europa einer der führenden Hersteller von Tageslichtsystemen, Glasdachkonstruktionen und komplexen Gebäudesteuerungen.

Die Ursprünge der Unternehmerfamilie Strunz liegen im Jahr 1909. Heinrich Strunz, der gleichnamige Großvater des heutigen Geschäftsführers, gründete damals in Rehau einen Holzfachbetrieb. Neun Jahre später erweiterte er das Geschäft um ein Sägewerk und produzierte zusätzlich montagefertige Holzbauten. Vor gut 60 Jahren verwandelte sich die Holzfabrik unter Rudolf Strunz, dem Sohn des Gründers, zunehmend zu einem industriell ausgerichteten Betrieb. Ab 1955 ließ er faserverstärkte Kunststoffe fertigen und unter der neuen Markenbezeichnung LAMILUX auch GFK-Wellbahnen und Lichtkuppeln produzieren.

»Customized Intelligence: Dem Kunden dienen als Programm«

LAMILUX-Unternehmensphilosophie

Heute steht mit dem Ehepaar Dr. Heinrich Strunz und Dr. Dorothee Strunz die dritte Generation an der Spitze des inhabergeführten Unternehmens. Die faserverstärkten Kunststoffe von LAMILUX werden international nachgefragt – insbesondere von der Caravanindustrie und den Herstellern von Nutzfahrzeugen. 85 Prozent der Waren im Bereich Composites werden ins Ausland exportiert. Im Geschäftsbereich der Tageslichtsysteme unterstützte LAMILUX mit seinen ästhetisch reizvollen Glasdachkonstruktionen zuletzt immer öfter den Bau architektonisch anspruchsvoller, repräsentativer Gebäude. So lieferte das Familienunternehmen 640 Klappensysteme für das neue Kongresszentrum in Rom, das seit 2011 nach einem Entwurf des Stararchitekten Massimiliano Fuksas errichtet wurde.

In Zukunft möchte LAMILUX weiterhin weltweit neue Märkte erschließen. Oberstes Ziel ist es dabei, den eigenen hohen Anspruch der Leistungsführerschaft zu erfüllen. „Jeder Tag in unserer Firma ist davon geprägt, unsere technologischen Weiterentwicklungen und unseren Service immer an den Wünschen und Anforderungen unserer Kunden zu orientieren", sagt der geschäftsführende Gesellschafter Dr. Heinrich Strunz. Der Kundennutzen prägt auch die Firmenphilosophie der „Customized Intelligence". Für seine Leistungen erhielt LAMILUX im Jahr 2014 die Auszeichnung als „Entrepreneur of the Year" des Beratungsunternehmens Ernst & Young.

Dr. Dorothee Strunz, die geschäftsführende Gesellschafterin von LAMILUX, ▶

AUS BESTER FAMILIE

Große Ehre: Der Deutsche Bildungspreis 2016 ging an LAMILUX. Es freuten sich von links nach rechts: Anna Kögler (Personalreferentin), Dr. Dorothee Strunz (Geschäftsführerin LAMILUX) und Jasmine Scholl (stellv. Personalleitung)

Moderne Produktionsstätten: LAMILUX fertigt am Hauptsitz in Rehau sowie in Schifferstadt und Wettringen

> »Ein hohes Maß an Verantwortung ist das Markenzeichen unserer familiengeführten Firma.«
>
> Dr. Dorothee Strunz, geschäftsführende Gesellschafterin

Zusammen erfolgreich: Dr. Heinrich Strunz und Dr. Dorothee Strunz arbeiten als geschäftsführende Gesellschafter der LAMILUX Heinrich Strunz Gruppe Hand in Hand

LAMILUX unterstützt Bauherren unter anderem mit Lichtkuppeln und Glasdächern, aber auch mit Rauchschutz

LAMILUX HEINRICH STRUNZ GRUPPE

Partner der Nutzfahrzeughersteller: Im Geschäftsbereich Composites produziert LAMILUX auch für Transporter faserverstärkte Kunststoffe

DATEN UND FAKTEN

INHABERFAMILIE
Familie Strunz
in der dritten Generation

UNTERNEHMENSSTRUKTUR
Holding mit elf Tochtergesellschaften

BRANCHE
Tageslichtsysteme und Rauchschutz sowie faserverstärkte Kunststoffe

STANDORTE
Hauptsitz in Rehau, Niederlassungen in Schifferstadt und Wettringen

VERTRIEB
im Bereich Tageslichtelemente kommen die Vertriebspartner aus Polen, Ungarn, Russland, Tschechien, Österreich und Dänemark (Exportanteil 15 %),
im Bereich Composites geht der überwiegende Anteil in die USA; weitere Vertriebspartner sind in Indien, Polen und Japan (Exportanteil 85 %)

MITARBEITER
insgesamt 870 Mitarbeiter
(Stand 01/2017)

UMSATZ
230 Mio. € (2016), davon 37 % im Bereich Tageslichtelemente und 63 % im Bereich Composites

---

ist überzeugt, dass Familienunternehmen am besten in der Lage sind, „Tradition und Moderne zu vereinen und auf der Basis von menschlichen Tugenden und verbindlichen Werten erfolgreich in die Zukunft zu gehen". Dazu gehört für sie auch ein hohes Maß an Verantwortung für alle an der Wertschöpfung Beteiligten – allen voran die eigenen Mitarbeiter. Das zukunftsorientierte Unternehmen bildet Jahr für Jahr junge Menschen in 13 verschiedenen Berufen aus. Fast alle Auszubildenden werden nach der Lehre von LAMILUX übernommen. Wie ihre Vorgänger profitieren die 30 neuen Auszubildenden, die zum 1. September 2017 eingestellt wurden, vom einzigartigen Konzept „Education for Excellence®". Dazu gehört neben der Ausbildung im Betrieb und an der Berufsschule die dritte Säule der gezielten und nachhaltigen Förderung von persönlichen Kompetenzen. Für das Konzept erhielt LAMILUX 2016 das „Ausbildungs-Ass" der IHK in Silber und den „Deutschen Bildungspreis 2016" der TÜV Süd Akademie. LAMILUX liegt aber nicht nur der Nachwuchs am Herzen. Auch die etablierten Mitarbeiter können im Zuge von LAMILUXaktiv an gemeinsamen, vom Unternehmen geförderten Freizeitaktivitäten teilnehmen. Darüber hinaus bietet das Familienunternehmen den Mitarbeitern interne und externe Schulungen an.

Auch wenn LAMILUX mittlerweile in alle Welt exportiert, hat das Unternehmen seine Wurzeln und seinen Sitz bis heute in Rehau. Aus Verbundenheit zur Region Hochfranken gründete die Familie Strunz 2009 anlässlich des 100-jährigen Firmenjubiläums die strunz.stiftung. Sie verfolgt das Ziel, Kinder und Jugendliche in der Region gezielt zu fördern – und damit die Zukunftsfähigkeit der Region zu sichern. LAMILUX kann unterdessen optimistisch in die Zukunft blicken: Alle drei Kinder von Heinrich und Dorothee Strunz sind bereits Gesellschafter und werden weiterhin dafür sorgen, dass bei LAMILUX erfolgreich Kunststoffe auf Tageslicht treffen. ◄

LAMILUX HEINRICH STRUNZ HOLDING GMBH & CO. KG
Zehstraße 2
95111 Rehau

Telefon 09283 595–0
www.lamilux.de

Bekannt für Präzision: Seit 1876 stellt das Familienunternehmen Leitz hochwertige Werkzeuge her und beschäftigt 4000 Mitarbeiter weltweit

AUS BESTER FAMILIE

LEITZ

SEIT 1876

In Oberkochen im Ostalbkreis fing alles an. Geschickt nutzte Albert Leitz ab 1876 die Nachbarschaft zu den Königlich Schwäbischen Hüttenwerken und sicherte sich hochwertigen Stahl, um Bohrer, Sägeblätter und Äxte zu produzieren. Ihm war klar: Die Zeichen der Zeit standen auf Industrialisierung. Er behielt recht und übergab seinen Nachfahren ein Unternehmen, das als Premiumhersteller und Vollsortimenter bis heute Präzisionswerkzeuge herstellt und weltweit vertreibt. Es ist noch immer in Oberkochen ansässig, aber mittlerweile in der Welt zu Hause.

Aus dem kleinen schwäbischen Betrieb ist eine international agierende Unternehmensgruppe geworden, die an 14 Standorten auf 3 Kontinenten produziert und weltweit rund 4000 Mitarbeiter beschäftigt. Leitz hält 250 Patente. Zukunftsweisende Technologien wie das intelligente Werkzeug mit RFID-Chip machten Leitz nicht nur zum Weltmarkt-, sondern auch zum Innovationsführer.

Dass Leitz diese Größe und Bedeutung erlangte und dabei noch immer in Familienhand ist, liegt vor allem an

»Leitz formt die Zukunft und bietet Lösungen in neuen Dimensionen – als Familienunternehmen, Weltmarkt- und Innovationsführer.«

Dr. Cornelia Brucklacher, Beiratsvorsitzende der Leitz GmbH & Co. KG

Dr. Dieter Brucklacher. Er prägte die Unternehmensgruppe in den vergangenen vier Jahrzehnten: Von 1974 bis 2014 leitete er Leitz als Vorsitzender der Geschäftsführung, danach als Beirat der Gesellschaft. Er war es, der die strategische Ausrichtung der Unternehmen bestimmte und für Wachstum und Internationalisierung durch Innovation, fortschrittliche Technik und Qualität stand. Zudem lag es ihm am Herzen, dass die Kunden des Premiumherstellers vor Ort kompetente Beratung erhalten. Hierfür baute er das Netz eigener Vertriebs- und Servicegesellschaften kontinuierlich aus, insbesondere in Zukunftsregionen.

Am 27. September 2016 verstarb Dr. Dieter Brucklacher. Inzwischen gibt seine Tochter Dr. Cornelia Brucklacher als Beiratsvorsitzende von Leitz die Strategie des Familienunternehmens vor. Sie knüpft in fünfter Generation an die Werte und strategische Ausrichtung an, die ihr Vater und ihre Vorfahren vorgelebt haben: „Die Zufriedenheit unserer Kunden und ihr wirtschaftlicher Erfolg, vom handwerklichen Betrieb bis hin zum globalen Industrieunternehmen, standen und stehen in unserer über 140-jährigen Tradition im Mittelpunkt unseres Handelns", sagt sie.

Die Ururenkelin des Gründers Albert Leitz hat klare Ziele: Sie möchte die ▶

AUS BESTER FAMILIE

Die Familie Brucklacher:
Dr. Cornelia Brucklacher, Monika und der
inzwischen verstorbene Dr. Dieter Brucklacher

Neben Präzisionswerkzeugen stellen die Unternehmen des Firmenverbunds auch hartmetall- und diamantbeschichtete Schneidstoffe und Werkzeugspannsysteme her

»Leitz hat als Familienunternehmen über fünf Generationen eine nachhaltige Unternehmenskultur hervorgebracht und gelebt: eine Verantwortungskultur für Mensch, Natur, Gesellschaft und Umwelt.«

Dr. Cornelia Brucklacher

Firmengründer Albert Leitz (1854–1916)

Bis heute tief verwurzelt auf der Ostalb: Der Firmensitz von Leitz in Oberkochen

LEITZ

Modernste Produktionsprozesse und innovative Lösungen machen Leitz zum verlässlichen Partner seiner Kunden

Position als Weltmarkt- und Innovationsführer ausbauen und dabei besonders auf die technologische Seite rund um die Industrie 4.0 und die vernetzte Fertigung mit intelligenten Werkzeugen setzen. Auch das für die Kundenzufriedenheit so wichtige Vertriebs- und Servicenetz möchte Brucklacher in Zukunftsregionen weiter ausbauen.

In Fortführung der Werte ihres Vaters ist es Dr. Cornelia Brucklacher wichtig, nicht nur die Produkte und Kennzahlen im Blick zu behalten, sondern auch die Unternehmenskultur zu pflegen – „eine Verantwortungskultur für Mensch, Natur, Gesellschaft und Umwelt", wie sie sagt. Diese Kultur ist bei Leitz von langfristigem Denken und nachhaltigem Handeln geprägt. Das zeigt sich beispielsweise an der Ausbildungsquote, die mit etwa zehn Prozent deutlich über dem Durchschnitt deutscher Betriebe liegt. Leitz bildet junge Menschen in kaufmännischen, technischen und gewerblichen Berufen aus und stellt im Anschluss alle Auszubildende im Unternehmen an. Neben der klassischen Berufsausbildung unterstützt Leitz auch Duale Studiengänge und externe Weiterbildungsprogramme zum Meister, Techniker oder Ingenieur.

Da der Unternehmenserfolg auf der Motivation und dem Wissen seiner Mitarbeiter basiert, bietet Leitz ihnen mit der firmeneigenen „Zukunftswerkstatt" die Möglichkeit, sich ein Berufsleben lang stetig weiterzubilden. Zum Angebot gehört auch ein weltweites Austauschprogramm zwischen den Standorten, das den Mitarbeitern die Chance gibt, internationale Berufserfahrung zu sammeln, Sprachkenntnisse auszubauen und andere Kulturen kennenzulernen.

Es gehört zum Verständnis von Leitz, dass Unternehmen Teil der Gesellschaft sind und die damit verbundene Verantwortung wahrnehmen. Deshalb fördert das Familienunternehmen Bildungspartnerschaften und Hilfsprojekte in Deutschland und der Welt. Durch seine dezentrale Struktur ist Leitz heute an zahlreichen Standorten in der Welt präsent. Dort hat das Unternehmen Wurzeln geschlagen – wie in Oberkochen, wo alles anfing und wo Leitz bis heute seinen Stammsitz hat. Auch dort engagiert sich Leitz: Vor 27 Jahren initiierte das Unternehmen zum ersten Mal das Internationale Jazz-Festival „Jazz Lights" in Oberkochen und gestaltet es bis heute maßgeblich mit. ◂

DATEN UND FAKTEN

INHABERFAMILIE
Familie Brucklacher in der vierten und fünften Generation

BRANCHE
Maschinenbau, Sparte Präzisionswerkzeuge

STANDORTE
14 Produktionsstandorte in Europa, Asien und Amerika und eigene Vertriebs- und Servicegesellschaften in 36 Ländern; hinzu kommen rund 120 eigene Servicestationen und ein breites Händlernetz

VERTRIEB
in 150 Ländern auf allen Kontinenten

MITARBEITER
rund 4000 Mitarbeiter weltweit, davon 28 % in Deutschland und 72 % an internationalen Standorten (Stand 2016)

AUSZEICHNUNG
Weltmarktführer (Weltmarktführer-Index der Hochschule St. Gallen)

UNTERNEHMEN IM FIRMENVERBUND
Leitz (Präzisionswerkzeuge)
Boehlerit (hartmetall- und diamantbeschichtete Schneidstoffe)
Bilz (Werkzeugspannsysteme)

LEITZ GMBH & CO. KG
Leitzstraße 2
73447 Oberkochen

Telefon 07364 950–0
www.leitz.org

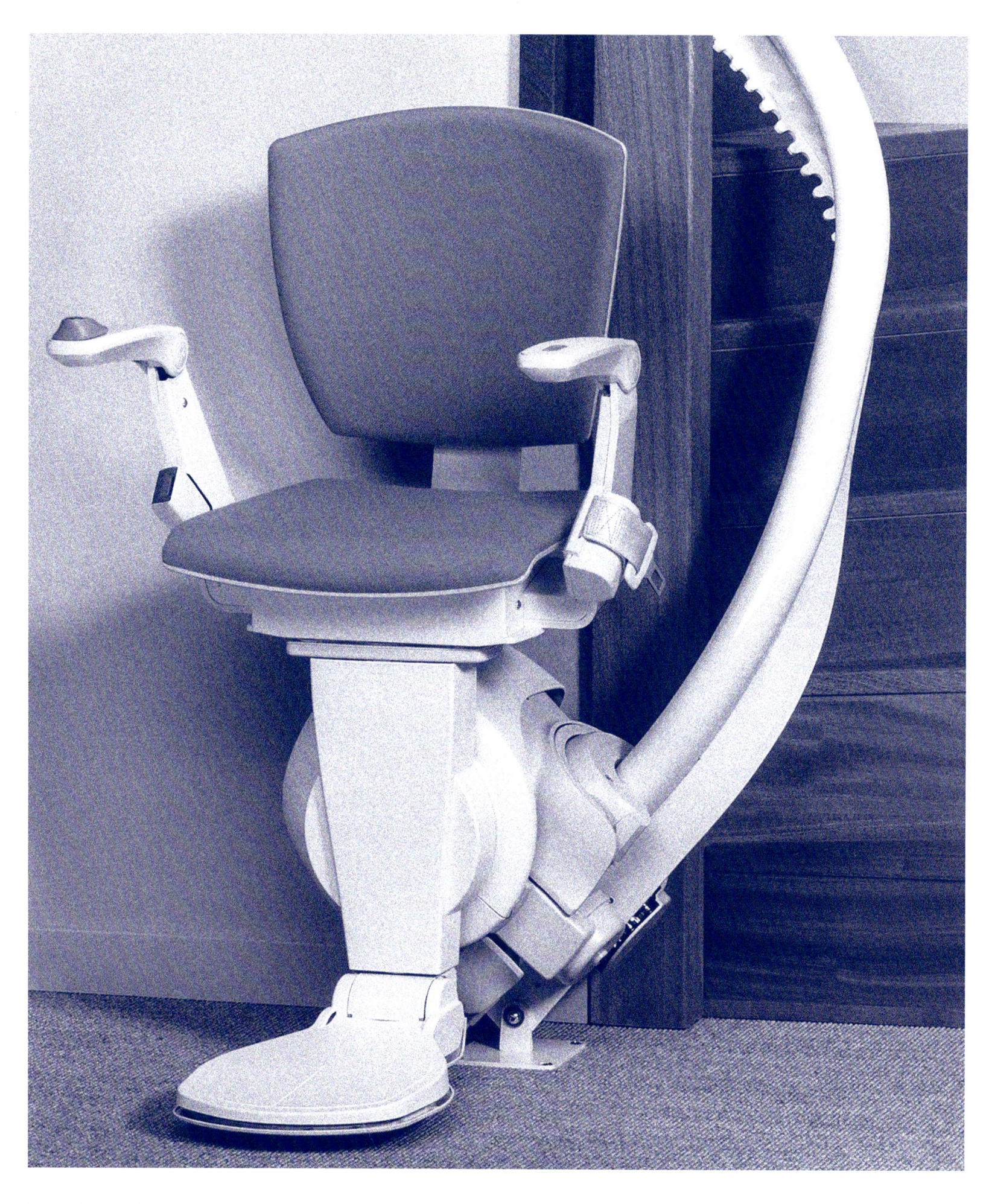

Neue Lebensqualität und Unabhängigkeit in den eigenen vier Wänden: Lifta hat für nahezu jede Treppe eine Lösung

AUS BESTER FAMILIE

LIFTA

SEIT 1977

Unsere Vision ist die Selbstverständlichkeit für Mobilitätslösungen wie Treppenlifte und damit die uneingeschränkte Akzeptanz der Gesellschaft", verrät die Geschäftsleitung der Lifta GmbH. Mehr als 120 000 Treppenlifte hat das von Hartmut Bulling und Harald Seick geführte Kölner Familienunternehmen bis zum heutigen Tag aufgestellt. Lifta ist damit unangefochtener Marktführer in Deutschland. Für viele Menschen ist Lifta längst zum Synonym für Treppenlifte geworden.

Die wachsende Selbstverständlichkeit und Beliebtheit von Treppenliften ist leicht nachvollziehbar. Zunächst wird unsere Gesellschaft immer älter. Und mit zunehmendem Alter werden auch die täglichen Wege auf der eigenen Treppe immer beschwerlicher und gefährlicher. Für eine wachsende Zahl von Menschen ist daher ein Lifta die ideale Lösung: Dieses intelligente Hilfsmittel macht nicht nur die Treppen im eigenen Zuhause wieder sicher – vor allem gewährt ein Lifta neue Unabhängigkeit und so den Verbleib in den eigenen vier Wänden.

> »Die Marke Lifta wird heute häufig als Synonym für Treppenlifte genutzt.«
>
> Harald Seick und Harmut Bulling, Geschäftsleitung

Wie aber wird man absoluter Marktführer für ein Produkt, das sich vor allem an die Generation 60plus und somit an eine äußerst anspruchsvolle und kritische Zielgruppe richtet? Darauf gibt es natürlich nicht nur eine Antwort. Vielmehr ist es einerseits das perfekte Zusammenspiel aus langjährigem Know-how und Erfahrung, engagiertem, persönlichem Kundenkontakt und einem stets erreichbaren Kundenservice. Andererseits spricht das Produkt für sich selbst: Die erstklassige, langlebige Qualität und die geschmackvollen Designs und variablen Ausstattungsmöglichkeiten der Modelle haben bereits viele Kunden überzeugt.

Doch wie kam es genau zu dieser einmaligen deutschen Erfolgsgeschichte? Obwohl schon 1830 in Kanada der erste Treppenlift entwickelt wurde, waren Treppenlifte in Deutschland noch für lange Zeit unbekannt. Das Kölner Aufzugsbau-Unternehmen L. Hopmann erkannte das Marktpotenzial hinter dieser Idee und gründete 1977 die Lifta Lift und Antrieb GmbH. Im ersten Jahr wurden gerade mal neun Treppenlifte verkauft.

Heute installiert der rheinische Familienbetrieb rund 12 000 Lifta Treppenlifte pro Jahr. Mit Plattformliften, Hubliften oder Sitzliften bietet Lifta für nahezu jede Art von Treppe in Häusern, Wohnungen oder Außenanlagen die passende Lösung. Die Vision, immer mehr Menschen mit Mobilitätseinschränkungen zu einem sicheren und unabhängigeren Alltag zu verhelfen, vereint die Mitarbeiter von Lifta. Nicht umsonst symbolisiert das Firmenlogo mit der aufsteigenden Schwalbe Leichtigkeit und Beweglichkeit. ▶

AUS BESTER FAMILIE

Die Familie Seick gründet 1977 das Unternehmen Lifta Lift und Antrieb GmbH. Firmengründer Wolfgang Seick entwickelte den ersten Treppenlift-Prototyp

»Unsere Vision ist die Selbstverständlichkeit für Mobilitätslösungen wie Treppenlifte und damit die uneingeschränkte Akzeptanz der Gesellschaft.«

Geschäftsleitung der Lifta GmbH

Treppenlifte von Lifta passen sich harmonisch an das Wohnambiente an

Kurvige Schienenverläufe sind kein Problem für die modernen Treppenlifte von Lifta

Harald Seick (links) und Hartmut Bulling (rechts)

LIFTA

Die Unternehmenszentrale in Köln

DATEN UND FAKTEN

INHABERFAMILIE
Familie Seick
in der zweiten Generation

GRÜNDER
Wolfgang Seick

FAMILIENEINFLUSS
inhabergeführt

UNTERNEHMENSANTEILE DER FAMILIE
100 %

MARKTPOSITION
Marktführerschaft
in Deutschland

BRANCHE
Beratung, Direktvertrieb,
Planung und Montage von
Treppenliften

MITARBEITER
420

VERTRIEB
Deutschland, Südafrika,
bundesweit flächendeckender
Service

ERFOLG
Verkauf von rund 12 000
Treppenliften pro Jahr

LIFTSTAR
Lifta gehört seit 2013 zur
Liftstar Gruppe, in der sich vier
erfolgreiche Unternehmen aus
den Bereichen Mobilität und
barrierefreies Wohnen
zusammengefunden haben

Die heutige Inhaberfamilie Seick legt großen Wert auf die Tradition der Firma als Familienunternehmen und gewährt so Kontinuität und solide Entwicklung in einem absoluten Wachstumsmarkt, in dem natürlich auch andere Unternehmen vertreten sind. Doch Lifta ist nicht umsonst der deutsche Marktführer, und das spiegelt sich auch in den Kundenmeinungen wider. Die Kunden spüren, dass bei Lifta immer der Mensch und seine Bedürfnisse im Mittelpunkt stehen. Daraus ergibt sich eine besonders hohe Kundenzufriedenheit, die auch wiederholt vom TÜV Süd im Rahmen einer freiwilligen bundesweiten Kundenbefragung mit Bestnoten für sehr gute Beratungs- und Servicequalität bestätigt wird.

Den Erfolg des Familienunternehmens unterstreicht ein kleiner Auszug aus der Liste von Auszeichnungen: 2011 erhielt Lifta für sein Modell Esprit den renommierten Red Dot Design Award. Für „nachhaltige Unternehmenssteuerung" wurde Lifta mit dem Axia Award 2014 ausgezeichnet. Nicht nur erhielt Lifta fünfmal in Folge einen Platz unter den 100 innovativsten mittelständischen Unternehmen in Deutschland, 2015 wurde Lifta zudem der „Deutsche Servicepreis" des Nachrichtensenders n-tv und des Deutschen Instituts für Service-Qualität verliehen.

2016 wurde Lifta wiederholt in das Langenscheidt Markenkompendium „Marken des Jahrhunderts" aufgenommen. Damit gehört Lifta Treppenlifte zu den „Stars 2016".

Nachvollziehbar, dass das Familienunternehmen auch für die Zukunft gut aufgestellt ist. Das garantieren schließlich die engagierten Mitarbeiter in allen Unternehmensbereichen und die besondere Modellauswahl an Treppenliften. Ob klassisch-traditionell, zeitlos-dezent oder modern-innovativ – Lifta trifft den Geschmack der anspruchsvollen Klientel und versteht es, in Sachen Technik und Design mit der Zeit zu gehen und so auch die nachrückenden Generationen für einen Treppenlift zu begeistern. ◂

LIFTA GMBH
Horbeller Straße 33
50858 Köln

Telefon 02234 504–400
www.lifta.de

Die LINDIG Firmenzentrale in Krauthausen bei Eisenach. Die Säulen unter dem Obergeschoss erinnern bewusst an Hydraulikzylinder, die essenziellen Bestandteile der Förder- und Hebetechnik

AUS BESTER FAMILIE

LINDIG

SEIT 1899

"LINDIG – kann auch Ihr Problem." ist nicht nur ein Slogan, sondern wird auch von allen Mitarbeitern des Unternehmens gelebt. Und das nicht erst seit der Entwicklung dieses Leitspruchs vor ein paar Jahren.

Am 11. April 1899 gründete Albert Lindig in der Eisenacher Innenstadt eine Hufschmiede mit angeschlossenem Wagenbaubetrieb. 118 Jahre später gehört das Familienunternehmen, nunmehr in vierter Generation, zu den ältesten mittelständischen Unternehmen in der Region. Die Zeiten waren aber auch für LINDIG nicht immer leicht. Während des Krieges wurden sowohl die Werkstatt als auch das Wohnhaus der Familie durch Bomben zum Teil zerstört. Der Betrieb lief dennoch weiter. Nachdem Manfred Lindig in den 70er-Jahren das Geschäft seines Vaters übernommen hatte, änderte er nach und nach die geschäftliche Ausrichtung. So wurde aus der Hufschmiede eine kleine Kfz-Werkstatt, die sich später in einen Instandsetzungsbetrieb für Blattfedern wandelte. Mit dem Anspruch, seinen Betrieb auf dem neusten Stand zu halten, erneuerte und modernisierte Manfred Lindig das Unternehmen kontinuierlich. Als 1989 die politische Wende kam, stellte sich schnell heraus, dass dieser Weg genau der richtige war. Mit dem für damalige Verhältnisse modernen Betrieb wurde LINDIG mit seinen sechs Mitarbeitern Vertragshändler für Gabelstapler der Marke Linde. 1994 erfolgte dann der Umzug in die neu errichtete Firmenzentrale im Industriegebiet Krauthausen bei Eisenach. Das Unternehmen wurde 2004 Vermietpartner für Arbeitsbühnen bei der System Lift AG. Inzwischen beschäftigt LINDIG mehr als 300 Mitarbeiter an sechs Standorten in der Mitte Deutschlands.

Im Zuge der Unternehmensnachfolge im Jahr 2011 durch Sven Lindig wurde die TEMP-Methode® als Instrument zur Unternehmenssteuerung erfolgreich etabliert. Dies äußerte sich in zahlreichen Auszeichnungen, neben dem Axia Award und dem TEMP-Award erhielt das Unternehmen auch das TOP JOB-Siegel. Im täglichen Geschäft wurden die Grenzen des klassischen Managements mit seiner Top-down-Pyramide längst erkannt. Daher werden bei LINDIG Ansätze aus dem New-Work-Umfeld genutzt, um eine neue, eigene und agile Organisationsform zu entwickeln. Das Besondere hierbei ist, dass die Mitarbeiter sich die Zusammenarbeit in interdisziplinären Kundenteams selbst erarbeiten, um die Kundenbedürfnisse bestmöglich erfüllen zu können. Diese und weitere Maßnahmen verschaffen LINDIG eine Vorreiterrolle auf dem Gebiet der New Work in Thüringen. Für ▶

> »Wem permanente Veränderungen Probleme bereiten, der hat es schwer bei uns.«
>
> Sven Lindig, Geschäftsführer
> LINDIG Fördertechnik GmbH

Give-aways: Die Produktpalette von LINDIG Fördertechnik en miniature

»LINDIG – kann auch Ihr Problem.«

Firmencredo
LINDIG Fördertechnik GmbH

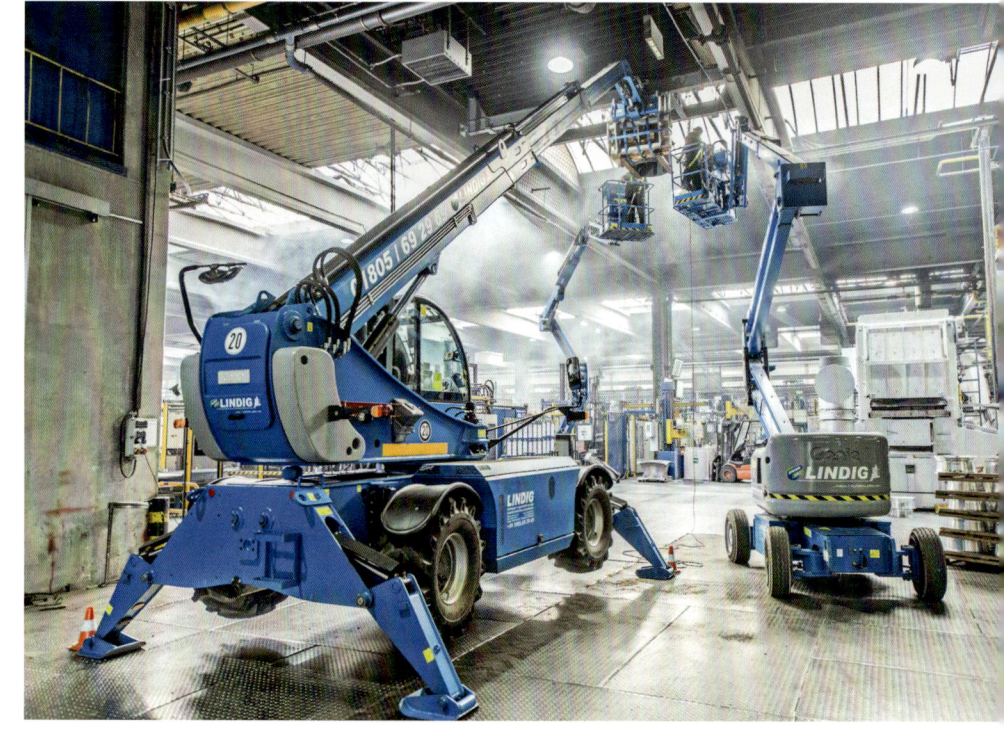

Im Einsatz: Zur LINDIG Produktpalette gehören auch Arbeitsbühnen und Teleskopstapler, die als Mietgeräte erhältlich sind

Firmengründer Albert Lindig (Dritter von links mit Zwirbelbart) vor seiner Schmiede

Sven Lindig, Geschäftsführer LINDIG Fördertechnik GmbH

LINDIG

Hoch hinaus: 2012 ließ Geschäftsführer Sven Lindig die Firmenzentrale um eine Etage erweitern

den Geschäftsführer Sven Lindig ist sein Unternehmen „angenehm anders als alle anderen". Diese Aussage untermauerte er mit dem Versprechen der „Anti-Langeweile-Garantie", welche er ins Leben gerufen hat. „Mitarbeiter zu Mitdenkern machen und ihre Stärken stärken", so lautet das Ziel bei LINDIG. Individuelle Weiterbildungen, Arbeiten im Home-Office, sportliche Beteiligung an Fitnessevents und weitere Optionen sorgen bei LINDIG dafür, dass die Mitarbeiter sich mehr als üblich mit ihrem Arbeitgeber identifizieren.

Mit der Aktion „1 Million für die Region" möchte LINDIG innerhalb von zehn Jahren, bis zum Firmenjubiläum 2024, eine Million Euro an die Region spenden. Denn für Sven Lindig ist die Unternehmertätigkeit mehr als nur Profitmaximierung. Er möchte der Region, in der er lebt und aufgewachsen ist, etwas zurückgeben. Das starke soziale, sportliche und kulturelle Engagement gibt seinem Tun einen tieferen Sinn.

Das Familienunternehmen ist in Deutschlands Mitte eine starke Marke. Mit „LINDIG – kann auch Ihr Problem." ist ein unverwechselbarer Slogan gefunden worden. Diesen verstehen die Mitarbeiter bei LINDIG als tägliche Aufforderung, die Kunden zu Fans zu machen und jeden Tag aufs Neue zu begeistern. Der Kundenservice steht dabei im Zentrum des täglichen Geschäfts. Fast 70 Servicetechniker im Außendienst garantieren Kundennähe und Kundenservice auch im After Sales. Geräte werden direkt vor Ort beim Kunden repariert, gewartet und instand gesetzt. Technische Beratungen, Flottenplanungen und -optimierungen, Schulungen, Batterieservice, maßgeschneiderte Regalsysteme, UVV-, Sicherheits- und Regalprüfungen sowie das Angebot von Spezialmaschinen und -lösungen zählen ebenso zum Portfolio. LINDIG ist ein lösungsorientierter und servicestarker Partner rund um Gabelstapler, Lagertechnik und Arbeitsbühnen mit Premiumanspruch. Für jedes Problem gibt es bei LINDIG eine Lösung, egal wie speziell es auch ist. ◀

DATEN UND FAKTEN

INHABERFAMILIE
Familie Lindig
in der vierten Generation

GRÜNDER
Albert Lindig

FAMILIENEINFLUSS
Geschäftsführung

UNTERNEHMENSANTEILE FAMILIENMITGLIEDER
100 %

MARKTPOSITION UNTERNEHMEN
Marktführer für Gabelstapler und Arbeitsbühnen in Deutschlands Mitte

BRANCHE
Intralogistik

PRODUKTE
Flurförderzeuge (Gabelstapler) und Höhenzugangstechnik (Arbeitsbühnen)

STANDORTE
Eisenach, Erfurt, Göttingen, Kassel, Suhl und Wernigerode

VERTRIEB
Deutschland

MITARBEITER
300

LINDIG FÖRDERTECHNIK GMBH
Am Marktrasen 1
99819 Krauthausen/Eisenach

Telefon 03691 6929–0
www.lindig.com

Logistik vollautomatisiert: Im Lager der Ludwig Meister GmbH und Co. KG werden rund 2,5 Millionen lieferbare Artikel für Kunden aus der Industrie verwaltet und konfektioniert – mithilfe modernster Technik

AUS BESTER FAMILIE

LUDWIG MEISTER

SEIT 1939

Aller Anfang ist schwer. Wer sich für seine Firmengründung aber ein so unheilvolles Jahr wie 1939 aussucht, für den gilt diese Maxime gewiss doppelt. Natürlich ahnten der junge Ludwig Meister und seine Frau Anna nichts davon, als sie kurz vor dem Ausbruch des Zweiten Weltkriegs in München ein Handelsunternehmen für Wälzlager und Fahrzeugteile gründeten. Doch die harsche Realität holte sie bald ein, als Ludwig zum Militär eingezogen wurde. Schnell erteilte dieser seiner Frau eine Generalvollmacht für das Unternehmen. So führte Anna Meister den Betrieb alleine durch die Kriegsjahre, evakuierte es nach Chiemgau, als München bombardiert wurde, und sorgte für die spätere Rückkehr.

Doch die Meisters überstanden den Krieg unbeschadet und nahmen schnell den Betrieb wieder auf. Als der Wiederaufbau Deutschlands begann und dank des Marshall-Plans die Industrie wieder in Gang kam, profitierte auch das Unternehmen. Bald wuchsen die Belegschaft und nach und nach auch das Produktspektrum. So verlangte die blühende Industrie

> »Ohne Unternehmen keine Familie und ohne Familie kein Familienunternehmen«
>
> Unternehmensphilosophie

der Wirtschaftswunderzeit verstärkt nach Werkzeugen, und Meister reagierte: 1956 erweiterte er sein Sortiment um Werkzeuge für die verarbeitende Industrie und schob so das Geschäft weiter an. Als Ludwig Meister im Jahr 1969 starb, übernahm sein Sohn Peter – erst 24-jährig und noch Student – den elterlichen Betrieb, ab 1975 unterstützt von Ulrike Meister. Gemeinsam bewältigten sie die

Herausforderungen dieser Zeit, etwa den Beginn des Computerzeitalters. So führte das Unternehmen schon 1979 das erste System für die elektronische Datenverarbeitung ein. Auch andere Weichen wurden in Richtung Zukunft gestellt, etwa mit der Gründung eines eigenen Hydraulikbereichs. Schon 1980 projektierte und baute Ludwig Meister erstmals eigene Hydraulikaggregate – ein entscheidender Meilenstein in der Firmengeschichte.

Weitere richtungsweisende Entscheidungen sollten in den 80er-Jahren folgen. So verabschiedete sich das Unternehmen vom Handel mit Fahrzeugteilen und wurde ein reines technisches Handelsunternehmen für die Industrie. Diese Positionierung baute Peter L. Meister geschickt weiter aus: Erste Niederlassungen entstanden in Regensburg und Augsburg, so konnte Ludwig Meister wichtige Großkunden vor Ort noch besser betreuen. Im Zeichen des strategischen Wachstums stand die Zeit der Jahrtausendwende. 2000 erwarb die Firma die Mehrheit der Just & Co. Industriebedarf GmbH & Co. KG in Frankfurt und Aschaffenburg, drei Jahre später die ▶

AUS BESTER FAMILIE

Die ersten beiden Generationen: Firmengründerin Anna Meister mit ihrem Sohn, Peter L. Meister

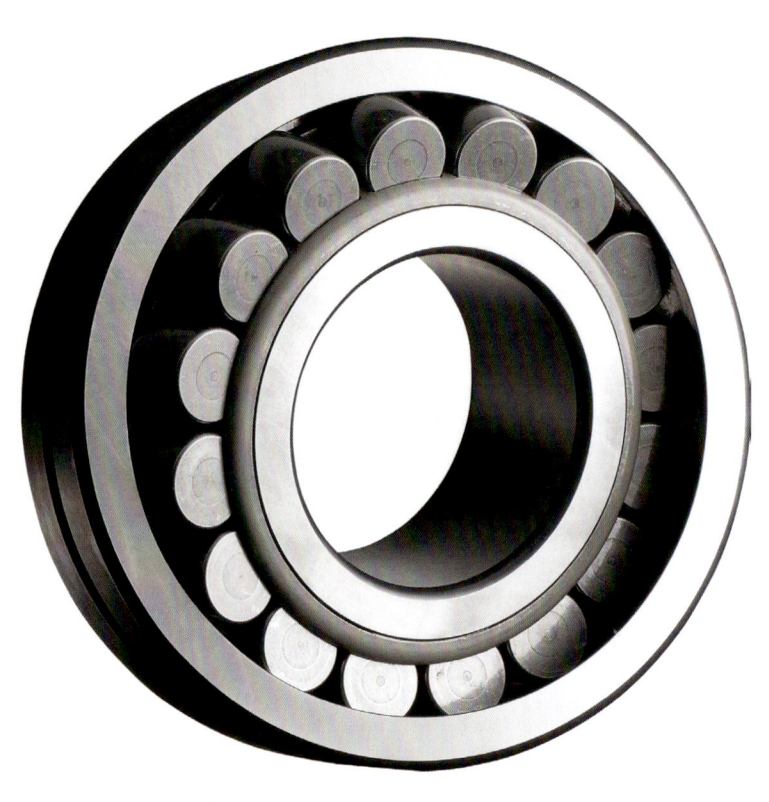

Große Vielfalt: Rund um Wälzlager entstand die breite Palette von Ludwig Meister

»Aus Tradition fortschrittlich«
Unternehmensleitbild

Zuhause seit 2001: der Firmenhauptsitz in Dachau bei München

Schnell und hoch präzise: Das vollautomatisierte Lager sorgt für die Abwicklung aller Bestellungen

LUDWIG MEISTER

Die Geschäftsleitung (von links): Stephan Geg (Leiter IT/IS), Elisabeth Meister (GF/Verwaltung), Max Meister (GF/Prozesse und Organisation), Ulrike Meister, Gerd Mayer (GF/Vertrieb), Hanne Heindel (Leiterin Personal), Peter L. Meister und Dietmar Schäfer (Leiter Finanzen und Controlling)

Manfred Mangold GmbH in Kempten und die Mangold Kugellager GmbH in Neu-Ulm sowie die Restanteile von Just & Co. Vom im Jahr 2001 bezogenen, heutigen Firmensitz in Dachau aus wird seitdem ein starkes Netzwerk von Standorten koordiniert.

Seit 2003 ist mit Max und Elisabeth Meister die dritte Generation der Familie im Unternehmen aktiv – und das für eine kurze Zeit sogar gleichzeitig. Denn bis Ende 2004 arbeitete die damals 87-jährige Firmengründerin Anna Meister noch in der Buchhaltung. Seit 2012 wird Ludwig Meister von Elisabeth Meister, Max Meister und Gerd Mayer als Geschäftsführer geleitet. Peter L. Meister hat mittlerweile den Vorsitz des Gesellschafterausschusses übernommen. Heute gehört der Familienbetrieb zu den führenden Handels- und Dienstleistungsunternehmen für Antriebstechnik in Deutschland. Seine 280 Mitarbeiter betreuen ein Produktportfolio mit rund 2,5 Millionen lieferbaren Artikeln aus der Antriebstechnik, der Fluidtechnik mit eigenem Aggregatebau und der Werkzeugtechnik. Doch damit hört das Angebot nicht auf, es gehören außerdem diverse Dienstleistungen dazu, etwa zur Prozessoptimierung in der Beschaffung, Logistik und Lagerhaltung oder innovative Belieferungskonzepte und IT-Anbindungen für die automatische Bestellabwicklung. Im Bereich Produktservice helfen die Spezialisten von Ludwig Meister bei der Entwicklung und Auslegung neuer Hydraulikanlagen, oder sie unterstützen ihre Industriekunden bei der Konfektionierung von Ketten, Riemen oder Wellen für Lineareinheiten. Mit diesem Mix aus Produkthandel und Dienstleistung konnte das Unternehmen in 2016 einen Jahresumsatz von 88 Millionen Euro erwirtschaften.

In Zukunft will Ludwig Meister mit einer umfangreichen Digitalstrategie seine Kunden und Lieferanten in die Industrie 4.0 begleiten. Und mithilfe der Autostore-Logistik wird die taggleiche Auslieferung von eingegangenen Aufträgen zum Standard. So ist das Familienunternehmen bereit, jegliche Hürden der Zukunft erfolgreich – und im wahrsten Wortsinn – zu meistern. ◀

DATEN UND FAKTEN

INHABERFAMILIE
Familie Meister
in der dritten Generation

GRÜNDER
Ludwig Meister

UNTERNEHMENSANTEILE FAMILIENMITGLIEDER
100 %

FAMILIENEINFLUSS
fünf Familienmitglieder sind Gesellschafter

MARKTPOSITION UNTERNEHMEN
eines der führenden deutschen Handelsunternehmen für Antriebstechnik

BRANCHE
Technischer Handel

PRODUKTE
2,5 Mio. lieferbare Artikel aus der Antriebstechnik, Fluidtechnik und Werkzeugtechnik

STANDORTE
Hauptsitz Dachau, Niederlassungen in Aschaffenburg, Augsburg, Frankfurt, Hof, Kempten, Neu-Ulm, Regensburg, Steyrermühl (Österreich)

UMSATZ
88 Mio. € (2016)

MITARBEITER
280

LUDWIG MEISTER GMBH & CO. KG
Otto-Hahn-Straße 11
85221 Dachau

Telefon 08131 3331–0
www.ludwigmeister.de

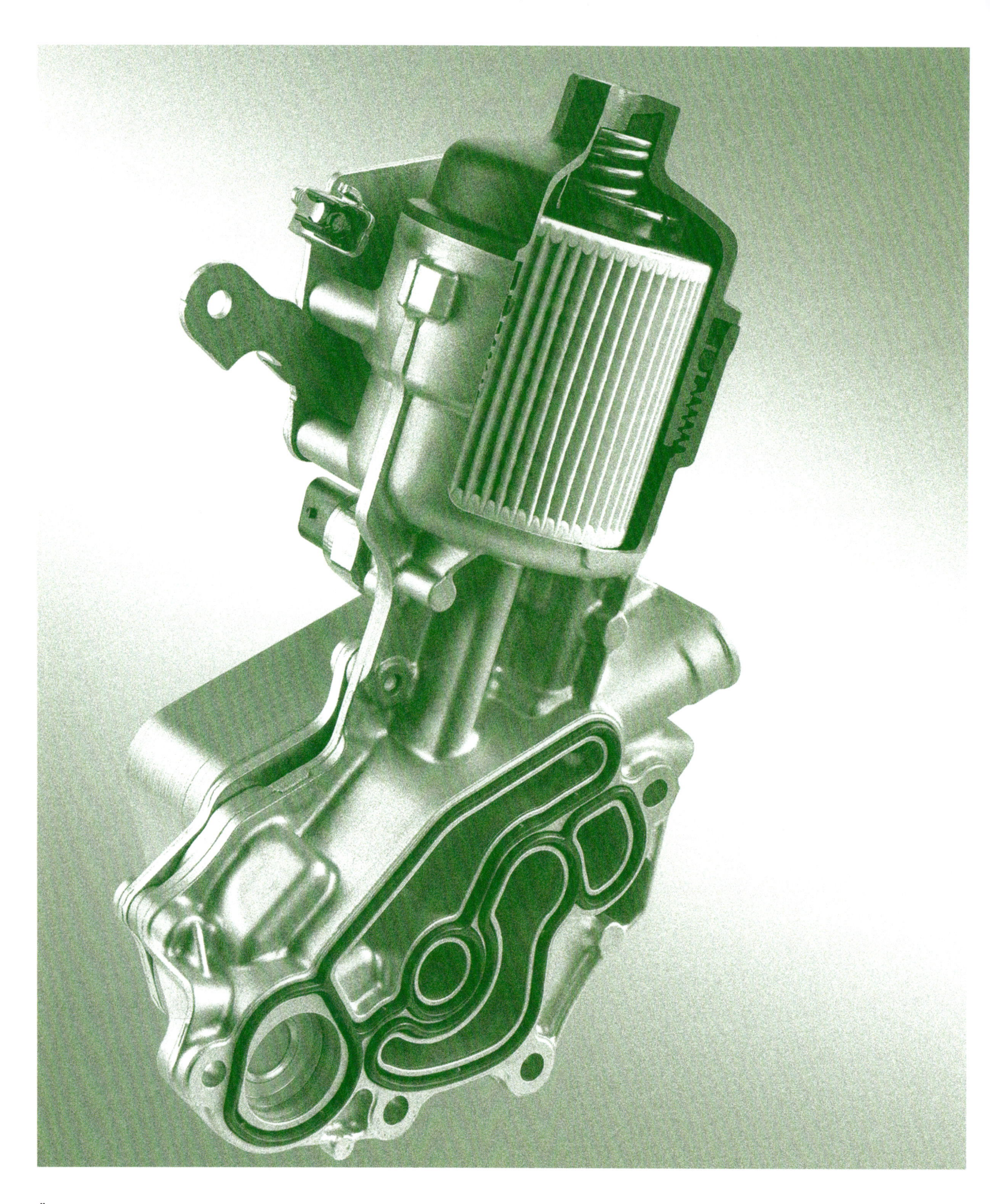

Ölfilter von MANN+HUMMEL: Das Familienunternehmen hat sich zum Global Player entwickelt.
In jeder Stunde kommen weltweit 85 600 Produkte des Ludwigsburger Konzerns zum Einsatz

AUS BESTER FAMILIE

MANN+HUMMEL

SEIT 1941

Es ist aus heutiger Sicht schwer zu glauben, aber die beiden Gründer des Filterherstellers MANN+HUMMEL kamen aus der Textilbranche. Adolf Mann und Dr. Erich Hummel arbeiteten in den 20er-Jahren bei der damaligen Traditionsmarke Bleyle, die im Zweiten Weltkrieg nur noch am Rande ihrem Kerngeschäft nachgehen konnte. Es musste andere – kriegswichtige – Arbeit her. Also übernahm das Ludwigsburger Werk von Bleyle den Auftrag, Motorenfilter zu produzieren. Auftraggeber war der Stuttgarter Kolbenhersteller Mahle, der Bauteile für Wehrmachts-Panzer und -Militärfahrzeuge herstellte. 1941 gründeten die beiden Unternehmer für diesen Auftrag eine eigene Firma, ein Jahr später erwarben sie die komplette Filtersparte von Mahle.

Nach Ende des Zweiten Weltkrieges musste sich das Gründergespann erneut umorientieren. Zwar eigneten sich ihre Motorenfilter im Prinzip auch für zivile Fahrzeuge, nur dafür gab es in den Nachkriegsjahren keinen großen Markt. Schließlich sattelte das Unternehmen auf Haushaltsartikel wie Töpfe, Bratpfannen und Badezimmerarmaturen um.

> »Unsere Unternehmungen wurden von Anfang an gewissermaßen um den Menschen herum gebaut.«
>
> **Firmengründer Adolf Mann zum 25-jährigen Jubiläum 1966**

Erst 1948 lief das Filtergeschäft wieder an, denn MANN+HUMMEL produzierte Luftfilter für den VW Käfer, dessen Erfolgsgeschichte in diesem Jahr startete. Hier konnte das Unternehmen auf Erfahrungswerte zurückgreifen, denn schon zu Kriegszeiten hatte MANN+HUMMEL Filter für den KdF-Wagen gefertigt, den Vorläufer des Käfers.

In den 50er-Jahren erfolgte der Einstieg in die industrielle Großserienfertigung und der erste Meilenstein hin zum Global Player. Die beiden Gründer hatten sich mit Hans Mauser einen Entwicklungschef ins Haus geholt, unter dessen Regie gewinnbringende Innovationen, wie etwa ein Nassluftfilter, entstanden. Zwischen 1949 und 1954 explodierte die Umsatzentwicklung geradezu – die Jahresumsätze wuchsen von 1,9 auf 15 Millionen D-Mark. Die Autoindustrie hatte MANN+HUMMEL nun als verlässlichen Partner für Filtration anerkannt, sodass das Ludwigsburger Unternehmen schnell elf europäische Vertretungen gründete und acht internationale Lizenznehmer.

Parallel zum wirtschaftlichen Erfolg führten die beiden Gründer eine sehr günstige Betriebskrankenkasse ein und eine Ertragsbeteiligung. So bekam jeder Mitarbeiter seiner Arbeitsleistung entsprechend Jahr für Jahr eine kleine Gewinnausschüttung zusätzlich zu Gehalt und Weihnachtsgeld. Auch das „Siedlungswerk" von MANN+HUMMEL war eine wertvolle Unterstützung für die Belegschaft und zeigt, wie familiär die Gründer ihr Unternehmen betrachteten. Wer ein Eigenheim erwerben wollte, konnte die Unter- ▶

AUS BESTER FAMILIE

Inzwischen fünfköpfig:
die aktuelle Geschäftsführung

Serienfertigung:
Der Erfolg des
VW Käfers sorgte für
den ersten Auftrags-
boom nach dem Krieg

»Unsere Vision ist Leadership in Filtration. Filtration heißt für uns, das Nützliche vom Schädlichen zu trennen.«

Alfred Weber, Vorsitzender der Geschäftsführung MANN+HUMMEL

Zukunftsorientiert: MANN+HUMMEL setzt auf Industrie 4.0 und neue Geschäftsfelder wie Elektromobilität

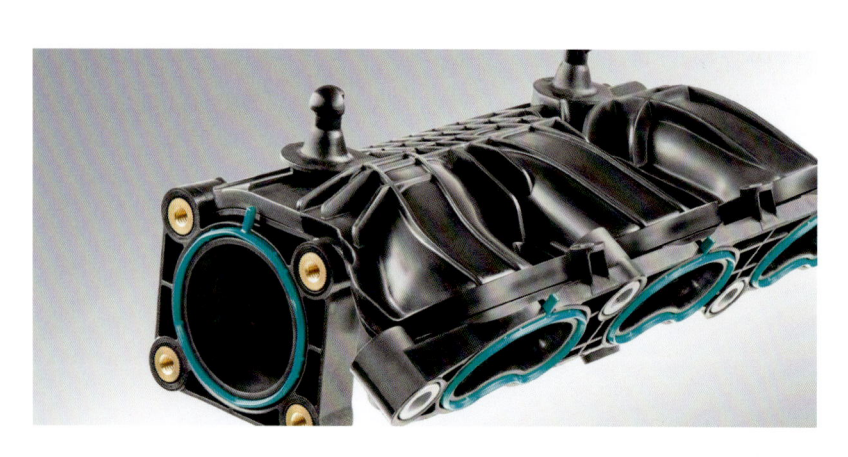

Ständig innovativ: MANN+HUMMEL investiert drei bis vier Prozent des Umsatzes in Forschung und Entwicklung

MANN+HUMMEL

Konzernzentrale in Ludwigsburg: Nach mehr als 75 Jahren gibt es kaum noch ein Fahrzeug, das nicht mit Produkten von MANN+HUMMEL unterwegs ist

stützung des Unternehmens in Anspruch nehmen. MANN+HUMMEL stellte Bautrupps und Material, der Bauherr musste sich lediglich finanziell beteiligen, dafür wiederum wurde ein Sparplan aufgestellt. Gerade in der Nachkriegszeit war dies eine enorme Hilfe. „Arbeit ohne spürbaren Gehalt an Verantwortung und Arbeitgeber ohne Bemühung um Verantwortungsdelegation sind inhuman und menschenunwürdig", so brachte Adolf Mann damals seine humanistische Haltung auf den Punkt.

Die 60er-Jahre brachten weitere Expansionen mit sich. Ausgerechnet eine alte Nudelfabrik im bayerischen Marklkofen diente als neue Fertigungsstätte – und ist heute noch das größte Filterwerk der Welt. Mehr als 3000 Mitarbeiter produzieren dort jährlich 166 Millionen Filter und Filterelemente. 1971 erlag Adolf Mann einem Herzinfarkt, 1984 starb auch Erich Hummel. Die Unternehmensteile liegen bis heute bei den beiden Gründerfamilien.

MANN+HUMMEL hat immer wieder bewiesen, dass stetige Innovationen und Prozessoptimierungen wichtig sind für den Unternehmenserfolg. In den 80er-Jahren gelang dem Unternehmen die nahtlose Fertigung komplexer Kunststoffsaugrohre und die Entwicklung von Rußpartikelfiltern. Auch die Innenraumfilter für Autos kamen als neues Geschäftsfeld hinzu. Sogar der Weg in die elektromobile Zukunft ist längst geebnet, denn MANN+HUMMEL liefert inzwischen Bauteile für Brennstoffzellen und Batteriesysteme. Auch aktuellen Herausforderungen wie die Luftverschmutzung in Städten widmet sich das Unternehmen. In seiner Heimatstadt Ludwigsburg hat MANN+HUMMEL im Sommer 2017 mobile Luftreinigungsgeräte in Büros der Stadtverwaltung aufgestellt. Damit lassen sich bis zu 99,9 Prozent schädlicher Gase und Allergene, Bakterien sowie Feinstaub entfernen.

In mehr als 75 Jahren hat das Unternehmen über 3000 Patente angemeldet und setzt aktuell 3,5 Milliarden Euro um. Bei allen technischen Veränderungen bleibt MANN+HUMMEL dabei dem verantwortungsbewussten Ideal eines Familienunternehmens treu. ◀

DATEN UND FAKTEN

INHABERFAMILIEN
Familie Mann und Familie Hummel in der dritten Generation

GRÜNDER
Adolf Mann (1890–1971) und Dr. Erich Hummel (1893–1984)

FAMILIENEINFLUSS
Gesellschafterversammlung beruft den Vorsitzenden der Geschäftsführung (der kein Gesellschafter sein darf)

UNTERNEHMENSANTEILE FAMILIENMITGLIEDER
100 %
(jeweils 50% pro Inhaberfamilie)

MARKTPOSITION UNTERNEHMEN
Weltmarktführer

BRANCHE
Filtration, Automobilzulieferer, Industrie

PRODUKTE
Filtrationslösungen für Automobile, industrielle Anwendungen, saubere Luft in Innenräumen und die nachhaltige Nutzung von Wasser

STANDORTE
Ludwigsburg (Zentrale), 80 weitere Standorte weltweit

VERTRIEB
weltweit

MITARBEITER
über 20 000 weltweit

MANN+HUMMEL

MANN+HUMMEL GMBH & CO. KG
Schwieberdinger Straße 126
71636 Ludwigsburg

Telefon 07141 98-0
www.mann-hummel.com

Künstler aus der ganzen Welt arbeiten in den Werkstätten der Mayer'schen Hofkunstanstalt. Die New Yorkerin Shinique Smith fertigte dort dieses Schmetterlingsmosaik für die Martin Luther King Jr. Station in Los Angeles

AUS BESTER FAMILIE

MAYER'SCHE HOFKUNSTANSTALT

SEIT 1847

„Hier passiert Kunst!", sagt der britische Glasmaler Brian Clarke – und bestückt die Nordfassade der Mayer'schen Hofkunstanstalt im Herzen des Münchener Museumsviertels mit zwei monumentalen, farbintensiven Exponaten. Ihre gläserne Präsenz ist der einzig sichtbare Hinweis auf das Innenleben des imposanten Gebäudes, das der Münchener Architekt Theodor Fischer 1923 hier errichtet hat. Auf seinen 5000 Quadratmetern birgt das Haus Ateliers, Werkstätten, Ausstellungsräume und sogar Künstlerappartements. „Mayer of Munich", wie die Institution im englischsprachigen Raum genannt wird, ist das Weltzentrum für Glasmalerei und Mosaik und seit 170 Jahren Garant für traditionelle Handwerkskunst von höchster Qualität.

Mehr als hundert Kirchen und Kathedralen, darunter auch der Petersdom in Rom, tragen die Handschrift der Münchener Manufaktur. Sie beschäftigt heute 43 Mitarbeiter, erzielt einen jährlichen Umsatz von knapp vier Millionen Euro und wird in fünfter Generation von Michael C. Mayer (50) geführt. Ihre Spezialität ist die

» Nur mit höchstem Anspruch gelingt es, Zeitloses, Großes und Beständiges zu schaffen.«

Mayer'sche Unternehmensphilosophie

Umsetzung künstlerischer Entwürfe in Glasmalerei, Mosaik und Keramik; da dominiert die Mayer'sche Hofkunstanstalt den deutschen, den europäischen und – durch ihre Repräsentanz in New York seit 1870 – auch den US-amerikanischen Markt. Sie fertigt farbgewaltige Glaskunst und Mosaike für sakrale und private Auftraggeber und überrascht mit zahlreichen zeitgenössischen Projekten. Zu ihren internationalen Großaufträgen zählt vor allem „Public Art", also Kunst im öffentlichen Raum, etwa in Flughäfen, U-Bahn-Stationen, Krankenhäusern, Bibliotheken und Football-Stadien. Die Mayer'schen Kunsthandwerker sind Experten auf ihrem Gebiet und haben sich weltweit einen Namen gemacht.

Die Geschichte der Firma reicht bis ins Jahr 1847 zurück und begann mit der „Mayer'schen Kunstanstalt für kirchliche Arbeiten", die der aus dem Allgäu stammende Akademiekünstler und Ornamentbildhauer Joseph Gabriel Mayer gründete. Weil er sich unter anderem beim Bau des Schlosses Neuschwanstein verdient gemacht hatte, erhob Bayerns Märchenregent Ludwig II. das Familienunternehmen 1882 zur Königlichen Bayerischen Hofkunstanstalt; der Vatikan verlieh ihm den Titel „Institut des Heiligen Apostolischen Stuhles". Ende des 19. Jahrhunderts erreichte die Firma unter Franz Borgias Mayer, dem Sohn des Gründers, mit mehr als 500 Mitarbeitern und weltweiten Handelsbeziehungen ihre Blütezeit. Er legte den Grundstein für das bis heute gut florierende Geschäft in den USA und ▶

AUS BESTER FAMILIE

Führen das Unternehmen in fünfter Generation: der Mosaikbildner Michael C. Mayer und die Architektin Petra Mayer

Die Mayer'sche Mosaikabteilung nahm erst Anfang des 20. Jahrhunderts ihren Betrieb auf. Sie ist heute populärer denn je

»Ohne Kenntnis der Geschichte ist es unmöglich, das Medium Glasmalerei zu verstehen.«

Dr. Gabriel Mayer (*1938), Vater des heutigen Geschäftsführers Michael C. Mayer

Erst das Licht bringt Glas zur vollen Entfaltung. Dann wird es magisch – und nicht selten göttlich

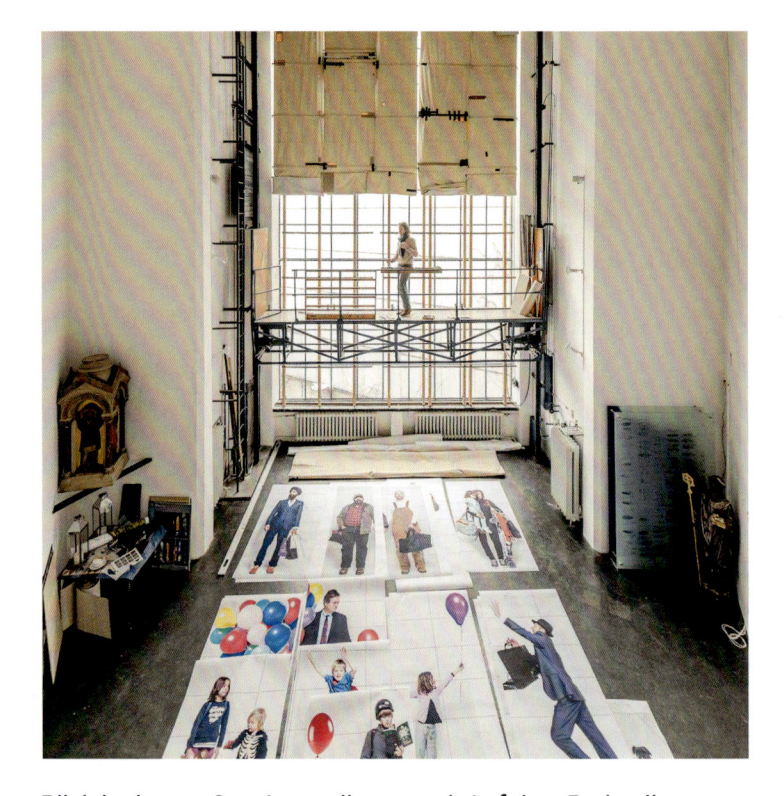

Blick in den großen Ausstellungssaal. Auf dem Boden liegen Entwürfe des brasilianischen Künstlers Vik Muniz

MAYER'SCHE HOFKUNSTANSTALT

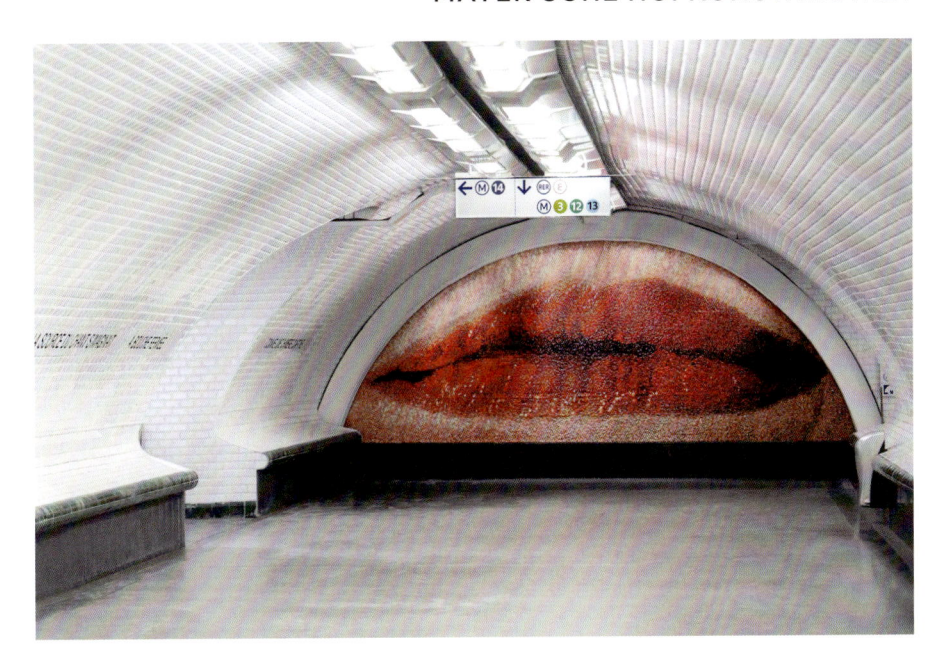

Ein Mosaik von Geneviève Cadieux in der Pariser Metrostation Saint-Lazare: Gemeinsam mit Künstlern gestaltet die Mayer'sche Hofkunstanstalt U-Bahnhöfe in aller Welt

DATEN UND FAKTEN

INHABER
Michael und Petra Mayer
in der fünften Generation

GRÜNDER
Joseph Gabriel Mayer
(1808–1883)

FAMILIENEINFLUSS
inhabergeführt

UNTERNEHMENSANTEILE FAMILIENMITGLIEDER
100 %

MARKTPOSITION UNTERNEHMEN
Marktführer in Deutschland und Europa; > 50 Prozent in Nordamerika

BRANCHE
Kunsthandwerk

PRODUKTE UND DIENSTLEISTUNGEN
Umsetzung künstlerischer Entwürfe in Glas, Mosaik und Keramik

STANDORTE
München, New York

VERTRIEB
Deutschland, Europa, Nordamerika

MITARBEITER
43

bot deutschen Auswanderern mit Unterstützung der Kirche die Ausstattung ihrer Gotteshäuser an. Ab 1925 entwickelte sich die Firma zur Künstlerwerkstätte für Glas und Mosaik: Freie und unabhängige Künstler durften in den unternehmenseigenen Werkstätten kreativ gestalten.

In den Nachkriegsjahren wurde das Mosaik zum zentralen Element moderner Kunst am Bau. Die Experten der Hofkunstanstalt restaurierten und gestalteten im Sinne ihrer Auftraggeber und schöpften dabei tief aus der über Generationen erworbenen Erfahrung. Als Pioniere der Floatglasmalerei realisierten die Mayer'schen Spezialisten zum Beispiel 1986 ein handbemaltes Glaszelt für einen der bedeutendsten deutschen Architekten des vergangenen Jahrhunderts, Frei Paul Otto, in der saudi-arabischen Hauptstadt Riad.

Zu den Künstlern, die heute eng mit den Mayer'schen Ateliers verbunden sind, zählen neben Kiki Smith unter vielen anderen Georg Baselitz, Eric Fischl, Julian Opie, Doug & Mike Starn, Vik Muniz, Shahzia Sikander, Imi Knoebel, Robert Wilson, Geneviève Cadieux und Art Spiegelman. Sie entdeckten die vermeintlich altertümlichen Materialien wie Glas und Mosaik für sich und arbeiten beständig mit neuen Techniken an neuen Ideen. Eine Reise ins Unbekannte, die das traditionelle Handwerk zum Experimentieren animiert.

Höchste Qualität zu bieten und bleibende Werte zu schaffen, ohne sich an zeitgeistigen Trends zu orientieren, dies ist das zentrale Anliegen der Mayer'schen Hofkunstanstalt. Was nicht heißt, dass sie altmodisch ist. Vielmehr kommen hier neueste Techniken zum Einsatz, die einen transluzenten Blick in Gegenwart und Zukunft ermöglichen. Ohnehin ist es das Licht, das eine künstlerische Darstellung erst voll zur Entfaltung bringt. Glas und Mosaik sind da die idealen Werkstoffe, bewegen sie Menschen doch auf eine ganz eigene Art. Und mit Farbe kombiniert, wie bei Mayers endloser Palette üblich, zaubern sie wohltuendes Leuchten in einen sonst vielleicht eher grauen Tag. ◀

M'
MAYER'SCHE HOFKUNST

MAYER'SCHE HOFKUNST-
ANSTALT GMBH –
MAYER OF MUNICH
Seidlstraße 25
80335 München

Telefon 089 545962-0
www.mayersche-hofkunst.de

Welterfolg aus Gütersloh: Mestemachers Pumpernickel und Vollkornbrote sind ungeöffnet bis zu sechs Monate genussfrisch – dank eines speziellen Pasteurisierungsverfahrens

AUS BESTER FAMILIE

MESTEMACHER
SEIT 1871

Es ist nicht ganz geklärt, woher das klangvolle Wort „Pumpernickel" kommt. Legenden, denen zufolge es auf einen Ausspruch von Soldaten Napoléon Bonapartes – dessen Pferd angeblich „Nickel" hieß – zurückzuführen ist, sind jedenfalls nachweislich falsch. Doch angesichts der Popularität, die das Dauerbrot nicht nur in seiner westfälischen Heimat auch heute noch genießt, sind etymologische Fragen ohnehin belanglos. Am Siegeszug des dunklen Brots hat die Bäckerei Mestemacher großen Anteil: Nach eigenen Angaben ist das Unternehmen heute Weltmarktführer für diese Brotsorte, deren besonderes Kennzeichen seine lange Haltbarkeit ist.

Gegründet wurde der Backbetrieb von Bäckermeister Wilhelm Mestemacher 1871, als der Deutsch-Französische Krieg gerade vorbei war. 1910 spezialisierte sich Mestemacher auf Pumpernickel, der, pasteurisiert, schon damals ungeöffnet bis zu 12 Monate halten konnte – ein Qualitätsmerkmal, das gerade in den folgenden Kriegsjahren den Erfolg des Unternehmens sicherte. Als der Gründer ein Jahr später starb, übernahm seine Witwe Sofie die Führung, eine von mehreren starken Frauenpersönlichkeiten in der Unternehmensgeschichte.

Sofie Mestemacher brachte die Firma durch den Ersten Weltkrieg und blieb 25 Jahre an der Spitze, bis sie den Betrieb kurz vor Beginn des Zweiten Weltkriegs an ihre Söhne übergab. Nachdem diese gestorben waren, traten deren Ehefrauen als Gesellschafterinnen ins Unternehmen ein und übernahmen die Leitung – zuletzt die Enkelin des Gründers, Lore Schittenhelm, die mit ihrem Mann die Geschäfte bis in die 1980er-Jahre lenkte. Zu diesem Zeitpunkt befand sich Mestemacher bereits seit Längerem in einer Krise – und da der eigene Nachwuchs nicht einsteigen wollte, mussten die Inhaber die Nachfolge anderweitig regeln. Mit Familie Detmers übernahm eine weitere Traditionsbäckerei aus Westfalen, der Großvater der heutigen Gesellschafter hatte 1904 in Bielefeld seine erste Backstube eröffnet. Seine broterfahrenen Nachkommen führten ab 1985 den Mestemacher-Betrieb aus der Krise in die Jetztzeit.

Heute produziert Mestemacher Bio-Brot-Sorten, bietet Vollkornvarianten mit Amaranth oder Quinoa an, Pumpernickel in Päckchen und Dosen sowie internationale Sorten wie indisches Naan-Brot oder mediterranes Pita-Brot. Das Firmen-Logo wurde um den Zusatz „the lifestyle-bakery" ergänzt. Zum Portfolio gehört sogar koscher-zertifiziertes Brot für Israel, hergestellt unter Aufsicht eines Rabbiners. Seit 1994 beweist das Familienunternehmen zudem, dass Kunst nicht brotlos sein ▶

> »Zufriedene Kunden und Geschlechtergerechtigkeit sind unsere Konstanten.«
>
> Mestemacher-Unternehmensmotto

AUS BESTER FAMILIE

Die Mestemacher-Zentrale in Gütersloh – seit der Gründung 1871

»Bei uns soll der Mensch sich wohlfühlen!«

Mestemacher-Unternehmenswert

Ausgezeichnet mit dem Mestemacher-Preis „Managerin des Jahres 2016": Topmanagerin Annette Stieve (rechts), CFO North East Europe, Managing Director, Finance SSC, Faurecia Automotive GmbH, freut sich mit der Initiatorin und Vorsitzenden der Auswahlkommission, Prof. Dr. Ulrike Detmers, im Berliner „Hotel Adlon"

Die geschäftsführenden Mestemacher-Gesellschafter (v.l.n.r.):
Albert, Prof. Dr. Ulrike und Fritz Detmers

MESTEMACHER

So wurde einst das Brot ausgeliefert: Mestemacher-Fahrrad aus der Gründerzeit

muss: Mit der Edition „Panem et Artes" können Verbraucher ihr Schwarzbrot in künstlerisch gestalteten Dosen kaufen – jedes Jahr mit einem neuen Motiv.

Seit der Gründung ist die Heimat des Pumpernickels auch die Heimat des Unternehmens geblieben: Gütersloh im Westfälischen. Die Herkunftsbezeichnung dieses speziellen Brots ist zudem seit 2014 als „geschützte geografische Angabe" (g.g.A.) von der Europäischen Kommission eingetragen. Zur Firmengruppe gehören mittlerweile auch die Modersohn's Mühlen- und Backbetrieb GmbH aus Lippstadt, die Aerzener Brot und Kuchen GmbH und die polnische Brotfabrik Benus Sp. z o.o., die in Poznań produziert. Aus der Dorfbäckerei von 1871 ist ein Unternehmen mit einem Jahresumsatz von 156 Millionen Euro und globalem Vertrieb geworden, Spezialitäten aus dem Haus Mestemacher sind in mehr als 80 Ländern der Welt zu bekommen.

Besonders wichtig ist der Unternehmensleitung, soziale Projekte zu fördern, Hauptthemen sind Gleichstellung und Geschlechtergerechtigkeit. Diese Initiativen gehen auf das Engagement von Prof. Dr. Ulrike Detmers zurück, Unternehmenssprecherin und die heutige starke Unternehmerpersönlichkeit in der Geschäftsführung. So zeichnete Mestemacher in den vergangenen Jahren etwa Kindertagesstätten aus sowie „Spitzenväter des Jahres", die ihre Partnerinnen in vorbildlicher Weise unterstützen und Elternzeiten partnerschaftlich wahrnehmen und aufteilen. Mit dem Preis „Managerin des Jahres" werden zudem Fachfrauen in der Wirtschaft geehrt, die sich in der Männerwelt behaupten und Nachwuchsmanagerinnen als Vorbild dienen.

Zukünftig möchte Mestemacher international weiter wachsen. Umwelt- und Sozialstandards sollen in der gesamten Lieferkette eingehalten werden, bei der Produktion dürfen Menschenrechte nicht verletzt werden. Ein Fokus soll auf die Öko-Lebensmittelwirtschaft gelegt werden. Und natürlich soll die Gleichstellung von Mann und Frau weiter vorangetrieben werden – eine der Konstanten der Firmenphilosophie. In Westfalen ist eben nicht nur das Brot haltbar. ◄

DATEN UND FAKTEN

INHABERFAMILIE
Familie Detmers

GRÜNDER
Wilhelm Mestemacher, 1871

FAMILIENEINFLUSS
inhabergeführt in Kooperation mit Führungskräften, Albert und Fritz Detmers sind geschäftsführende Gesellschafter, Prof. Dr. Ulrike Detmers ist Mitglied der Geschäftsführung, Gesellschafterin und Sprecherin der Mestemacher-Gruppe

UNTERNEHMENSANTEILE FAMILIENMITGLIEDER
Albert und Ulrike Detmers 50 %, Fritz und Helma Detmers 50 %

MARKTPOSITION UNTERNEHMEN
Weltmarktführer für ungeöffnet lang haltbare Brotspezialitäten aus Vollkorn, Anbieter von Tiefkühlkuchen

BRANCHE
Lebensmittelwirtschaft

PRODUKTE
Vollkorn-Brotspezialitäten, internationale Brotspezialitäten und Tiefkühlkuchen

STANDORTE
Gütersloh, Lippstadt, Aerzen, Poznań (Polen)

VERTRIEB
über Logistikpartner, Export in mehr als 80 Länder

MITARBEITER
545 (2016)

Mestemacher
the lifestyle-bakery

MESTEMACHER GMBH
Am Anger 16
33332 Gütersloh

Telefon 05241 8709-0
www.mestemacher.de

Metzler in Frankfurt am Main ist die älteste deutsche Privatbank in ununterbrochenem Familienbesitz. Nach fast 200 Jahren verlegte sie 2014 den Hauptsitz an eine neue Adresse am Mainufer

AUS BESTER FAMILIE

METZLER
SEIT 1674

Kontinuität ist Trumpf – seit 1971 verantwortet Friedrich von Metzler (geboren 1943), mittlerweile in der elften Generation, aktiv die Geschicke der Privatbank. Im fünfköpfigen Partnergremium, der Geschäftsführung des Traditionsunternehmens, ist er zuständig für die strategische Ausrichtung, den Kundenkontakt und repräsentiert die Gründerfamilie. Doch Metzlers Privatbankiers haben bereits den Übergang zur zwölften Generation vollzogen. Auch weiterhin liegen 100 Prozent der Firmenanteile alleine in der Hand von vier Familienmitgliedern. Damit bekräftigt die 1674 gegründete Bank B. Metzler seel. Sohn & Co. ihr Ziel, auch künftig von konzernfremden Interessen unabhängig zu bleiben.

Vor mehr als 340 Jahren gründete der aus dem sächsischen Kranzahl stammende Handelskaufmann Benjamin Metzler in Frankfurt am Main eine Tuchhandlung und tätigte von Anfang an zusätzlich Geld- und Wechselkreditgeschäfte. Nur zwölf Jahre nach der Firmengründung starb er 1686. Später führten seine Söhne die Firma fort und nahmen auch kapitalgebende Konsorten auf. Daher

> »Unsere Unternehmenswerte: Unabhängigkeit, Unternehmergeist und Menschlichkeit.«
>
> Friedrich von Metzler

der ungewöhnliche Name: B. Metzler seel. Sohn & Co. Ab 1760 wandelte sich das Handelshaus zu einer reinen Bank.

Friedrich von Metzler trat 1971 in die Geschäftsleitung ein. Zuvor hatte er mehrere Jahre bei internationalen Geldhäusern in London, Paris und New York Erfahrungen gesammelt.

Seit mehr als 45 Jahren schreibt er nun die Erfolgsgeschichte der ältesten deutschen Privatbank fort – und der Rest der Familie zieht wie seit Anfang an mit. Und das in einer Branche, die seit 2000 gleich mehrere globale Krisen erlebt hat. So sind von den 1965 gut 200 Privatbanken in Deutschland nur knapp zwei Dutzend übrig geblieben. Doch bei Metzler setzte man schon immer auf langfristiges Wachstum, nicht auf kurzfristige Spekulationen. Dieses weitsichtige, strategische Denken wurde aufgrund der über 340-jährigen Geschichte des Bankhauses Teil seiner unternehmerischen DNA. Höchster Unternehmenswert ist die Unabhängigkeit: Die Bank und ihre Mitarbeiter handeln allein im Interesse der Kunden; deren Zufriedenheit steht an erster Stelle. Der damit verbundene Geschäftserfolg erlaubt, das seit Generationen übliche gesellschaftliche Engagement im Rahmen der 1998 gegründeten, von Sylvia von Metzler (61) geleiteten Metzler-Stiftung fortzuführen. Im Fokus stehen Bildungsprojekte für Kinder und Jugendliche und die Hilfe in sozialen Nöten; dazu engagiert sich die Familie persönlich vielfältig in Kunst und Kultur. ▶

Eine von vielen Ehrungen für Friedrich von Metzler: 2017 der Preis für sein Lebenswerk

Die Privatbank wird geleitet von einem fünfköpfigen Partnerkreis und hat 850 Mitarbeiter weltweit

»Weil wir zu 100 Prozent unabhängig sind, können unsere Mitarbeiter allein die Ziele unserer Kunden verfolgen und sind nicht auch den Interessen externer Stakeholder unterworfen.«

Friedrich von Metzler

Metzler erbringt individuelle Bankdienstleistungen für Institutionen und anspruchsvolle Privatkunden

Festina lente – Eile mit Weile: Den Leitsatz nahm ein Ahne ins Familienwappen auf

METZLER

In Deutschlands Finanzzentrum Frankfurt am Main ist Metzler seit 1674 ansässig – erst als Tuchhandlung und seit 1760 als reines Bankhaus

Solide, weitsichtig und unabhängig – so pflegen die Bankiers von Metzler ihr Geschäftsmodell auch in den USA, in Irland, Japan und China. Dazu gehört auch, dass sie seit Ende des 19. Jahrhunderts auf das Geschäft mit Spareinlagen und Kreditverträgen verzichten. Somit trifft sie die aktuelle Zinspolitik der EZB nicht, die viele Banken nach neuen Ertragsgaranten suchen lassen. Stattdessen konzentriert sich B. Metzler seel. Sohn & Co. auf die traditionellen Kernkompetenzen einer Privatbank: das Kapitalmarktgeschäft, Beratung bei Übernahmen und Fusionen und die Vermögensverwaltung für Unternehmen und Privatpersonen. Für die Zukunft baut man das Pension Management aus, die auch gesellschaftlich wichtige betriebliche Altersversorgung, und gehört dort zu den führenden Anbietern in Deutschland. Dabei folgen die von Metzlers dem Credo, ihre Strategien regelmäßig zu hinterfragen: Sind diese in zehn Jahren noch tragfähig? Wie passen die Geschäftsfelder zur Unternehmensstruktur?

Aktuell obliegt die Geschäftsführung Friedrich von Metzler und vier weiteren persönlich haftenden Gesellschaftern, die nicht zur Familie gehören und keine Anteilseigner sein können. Neue Anteilseigner in der zwölften Generation sind seit kurzer Zeit die Kinder von Friedrich von Metzler, Franz und Elena. Dass es dazu kam, ist keine Selbstverständlichkeit, die Family-Governance macht klare Vorgaben: Familienmitglieder müssen sich fachlich und charakterlich bewähren und aktiv im Unternehmen arbeiten, um Firmenanteile zu einem fairen Preis erwerben zu können. Tochter Elena (29) arbeitet in der Vermögensverwaltung für Privatkunden des Bankhauses, Sohn Franz (31) im Kapitalmarktgeschäft. Ihre Befähigung haben beide nachgewiesen mit Masterabschlüssen in Betriebswirtschaftslehre und bankspezifischen Berufserfahrungen aus mehrjährigen Stationen in internationalen Konzernen. Der schwierige Übergang zur nächsten Generation ist vollzogen. All das und vieles mehr klappt – und das seit 1674. ◀

DATEN UND FAKTEN

INHABERFAMILIE
Familie von Metzler
in der zwölften Generation

GRÜNDER
Benjamin Metzler (1650–1686)

FAMILIENEINFLUSS
über Geschäftsführung mit Friedrich von Metzler und aktuell vier weiteren Partnern (alle persönlich haftend, teils familienfremd) sowie über Aufsichtsrat, Beirat und Gesellschafterversammlung

UNTERNEHMENSANTEILE FAMILIE
100 %

MARKTPOSITION UNTERNEHMEN
älteste deutsche Privatbank in ununterbrochenem Familienbesitz

BILANZSUMME
3,7 Mrd. € Konzern (2016)

BRANCHE
Bank-/Finanzdienstleistungen

KERNGESCHÄFTSFELDER
Asset Management, Capital Markets, Corporate Finance, Private Banking

STANDORTE
Frankfurt am Main, München, Stuttgart, Köln/Düsseldorf, Hamburg; Atlanta, Los Angeles, Seattle; Dublin, Peking, Tokio

MITARBEITER
850 weltweit (2016)

METZLER

BANKHAUS METZLER
Untermainanlage 1
60329 Frankfurt am Main

Telefon 069 2104-0
www.metzler.com

Eine Dienstleistung, die stets für einen sauberen Auftritt sorgt: MEWA stattet Unternehmen mit Teamkleidung aus, holt die getragene Kleidung ab und liefert frisch gewaschene Kleidung an

AUS BESTER FAMILIE

MEWA TEXTIL-SERVICE

SEIT 1908

Deutschland zur Jahrhundertwende: Die Industrialisierung ist in vollem Gang. In der chemischen, Eisen- und Stahlindustrie, in der Elektro- und bald auch der Automobiltechnik steht Deutschland an der Spitze des Fortschritts und erobert die Weltmärkte. Kessel dampfen, Maschinen stampfen, und überall wird unter Hochdruck gearbeitet. Unerlässlich ist, dass die Anlagen reibungslos laufen, dass nichts stockt und stottert. Dafür braucht man Schmiermittel: Öle und Fette sind in den Betrieben omnipräsent. Und ebenso wichtig ist geeignetes Reinigungsmaterial. Gängige Praxis ist, Maschinen mit Putzlumpen oder Putzwolle zu reinigen und diese danach im Heizkessel zu verbrennen. Eine nur wenig effiziente und sehr teure Methode – und der ideale Nährboden für eine neue Geschäftsidee.

Als Hermann Gebauer 1908 im sächsischen Ostritz-Altstadt die „Mechanische Weberei Altstadt GmbH" gründete, bot er eine völlig neue Dienstleistung an: Er produzierte mit 20 Mitarbeitern Putztücher für die Industrie. Der Slogan des jungen Unternehmens MEWA lautete: „Textilien

> »Wir dekorieren uns nicht mit unseren Werten, wir leben sie.«
>
> Gabriele Gebauer, Enkelin des Gründers von MEWA

weben, waschen und bei Verschleiß ersetzen" – ein Konzept, das im Grundsatz bis heute gültig ist und sofort auf große Nachfrage stieß. Noch im Gründungsjahr akquirierte Gebauer seinen ersten Großkunden: die Königlich Sächsischen Staatseisenbahnen, das größte Unternehmen in Sachsen. In den 1920er-Jahren zählten auch die Deutsche Reichsbahn, Siemens, AEG, Bayer, Henschel oder die Leunawerke zu den namhaften Kunden. Nachdem die Putztücher anfänglich noch von kooperierenden Wäschereien gesäubert wurden, eröffnete Hermann Gebauer in den 1920er- und 1930er-Jahren eigene Wäschereibetriebe. MEWA expandierte und gründete bis zum Zweiten Weltkrieg 14 Betriebe in Deutschland und Österreich. 1200 Mitarbeiter kümmerten sich um 18 000 Industrie- und Gewerbebetriebe. 1945 baute Hermann Gebauer von Nürnberg aus sieben zerstörte Niederlassungen wieder auf. Neben alten Stammkunden wie den Volkswagenwerken und der Reichsbahn, die jetzt Deutsche Bundesbahn hieß, gewann MEWA neue Kunden, etwa in der Verlagsbranche. Hermann Gebauer leitete das Unternehmen bis zu seinem Tod im Jahr 1953. Dann übernahm seine Frau Charlotte die Führung. Ab 1961 stand Käthe Draub, die Witwe des im Krieg gefallenen Sohns des Firmengründers, an der Spitze des Unternehmens. Unter ihrer Leitung ergänzte eine in Deutschland bislang unbekannte Idee aus den USA das MEWA Portfolio: Berufskleidung im Servicepaket. So ist heute aus dem Putztuchsystem „Weben, waschen und ersetzen" einer Firma mit 20 Mit- ▶

AUS BESTER FAMILIE

Hermann Gebauer gründete das Unternehmen im Jahr 1908

980 Millionen Tücher werden jährlich in den Betrieben der MEWA Gruppe gewaschen

> »Wir wollen für unsere Kunden der beste Textildienstleister sein.«
>
> Gabriele Gebauer

Gabriele Gebauer, Enkelin des Gründers von MEWA, und ihr Ehemann, Rolf Beisse, stehen an der Spitze der MEWA Gruppe

Kleine Tücher mit großer Wirkung: Mehrweg-Putztücher sind sowohl aus ökologischer als auch aus ökonomischer Sicht der bessere Weg

MEWA

MEWA versorgt Unternehmen in 23 europäischen Ländern mit Berufs- und Schutzkleidung, Mehrweg-Putztüchern, Ölauffang-und Fußmatten sowie Artikeln für den Arbeitsschutz und technischen Bedarf

arbeitern ein komplexes Textil-Management für Industrie- und Gewerbebetriebe erwachsen. 5200 Mitarbeiter arbeiten für die MEWA Gruppe an 44 Standorten und versorgen rund 180 000 Unternehmen in 23 europäischen Ländern mit Berufs- und Schutzkleidung, Mehrweg-Putztüchern, Ölauffangmatten, Fußmatten und Artikeln für den Arbeitsschutz und technischen Bedarf. 980 Millionen Tücher werden jährlich in den Betrieben der MEWA Gruppe gewaschen. Alle fünf Sekunden entsteht ein neues Tuch in der eigenen Weberei am Standort Immenhausen, nahe Kassel. Bei Berufs- und Schutzkleidung gehört das Unternehmen zu den Innovationsführern der Branche und stattet mehr als eine Million Menschen in Industrie, Handwerk und Handel mit Kleidung aus. Europaweit wäscht MEWA täglich rund 335 Tonnen Textilien – zum Vergleich: Eine vierköpfige Familie wäscht rund eine Tonne pro Jahr. Insgesamt erwirtschaftete die MEWA Gruppe so einen Gesamtumsatz von 638 Millionen Euro im Jahr 2016. Diese Leistungsstärke beruht auf familiären Strukturen und den traditionellen Werten eines inhabergeführten Unternehmens. 1980 übernahmen die Enkelin des Unternehmensgründers, Gabriele Gebauer, und ihr Mann Rolf Beisse die Führung. Ihr Ziel lautete: für die MEWA Gruppe die internationale Qualitätsführerschaft im Segment Textil-Management zu erreichen. Die Umsetzung war erfolgreich: MEWA führte 1992 als erstes Unternehmen der Branche ein auf ISO 9001 basierendes Qualitätsmanagement ein und erhielt – ebenfalls als Branchenerster – 1997 das Umweltzertifikat nach ISO 14001. In dritter Generation steht die Familie Gebauer heute nach wie vor an der Spitze der MEWA Gruppe. Die Geschäftsführung verantworten die Vorstandsmitglieder Michael Kümpfel, Bernhard Niklewitz und Ulrich Schmidt. Das nachhaltige sowie konsequent ökologische Denken, Planen und Handeln innerhalb der Unternehmensgruppe basiert schon sehr lange auf Überzeugung und visionärem Denken. 2016 investierte MEWA rund 44,5 Millionen Euro in betriebliche Innovationen inklusive Umwelttechnik. Ganz im Sinne des Firmengründers, der schließlich die Industrie nachhaltig von der Verbrennung ölgetränkter Putzwolle befreite. ◀

DATEN UND FAKTEN

INHABERFAMILIE
Familie Gebauer
in der dritten Generation

POSITION FAMILIE IM UNTERNEHMEN
Kuratorium

MARKTPOSITION
Marktführer

BRANCHE
Textil-Management

PRODUKTE
Berufs- und Schutzkleidung, textile Putztücher, Ölauffang- und Fußmatten, Artikel für Arbeitsschutz und technischen Bedarf

STANDORTE
44 Standorte europaweit zur Versorgung der Kunden mit Betriebstextilien

UMSATZ
638 Mio. € Umsatz (2016)

MITARBEITER
5200 (2016)

KUNDEN
180 000 Vertragskunden
(2016, europaweit)

MEWA
TEXTIL-MANAGEMENT

MEWA TEXTIL-SERVICE AG & CO. MANAGEMENT OHG
John-F.-Kennedy-Straße 4
65189 Wiesbaden

Telefon 0611 7601–0
www.mewa.de

Seit über 100 Jahren Erfahrung in der Waschmaschinenentwicklung: Heutige Geräte zeichnen sich durch hohe Technologie und Komfortmerkmale wie beispielsweise die automatische Waschmitteldosierung (TwinDos) aus

AUS BESTER FAMILIE

MIELE
SEIT 1899

Miele gilt als weltweit führender Hersteller von Premium-Elektrogeräten für die Küche sowie für die Wäsche- und Bodenpflege und ist vielfach Marktführer im oberen Preissegment.

Die Produktpalette für Privathaushalte begann mit Waschmaschinen, Staubsaugern, Geschirrspülern, Bügelmaschinen und Trocknern. Heute bietet Miele auch ein umfassendes Sortiment an Kücheneinbaugeräten, von Herden und Backöfen über Dampfgarer, Dunstabzugshauben und Kühl- und Gefriergeräten bis hin zu Kaffeevollautomaten und Weinlagerschränken. Mit seinem Geschäftsbereich „Miele Professional" zählt der Hausgerätehersteller auch zu den führenden Anbietern von Wäschereimaschinen, Gewerbegeschirrspülern sowie Reinigungs- und Desinfektionsautomaten für Kliniken, Arztpraxen und Labore.

Seit Carl Miele senior und Reinhard Zinkann das Unternehmen 1899 gründeten, folgt Miele seinem Markenversprechen „Immer besser", was zweierlei bedeutet: immer besser zu sein als der Wettbewerb und immer besser zu werden, als man bereits war. Damit einher geht die

»Qualität prägt entscheidend die Wahrnehmung unserer Marke und unserer Produkte.«

Dr. Reinhard Zinkann

Fokussierung auf hochwertige Haus- und Gewerbegeräte und ebenso die Konzentration auf die eine und einzige Marke Miele.

Zwei Jahre nach Gründung brachten Carl Miele und Reinhard Zinkann Europas erste seriengefertigte Waschmaschine auf den Markt; später folgten unter anderem die Staubsauger sowie Europas erster elektrischer Geschirrspüler. In zweiter Generation führten Carl Miele junior und Kurt Christian Zinkann die Firma durch die schwierigen Zeiten des Zweiten Weltkriegs und trieben die Entwicklung von Miele zum qualitätsorientierten Ausrüster für Privathaushalte, Landwirtschaft und Gewerbe weiter voran.

Ab den späten 1950er-Jahren forcierten die Gründerenkel Rudolf Miele und Dr. Peter Zinkann die Entwicklung des Unternehmens zum weltweit präsenten Qualitäts- und Innovationsführer ihrer Branche. Seit 2005 führen Dr. Markus Miele und Dr. Reinhard Zinkann diesen Weg fort, etwa mit Blick auf den weiteren Ausbau des Geschäfts mit hochwertigen Kücheneinbaugeräten oder die Belieferung der Porfessional-Kunden im Sinne eines Full-Service-Providers. Bei der renommierten Imagestudie „Best Brands", die seit 2004 von der Gesellschaft für Konsumforschung (GfK) erhoben wird, ist Miele über alle Branchen und Kategorien hinweg das mit Abstand erfolgreichste Unternehmen („Best Brand Ever").

Im Geschäftsjahr 2016/2017 erwirtschaftete Miele 3,93 Milliarden Euro Umsatz, von dem 70 Prozent außerhalb ▶

AUS BESTER FAMILIE

Die Gründer Carl Miele und Reinhard Zinkann (v.l.)

»Qualität ist nichts Statisches. Sie verändert sich mit den Bedürfnissen der Nutzer.«

Dr. Markus Miele

Blick auf die Unternehmenszentrale von Miele in Gütersloh

Die Milchzentrifuge Imperator aus dem Jahr 1918

Im waschtechnischen Labor der Konstruktion und Entwicklung in Gütersloh werden neue Waschverfahren und Bauteile entwickelt und erprobt. Ähnliche Forschungsstätten gibt es für alle Produktbereiche

MIELE

Die Miele-Geschäftsleitung (v. l.): Dr. Stefan Breit (Technik), Dr. Markus Miele (geschäftsführender Gesellschafter), Olaf Bartsch (Finanzen und Hauptverwaltung), Dr. Reinhard Zinkann (geschäftsführender Gesellschafter) und Dr. Axel Kniehl (Marketing und Vertrieb)

Deutschlands erzielt wurden. Das Familienunternehmen unterhält eigene Vertriebsgesellschaften in 48 Ländern und ist in weiteren 50 Ländern über Importeure vertreten. Dennoch befinden sich 8 der 12 Produktionswerke im Heimatland Deutschland und je ein weiteres in Österreich, Tschechien, Rumänien und China, während die großen Wettbewerber ganz oder überwiegend in Niedriglohnländern fertigen.

Weltweit arbeiten rund 19 500 Menschen für Miele, von denen etwa 10 900 in Deutschland tätig sind. Einschließlich der dualen Studenten, bildet das Unternehmen in rund 35 Berufen aktuell etwa 500 junge Menschen aus. Miele bietet seinen Mitarbeiterinnen und Mitarbeitern umfassende Weiterbildungsmöglichkeiten bis hin zum berufsbegleitenden Bachelor- oder Master-Abschluss sowie ein hohes Maß an Flexibilität zur bestmöglichen Vereinbarkeit von Beruf und Familie.

Nach wie vor steht das Unternehmen zu 100 Prozent im Eigentum der beiden Gründerfamilien Miele und Zinkann. Dass die Familie Miele mit 51 Prozent die knappe Mehrheit hält, bleibt auf die Entscheidungen ohne Einfluss, da diese grundsätzlich mit mindestens 60 Prozent Mehrheit fallen müssen. Auch der Gesellschafterausschuss, der bei Miele „Familienrat" heißt, ist mit drei Vertretern pro Familie paritätisch besetzt. Die gleichberechtigte fünfköpfige Geschäftsführung setzt sich aktuell zusammen aus den beiden Gründerurenkeln Dr. Markus Miele und Dr. Reinhard Zinkann als Vertreter der Inhaberfamilien sowie – als familienunabhängige Geschäftsführer mit Ressortzuständigkeit – Olaf Bartsch (Finanzen/Hauptverwaltung), Dr. Stefan Breit (Technik) und Dr. Axel Kniehl (Marketing/Vertrieb).

Auch künftig gilt: Miele bleibt ein unabhängiges Familienunternehmen, das langfristiges und nachhaltig profitables Wachstum anstrebt. Hierbei helfen Kontinuität in den Werten und Zielen, eine wertschätzende Unternehmenskultur, innovativer Geist, erstklassige Produkte und ein klares Geschäftsmodell: „Immer besser". ◂

DATEN UND FAKTEN

INHABERFAMILIEN
Familien Miele und Zinkann in der vierten Generation

GRÜNDER
Carl Miele (1869–1938) und Reinhard Zinkann (1869–1939)

GESCHÄFTSFÜHRUNG
Olaf Bartsch, Dr. Stefan Breit, Dr. Axel Kniehl, Dr. Markus Miele und Dr. Reinhard Zinkann

MARKTPOSITION UNTERNEHMEN
führender Hersteller von Premium-Hausgeräten, als Weltmarke auf allen Kontinenten vertreten

STANDORTE
zwölf Werke, davon acht in Deutschland, und 48 Vertriebsgesellschaften

PRODUKTE
Premium-Hausgeräte für die Produktbereiche Kochen, Backen, Dampfgaren, Kühlen/Gefrieren, Kaffeezubereitung, Geschirrspülen, Wäsche- und Bodenpflege; zudem Geschirrspüler, Waschmaschinen und Wäschetrockner für den gewerblichen Einsatz sowie Reinigungs-, Desinfektions- und Sterilisationsgeräte für medizinische Einrichtungen und Laboratorien („Miele Professional")

UMSATZ
3,93 Mrd. € (2016/17)

MITARBEITER
19 500 weltweit

Miele

MIELE & CIE. KG
Carl-Miele-Straße 29
33332 Gütersloh

Telefon 05241 89–0
www.miele.de

Die Rasierpinsel in Premiumqualitäten entstehen bei MÜHLE ausschließlich in Handarbeit

AUS BESTER FAMILIE

MÜHLE

SEIT 1945

Aus der Waschküche in die ganze Welt: Die Historie von MÜHLE ist eine Geschichte des Zupackens, des Machens – einer Manufaktur im ureigenen Sinne. Sie begann in einer schweren Zeit, direkt nach dem Zweiten Weltkrieg. Europa lag in Schutt und Asche, und Otto Johannes Müller war mit einer schweren Verwundung aus Stalingrad zurückgekehrt in seine Heimatstadt Stützengrün. Das kleine Örtchen im sächsischen Erzgebirge war ein Zentrum der Bürsten- und Pinselindustrie – sogar im Stadtwappen finden sich diese beiden Produkte noch heute.

Und in diesem Marktsegment gründete auch Müller sein eigenes Unternehmen, in einer Zeit des Mangels. So standen ihm kaum finanzielle Mittel, Gebäude und Material zur Verfügung. In einer Waschküche wurden Borsten gekocht, Tierhaare aufgearbeitet und neben Bürsten und Pinsel auch lebensnotwendige Dinge wie Kerzen produziert, die aufgrund der ständigen Stromsperren in jedem Haushalt gebraucht wurden. Die Arbeit war hart, aber sie zahlte sich aus.

»Für die Zukunft der kultivierten Nassrasur«

MÜHLE-Firmenclaim

Schnell erkannte Müller das Potenzial des Produkts „Rasierpinsel" und spezialisierte sich darauf. Das Geschäft wuchs, die Pinsel unter dem Markennamen MÜHLE verkauften sich bald international. So verließen erste Sendungen den Ort per Pferdefuhrwerk zum Bahnhof im Nachbarort, von dort aus wurden sie nach Griechenland, Russland oder in arabische Länder geliefert. Kunden in über 30 Ländern schätzten die Rasierpinsel aus dem Erzgebirge, die von einer über 40-köpfigen Belegschaft in Handarbeit gefertigt wurden.

Als der Firmengründer im Jahr 1965 starb, übernahm sein Sohn Hans-Jürgen, frisch von der Universität, die Unternehmensleitung. Doch bald schon duldete die DDR-Führung keine Privatbetriebe mehr, die Firma O. J. Müller KG wurde einem VEB-Großbetrieb einverleibt. Erst nach der Wende ergab sich die Möglichkeit der Reprivatisierung des Unternehmens, das dann als Hans-Jürgen Müller KG firmierte. Doch auch dieser Neuanfang war hart. Alle früheren Kunden waren verloren, die Belegschaft auf vier Mitarbeiter reduziert. Erneut ist es auf die familieneigene Beharrlichkeit und die Kultur des Machens zurückzuführen, dass nach rund fünf Jahren das Tal überwunden war. Mit Christian und Andreas Müller trat dann sukzessive die nächste Generation ins Unternehmen ein. Die beiden Brüder leiten den Betrieb seit 2008 – und entwickelten MÜHLE zum führenden Anbieter für Nassrasur-Accessoires. Neben den traditionellen Rasierpinseln aus unterschiedlichsten Materialien gehö- ▶

AUS BESTER FAMILIE

Christian und Andreas Müller führen das Familienunternehmen in dritter Generation

ORGANIC, die Naturkosmetiklinie für den Mann

HEXAGON designed by Mark Braun hat 2017 den Red Dot Design Award gewonnen

»Mit einer beispielhaften Fertigung und formvollendeten Designs haben wir uns zu einem weltweit führenden Anbieter hochwertiger Nassrasur-Accessoires entwickelt.«

Andreas Müller, Geschäftsführer

Die Werkstoffe sind kostbar, jeder Handgriff muss sitzen

MÜHLE

2017 konnten die neuen Produktionsräume bezogen werden. Die Produktionsfläche wurde um 750 m² erweitert

DATEN UND FAKTEN

INHABERFAMILIE
Familie Müller
in der dritten Generation

GRÜNDER
Otto Johannes Müller

UNTERNEHMENSANTEILE FAMILIENMITGLIEDER
100 %, aufgeteilt auf vier Familienmitglieder

FAMILIENEINFLUSS
inhabergeführt durch Christian und Andreas Müller

MARKTPOSITION UNTERNEHMEN
Marktführer bei exklusiven Nassrasur-Accessoires

BRANCHE
Pflegeprodukte

PRODUKTE
Nassrasur-Accessoires: Rasierpinsel, Rasierer, Pflegeprodukte und Zubehör

STANDORT
Stützengrün im Erzgebirge

UMSATZ
rund 11,6 Mio. € (2016)

MITARBEITER
75

---

ren auch Rasierer mit verschiedenen Klingensystemen sowie die passenden Pflegeprodukte zum Produktportfolio.

Nach wie vor werden die Premiumpinsel von Hand gefertigt, die Mitarbeiter kombinieren erlesene Griffmaterialien wie Mooreiche, karelische Maserbirke, gemasertes Thujaholz und viele mehr mit dem traditionellen Silberspitz-Dachshaar. Inzwischen hat MÜHLE aber auch eine vegane Alternative entwickelt: Silvertip Fibre® ist eine innovative synthetische Alternative zum Naturhaar. Auch für die Rasierer gibt es unterschiedliche Griffmaterialien sowie verschiedene Klingensysteme. So gibt es die Griffe sowohl mit aktuell gängigen Wechselklingen, aber auch in der althergebrachten Ausführung als Rasierhobel, in den eine zweiseitige Klinge eingespannt wird. Abgerundet wird die Ausrüstung für das perfekte Nassrasur-Erlebnis mit den Produkten von MÜHLE SKIN CARE. Unter diesem Namen vertreibt das Unternehmen eigene Rasierseife und -creme sowie einen hochwertigen Rasurbalsam, alle nach exklusiven Rezepturen hergestellt. Männer, die sich für eine natürliche Pflege entscheiden, können auf die Naturkosmetiklinie MÜHLE ORGANIC zurückgreifen.

Vertrieben werden die Produkte von einem Netzwerk von Vertriebs- und Handelspartnern weltweit, seit 2014 hat MÜHLE auch einen eigenen Store in Berlin Mitte – der Hauptsitz ist und bleibt aber die 4000-Seelen-Gemeinde Stützengrün. Insgesamt beschäftigt das Unternehmen 75 Mitarbeiter, die im Jahr 2016 gemeinsam für einen Umsatz von rund 11,6 Millionen Euro sorgten. Noch heute ist die Hans-Jürgen Müller GmbH & Co. KG im Besitz der Familie Müller und wird von den Inhabern geführt. Auch in Zukunft wollen diese sich für ein nachhaltiges Wachstum und das traditionelle Handwerk in Deutschland einsetzen. Damit führen sie die Firmenkultur ihres Großvaters fort, der vor über 70 Jahren in einer Waschküche begonnen hatte, mit seinen Händen nicht nur besondere Produkte, sondern ein besonderes Unternehmen zu erschaffen. ◂

MÜHLE

HANS-JÜRGEN MÜLLER GMBH & CO. KG
Hauptstraße 18
08328 Stützengrün

Telefon 0374 62652-0
www.muehle-shaving.com

Industrie 4.0: In der SPEEDFACTORY Pilotfabrik der OECHSLER Motion GmbH produziert adidas hochfunktionale Sportschuhe schneller als je zuvor

Quelle: adidas

AUS BESTER FAMILIE

OECHSLER

SEIT 1864

Mehr als 150 Jahre sind vergangen, seit im mittelfränkischen Ansbach ein Handwerksbetrieb für Beinknöpfe eröffnete. Die Produkte, die unter dem Namen OECHSLER hergestellt werden, haben sich seither verändert: Aus dem kleinen Betrieb ist ein Konzern geworden, der innovative Produkte und Komponenten aus Kunststoff in alle Welt vertreibt. Produziert werden sie bis heute in Ansbach – und noch etwas ist gleich geblieben: die hohen Standards des Familienunternehmens. OECHSLER, das heißt Innovation aus Tradition für Lösungen von morgen.

Produkte von OECHSLER begegnen uns in allerlei Lebenslagen. Die Aktuatoren und Stellgetriebe für elektrische Spiegelverstellungen, Parkbremsen oder Heckklappen begleiten uns auf Autofahrten. Die Sohlenelemente aus Kunststoff stecken in den neuen Sportschuhen, die adidas in der SPEEDFACTORY bei OECHSLER in Ansbach herstellen lässt. Und auch wenn es uns mal nicht so gut geht, hält OECHSLER Lösungen bereit: Im Bereich Medizintechnik fertigt das Unternehmen kleine und kleinste Kunststoffteile für Inhalationsgeräte und Blutzuckermessgeräte.

Alles begann mit einem lang gehegten Traum. Im Jahr 1864 erfüllte sich Matthias Oechsler seinen Wunsch, ein eigenes Unternehmen zu führen, und gründete einen kleinen Handwerksbetrieb. Von Anfang an setzte er auf Qualität und Präzision. Das zahlte sich aus, die Firma wuchs schnell. Im Jahr 1900 arbeiteten bereits etwa 1000 Menschen bei „Matthias OECHSLER & Sohn". Und schon 1902 wurde im mittelfränkischen Weißenburg ein zweiter deutscher Fabrikstandort eröffnet.

Das Unternehmen führte zu dieser Zeit der Gründersohn Otto Oechsler, der in zweiter Generation die Expansion und erste Internationalisierung vorantrieb und das Portfolio um zusätzliche Produktlinien erweiterte. Die Gründerenkel Albert, Walter und Werner bauten nach dem Zweiten Weltkrieg die stark beschädigten Betriebsgebäude wieder auf und entwickelten eine Kunststoff-Spritzgussmaschine für Präzisions-Kleinstteile. Der Übergang vom Knopffabrikanten zum Kunststoffspezialisten war beschritten.

Seit rund 20 Jahren stehen der CEO Dr. Claudius Kozlik und der Aufsichtsratsvorsitzende und Gründernachfahre Wolf Matthias Mang für eine weitsichtige Entwicklung. Die Globalisierung betrachten sie als Chance, im Inland und Ausland zu wachsen: mit Standorten in Deutschland, China, Rumänien, Mexiko, den USA und in Vietnam, aber auch mit zukunftsweisenden Projekten wie der adidas SPEEDFACTORY in der fränkischen Heimat. ▶

> »Driving ideas into polymer-based solutions – creatively, rapidly, globally«
>
> OECHSLER-Firmenphilosophie

AUS BESTER FAMILIE

Im Jahr 1864 erfüllte sich Matthias Oechsler seinen Traum vom eigenen Handwerksbetrieb

»Durch eine erfolgreiche Globalisierung hat OECHSLER nicht nur Arbeitsplätze in Deutschland gesichert, sondern auch neu geschaffen.«

Wolf Matthias Mang, Vorsitzender des Aufsichtsrats

Partner der Automobilindustrie: OECHSLER entwickelt und fertigt Automotive-Funktionen wie Zentralverriegelung, elektronische Parkbremse oder Kurvenlicht

Bis heute in Franken daheim: Der Firmensitz von OECHSLER in Ansbach. Allein hier arbeiten rund 1100 Menschen

Er gestaltet die Zukunft von OECHSLER seit rund 20 Jahren als Aufsichtsratsvorsitzender mit: der Gründernachfahre Wolf Matthias Mang

OECHSLER

Höchste Qualität an allen Standorten: Die Produkte von OECHSLER und OECHSLER Motion werden in Deutschland, China, Rumänien, Mexiko, Vietnam und in den USA hergestellt

OECHSLER firmiert als nicht börsennotierte AG, die Familie hält sich seit Jahrzehnten aus dem operativen Management heraus. Dennoch gehören ihr bis heute 79 Prozent der Anteile. Ein Prozent hält das Management, die restlichen 20 Prozent die Deutsche Beteiligungs AG. Zur Unternehmensgruppe gehört neben zahlreichen Auslandsgesellschaften auch die ausgegliederte OECHSLER Motion GmbH, die hochwertige Sportartikel und Komponenten entwickelt und herstellt.

OECHSLER hat allein in den vergangenen fünf Jahren 29 Patente angemeldet. Zu seinen bekanntesten Produktinnovationen gehören die elektronische Parkbremse, der Keramikspritzguss und die Komponenten für die Schuhe aus der adidas SPEEDFACTORY. In Zukunft will das Familienunternehmen seine Innovationsstärke weiter pflegen und noch aktiver forschen und entwickeln. Die Ansbacher möchten die Exklusivpartnerschaft mit adidas im Rahmen der SPEEDFACTORY ausbauen und ihr Geschäftsmodell über die Automobilindustrie hinaus nachhaltig diversifizieren.

Wenn es darum geht, diese Ziele zu erreichen, kann sich OECHSLER auf seine 2500 Mitarbeiter verlassen. Trotz der Eröffnung von Auslandsstandorten ist die Zahl der inländischen Mitarbeiter gewachsen. Arbeiteten 2004, im Gründungsjahr der ersten China-Niederlassung, noch 1200 Mitarbeiter an den deutschen OECHSLER-Standorten, sind es heute 1500. Allein in den letzten anderthalb Jahren sind für die SPEEDFACTORY bei OECHSLER Motion 150 zusätzliche Arbeitsplätze entstanden. Damit die Mitarbeiter sich wohl fühlen, bietet ihr Arbeitgeber ihnen zum Beispiel Sprachkurse, ein berufsbegleitendes Studium mit finanzieller Förderung und eine modulare Führungskräfteentwicklung an. Zudem kooperiert das Unternehmen mit Kinderbetreuungsstätten, organisiert Firmenläufe und eine Mitfahrzentrale.

Es ist viel passiert, seit in Ansbach Beinknöpfe hergestellt wurden. Doch ob es um Knöpfe oder anspruchsvolle Kunststofflösungen geht: OECHSLER setzt hohe Standards – bei seinen Produkten genauso wie beim Umgang mit den Mitarbeitern. ◂

DATEN UND FAKTEN

INHABERFAMILIEN
Familien Oechsler, Mang, Fleischmann, Glückert, Graf, Wolf, Westermann, Lang und Braun
in der sechsten Generation

BRANCHE
Kunststoffverarbeitung

PRODUKTE
Präzisions-Kunststoffteile und Baugruppen, hochfunktionale Komponenten für die Sportartikelindustrie sowie Schuhe (im adidas-Projekt SPEEDFACTORY)

STANDORTE
OECHSLER Konzern: Headquarters in Ansbach, weitere Standorte in Weißenburg (Deutschland), Taicang (China), Lipova (Rumänien) und Querétaro (Mexiko);
OECHSLER Motion: Headquarters in Brodswinden (Deutschland), weitere Standorte in Acworth/Georgia (USA) und Long An (Vietnam)

VERTRIEB
Europa, Asien, NAFTA: größtenteils durch eigene Standorte im jeweiligen Land

MITARBEITER
insgesamt 2350 Mitarbeiter im OECHSLER Konzern und 150 weitere Mitarbeiter bei OECHSLER Motion

FÜHRUNGSSTRATEGIE
familienfremdes Management mit vierköpfigem Vorstand bestehend aus Dr. Claudius M. Kozlik (Vorsitzender), Christoph Faßhauer, Ludwig Huber und Michael Meyer

UMSATZ
355 Mio. € (2016)

OECHSLER

OECHSLER AG
Matthias-Oechsler-Straße 9
91522 Ansbach

Telefon 0981 1807-0
www.oechsler.com

In Anlagen wie dieser wird Kühlenergie für Maschinen, Produktionsanlagen oder die Klimatisierung besonders energieeffizient erzeugt. Mit Systemlösungen aus dem Hause der ONI-Wärmetrafo GmbH reduzieren Industrieunternehmen aus allen Branchenbereichen ihre Energieverbräuche nachhaltig

AUS BESTER FAMILIE

ONI WÄRMETRAFO

SEIT 1983

Energie ist der Stoff, aus dem Zukunft gestaltet wird! Der sorgsame Umgang mit Energie ist daher eine Forderung, die gerade in den letzten Jahren immer lauter geworden ist. Besonders steht hier die Nutzung fossiler Energieträger für die Erzeugung von Heizwärme und Strom im Fokus.

Ginge uns eines Tages der Strom aus, wäre ein Weiterleben wie bisher nicht mehr möglich. Um diese Problematik zu vermeiden, fördern Landes- und Bundesregierung besonders energieeffiziente Anlagentechnik oder regenerative Energien.

Auch bei vielen Unternehmen ist das Thema Energie zu einem sehr wichtigen Thema geworden, weil die Energiekosten zu einem wesentlichen Wettbewerbsfaktor geworden sind.

Dass viele produzierende Unternehmen in ihren Industrieanlagen sehr viel weniger Energie verbrauchen als früher, liegt auch an ihm: Wolfgang Oehm. Er gründete 1983 in Lindlar, Nordrhein-Westfalen, die Firma ONI-Wärmetrafo GmbH, die als Pionier in Sachen Entwicklung und Bau energiesparender Systemlösungen für Industriebetriebe gilt.

»Für mich sind ältere Mitarbeiter Edelstähle und kein altes Eisen.«
Wolfgang Oehm

Oehm hatte als Betriebsleiter bei einem führenden Spritzgießmaschinenhersteller und anschließend bei einem großen Kunststoffverarbeiter stets das Thema Energieeffizienz aktiv aufgegriffen und in die Produktentwicklung oder Arbeitsprozesse einfließen lassen.

Mit der Entwicklung des weltweit ersten Wärmerückgewinnungssystems für Kunststoffmaschinen im Jahre 1982 schrieb er Geschichte. Statt wie bisher Abwärme ungenutzt in die Umwelt abzuleiten, wurde Abwärme zu wertvoller Heizwärme, die Energieträger wie Heizöl oder Erdgas ersetzt.

Weil er für solche Systeme ein großes Potenzial sah, meldete er darauf ein Patent an und gründete ein Jahr später die Firma ONI-Wärmetrafo GmbH. Mit Erfolg: Heute ist ONI ein weltweit führendes Unternehmen in der Planung und dem Bau energieoptimierter Industrieanlagen. Das Unternehmen entwickelt und baut Anlagen für die Bereiche Kühl- und Kältetechnik; Wärmerückgewinnung aus Kühlwasser, Abluft oder Abgas; Klima-, Lüftungs- und Reinraumtechnik; Druckluftsysteme; Blockheizkraftwerke mit allen erforderlichen Peripheriesystemen; Energieoptimierung an Spritzgießmaschinen sowie für die dynamische und prozessoptimierende Werkzeugtemperierung.

ONI beliefert mittlerweile mehr als 5000 Industriekunden in über 70 Ländern der Welt, vom kleinen, mittelständischen Unternehmen bis zum großen, global agierenden Konzern. Die Kunden kommen aus den verschiedensten Branchenbereichen. Die Bandbreite reicht von ▶

Sie freuen sich über die Aufnahme in das „Lexikon der Weltmarktführer": Prof. Dr. Bernd Venohr, Wolfgang Oehm mit seiner Frau Christa sowie Dr. Florian Langenscheidt (von links)

»Mehr als 5000 Industriekunden in über 70 Ländern der Welt setzen auf unsere energiesparenden Systeme.«

Wolfgang Oehm

Wolfgang Oehm (links) bei der Verleihung des Bundesverdienstordens 1. Klasse durch den damaligen NRW-Wirtschaftsminister Garrelt Duin

Komplexe Technik wie diese energieoptimierte Kühlanlage braucht Platz. Hierbei handelt sich um ein 2-Kreis-Kühlsystem mit Wärmerückgewinnung

Hier zu sehen: das Teilstück einer ONI-Container-Kühlanlage

ONI WÄRMETRAFO

Verkauft wird weltweit, und produziert wird in Lindlar, Nordrhein-Westfalen

DATEN UND FAKTEN

INHABERFAMILIE
Familie Oehm

GRÜNDER
Wolfgang Oehm, Lindlar

UNTERNEHMENSANTEILE DER FAMILIE
100 %

MARKTPOSITION UNTERNEHMEN
deutscher Weltmarktführer für ganzheitlich optimierte Energiesysteme im Zusammenhang mit der Maschinenenergieoptimierung und den dynamischen Werkzeugtemperiersystemen

BRANCHE
Industrieanlagenbau

PRODUKTE
Planung und Bau von Energieanlagensystemen

STANDORT
Lindlar in Deutschland

VERTRIEB
in mehr als 70 Ländern der Welt, in Zusammenarbeit mit Vertriebs- und Servicepartnern vor Ort

JAHRESUMSATZ
66,5 Mio. € (2016)

MITARBEITER
420 (2016)

---

der Kunststoff- und Metallverarbeitung, über die Automobilindustrie, der Chemie- und Lebensmittelbranche bis zur Medizintechnik.

Nach der Firmengründung entwickelte Oehm weitere Energieoptimierungssysteme. Beispielsweise ein unter dem Oberbegriff „Maschinenabspeckung" bekannt gewordenes System, mit dem der Stromverbrauch von Spritzgießmaschinen um mehr als die Hälfte gesenkt werden konnte.

Im Laufe der Jahre folgten viele weitere Erfindungen mit Wirkrichtung Energieeinsparung. Auf Basis eines breit gefächerten Know-hows, im Zusammenwirken mit einem kontinuierlichen und durchgängigen Wissenstransfer im Unternehmen, sind Innovationen entstanden, die für die gesamte Branche wegweisend sind. Seit etwa 15 Jahren wird die Lieferung von Anlagen durch ein umfassendes Service- und Dienstleistungspaket ergänzt. Dazu gehört beispielsweise eine permanente Fernüberwachung der Anlageneffizienz, oder man berät und unterstützt, wenn es darum geht, an Fördermittel zu gelangen. Wolfgang Oehm versteht Unternehmertum, damals wie heute, als eine ganzheitliche Verantwortung. Dazu gehört auch eine täglich gelebte ethische und soziale Verantwortung gegenüber seinen Mitarbeitern, Mitmenschen und Organisationen. So werden wesentliche Gewinnanteile an Mitarbeiter, karitative Einrichtungen, Kindergärten sowie eine große Anzahl von Vereinen ausgeschüttet. Unternehmenserfolg ist für ihn Verpflichtung, neue Arbeits- und Ausbildungsplätze in Deutschland zu schaffen. Neue Arbeitsplätze werden zu einem wesentlichen Teil mit Arbeitnehmern in der Altersgruppe zwischen 50 und 60 Jahren besetzt, und die Ausbildungsquote liegt bei circa 11 Prozent. Für mehr als 50 Asylsuchende finanziert er Sprachkurse, und 10 Asylsuchende hat er nach erfolgreichem Sprachkurs als Auszubildende eingestellt.

Wolfgang Oehm selbst wurde für seine unternehmerische Leistung und sein außergewöhnliches soziales Engagement mehrfach ausgezeichnet, 2016 mit dem Verdienstkreuz 1. Klasse des Verdienstordens der Bundesrepublik Deutschland. ◄

ONI
Wir nutzen Energie sinnvoll

ONI-WÄRMETRAFO GMBH
Niederhabbach 17
51789 Lindlar

Telefon 02266 4748-0
www.oni.de

Moderne Prothesen vom Weltmarktführer Ottobock bieten Menschen mit Handicap ganz neue Möglichkeiten

AUS BESTER FAMILIE

OTTOBOCK

SEIT 1919

Mit technischem Können Menschen in schwierigen Situationen helfen – von Anfang an war sich der junge Orthopädietechniker Otto Bock seiner Lebensaufgabe bewusst. Man schrieb das Jahr 1919, der Erste Weltkrieg hatte Millionen von Leben gekostet, unzählige Menschen hatten Gliedmaßen verloren. Diese Arm- und Beinamputierten schnell mit Prothesen zu versorgen, war schwierig, traditionelle handwerkliche Methoden konnten den gewaltigen Bedarf nicht decken. Hier griff Bocks Idee: Er entwickelte Prothesen aus vorgefertigen Modulen. Auf diese Weise konnten Einzelteile in Serie produziert und dann vor Ort viel schneller an den einzelnen Anwender angepasst werden. Das sparte Zeit und machte die Versorgung einfacher. So legte Otto Bock den Grundstein für die orthopädische Industrie.

Nach der Unternehmensgründung in Berlin zog das Unternehmen bald nach Königsee in Thüringen, in die Heimat von Otto Bock. Dort wuchs der Betrieb stetig, bald arbeiteten für ihn bis zu 600 Beschäftigte. Auch die Produkte wurden

»Wir wollen Menschen mit Handicap ein maximales Maß an Lebensqualität ermöglichen.«

Prof. Hans Georg Näder

beständig weiterentwickelt, der Firmengründer ließ immer neue Materialien testen. Bereits Anfang der 30er-Jahre setzte er erstmals Aluminiumteile in der Prothetik ein. Doch nach dem Zweiten Weltkrieg kam das jähe Ende: Das gesamte Privatvermögen der Familie und die Fabrik in Königsee wurden enteignet.

Doch auch in der zweiten Nachkriegszeit blieben sowohl der Bedarf nach Produkten als auch der Unternehmergeist der Familie bestehen. In der bisherigen Zweigstelle im niedersächsischen Duderstadt baute Otto Bocks Schwiegersohn Dr.-Ing. Max Näder eine neue Vertriebsstätte auf und gründete die Otto Bock Orthopädische Industrie KG. Auch er demonstrierte Innovationskraft und Erfindergeist, um den widrigen Umständen zu trotzen. So setzte er als Alternative zum knappen Rohstoff Holz erstmals Polyurethan-Kunststoffe in der Beinprothetik ein. In der Folge entstand 1953 die Otto Bock Kunststoff GmbH. Neben der technologischen Weiterentwicklung stand auch die weltweite Expansion auf der Agenda. Mit der Gründung der ersten Auslandsgesellschaft im Jahr 1958 in Minneapolis begann die Internationalisierung. Bis heute sind 48 weitere Gesellschaften weltweit hinzugekommen, das Familienunternehmen wurde zum Global Player. Einen weiteren Meilenstein der Firmengeschichte markierte das Jahr 1992: Familie Näder kaufte den enteigneten Stammsitz in Königsee zurück und baute dort die Rollstuhlfertigung auf, ▶

AUS BESTER FAMILIE

Zwei Generationen Ottobock: Prof. Hans Georg Näder (l.) und sein 2009 verstorbener Vater Dr.-Ing. Max Näder

Permanent optimiert: In der Produktentwicklung werden die Hightech-Prothesen ständig verbessert und weiterentwickelt

»Quality for life«
Ottobock Unternehmensclaim

Stolze Exporteure: Schon bald lieferte Ottobock auch nach Übersee

Schnell unterwegs mit den modernen Hightech-Prothesen von Ottobock

OTTOBOCK

Wenn Prothesenträger ihr Leben nicht mehr nach dem fehlenden Körperteil ausrichten müssen, ist das Ziel der Arbeit von Ottobock erreicht

in der heute zahlreiche Produkte entstehen. Der Hauptstandort des Unternehmens blieb aber Duderstadt, hier arbeiten aktuell rund 1200 der insgesamt über 7000 Beschäftigten.

Gemeinsam setzen die Mitarbeiter von Ottobock bis heute regelmäßig technologische Standards. Dazu zählt etwa das C-Leg, die weltweit erste vollständig mikroprozessor-gesteuerte Beinprothese, die nach ihrer Premiere im Jahr 1997 kontinuierlich weiterentwickelt wurde. In den Modellen Genium, Genium X3, C-Leg4 und Kenevo ist ihre Technologie heute für alle Mobilitätsgrade verfügbar. Ebenfalls eine Weltneuheit ist die Ganzbeinorthese C-Brace®. Sie ist die erste mechatronische Orthesenlösung, die den gesamten Gangzyklus dynamisch und in Echtzeit kontrolliert. Und auch innovative Handprothesen gehören zum Portfolio, etwa die Michelangelo Hand oder die bebionic Hand – beides aktuelle Highend-Lösungen mit separat ansteuerbaren Fingern für unterschiedliche Greifarten.

Seit 1990 leitet Prof. Hans Georg Näder, Enkel des Firmengründers, das Unternehmen. Als Inhaber hält er die Anteilsmehrheit, auch seine beiden Töchter sind Gesellschafterinnen der Otto Bock Holding GmbH & Co. KG, die 80 Prozent der Otto Bock HealthCare GmbH besitzt. Sie übernehmen zunehmend Verantwortung im Unternehmen und in seinem Umfeld. Die restlichen 20 Prozent gehören dem schwedischen PE-Unternehmen EQT, mit dem Ottobock partnerschaftlich kooperiert. Derzeit wird die Rechtsform des Unternehmens in eine SE & Co. KGaA umgewandelt, die durch einen Verwaltungsrat und einen Aufsichtsrat kontrolliert wird. Damit will Prof. Hans Georg Näder das Unternehmen in die Zukunft führen – mit ebensoviel Umsicht und Verantwortung, wie er es bei der Sanierung und Umnutzung des Bötzow-Areals in Berlin an den Tag legt. Auf dem ehemaligen Brauereigelände entsteht bis zum Firmenjubiläum 2019 ein ganzer Campus, der die Forschungs- und Entwicklungsabteilung von Ottobock mit öffentlichen Freizeit-, Gastronomie- und Kulturangeboten kombiniert – ganz gemäß dem Unternehmensclaim „Quality for life". ◀

DATEN UND FAKTEN

INHABERFAMILIE
Familie Näder
in der dritten Generation

GRÜNDER
Otto Bock

FAMILIENEINFLUSS
inhabergeführt

UNTERNEHMENSANTEILE FAMILIENMITGLIEDER
Mehrheit bei Prof. Hans Georg Näder

MARKTPOSITION UNTERNEHMEN
Weltmarktführer in der technischen Orthopädie

BRANCHE
Medizintechnik

PRODUKTE
Prothesen, Orthesen, manuelle und elektrische Rollstühle und Reha-Produkte

STANDORTE
u.a. Duderstadt, Königsee, Wien, Austin, Salt Lake City, Pomona, Sacramento (USA), Toljatti (Russland), Valinhos (Brasilien), Tongzhou (China)

VERTRIEB
in über 50 Ländern mit Niederlassungen auf allen Kontinenten

MITARBEITER
ca. 7000

ottobock.

OTTO BOCK HEALTHCARE GMBH
Max-Näder-Straße 15
37115 Duderstadt

Telefon 05527 848–0
www.ottobock.de

Die Otto Group gehört mit einem Onlineumsatz von rund sieben Milliarden Euro zu den weltweit größten Onlinehändlern

AUS BESTER FAMILIE

OTTO GROUP

SEIT 1949

Die Auflage betrug 300 Stück, die 14 Seiten waren handgebunden mit 28 aufgeklebten Fotos von Schuhen. Darüber das Motto „Vertrauen gegen Vertrauen". So sah der erste Katalog des 1949 gegründeten Werner Otto Versandhandels aus, der den Grundstein für die heutige Otto Group legte. Der 1909 in Ostpreußen geborene Einzelhändler Werner Otto bot zusammen mit drei Mitarbeitern vom Hamburger Stadtteil Schnelsen aus als Erster einen Versandhandel gegen Rechnung an. Das intelligente Konzept ging auf: In knapp zwei Jahren verfünffachte sich der Umsatz auf fünf Millionen DM.

Der konsequente Ausbau zum Konzern begann bereits 1969. Mit der Gründung der Hanseatic Bank und des Hermes Versands wurden zunächst die handelsnahen Dienstleistungen aufgebaut, um das Kerngeschäft zu unterstützen. Dieses wurde durch Zukäufe und Beteiligungen weiter ausgebaut. 1981 übernahm Gründersohn Dr. Michael Otto von Günter Nawrath den Posten des Vorstandsvorsitzenden. Er entwickelte die Einzelgesellschaft OTTO zu einem der innovativsten

» **Verbraucher tragen das Zepter der Moderne immer in der Hand: Smartphones und Tablets.** «

Alexander Birken, Vorstandsvorsitzender der Otto Group

deutschen Versender und die Otto Group zu einer der größten Versandhandelsgruppen der Welt. Neben der Gründung von eigenen europäischen Tochtergesellschaften zum Beispiel in den Niederlanden oder in Polen wurde durch weitere Beteiligungen der Grundstein für ein nachhaltiges internationales Wachstum gelegt.

Die Otto Group ist heute mit 123 Unternehmen in 30 Ländern vertreten. Die Geschäftstätigkeit der Gruppe erstreckt sich auf die drei Segmente Multichannel-Einzelhandel – einer Synergie aus E-Commerce, Kataloggeschäft und stationärem Handel – sowie Finanzdienstleistungen und Service. Der Ausbau der Geschäftstätigkeit in den neuen Wachstumsmärkten Osteuropa und Südamerika sowie der E-Commerce sind die bedeutendsten Wachstumstreiber der Otto Group. Bereits im Jahr 1995 bildete die Gruppe ihr komplettes Versandgeschäft auch online ab – inzwischen erwirtschaftet die Otto Group mehr als die Hälfte des Umsatzes (7 Milliarden Euro) über mehr als 100 E-Commerce-Kanäle und gehört damit weltweit zu den größten Onlinehändlern.

Eine innovationsorientierte Unternehmensstrategie sowie der Aufbau leistungsfähiger Führungsebenen waren bereits für den Unternehmensgründer Werner Otto wichtige Zielpunkte und Bausteine beim Aufbau seines Unternehmens. Das Thema Nachhaltigkeit kam als integraler Bestandteil der Unternehmensstrategie bereits in den 1980er-Jahren durch seinen Sohn Dr. Michael Otto hinzu. Sie haben auch nach seinem Wechsel in den ▶

AUS BESTER FAMILIE

Jahrzehntelange erfolgreiche Führung: Dr. Michael Otto hat das Unternehmen zur weltweit agierenden Versandhandelsgruppe entwickelt und ist nun Vorsitzender des Aufsichtsrates

Seit mehr als drei Jahrzehnten ist es das Ziel der Otto Group, Produkte anzubieten, die unter Einhaltung sozialer Standards hergestellt werden

»Gemeinsam setzen wir Maßstäbe.«

Otto Group Leitbild

Seit 2017 an der Konzernspitze: Alexander Birken, Vorstandsvorsitzender Otto Group

Fashion Victim: Ende der 50er entdeckt OTTO die Modefotografie

OTTO GROUP

Das größte automatische Retourenlager Europas steht in Haldensleben und gehört zum Hermes Fulfilment Versandzentrum der Otto Group. Etwa eine Million Artikel sind auf 175 000 Wannenlagerplätze verteilt

Aufsichtsrat im Jahre 2007 Bestand und sind fest in der Unternehmensführung verankert. Von 2007 bis Ende 2016 hat sein Nachfolger Hans-Otto Schrader das Unternehmen als Vorstandsvorsitzender sehr erfolgreich geführt. Seit 2017 leitet Alexander Birken die Aktivitäten der Gruppe, die maßgeblich geprägt sind durch das neue, von Mitarbeitern entwickelte Leitbild „Gemeinsam setzen wir Maßstäbe" und dem Ende 2015 eingeleiteten Kulturwandel-Prozess. Eine fokussierte Wachstumsstrategie soll den Unternehmenserfolg auch in einem sich stark verändernden und digitalisierten Handelsmarkt der Zukunft sichern. Ein Börsengang kam und kommt für Dr. Michael Otto als Unternehmer und Aufsichtsratsvorsitzender der Otto Group nach wie vor nicht infrage. Im Jahr 2015 hat er seine Anteile an der Otto Group in eine gemeinnützige Stiftung bürgerlichen Rechts übertragen.

Gesellschaftliches und soziales Engagement spielt sowohl für das Unternehmen als auch für die Mitarbeiter eine wichtige Rolle. Auch in Sachen Weiterbildung und Diversity ist der Konzern vorbildlich. Mit der Otto Group Academy existiert eine eigene, konzernweite Weiterbildungs-Institution, und über das Programm „Boost your Career" fördert Otto speziell Management-Karrieren von weiblichen Führungskräften.

2011 war ein trauriger Meilenstein in der Konzerngeschichte, denn im Dezember des Jahres starb Gründer Werner Otto im Alter von 102 Jahren. Bundeskanzlerin Angela Merkel nannte ihn einen „Titan der Marktwirtschaft". Kurz vor seinem Tod gründete er noch eine neue Stiftung zur Unterstützung armer Menschen in seiner Wahlheimat Berlin.

Sein Erbe bleibt indes innovativ, so ist die Otto Group gewissermaßen an der zweiten digitalen Revolution beteiligt. Der Konzern hat sich etwa an dem Karlsruher Start-up Blue Yonder beteiligt, das im Geschäftsfeld Advanced Data Analytics aktiv ist. Schließlich ist der Distanzhandel auch ein Big-Data-Thema, und Otto gehört traditionsgemäß zu den Vorreitern der Branche. ◀

DATEN UND FAKTEN

INHABERFAMILIE
Familie Otto
in der dritten Generation

GRÜNDER
Prof. Dr. h.c. Werner Otto
(1909–2011)

FAMILIENEINFLUSS
Aufsichtsratsvorsitzender,
Gesellschafter

UNTERNEHMENSANTEILE DER FAMILIE
100 %

MARKTPOSITION UNTERNEHMEN
Die Otto Group gehört mit einem Onlineumsatz von rund 7 Mrd. € zu den weltweit größten Onlinehändlern

BRANCHE
Handel und Dienstleistungen

PRODUKTE
Multichannel-Einzelhandel, Finanzdienstleistungen und Service

STANDORTE
Europa, Nord- und Südamerika, Asien

VERTRIEB
weltweit

MITARBEITER
rund 49 750

otto group

OTTO (GMBH & CO KG)
Werner-Otto-Straße 1–7
22179 Hamburg

Telefon 040 6461–0
www.ottogroup.com

Von der kleinen Familienseilerei zum globalen Industrieunternehmen und technisch führenden Seillieferanten weltweit – nur wenige Unternehmen haben eine so lange Tradition und eine so bemerkenswerte Entwicklung hinter sich wie PFEIFER

AUS BESTER FAMILIE

PFEIFER

SEIT 1579

Ein Unternehmen, das seit der Zeit der Renaissance besteht, ist gut darin, langfristig zu denken. Das Familienunternehmen PFEIFER beschäftigt sich bereits seit dem 16. Jahrhundert mit Seilen und gilt heute als technisch führender Seillieferant weltweit. Von der kleinen Familienseilerei zur international aufgestellten Firmengruppe, vom Hanfseil zu immer neuen anwendungstechnischen Möglichkeiten in der Seil-, Hebe- und Bautechnik sowie dem Seilbau war es ein langer Weg. Ein Weg, bei dem Tradition und Innovation stets Hand in Hand gingen.

Die PFEIFER-Gruppe hat ihren Stammsitz in Memmingen im Allgäu – und das schon seit mehr als 430 Jahren. Die Geschichte des Unternehmens lässt sich bis ins Jahr 1579 zurückverfolgen. Seinerzeit beschwerte sich der Seiler Linhart Biechele, ein Vorfahre der Familie Pfeifer, mit seinen Kollegen im Namen der Zunftgenossenschaft über unerlaubte Handelspraktiken beim Stadtrat. Das Beschwerdeschreiben ist der älteste Nachweis des Seilerbetriebs der Familie Pfeifer in Memmingen. Über Generationen hinweg betrieb die Familie ihr

»Premiumlösungen für anspruchsvollste Anwendungen in der Seil-, Hebe- und Bautechnik sowie im Seilbau«

PFEIFER-Unternehmensprofil

Handwerk inmitten der Altstadt. Nach dem Zweiten Weltkrieg wurden neue Standorte außerhalb der Stadtmauern bezogen.

Lange Zeit gehörten vor allem Hanf- und Naturfaserseile zu den Produkten des Betriebs. Ab 1950 baute Hermann Pfeifer, der Vater des heutigen Inhabers Gerhard Pfeifer, den Handwerksbetrieb aus. Mit dem Beginn der Drahtseilkonfektionierung, der Anschaffung zeitgemäßer Maschinen und dem Bezug neuer Produktionsstätten mauserte sich PFEIFER rasant zu einem modernen Industrieunternehmen – und stieg neben der Seiltechnik in weitere Geschäftsbereiche wie die Bau- und Hebetechnik ein. Unter der Führung von Hermann Pfeifer entwickelte das Unternehmen bereits in den 1960er-Jahren Innovationen wie die PFEIFER-Transportankersysteme zum Heben und Bewegen von Betonfertigteilen.

Seit 1996 leitet Gerhard Pfeifer das Familienunternehmen in zwölfter Generation. Er trieb die Internationalisierung von PFEIFER voran und machte die Firma zu einem Global Player mit rund 250 Millionen Euro Umsatz und sechs Produktionswerken auf drei Kontinenten. Die Firmengruppe ist heute als Holding mit zahlreichen Tochtergesellschaften im In- und Ausland organisiert, dabei aber weiterhin vollständig in Besitz der Familie Pfeifer. Das Unternehmen ist in acht Geschäftsbereiche unterteilt. PFEIFER stellt unter anderem Seile für Krane, Aufzüge und die Industrie her, fertigt aber auch Betoneinbauteile, Lastaufnahmemittel, Anschlag- und Zurrtechnik sowie Schutzverbauungen. ▶

Werteorientiert: Gerhard Pfeifer, geschäftsführender Gesellschafter der PFEIFER-Firmengruppe, führt das Familienunternehmen bereits in zwölfter Generation

»Menschen gestalten die Welt von morgen. Unser Anspruch ist es, diese Welt für sie jeden Tag ein Stück sicherer zu machen.«

Gerhard Pfeifer

Einzigartig: Das vollautomatische Hochregallager am Firmensitz in Memmingen ist in seiner Art einmalig. Es hat eine Gesamtlagerkapazität von mehr als 1600 Seilhaspeln

Innovativ: Die Transportankersysteme von PFEIFER haben das Transportieren, Bewegen und Heben von Betonfertigteilen revolutioniert

Traditionsbewusst: Diese Urkunde vom 13. Februar 1579 ist der älteste Nachweis der Seilerfamilie Pfeifer in Memmingen. Sie belegt die jahrhundertealte Handwerkstradition des Familienbetriebs

International: Das größte Projekt der Firmengeschichte war der Bau des Daches des Moses-Mabhida-Stadions in Durban zur Fußball-WM 2010 in Südafrika

Darüber hinaus ist PFEIFER der weltweit einzige Komplettanbieter im Bereich Leichtbau-Architektur, eine Branche, die sich beispielsweise anhand des Münchner Olympiastadions – dem ersten wichtigen Seilbauwerk der Moderne – oder des Moses-Mabhida-Stadions im südafrikanischen Durban bestaunen lässt. Am Bau beider Stadien war PFEIFER beteiligt. Beim Stadion in Südafrika, das eigens für die Fußball-WM 2010 errichtet worden war, zeichnete sich das Familienunternehmen für das gesamte Dach verantwortlich. Es war das bisher größte Projekt der Unternehmenshistorie.

Um die Firmengruppe auch in Zukunft führbar zu halten und die eigenen Stärken noch besser zu bündeln, organisiert sich PFEIFER gerade um. Die acht Geschäftsbereiche werden künftig in vier eigenständigen operativen Divisionen zusammengefasst. Unverzichtbar ist dabei, dass das Familienunternehmen seine Mitarbeiter im Blick behält – und als traditionsreicher Betrieb langfristig agiert. Mit einer Ausbildungsquote von zehn Prozent bildet PFEIFER besonders viele junge Menschen aus und ist stolz darauf, einen Großteil der Meister, Projektleiter und Führungskräfte aus den eigenen Reihen rekrutieren zu können.

Um die Mitarbeiter zu fördern, bietet das Familienunternehmen ihnen mit „PFEIFER-Campus" ein Weiterbildungsprogramm mit mehr als 80 Kursen zu verschiedensten Themen – von Technik bis BWL, von Sprachen bis Gesundheit. Wer einmal bei PFEIFER angefangen hat, bleibt dem Unternehmen oft treu. Das zeigt die überdurchschnittlich lange Firmenzugehörigkeit. Das Spezialwissen der Mitarbeiter in der Anwendungstechnik ist dadurch so detailliert, wie es wohl einzigartig in der Branche ist. „Nach der besten Lösung zu suchen heißt für uns, sich nicht mit Bestehendem zufrieden zu geben, sondern sich offen dem Neuen zuwenden", sagt Gerhard Pfeifer. Er und seine Nachfahren werden dafür sorgen, dass bei PFEIFER auch in den kommenden Jahrhunderten zukunftsorientiert gedacht wird. ◀

DATEN UND FAKTEN

INHABERFAMILIE
Familie Pfeifer
in der zwölften Generation

BRANCHE
Seil-, Hebe- und
Bautechnik, Seilbau

GESCHÄFTSBEREICHE
Seilanwendungstechnik,
Anschlag-/Zurrtechnik,
Hebetechnik, Aufzugtechnik,
Bergbau- und Industrieseile,
Seilbau, Schutzverbauungen
und Bautechnik

STANDORTE
Stammsitz in Memmingen
(Deutschland); fünf weitere
Produktionswerke in Mülheim an
der Ruhr (Deutschland),
Changshu (China), Shanghai
(China), Dallas (USA) und
Breslau (Polen); darüber hinaus
weitere Niederlassungen im
In- und Ausland

UNTERNEHMENSSTRUKTUR
Holding mit aktuell 31
operativen Gesellschaften
in 20 Ländern

VERTRIEB
weltweit

MITARBEITER
1400 weltweit

UMSATZ
rund 250 Mio. € (2016)

PFEIFER HOLDING
GMBH & CO. KG
Dr.-Karl-Lenz-Straße 66
87700 Memmingen

Telefon 08331 937–0
www.pfeifer.info

Was 1948 in Esslingen als Glasbläserei begann, ist heute ein global agierender Technologieführer in der Automatisierungstechnik. Nach Gründer Hermann Pilz ist nun die dritte Generation in der Geschäftsführung tätig

AUS BESTER FAMILIE

PILZ
SEIT 1948

> »Werte.
> Schaffen.
> Zukunft.«
>
> Renate Pilz

Erich Kästner verdanken wir die Erkenntnis, dass das Leben immer lebensgefährlich ist. Würde dieser heute noch leben und hätte er das Unternehmen Pilz gekannt, wäre seine Einschätzung eventuell anders ausgefallen. Denn als Hermann Pilz 1948 in Esslingen eine Glasbläserei gründete, legte er damit den Grundstein für ein Familienunternehmen, dessen Leitspruch heute „Sicherheit für Mensch, Maschine und Umwelt" lautet.

Die Pilz GmbH & Co. KG, inzwischen in Ostfildern ansässig, hat sich als international agierender Technologieführer in der Automatisierungstechnik einen Namen gemacht. Zu den Produkten und Lösungen des Unternehmens zählen Sensorik, Sicherheitsschaltgeräte, konfigurierbare und programmierbare Steuerungssysteme, Automatisierungslösungen mit Motion Control, Systeme für die industrielle Kommunikation sowie Visualisierungslösungen und Bedienterminals. Dazu zählt auch der Bereich „Sichere Robotik": Hier hat sich Pilz in den vergangenen Jahren als Experte für die Sicherheit etabliert und unterstützt zum Beispiel führende deutsche Automobilbauer bei der Umsetzung von Mensch-Roboter-Kollaborationen. Systemlösungen von Pilz findet man in allen Bereichen des Maschinen- und Anlagenbaus sowie in der Automobil-, Lebensmittel- und Holzindustrie. Außerdem sorgen Produkte des schwäbischen Technologieführers dafür, dass Gepäckförderanlagen in Flughäfen gefahrlos laufen, Theaterkulissen sich reibungslos bewegen und Seil- oder Achterbahnen sicher unterwegs sind.

Doch zurück zu Hermann Pilz, der in den Nachkriegsjahren Quecksilberschaltgeräte fertigt, die die Basis für die kommenden Industrieschaltgeräte bilden. An diesem virulenten Punkt der Firmenhistorie kommt dann schon sein Sohn Peter Pilz ins Spiel, dessen Pioniergeist die Metamorphose vom Glasapparatebau zur Elektronik entscheidend vorantreiben soll. Er übernimmt 1968 das Unternehmen und leitet eine zielgerichtete Internationalisierung ein.

Auch in den 1970er-Jahren ist Expansion das Maß der Dinge. So werden neben elektronischen Kontroll- und Überwachungsgeräten nun auch speicherprogrammierbare Steuerungssysteme hergestellt und vertrieben. Maßstäbe setzen die innovativen Schwaben auch durch die Normung elektronischer Bauteile. Im Jahr 1987 entwickelt Pilz das heute weltbekannte „NOT-AUS-Schaltgerät PNOZ", ein elementares Sicherheitskonzept für Maschinen und Anlagen – und ein für das Unternehmen und die Branche bahnbrechendes Produkt. „PNOZ" ist heute mehr als ein Produktname und steht seit seiner Entwicklung für sicherheitsrelevante Schaltgeräte im Maschinen- ▶

AUS BESTER FAMILIE

Das Stammhaus in Ostfildern

Im neuen Produktions- und Logistikzentrum von Pilz ist die „Industrie 4.0" längst angekommen. Pro Tag werden hier im Schnitt rund 3000 Schaltgeräte, Steuerungen, Sensoren und Antriebstechnik-Produkte hergestellt

»Auch in Zukunft wird uns unser ›Spirit of Safety‹ leiten.«

Historischer Moment: Im Jahr 1987 entwickelt Pilz das heute weltbekannte „NOT-AUS-Schaltgerät PNOZ"

Die sichere Mensch-Roboter-Kollaboration gewinnt immer mehr an Bedeutung

PILZ

Ende 2017 übergibt Renate Pilz die Geschäftsführung an ihre Kinder. Von links: Susanne Kunschert, Renate und Thomas Pilz

und Anlagenbau. Mit diesem Geniestreich wird Pilz Erstanbieter auf dem Weltmarkt und ist bis heute Weltmarktführer.

Den Durchbruch hat die große Unternehmerpersönlichkeit Peter Pilz nicht mehr erlebt. 1975 kommt er bei einem Flugzeugabsturz ums Leben.

Doch seine Frau Renate setzt sein Lebenswerk konsequent fort und steigt als Vorsitzende des Beirats in das Unternehmen ein. 1995 übernimmt sie dann die Geschäftsleitung. Noch im selben Jahr kommt das weltweit erste programmierbare sichere Steuerungssystem auf den Markt, 1997 das weltweit erste sichere Bussystem in der Datenübertragung. Die Einführung wegweisender Produkte für die sichere Automation war ein Schwerpunkt der ersten Jahre – und ist es bis heute geblieben. „Als Botschafter der Sicherheit haben wir das Ziel, die Sicherheit von Mensch und Maschine weltweit zu gewährleisten", pointiert Renate Pilz die Aufgabe ihres Unternehmens. Auch mit Verve die Internationalität von Pilz weiterzuverfolgen ist ihr ein wichtiges Anliegen: Aktuell ist das Unternehmen global mit 40 Tochtergesellschaften vertreten. Unter der Leitung von Renate Pilz stieg die Mitarbeiterzahl von anfänglich 400 auf nun über 2200 Mitarbeiter weltweit, die 2016 rund um den Globus einen Umsatz von 306 Millionen Euro generierten.

Nach mehr als 40 Jahren im Betrieb übergibt Renate Pilz Ende 2017 das Unternehmen in die Hände ihrer Tochter Susanne Kunschert und ihres Sohns Thomas Pilz, die beide bereits seit Langem in der Geschäftsführung des Unternehmens verantwortlich tätig sind. Die Übergabe der operativen Geschäfte an ihre Kinder ist die Krönung ihres Lebenswerks. „Meine Kinder werden, basierend auf unseren Unternehmenswerten und unserer Strategie, auf gute und bewährte Weise das Unternehmen weiterführen", so Renate Pilz. Denn: Werte schaffen Zukunft. Ein Slogan, der signalisiert, dass Pilz bleibt, was es schon immer war: ein hoch sympathisches schwäbisches unabhängiges und innovatives Unternehmen in Familienbesitz. ◄

DATEN UND FAKTEN

INHABERFAMILIE
Familie Pilz
in der dritten Generation

GRÜNDER
Hermann Pilz, 1948

FAMILIENEINFLUSS
inhabergeführt, Renate Pilz bis Ende 2017, Übergabe an Susanne Kunschert und Thomas Pilz

UNTERNEHMENSANTEILE FAMILIENMITGLIEDER
100 %

MARKTPOSITION UNTERNEHMEN
Weltmarktführer in der Automatisierungstechnik

BRANCHE
Maschinen- und Anlagenbau

PRODUKTE
Sensorik, Schaltgeräte, Steuerungen, Antriebstechnik sowie sichere Robotik und der Bereich Bedienen und Beobachten

STANDORTE
40 weltweit

VERTRIEB
durch Tochtergesellschaften und Handelspartner

MITARBEITER
2200 (2016)

PILZ
THE SPIRIT OF SAFETY

PILZ GMBH & CO. KG
Felix-Wankel-Straße 2
73760 Ostfildern

Telefon 0711 3409-0
www.pilz.com

Der innovative R-ID Clip, der „Clip, der spricht", mit integrierter RFID-Technologie, zum fälschungssicheren und bakteriendichten Verschließen mit gesteigerter Zuhaltekraft durch neuartige Geometrie

AUS BESTER FAMILIE

POLY-CLIP SYSTEM

SEIT 1922

Nein, wir reden an dieser Stelle nicht etwa von Video-Clips, sondern von denen, die Nahrungsmittel, vor allem Wurstwaren, sicher, präzise und hygienisch verschließen. Die Kunst des Clippens beherrscht das Unternehmen Poly-clip System besonders gut. Und zwar so gut, dass der weltweit größte Anbieter von Clipverschluss-Lösungen im Segment der Lebensmittelindustrie und Verpackungsbranche auch der weltweit erfolgreichste ist. Das nennt man dann Weltmarktführer. Und als solcher ist es nur legitim, sich den Claim „Excellence in Clipping" auf die Fahnen zu schreiben.

Die Geschichte des deutschen Familienunternehmens Poly-clip System reicht bis in das Jahr 1922 zurück, als Oswald Niedecker auf die gute Idee verfällt, in Frankfurt am Main eine Firma für Werkzeugbau zu gründen. Herbert Niedecker, der Sohn des Firmengründers, erfindet in der Folge den Rollenclip (R-Clip), um Würste sicher und schnell zu verschließen. Damit katapultiert er die weltweite Herstellung von Wurstwaren in die Moderne. Mit der Entwicklung des original

»Höchste Qualität und Hygiene in Kombination mit herausragendem Service«

Poly-clip System
Unternehmenscredo

R-Clip-Verschlusses geht die Entwicklung einer Maschine einher, die das saubere Ausstreifen der Wurstenden und das gleichzeitige Verschließen von Wurstanfang und -ende ermöglicht. Diese technologischen Pionierleistungen legen den Grundstein für das globale Renommee des in Hattersheim am Main ansässigen Maschinenbauers, der mit zwei herausragenden Kennzahlen aufzuwarten weiß: einer Exportquote von 90 Prozent und mehr als 800 Patenten.

Mit der im Jahr 2007 entwickelten neuen Generation von Clip-Automaten mit RFID-Technologie und entsprechendem R-ID Clip ist es dann zum ersten Mal in der Geschichte des Clippens möglich, zu verhindern, dass die Maschine durch falsche Einstellungen oder den Einbau falscher Werkzeuge beschädigt wird. Die Komponenten des Poly-clip Systems haben eine integrierte Intelligenz bekommen. Eine Passion für Innovation kann man den Clipverschlussprofis, die ihre Maschinen in Hattersheim und die Verbrauchsmaterialien im hessischen Gedern, in Österreich sowie für den lokalen Markt in Brasilien produzieren, also wohl kaum absprechen.

Das Gute ist der Feind des Besseren. Deshalb arbeitet Poly-clip System ständig daran, seine Verpackungslösungen mit dem Clip zu optimieren. Dieses Engagement lässt man sich zu Recht etwas kosten. So fließen jährlich acht Prozent des Budgets in Forschung und Entwicklung, um die Clip-Konkurrenz auf Distanz zu halten. Der Akzent liegt dabei immer auf dem Nutzen für die Kunden, die durch exklusive Vertriebspartner in 145 Ländern beraten werden. ▶

AUS BESTER FAMILIE

Unternehmensgründer Oswald Niedecker und der heutige Inhaber in dritter Generation, Frank Niedecker

»Excellence in Clipping«

Poly-clip System Unternehmensprofil

Poly-clip System produziert für viele Branchen und Kunden, doch Wurstwaren in allen Formen und Varianten stehen im Mittelpunkt

Der Unternehmenssitz in Hattersheim am Main ist trotz hoher Exportquote auch ein Bekenntnis zum Standort Hessen

Die Weltneuheit ICA SL mit Wirbelbremse und Kronenfüllrohr ist ein Doppel-Clip-Automat, der als Spezialist für schwere Stangenwürste Metzger-Handfüllung simuliert

POLY-CLIP SYSTEM

Ob einfache Clips oder vorgeformte Rollenclips für Doppel-Clip-Automaten: Poly-clip System hat viele Lösungen für komplexe Anforderungen

Diese Kunden finden sich insbesondere unter Wurstwaren- und Schinkenherstellern, aber auch in der Molkereiwirtschaft sowie unter den Herstellern von Convenience-, Back- und Süßwaren, Tiernahrung und nicht zuletzt Dicht- und Klebstoffen. Die Verpackung mit dem Clip ist darüber hinaus eine sichere und hygienische Option, um Geflügel und Geflügelteile im Beutel zu verpacken.

Heutzutage findet man in fast jedem fleischverarbeitenden Industriebetrieb die Doppel-Clip-Automaten FCA oder ICA. In den Clipmaschinen von Poly-clip System, die es in manuellen, halbautomatischen und vollautomatischen Varianten gibt, manifestiert sich exemplarisch die intelligente Rationalisierung in der Wurstproduktion. Die Technologie des Clippens ist nämlich in der Tat eine Kunst, werden doch die Ansprüche an Verschlüsse bezüglich Materialbeschaffenheit, Temperatur und Art der Weiterverarbeitung immer komplexer. Poly-clip System gelingt der Spagat, Clipmaschinen zu entwickeln, die sich diesen komplexen Anforderungen erfolgreich anpassen, hinsichtlich Bedienbarkeit und Wartungsaufwand jedoch einfach und effizient bleiben. Dafür steht nicht zuletzt der neue Doppel-Clip-Automat FCA 100 mit ausgefeiltem Sicherheitskonzept, minimaler Rüstzeit und einem zukunftsweisenden Förderband im Hygienedesign. Ein zweites Beispiel von vielen stellt der ICA SL dar. Der ebenfalls 2016 auf der Leitmesse IFFA präsentierte Spezialist für schwere Stangenwürste ist weltweit einzigartig und in der Lage, dank innovativer Technologie die Metzger-Handfüllung zu simulieren.

Poly-clip System befindet sich zu 100 Prozent in Familienbesitz. Eigentümer in der dritten Generation ist lic. oec. HSG Frank Niedecker. Seit 2003 hat Dr.-Ing. Joachim Meyrahn als alleiniger Geschäftsführer die Verantwortung für die Leitung der Firma. In der Ausrichtung des Unternehmens arbeiten er und Frank Niedecker eng zusammen.

Im Fokus aller Bemühungen steht dabei immer „Excellence in Clipping" – als Erfolgsformel und hoher Anspruch an die Innovationsfähigkeit und Kundenorientierung von Poly-clip System. ◀

DATEN UND FAKTEN

INHABERFAMILIE
Familie Niedecker
in der dritten Generation

GRÜNDER
Oswald Niedecker

FAMILIENEINFLUSS
Gesellschafter bestimmt
externen Geschäftsführer

UNTERNEHMENSANTEILE FAMILIENMITGLIEDER
100 %

MARKTPOSITION UNTERNEHMEN
Weltmarktführer

BRANCHE
Maschinenbau

PRODUKTE
Clipmaschinen,
Verpackungsmaschinen,
Verbrauchsmaterialien
wie Clips und Schlaufen

STANDORTE
Hattersheim am Main, Gedern,
Österreich und Brasilien

VERTRIEB
weltweit in über 145 Ländern

MITARBEITER
Poly-clip System gehört zu
einer Unternehmensgruppe mit
weltweit 850 Mitarbeitern

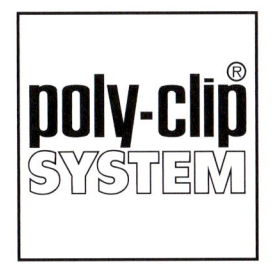

POLY-CLIP SYSTEM
GMBH & CO. KG
Niedeckerstraße 1
65795 Hattersheim am Main

Telefon 06190 8886–0
www.polyclip.de

Für Poschinger arbeiteten namhafte Künstler und Designer, unter anderem der Hamburger Architekt und Begründer des modernen Industriedesigns, Peter Behrens. Er entwarf 1901 eine Trinkglasserie, die bis heute in der Manufaktur produziert wird

AUS BESTER FAMILIE

FREIHERR VON POSCHINGER

SEIT 1568

Wer die historische Glasmanufaktur Freiherr von Poschinger in Frauenau im Bayerischen Wald besucht, taucht ein in eine Handwerkstradition von viereinhalb Jahrhunderten und erlebt die Herstellung mundgeblasener und handgefertigter Gläser hautnah. Kombiniert mit hauseigenen Innovationen und Werkzeugkonstruktionen, wird bei Poschinger ein uraltes Kunsthandwerk praktiziert, dessen Vollendung in der Kreation reinster und exklusivster Kristallglasobjekte liegt.

Die Freiherrn von Poschinger gehören zu den ältesten Familien in Bayern; bereits 1140 wurde der erste Poschinger urkundlich erwähnt. 1547 verlieh Herzog Albrecht V. den Poschingern ein Familienwappen, das bis heute geführt wird. Indem Joachim Poschinger 1568 das Glashüttengut Zadlershütte bei Frauenau erwarb, beginnt die 450-jährige Geschichte der Poschinger als Glashütten- und Gutsherren im Bayerischen Wald. Die Glashütte in Frauenau und das zugehörige Gut Oberfrauenau wurden 1605 gekauft. Im Laufe der Jahrhunderte betrieb die Familie Glashütten in Spiegelhütte, Buchenau, Oberzwieselau und Theresienthal. Nur die Hütte in Frauenau mit angegliedertem Forstbetrieb, Landwirtschaft und Gutsgasthof blieb als einzige ihrer Art bestehen. Sie ist die älteste Deutschlands mit der längsten Familientradition der Welt. Derzeit führt Benedikt Freiherr Poschinger von Frauenau (*1971) die Manufaktur in der fünfzehnten Generation.

»Wir nehmen jede gläserne Herausforderung an.«
Poschinger-Unternehmensmotto

Glas als einer der ältesten Werkstoffe der Menschheit wird bei mehr als 1200 Grad aus Quarzsand, Soda, Kalk und Pottasche geschmolzen. Im Klassizismus und Jugendstil erlangte Glas aus dem Bayerischen Wald Weltruhm. Für Poschinger arbeiteten namhafte Künstler und Designer wie Jean Beck, Peter Behrens, Joseph Maria Olbrich, Hans Christiansen, Georg Karl von Reichenbach, Richard Riemerschmid oder Karl Schmoll von Eisenwerth. Zusammen mit den besten Glasmachern der Manufaktur schafften sie Glasobjekte erlesenster Qualität. Poschinger-Gläser gehörten zur Ausstattung von Zeppelinen und Ozeandampfern und zierten die Tafeln europäischer Königs- und Fürstenhäuser. Die Familie wurde Hoflieferant der bayerischen und französischen Könige, und selbst der Zar in St. Petersburg genoss die edlen Trinkgläser aus dem Bayerischen Wald.

Zahlreiche internationale Prämierungen trugen zum Renommee der Poschinger-Gläser bei. Die Jugendstilvasen aus Frauenau etwa wurden bei der Weltausstellung 1900 in Paris mit der Goldmedaille aus- ▶

AUS BESTER FAMILIE

Eine Aufnahme der Poschinger-Glashütte aus dem Jahr 1920

De manufactum: Die Glasmacher bei Poschinger führen jeden Produktionsschritt von Hand aus

»Fortiter et honeste! – Tapfer und ehrlich!«

Poschinger-Wappenspruch und -Unternehmensphilosophie

Georg Benedikt I. Reichsritter und Edler von Poschinger (1749–1830, l.) wird 1790 in den Adelsstand erhoben. Benedikt Freiherr Poschinger führt die Glasmanufaktur heute in der fünfzehnten Generation

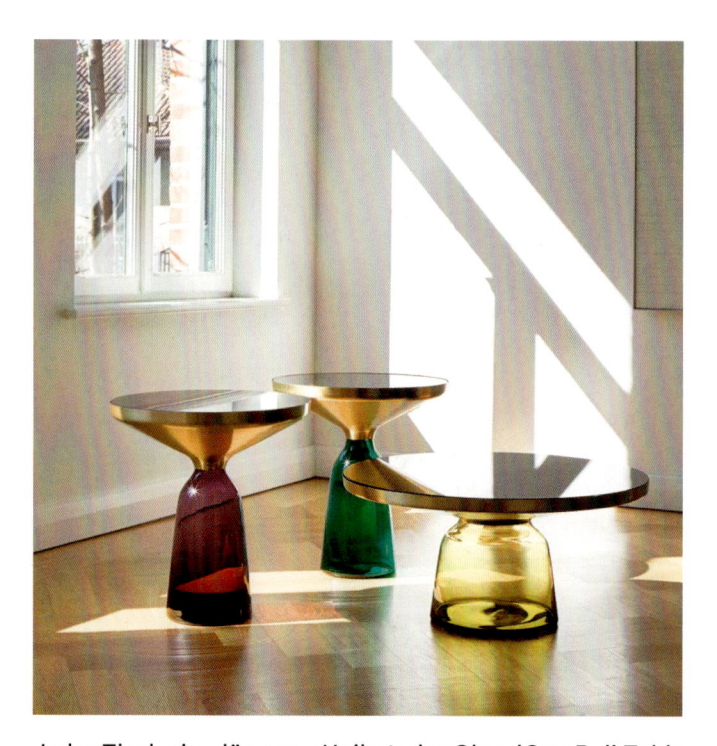

Jeder Tisch ein gläsernes Unikat: der ClassiCon Bell Table nach dem Design von Sebastian Herkner

FREIHERR VON POSCHINGER

Blick in die Poschinger-Ofenhalle. Hier formen Glasmacher aus der 1200 Grad heißen Glasmasse gläserne Unikate – seit mittlerweile 450 Jahren

gezeichnet. Neben Tiffany, Lötz und Gallé genießt Poschinger noch heute den weltweit besten Ruf für Glas aus dem Jugendstil. Auf internationalen Kunstauktionen, in Museen und bei Sammlern ist es hoch dotiert und angesehen.

Heute zählen sowohl Privatpersonen als auch Persönlichkeiten des öffentlichen Lebens zum Kundenkreis der Poschinger-Glasmanufaktur, daneben Firmen und Institutionen, Kommunen und Landesregierungen, Ministerien, Stiftungen, Organisationen und Verbände, Restaurants, Hotels, Opernhäuser, Bibliotheken, Galerien, Restauratoren, Kirchen, Museen und Klöster, europäische Adelshäuser sowie Königshäuser der arabischen Scheichtümer. Der Ehrgeiz und die Passion, für jedes „gläserne Problem" die beste Lösung zu finden, haben die Freiherr von Poschinger Glasmanufaktur zu Europas erster Adresse für Sonder- und Spezialanfertigungen in Glas gemacht.

Von der Reproduktion historischer Stücke über Beleuchtungsteile, Objekte für Architekten, Trophäen und Uhrenstürze bis hin zu Prototypenfertigungen und Sonderlösungen in Flachglas – die flexible Struktur der kleinen Manufaktur mit 27 Mitarbeitern macht es möglich, bereits ab einem Stück zu fertigen. De manufactum: Bei Poschinger ist jeder Produktionsschritt von Hand ausgeführt, sodass jedes Glas, ob Serien- oder Einzelstück, als Unikat die Hütte verlässt. Vor der Realisierung jeder Sonderanfertigung steht der Wunsch des Kunden – meist in Form einer geschilderten Idee, einer Zeichnung, Skizze oder Grafik. Basierend auf diesen Vorgaben, diskutieren die Handwerker und Künstler der Manufaktur die Herstellung des gewünschten Objekts. Nach Absprache mit dem Kunden und dessen Freigabe wird ein Formschnitt gestaltet, der bereits wertvolle technische Details für die Fertigung und Nachbearbeitung des Unikats enthält und dem Formenbauer als Grundlage zur Herstellung der Holz- oder Metallform dient. Am Ofen, aus der 1200 Grad heißen Glasmasse, wird der Kundenwunsch schließlich gläserne Realität – und erhält, individuell nachbearbeitet und veredelt, seinen letzten Schliff. ◀

DATEN UND FAKTEN

INHABERFAMILIE
Familie Freiherr Poschinger von Frauenau in der fünfzehnten Generation

GRÜNDER
Joachim Poschinger (1523–1599)

FAMILIENEINFLUSS
inhabergeführt

UNTERNEHMENSANTEILE FAMILIENMITGLIEDER
100 %

MARKTPOSITION UNTERNEHMEN
global agierender, hochspezialisierter Nischenanbieter

BRANCHE
Glashandwerk/manuelle Glasherstellung

PRODUKTE
mundgeblasene, von Hand gefertigte Gläser und Glasobjekte; Sonder- und Spezialanfertigungen aus Glas

STANDORT
Frauenau/Bayerischer Wald

VERTRIEB
weltweit über Kunden; kein eigener Vertrieb

MITARBEITER
27

FREIHERR VON POSCHINGER GLASMANUFAKTUR E.K.
Moosauhütte 14
94258 Frauenau

Telefon 09926 9401-0
www.poschinger.de

Die Katalogvielfalt spiegelt das besondere Portfolio des Unternehmens wider. Dazu gehören empfehlenswerte Qualitätsprodukte aus den Bereichen Möbel, Heimtextilien und Deko-Objekte, Mode, Weine, Küchenausstattungen und Kunst

AUS BESTER FAMILIE

PRO-IDEE

SEIT 1985

Ob Technik, Design, Mode, Wein oder Kunst: Die Produkte, die das E-Commerce-Unternehmen Pro-Idee über verschiedene Kanäle vertreibt, machen das Leben komfortabler, schöner, sicherer – oder einfach interessanter. Aus einem kleinen Handelsbetrieb ist in den vergangenen 30 Jahren ein modernes Familienunternehmen geworden, dem es gelungen ist, den Distanzhandel mit innovativen Qualitätsprodukten für anspruchsvolle Privatkunden zu etablieren – ein Geschäftsmodell, das ursprünglich aus den USA kommt und dort erfolgreich war.

Ihren Anfang nahm die Geschichte des Unternehmens der Familie bereits im Jahr 1954, als Ehrhard Junghans einen Versandhandel für Wolle gründete – Junghans-Wolle besteht heute in dritter Generation. Mitte der Achtzigerjahre wollten sich Lothar Junghans, der Sohn des Gründers, und dessen Sohn, Dieter Junghans, nicht mehr allein auf das Geschäft mit Handarbeitsmaterialien verlassen und beschlossen, in neue Märkte zu diversifizieren. Da traf es sich gut, dass Dieter Junghans, damals erst Mitte zwanzig, seine Erfahrungen aus einem Auslandsaufenthalt in den USA einbringen konnte: Dort wurden ausgefallene Produkte schon damals über den Distanzhandel an die Menschen gebracht.

Also brachte die Familie Junghans das Vertriebsprinzip samt der Produktinnovationen nach Deutschland. Im Jahr 1985 gründeten Lothar Junghans und Dieter Junghans die Pro-Idee GmbH & Co. KG. Zunächst vertrieben sie die Produkte über den Katalog, später zunehmend auch über die Web-Shops. Heute kennt fast jeder die Produkte, die einst über Pro-Idee nach Deutschland kamen: die MAGLITE-Taschenlampe der Firma MAG Instruments, das Leatherman Survival Tool, der Corby Hosenbügler, die Wurlitzer Jukebox oder die Ventilatoren von Vornado.

Inzwischen wartet die Dachmarke Pro-Idee auf ihrer Website mit acht verschiedenen Spezialshops auf, die allesamt Produkte für den gehobenen Lebensstil im Angebot haben. Im Pro-Idee Concept Store können die Kunden eine große Auswahl interessanter Entdeckungen machen. Denn viele Qualitätsprodukte aus den Bereichen Technik & Elektronik, Sport & Spiel, Schmuck & Beauty stammen von kleinen Herstellern aus entlegenen Ländern und sind hierzulande unbekannt – darum spürt ein Team aus spezialisierten Einkäufern die Trends auf weltweit mehr als 50 Messen auf.

Im Shop Villa P. vertreibt Pro-Idee außergewöhnliche Möbel, Heimtextilien und Deko-Objekte. Fashion Classics steht für zeitlose Mode-Klassiker und Fashion ▶

> »Respekt vor kleinen Unterschieden. Wo geht das besser als in Familienunternehmen?«
>
> Dieter Junghans

AUS BESTER FAMILIE

Ausgefallene Produkte, oft in limitierter Auflage, aus entlegenen Ländern

»Gefunden. Gekauft. Geliebt.«

Das Motto von Pro-Idee

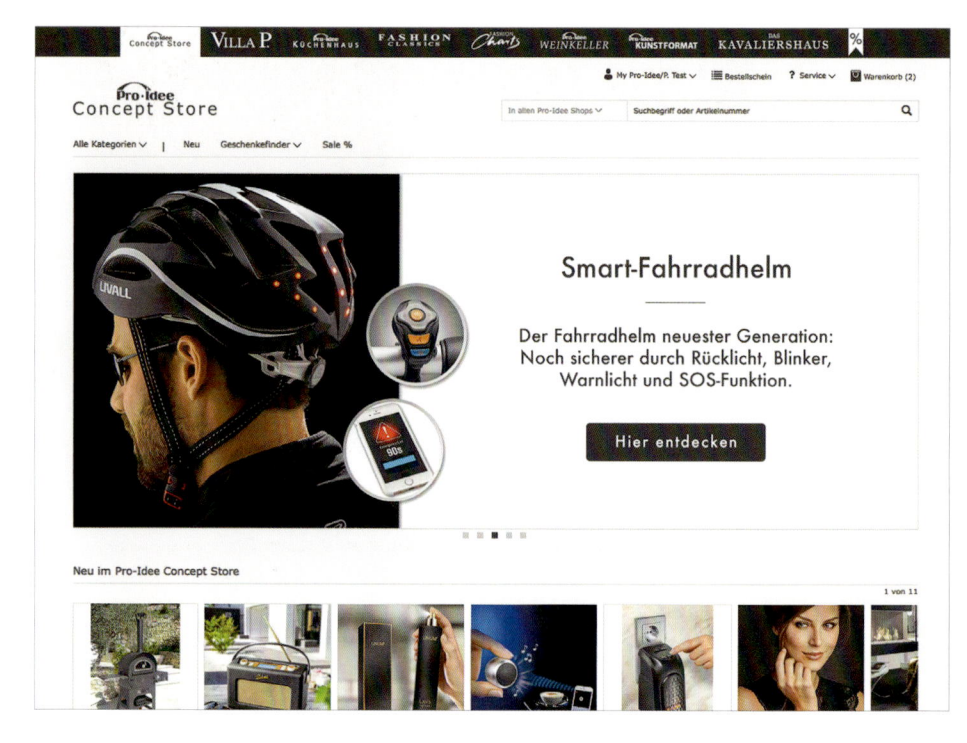

Premium Home Shopping: In acht Webshops werden exklusive Produkte vorgestellt – mit direkter Bestellmöglichkeit aus dem Pro-Idee-Zentrallager

Pro-Idee Fashion Classics: die wahren Mode-Klassiker. Neuester Stand

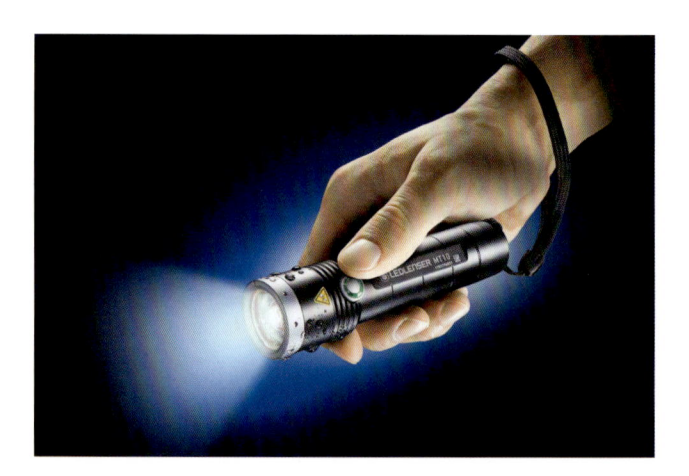

Qualitätsprodukte aus den Bereichen Technik & Elektronik, Sport & Spiel, Haus & Garten sind oft Markteinführungen und stammen von Weltmarktführern oder auch von kleinen Herstellern in aller Welt

PRO-IDEE

Pro-Idee live: Shops bieten eine Erlebniswelt zum Anfassen und Ausprobieren

Charts für monatlich aktualisierte Designermode. Im Pro-Idee Küchenhaus kommen ambitionierte Hobbyköche auf ihre Kosten und erhalten von Spitzenköchen empfohlene Top-Ausstattung.

Auch der Pro-Idee Weinkeller widmet sich dem Genuss und bietet seinen Kunden ausgesuchte Weine aus den besten Anbaugebieten. Nicht nur edle Weine, sondern auch exklusive, zeitgenössische Kunst spürt Pro-Idee auf – und zeigt sie im Pro-Idee Kunstformat. Das Kavaliershaus mit seinen mehr als 400 Markenvorhängen rundet das Produktportfolio von Pro-Idee ab.

Das Aachener Unternehmen bietet sowohl weltweit renommierten Markenherstellern als auch kleinen Manufakturen die Möglichkeit, ihre besten Produkte über Pro-Idee einzuführen und bekannt zu machen. Zwar kennen viele Konsumenten Pro-Idee vor allem als einen E-Commerce-Händler, doch in insgesamt vier stationären Geschäften in Aachen, am Flughafen Düsseldorf und am Flughafen Köln-Bonn können sie das Sortiment auch live sehen, anfassen sowie an- und ausprobieren. Damit der Online-Handel in Zukunft zu einem noch größeren Erlebnis wird, plant Pro-Idee weitere Online-Formate und kuratierte Angebote für qualitätsbewusste und serviceorientierte Kunden.

Pro-Idee agiert heute zusammen mit der Schwestergesellschaft Junghans-Wolle in sechs verschiedenen europäischen Ländern und beschäftigt insgesamt 600 Mitarbeiter. Dieter Junghans legt großen Wert auf einen persönlichen Kontakt zu seinen Angestellten – bewiesenermaßen: Im Jahr 2004 wurde er mit der Auszeichnung „Entrepreneur des Jahres" in der Kategorie Handel gewürdigt, bei der soziales Engagement und Mitarbeiterführung eine wesentliche Rolle spielen. Mit dem Pro-Idee Kinderhilfsfonds leistet das Unternehmen bereits seit mehr als 20 Jahren regional und international unbürokratische Hilfe.

Nicht nur für seine Kunden möchte Pro-Idee das Leben ein bisschen angenehmer machen – sondern auch für seine Mitarbeiter und die Gesellschaft. ◄

DATEN UND FAKTEN

INHABERFAMILIE
Familie Junghans
in der dritten Generation

UNTERNEHMENSSTRUKTUR
Pro-Idee bildet eine Unternehmensgruppe mit der Schwestergesellschaft Junghans-Wollversand GmbH & Co. KG

FÜHRUNGSSTRATEGIE
gemischt geführte Geschäftsleitung mit den Geschäftsführern Dieter Junghans und Ulf Bergjohann

BRANCHE
E-Commerce, Einzelhandel

PRODUKTE UND DIENSTLEISTUNGEN
selektierte Qualitätsprodukte aus den Bereichen Technik, Design, Mode, Wein und Kunst

STANDORT
Aachen

VERTRIEB
in Deutschland, Österreich, der Schweiz, Großbritannien, den Niederlanden und Frankreich per Katalog und online; in Deutschland darüber hinaus auch über den Einzelhandel

MITARBEITER
ca. 600 inklusive der Mitarbeiter der Junghans-Wollversand GmbH & Co. KG

PRO-IDEE GMBH & CO. KG
Auf der Hüls 205
52053 Aachen

Telefon 0241 10911–9
www.proidee.de

Stilvoll und schöner leben: Die Tapeten von Rasch tragen seit weit mehr als 100 Jahren dazu bei, dass sich Menschen weltweit in ihrem Zuhause noch wohler fühlen

AUS BESTER FAMILIE

RASCH TAPETEN

SEIT 1861

Tapeten bedeuten für die Familie Rasch schon seit über 150 Jahren mehr als rein funktionale Wandbekleidung. Sie sind auch ein Spiegel des Zeitgeistes und haben in den vergangenen Jahrzehnten viele Trends durchlebt: darunter minimalistisches Design, der Landhausstil oder die übergroßen, meist geometrischen Muster der Siebzigerjahre. Um am Puls der Zeit zu bleiben, arbeitete Rasch immer wieder mit namhaften Künstlern, Designern und Architekten zusammen – darunter niemand Geringeres als Salvador Dalí oder das Bauhaus in Dessau.

Die Anfänge des Familienunternehmens liegen sogar noch mehr als 150 Jahre zurück. Johann Heinrich Lücke und Hermann Wilhelm Gottfried Rasch gründeten das Unternehmen 1861 als J. H. Lücke & Rasch, Tapeten und Rouleauxfabrik. Die Tapeten wurden zunächst mit einer von Hand zu bedienenden 4-Farb-Rotationsdruckmaschine bedruckt, ehe 1897 eine neue Fabrik am heutigen Standort im niedersächsischen Bramsche errichtet wurde. Hier erledigten zeitgemäße, mit einer

> »Das Geheimnis des Lebens liegt in der Suche nach Schönheit.«
>
> Rasch Tapeten-Firmenphilosophie nach Oscar Wilde

Dampfmaschine betriebene Leimdruckmaschinen die Arbeit.

Das Unternehmen wagte bald den Schritt in neue Märkte. Bereits 1910 existierten unter anderem in Paris, London und Kopenhagen eigene Niederlassungen, zwei Jahre später eröffnete Rasch sogar Repräsentanzen am anderen Ende der Welt: in Melbourne und Sydney. In den 1920er-Jahren vernetzte sich das Unternehmen mit immer mehr renommierten Künstlern und Designern. Dr. Emil Rasch, der Großvater der heutigen Geschäftsführer, konnte das weltbekannte Dessauer Bauhaus als Partner gewinnen.

1933 erwarb Rasch von Mies van der Rohe die Rechte an dem Markennamen und führt seither die Kollektion in Eigenregie fort. Die „Bauhaus-Tapete" macht noch immer einen wichtigen Teil der derzeitigen Produktion aus.

Die Tradition, mit namhaften Designern zusammenzuarbeiten, wurde über die Jahrzehnte fortgesetzt. Zu den Kreativpartnern gehörten unter anderem Josef Hoffmann, Mitbegründer der Wiener Secession, Salvador Dalí oder Raymond Peynet. Auch der Beitrag von Künstlern wie diesen hat dazu beigetragen, dass Rasch heute als wichtigste Marke der Branche gilt. Das Unternehmen steht international für ausgezeichnete Qualität und edles Design. Das Sortiment umfasst inzwischen über 6000 Tapeten aus Vinyl, Vlies und Papier. Ob florale Art-Déco-Tapete, die mondäne Cosmopolitan-Kollektion oder das hippe Flamingo-Design: Auf der Suche nach dem perfekten Begleiter für das eigene Zuhause wird bei Rasch jeder fündig.

Das Familienunternehmen hat sich in all den Jahren die bereits früh gepflegte Internationalität bewahrt. Im Bereich ▶

AUS BESTER FAMILIE

Einer von vier Standorten: Rasch fertigt in Deutschland, in der Ukraine, in Polen und der Türkei

Zwei Familienmitglieder führen die Geschäfte: Dario Rasch-Schulze Isfort und Dr. Frederik Rasch

»Das eigene Zuhause sollte ein Palast für die Sinne sein.«

Sonja Rasch

Eigenes Energiemanagementsystem: Rasch produziert ressourcenschonend

Von klassisch bis modern, von verspielt bis puristisch: Die Kollektionen von Rasch halten für jeden Geschmack Lösungen bereit

RASCH TAPETEN

Traditionsreicher Standort: Das Unternehmen wurde 1861 gegründet und hat seinen Sitz seit 1897 im niedersächsischen Bramsche

Tapete ist das Unternehmen weltweit aktiv, hat eigene Tochtergesellschaften in sieben Ländern und unterhält fünf Designstudios in fünf Ländern. Denn so wie jede Zeit ihre eigenen Trends mit sich bringt, weichen auch in den verschiedenen Ländern die Geschmäcker voneinander ab. Die Designstudios vor Ort verfolgen den Anspruch, mit unterschiedlichen Dessins die Wohnwelten überall auf der Welt stilgerecht zu gestalten und jedem Land gerecht zu werden.

Neben der Tapetenfabrik gehören auch Firmen im Textilbereich und eine Buchdruckerei zur Unternehmensgruppe. Rasch produziert Produkte für den Endverbraucher und richtet das Geschäft nach genau dieser Zielgruppe aus: In Bramsche macht man es sich zur Aufgabe, die Menschen dabei zu unterstützen, mit Freude ihr Leben einzurichten.

Als Geschäftsführer agieren mit Dr. Frederik Rasch und Dario Rasch-Schulze Isfort zwei Nachfahren des Firmengründers. Die beiden führen 750 Mitarbeiter, die an den Standorten in Deutschland, der Ukraine, in Polen und der Türkei tätig sind. Ihnen ermöglicht das Familienunternehmen verschiedene Weiterbildungen und Sprachkurse, stellt Betriebsfahrräder bereit und fördert familienfreundliche Arbeitszeitmodelle. Rasch will nicht nur den Mitarbeitern, sondern auch der Umwelt gegenüber Verantwortung zeigen. Weil Wohnen für das Unternehmen bedeutet, Ökologie und Stil ins Gleichgewicht zu bringen, setzt Rasch auf die ressourcenschonende Entsorgung seiner Verpackungen.

„Das Geheimnis des Lebens liegt in der Suche nach Schönheit" – so lautet die Firmenphilosophie von Rasch. Egal, ob gerade schlichte Motive oder bunte Muster im Trend liegen, egal, ob man Blumen oder Wolkenkratzer an den Wohnzimmerwänden mag: Rasch wird auch in Zukunft dazu beitragen, dass jeder auf seiner persönlichen Suche nach Schönheit fündig wird. ◂

DATEN UND FAKTEN

INHABERFAMILIE
Familie Rasch
in der fünften Generation

GESCHÄFTSFÜHRUNG
Dr. Frederik Rasch und Dario Rasch-Schulze Isfort (beide Familienmitglieder)

BRANCHE
Wallpaper, Tapetenhersteller, papierverarbeitende Industrie

PRODUKTE
Wandbekleidung, Tapeten/Wallpaper, Stoffe, Innendekorationen und Textilien

STANDORTE
Deutschland, Ukraine, Polen, Türkei,

VERTRIEB
in Europa, Ländern der GUS und nach Asien (direkt mit eigenen Vertriebsorganisationen und indirekt)

MITARBEITER
insgesamt 750 Mitarbeiter, davon 480 in Bramsche und 270 im Ausland

UMSATZ
161 Mio. €
(Gruppenumsatz 2014)

UNTERNEHMEN DER RASCH GRUPPE
Tapetenfabrik Rasch, Rasch Textil, Elbersdrucke, Rasch Druckerei und Verlag GmbH & Co. KG, ReWall, Ravena und Sintra

rasch

TAPETENFABRIK GEBR. RASCH GMBH & CO. KG
Raschplatz 1
49565 Bramsche

Telefon 05461 811-0
www.rasch-tapeten.de

Ein umfassendes Produktportfolio zeichnet ROECKL heute aus. Dazu gehört neben Lederhandschuhen, Kleinlederwaren, Seidentüchern und Strickaccessoires auch eine eigene Taschen-Linie

AUS BESTER FAMILIE

ROECKL

SEIT 1839

Kaum ein Kleidungsstück hat eine so starke Aussage und ist so kompliziert zu fertigen wie der Handschuh. Früher galten sie vor allem als Insignien der Macht und wurden von Königen, Kaisern, Zaren und Päpsten getragen. Heute hingegen steht der Handschuh für Luxus und ein ganz besonderes Lebensgefühl. Er verkörpert die Liebe zum Detail und unterstreicht als Styling- und Fashion-Accessoire den persönlichen Stil.

Das Familienunternehmen ROECKL pflegt seit seiner Gründung im Jahr 1839 die Tradition des Handschuhmachers konsequent auf höchstem Niveau und gilt international als Synonym für feinste Handwerkskunst. ROECKL Handschuhe sind kunstfertige Meisterleistungen. Dies wird besonders in ihrer Fertigung nach traditionellen Herstellungsmethoden – im sogenannten Tafelschnitt – in der eigenen Manufaktur in Europa deutlich. Aus dem besten Leder entstehen ROECKL Handschuhe noch heute in Handarbeit aus bis zu 24 Einzelteilen und werden je nach Modell mit über 2000 Stichen von Hand genäht. Dadurch sitzt ein

»Wir lieben das klassische Handwerk und entwickeln es seit 1839 fort.«

Annette Roeckl

Handschuh von ROECKL wie eine zweite Haut.

Diese Handwerkstradition beginnt vor sechs Generationen in München, als Jakob Roeckl 1839 einen kleinen Handwerksbetrieb nebst Ladengeschäft eröffnet. Später kommen die eigene Gerberei und Färberei hinzu. 1871 errichtet sein Sohn Christian am damaligen südlichen Stadtrand von München ein großes Fabrikgebäude für bis zu 1000 Mitarbeiter. Der unternehmerische Einsatz wird belohnt: 1893 wird ROECKL mit dem begehrten Titel „Königlich Bayerischer Hoflieferant" ausgezeichnet. Zu den prominentesten Kunden dieser Epoche zählten Bayerns König Ludwig II. und die österreichische Kaiserin Elisabeth, besser bekannt unter ihrem Rufnamen Sissi. Nach dem frühen Unfalltod des Vaters im Jahr 1892 übernimmt Sohn Heinrich im Alter von 24 Jahren die Verantwortung für das Familienunternehmen und setzt den Kurs seines Vaters erfolgreich fort.

Ab 1949 verantwortet Dr. Heinrich Franz Roeckl das Geschäft und baut den Betrieb nach dem Zweiten Weltkrieg wieder auf. Sein Sohn Stefan übernimmt 1968 das Unternehmen in fünfter Generation. Mit der Entwicklung des Handschuhschnittes „patented cut" revolutioniert er den Sporthandschuh und legt damit den Grundstein für die Weltmarktführerschaft im Reit- und Radsportbereich. Darüber hinaus setzt er eine stringente Diversifikation in neue Produktbereiche um: In den 80er-Jahren werden Strick- ▶

AUS BESTER FAMILIE

Annette Roeckl leitet seit 2003 in sechster Generation das traditionsreiche Familienunternehmen

»Ein Handschuh von ROECKL: eine Liebeserklärung an die Hand«

ROECKL-Unternehmenscredo

Zuschnitt des Leders im Tafelschnitt – Schritt für Schritt entstehen noch heute die hochwertigen ROECKL-Accessoires von Hand

Kaum ein Kleidungsstück ist so kompliziert zu fertigen wie der Handschuh

1871 errichtete Christian, der Sohn Jakob Roeckls, am damaligen südlichen Stadtrand von München dieses Fabrikgebäude

Perfektion ist der Anspruch, den ROECKL an seine Taschen stellt. In meisterlicher Handarbeit entstehen die kunstvoll gefertigten Taschen aus bis zu 150 Einzelteilen

DATEN UND FAKTEN

INHABERFAMILIE
Familie Roeckl in der sechsten Generation

GRÜNDER
Jakob Roeckl (1808–1874)

FAMILIENEINFLUSS
inhabergeführt von Annette Roeckl als geschäftsführende Gesellschafterin

UNTERNEHMERANTEILE DER FAMILIE
100 %

MARKTPOSITION UNTERNEHMEN
europäischer Marktführer

BRANCHE
Lederwaren und Textilien

PRODUKTE
hochwertige Lederhandschuhe, Lederhandtaschen und Accessoires

STANDORTE
München, Rumänien

VERTRIEB
weltweit über Vertriebspartner, eigene ROECKL-Stores, Shop-in-Shop-Flächen und einen Online-Shop

JAHRESUMSATZ
ca. 19 Mio. €

MITARBEITER
über 300 Mitarbeiter in Deutschland und dem europäischen Ausland (Stand 2017)

---

accessoires von ROECKL auf dem Markt eingeführt, zur Jahrtausendwende kommt eine hochwertige Tuchkollektion hinzu.

2003 tritt die sechste Generation in das Unternehmen ein. Als erste Frau in der Familientradition leitet Annette Roeckl das Unternehmen wie ihre Vorväter als geschäftsführende Gesellschafterin vollverantwortlich. Dabei folgt sie konsequent der Vision, Tradition und Moderne zu verbinden. Das Ergebnis: Lieblingsstücke, die sich durch perfekte Passform, vollendete Verarbeitung und Geschmeidigkeit sowie anspruchsvolles, zeitloses Design auszeichnen. Welche Leidenschaft dahintersteckt, verdeutlicht das Credo der Unternehmerin: „Tradition ist nicht die Anbetung der Asche, sondern das Weitertragen der Glut."

Als europäischer Marktführer gilt es für das erfolgreiche Unternehmen, diese Position zu behaupten und kontinuierlich auszubauen. Dabei setzt Annette Roeckl auf Internationalisierung und ein umfassendes Produktportfolio bestehend aus Lederhandschuhen, einer eigenen Taschen-Linie, Kleinlederwaren, Gürtel, Seidentüchern und -schals sowie Strickaccessoires.

Das Unternehmen ROECKL hat seinen Hauptsitz nach wie vor in München und beschäftigt rund 300 Mitarbeiter weltweit. ROECKL betreibt zwei eigene Manufakturen in Europa und bildet seit 2008 wieder eigene Handschuhmacher in Deutschland aus. Die hochwertigen Produkte werden über internationale Vertriebspartner, in eigenen Retail-Stores, auf Shop-in-Shop-Flächen und Corner in Premiumhäusern in Deutschland, Österreich und der Schweiz verkauft. Darüber hinaus beliefert ROECKL 600 Wholesale-Kunden mit seinen Premium-Accessoires in 30 Ländern.

2010 erweiterte das Traditionsunternehmen seine Vertriebskanäle um einen eigenen Online-Shop und erwirtschaftet derzeit einen Jahresumsatz von rund 19 Millionen Euro. ◀

ROECKL
MÜNCHEN 1839

ROECKL HANDSCHUHE & ACCESSOIRES GMBH & CO. KG
Isartalstraße 49
80469 München

Telefon 089 72969-0
www.roeckl.com

Schloss Torgelow, bei Waren an der Müritz gelegen, gehört zu den führenden privaten Internatsschulen. Das Schloss wurde 1904 errichtet

AUS BESTER FAMILIE

SCHLOSS TORGELOW

SEIT 1994

Die Heidelberger Familie Lehmann steht in dritter Generation für eine werte- und leistungsorientierte Internatserziehung. Auf Schloss Torgelow in Torgelow am See bei Waren an der Müritz hat sie sich ihren Traum verwirklicht: eine Schule, wie eine Schule sein sollte.

Schloss Torgelow wurde 1994 als erstes privates Internatsgymnasium in den neuen Bundesländern gegründet. Mit der Gründung verfolgte Familie Lehmann das Ziel, leistungsstarke Schülerinnen und Schüler besonders zu fördern. Bereits seit der Eröffnung bietet Schloss Torgelow das Abitur nach zwölf Schuljahren an und kann in seiner noch kurzen Geschichte mit Stolz auf die herausragenden Ergebnisse seiner Schülerinnen und Schüler zurückblicken. Der Abiturdurchschnitt lag im Jahr 2017 bei 1,7.

Heute tragen Mario Lehmann, Jurist, als Geschäftsführer und seine Frau Kirsten Lehmann, Gymnasiallehrerin für Deutsch und Politik, als Trägerfamilie die Verantwortung für Schloss Torgelow. Die Töchter Clara, Annika und Marie Lehmann

> »Die Zukunft Ihres Kindes beginnt mit der Wahl der richtigen Schule.«
>
> Schloss Torgelow-
> Unternehmensprofil

haben selbst Schloss Torgelow als Schülerinnen besucht und möchten das Internat später in vierter Generation fortführen.

Schloss Torgelow ist die Schwesterschule des bereits 1961 von Mario Lehmanns Großmutter Frau Erna Lehmann gegründeten Kurpfalz-Internats in Bammental bei Heidelberg in Baden-Württemberg. Erster Schüler war damals ihr Sohn Helge Lehmann, der die Schule nach absolviertem Abitur und Studium der Psychologie fortführte.

Seit über 50 Jahren erhalten dort intelligente Kinder, die ihre Potenziale nicht

ausschöpfen, die Unterstützung, die sie brauchen, um erfolgreich zu werden. Auch am staatlich anerkannten Kurpfalz-Internat setzt die Familie Lehmann auf kleine Klassen mit höchstens acht Schülerinnen und Schülern. In der kleinen Lerngruppe holen sie Wissenslücken systematisch auf, gewinnen Selbstvertrauen und werden erfolgreich. Angeboten werden der Bildungsgang des Gymnasiums (G8), der Realschule und ein Realschulaufbauzug, der zum Abitur führt.

Auf Schloss Torgelow besuchen zwölf Schülerinnen und Schüler eine Klasse. Sie erhalten eine leistungsorientierte Förderung, erwerben ein Abitur auf hohem Niveau, sammeln Erfahrungen im Ausland, engagieren sich im Team und finden Freunde fürs Leben. Im Unterricht haben die motivierten Lehrerinnen und Lehrer mehr Zeit. Hier wird jeder Einzelne nicht nur gefordert, sondern auch ganz individuell gefördert.

Das pädagogische Konzept des Internatsgymnasiums ist offen für sprachliche, mathematische oder musische Begabungen. Die Teilnahme an Wettbewerben ▶

AUS BESTER FAMILIE

Internatsgründer Mario Lehmann mit seiner Frau Kirsten und den drei Töchtern Clara, Annika und Marie

»Begabte und motivierte Schüler individuell fördern«

Schloss Torgelow-Unternehmensmission

Torgelower Schülerinnen und Schüler arbeiten in klassenübergreifenden Teamprojekten. Hier zeigen sie Teamspirit und sind Teil einer starken Gemeinschaft

Schloss Torgelow bietet Schülerinnen und Schülern die Lernumgebung für den idealen Start in die Zukunft

In mehr als 70 außerschulischen Projekten finden Torgelower Schülerinnen und Schüler handfeste Gegengewichte zur Kopfarbeit

SCHLOSS TORGELOW

Für die Mädchen und Jungen der Unterstufe wurde 2009 das Haus der Zukunft gebaut, das ihnen einen altersgerechten Lebensraum mit viel Spiel und Spaß bietet

wie „Jugend forscht", „Jugend musiziert", „Bundeswettbewerb Fremdsprachen" oder „business@school" ist für die Torgelower Schüler selbstverständlich und sorgt für Erfolgserlebnisse weit über den schulischen Rahmen hinaus.

In der 9. Klasse verbringen alle Torgelower Schülerinnen und Schüler ein Drittel des Schuljahres in England. Sie besuchen dort als reguläre Internatsschüler die Kingham Hill School nahe Oxford. So verbessern sie ihre schriftlichen und mündlichen Fähigkeiten in der englischen Sprache und lernen das Leben an einer englischen Internatsschule kennen. Als einzige Schule in Deutschland ist Schloss Torgelow zudem ein anerkanntes „Internal Test Centre" der Cambridge University in England.

Neben der sprachlichen Förderung auf Schloss Torgelow wird bei den Jüngsten bereits das Interesse für die Naturwissenschaften geweckt. In der 5. und 6. Klasse werden zusätzlich die Fächer Naturphänomene, Umwelt, Holzwerkstatt und Schulgarten angeboten. 2016 wurde das neue Profil Informatik/Wirtschaft ab der 9. Klasse eingerichtet, das von 73 Prozent der Schülerinnen und Schüler gewählt wurde. In Schule und Internat ist es dem Team von Schloss Torgelow wichtig, jungen Menschen ein solides Wertesystem zu vermitteln. Die Bereitschaft, gute Leistungen zu zeigen, ist ebenso wichtig wie das soziale Engagement für andere.

Die über 70 außerschulischen Angebote tragen dazu bei, dass die Torgelower Schülerinnen und Schüler lernen, für andere Verantwortung zu übernehmen, und erkennen, dass die Zusammenarbeit in einer Gruppe, das Zusammenspiel in einer Mannschaft oder die Arbeit an einem gemeinsamen Projekt Chancen und Möglichkeiten bietet, die ein Einzelner nicht hätte.

Mario Lehmann: „Schon einmal haben wir als Familie bewiesen, dass die Vision von einer anderen, einer besseren Schule kein Traum bleiben muss. Gerne würde ich Ihnen Schloss Torgelow bei einem persönlichen Besuch vorstellen, denn nur derjenige, der Torgelow gesehen und erlebt hat, vermag zu beurteilen, was Schloss Torgelow zu einer ganz besonderen Schule macht." ◂

DATEN UND FAKTEN

INHABERFAMILIE
Familie Lehmann
in der dritten Generation

GRÜNDER
Erna Lehmann, 1961

FAMILIENEINFLUSS
inhabergeführtes
Familienunternehmen

SCHÜLERZAHLEN
250 Schüler auf Schloss Torgelow, 7 % kommen aus dem Ausland

MARKTPOSITION UNTERNEHMEN
führende Internatsschulen mit den kleinsten Klassen in Deutschland, Abiturnotendurchschnitt Schloss Torgelow 2017: 1,7

BRANCHE
Schule in freier Trägerschaft, Bildungswesen

PRODUKTE
Schloss Torgelow: staatlich anerkanntes Internatsgymnasium, Kurpfalz-Internat: staatlich anerkanntes Internatsgymnasium und staatlich anerkannte Internatsrealschule

STANDORTE
Torgelow am See bei Waren an der Müritz, Bammental bei Heidelberg

MITARBEITER
Schloss Torgelow: 89
Kurpfalz-Internat: 83

SCHLOSS TORGELOW
PRIVATES INTERNATSGYMNASIUM
TORGELOW AM SEE

PRIVATES INTERNATS-
GYMNASIUM
SCHLOSS TORGELOW
STAATLICH ANERKANNT
17192 Torgelow am See

Telefon 03991 624–0
www.schlosstorgelow.de
www.kurpfalz-internat.de

Die Geschichte von Schmitt + Sohn beginnt 1861 als Kunst- und Bauschlosserei. 14 Jahre später fängt das Unternehmen an, die ersten Aufzugsanlagen zu bauen

AUS BESTER FAMILIE

SCHMITT+SOHN AUFZÜGE

SEIT 1861

Die Geschichte der Mobilität kennt viele Meilensteine. Spontan assoziiert man in diesem Zusammenhang die Erfindung des Rads. Auf den ersten Blick nicht ganz so spektakulär, aber in der Konsequenz kaum weniger bedeutsam, ist der Triumph über das Treppensteigen. Gemeint ist hier natürlich der Siegeszug des Aufzugs, der nicht nur Kondition und Konstitution schont, sondern der Fortbewegung des Menschen eine völlig neue Richtung gewiesen hat: nach oben und nach unten, befreit von den Zwängen der Horizontalen.

Ganz in diesem Sinne beginnt 1861 die Geschichte von Schmitt + Sohn. In besagtem Jahr gründet Martin Schmitt in Nürnberg ein Unternehmen, das 1885 mit dem Bau der ersten Aufzugsanlage beginnt und schon 1900 eigene Entwicklungen im Aufzugsbau wie Antriebe, Steuerungen, Kabinen und Türen vorweisen kann. 1918 firmiert die Firma dann bereits unter der Bezeichnung Aufzugswerke M. Schmitt + Sohn.

Die Historie der heutigen GmbH & Co. KG war und ist von wegweisenden Neuerungen geprägt. Anders wäre die Marktposition als führendes Familienunternehmen der Aufzugsbranche mit 160 Millionen Euro Jahresumsatz wohl auch kaum zu erklären. Zu diesen Innovationen zählen unter anderem 1971 die ersten Elektroniksteuerungen oder 2000, passend zur zukunftsträchtigen Zeitenwende, der erste Aufzug ohne Maschinenraum.

Doch profundes technisches Vermögen alleine macht noch nicht den feinen Unterschied aus. Einzigartig wird das inhabergeführte Familienunternehmen M. Schmitt + Sohn, das von der fünften Generation in Person von Dr. Johannes und Martin Schmitt gemeinsam mit der sechsten Generation von Frau Anna von Hinüber und Herrn Maximilian Schmitt gelenkt wird, vor allem durch seine gelebten Werte. Die sind gerade in einer Epoche globaler Beschleunigung unabdingbar, um eine langfristige Perspektive zu entwickeln. Diese Werte, die den Rahmen aller Handlungen definieren, sind in der Unternehmensphilosophie explizit formuliert: tägliches Lernen, Qualität und unternehmerische Zuverlässigkeit. Sie legen das Fundament, um sich auf die wesentlichen Kompetenzen, nämlich qualifizierte Mitarbeiter, effiziente Prozesse und hochwertige Produkte, konzentrieren zu können. Das Diktat kurzfristiger Gewinnmaximierung passt definitiv nicht in das Konzept der Aufzugsprofis, die ihre außergewöhnlichen Produkte mittels 18 Gesellschaften in vier europäischen Ländern vertreiben.

Für den Aspekt des täglichen Lernens stehen mehr als 1700 Mitarbeiter, darunter über 100 Auszubildende, die ihr ▶

> »Ein professioneller Service funktioniert reibungslos und direkt. Ohne Aufregung, aber mit hoher Einsatzbereitschaft.«
>
> Nadine Knoll, Rechnungswesen

AUS BESTER FAMILIE

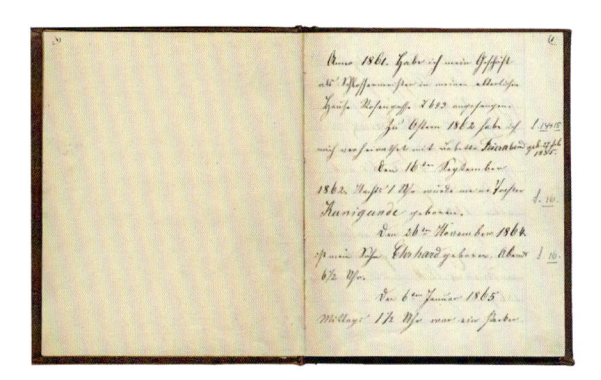

Eintrag des Firmengründers in sein Tagebuch 1861

»Tägliches Lernen, Qualität und unternehmerische Zuverlässigkeit: Sie bilden die Grundlage aller Handlungen bei Schmitt + Sohn. Und machen uns zu dem, was wir sind.«

Jürgen Raschke, Entwickler

Das Forum Produkt in Nürnberg bietet Kunden und Mitarbeitern die Möglichkeit, Aufzüge umfassend zu erleben

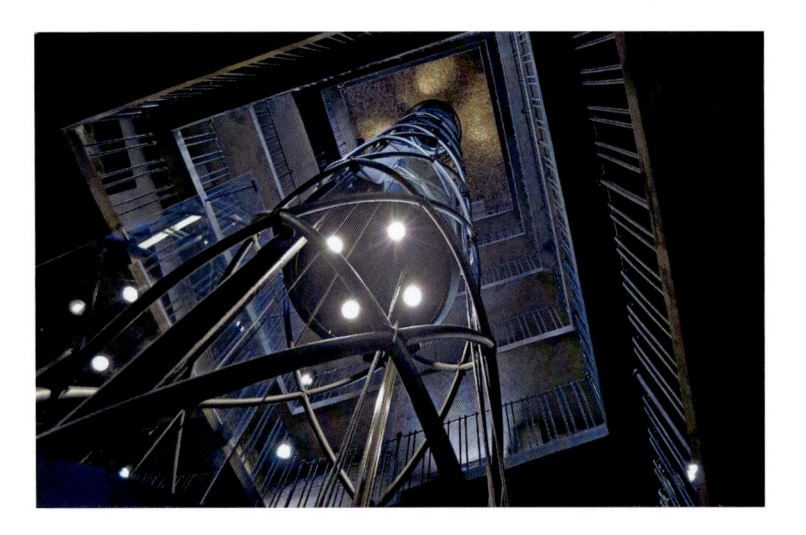

Ein Aufzug ist eine aufwendige Konstruktion. Hier zu sehen das runde Schachtgerüst mit passendem Glasaufzug im Alten Rathaus in Prag

Maximilian Schmitt ist Teil der Geschäftsführung – nun schon in sechster Generation

SCHMITT + SOHN AUFZÜGE

Die Niederlassung in Coburg: Das Unternehmen ist dezentral mit insgesamt 33 Standorten in Europa aufgestellt

Wissen und ihr Können in das Unternehmen einbringen. Der Mensch ist das Maß aller Dinge, der Mitarbeiter und sein beruflicher Erfolg steht im Fokus – auf dieser Grundlage ist gedeihliches und produktives Arbeiten möglich. Arbeiten, das sich großem Qualitätsbewusstsein verpflichtet sieht. Das bedeutet bei Schmitt + Sohn die stetige Weiterentwicklung und Verbesserung der Prozesse und Produkte, die sowohl technisch als auch ästhetisch hohen Anforderungen gerecht werden. Dies gilt nicht zuletzt für die Fertigung. So verlassen jedes Jahr 1500 gebaute Neuanlagen in gleichbleibender Qualität die Werke. Weit mehr als 90 000 gebaute Aufzugsanlagen in ganz Europa sprechen in diesem Kontext eine deutliche Sprache. Dies gilt auch für die Tatsache, dass ein Schmitt + Sohn-Aufzug aus mehr als 10 000 Teilen besteht. Fast alle davon werden in den eigenen Werken gefertigt und sind mit einer Ersatzteilgarantie von 20 Jahren versehen.

Viel überzeugender kann man Langfristigkeit und Nachhaltigkeit, die direkt an den Wert der unternehmerischen Zuverlässigkeit gekoppelt sind, wohl nicht vermitteln. Dazu passend hat das Unternehmen keinerlei Bankverbindlichkeiten. Dies ist die Basis für dauerhafte und gute Beziehungen zu den Mitarbeitern, aber natürlich auch zu Geschäftspartnern und Kunden. Denen steht rund um die Uhr ein engagierter Service zur Seite, der im Dienste der Sicherheit mehr als 43 000 Anlagen ständig betreut und dank eines dezentralen Netzwerkes immer schnell vor Ort ist. So sieht moderne Dienstleistung aus, die sich dem Gelingen menschlicher Mobilität – vertikal, versteht sich – verschrieben hat. Die wird bei Schmitt + Sohn ganzheitlich als Dialog von Architektur, Design und Technik interpretiert. Diesem gestalterischen Anspruch tragen viele Auszeichnungen, darunter der international renommierte iF Product Design Award für Industriedesign, Rechnung.

Mobilität ist Bewegung. Bewegung bedeutet Veränderung. Die Veränderung des Blickwinkels beispielsweise, die für die Zukunftsfähigkeit eines international tätigen Unternehmens wie Schmitt + Sohn so überaus wichtig ist. Aber damit kennen sich die Nürnberger schließlich seit 150 Jahren aus. Mit anderen Worten: Schmitt + Sohn, das bedeutet Innovation, gelebte Verantwortung und ganz einfach exzellenter Service. ◂

DATEN UND FAKTEN

INHABERFAMILIE
Familie Schmitt
in der sechsten Generation

GRÜNDER
Martin Schmitt, Nürnberg

UNTERNEHMENSANTEILE DER FAMILIE
100 %

MARKTPOSITION UNTERNEHMEN
Das führende europäische Familienunternehmen in der Aufzugsbranche

BRANCHE
Dienstleistungen und Aufzugsbau

STANDORTE
2 Produktionswerke in Porto und Deutschland,
insgesamt 33 Standorte in Deutschland, Portugal, Österreich und Tschechien

VERTRIEB
Direktvertrieb in vier Ländern Europas

JAHRESUMSATZ
160 Mio. € (2016)

MITARBEITER
1700 (2017)

S+

SCHMITT+SOHN AUFZÜGE

AUFZUGSWERKE M. SCHMITT + SOHN GMBH & CO. KG
Hadermühle 9–15
90402 Nürnberg

Telefon 0911 2404-0
www.schmitt-aufzuege.de

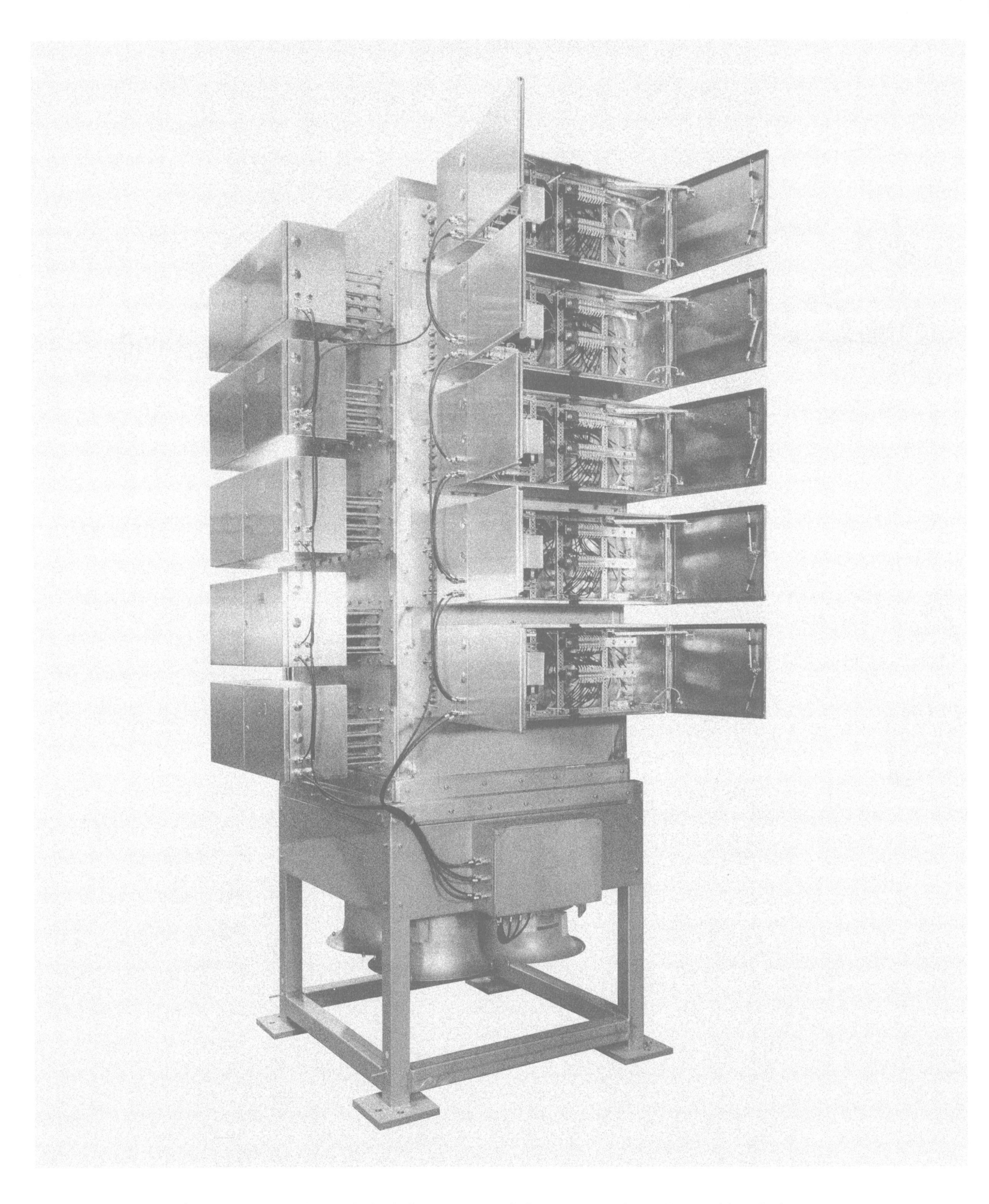

Vom Mittelgebirge auf den Ozean: Die Firma Schniewindt aus Neuenrade baut unter anderem Bremswiderstände für elektrisch angetriebene Schiffe. In diesem Segment ist die sauerländische Firma Weltmarktführer

AUS BESTER FAMILIE

SCHNIEWINDT

SEIT 1829

Aus dem Sauerland in die ganze Welt: Die Geschichte von Schniewindt ist die Geschichte eines „Hidden Champions", eines Unternehmens, dessen Heimat eine Kleinstadt mit weniger als 13 000 Einwohnern ist. Neuenrade heißt der Ort, eine halbe Stunde entfernt von der Kreisstadt Lüdenscheid. Eingebettet in die waldreiche Landschaft durchzieht das Flüsschen Hönne die Stadt, und eben dieser Wasserlauf war im frühen 19. Jahrhundert auch für die Ansiedlung des Unternehmens verantwortlich. Denn im Jahr 1829 bot sie einen unschätzbaren Vorteil: Energie aus Wasserkraft. Ursprünglich hatte Carl Schniewindt seine Werkstatt im benachbarten Altena gegründet, zog aber schon kurz darauf nach Neuenrade. Denn hier hatte er die Genehmigung zum Betrieb eines Schmiedehammers mit Wasserkaft erhalten, den er zur Fertigung seiner ersten Produkte dringend brauchte. Carl Schniewindt stellte Schusterahlen her – ein Produkt, das sein Unternehmen über 100 Jahre lang begleiten sollte.

Doch der Grundstein für das moderne Unternehmen Schniewindt wurde erst

> »Wir sind immer offen für zukünftige Entwicklungen und die Wünsche unserer Kunden.«
>
> Dr. Sarah Schniewindt,
> geschäftsführende Gesellschafterin

in dritter Generation gelegt. Die Gründerenkel Karl-Philipp und Fritz Schniewindt führten den Familienbetrieb nicht nur durch den Ersten Weltkrieg und die Weltwirtschaftskrise, es war auch der Ingenieur Fritz Schniewindt, der die vermutlich wichtigste Erfindung der Firmengeschichte machte: ein Gitter aus einem mit temperaturbeständigen Isolierfäden verwobenen Widerstandsdraht. Dieses bald schon als Schniewindt-Gitter bekannte Produkt wurde 1902 weltweit patentiert und hat sich in vielen Bereichen der Widerstandstechnik als Standard etabliert. Mit diesem Artikel waren die Weichen für Schniewindt in Richtung Elektrotechnik gestellt, nach 1917 konzentrierte man sich auf Gittergleitwiderstände und Starkstromapparate.

Auch die Zeit nach dem Zweiten Weltkrieg war geprägt von elektrotechnischen Weiterentwicklungen, so erhielt Schniewindt im Jahr 1952 seine erste Ex-Prüfbescheinigung durch die Physikalisch-Technische Bundesanstalt in Braunschweig. 1964 kam der erste RC-Spannungsteiler für die Hochspannungsgleichstromübertragung (HGÜ) auf den Markt. Eines der jüngeren technischen Highlights war die Entwicklung von Bremswiderständen für elektrisch angetriebene Schiffe, die seit 2004 hergestellt werden. Mit beiden Produkten wurde Schniewindt zum Weltmarktführer in den entsprechenden Segmenten, in vielen weiteren gelten die Neuenrader als Qualitätsführer, etwa bei sogenannten Ex-Gas- ▶

AUS BESTER FAMILIE

Prägendes Produkt: Verwobene Isolierfäden und Widerstandsdrähte bilden das Schniewindt-Gitter

Die Frau an der Spitze: Dr. Sarah Schniewindt leitet das Unternehmen

»The Power of Electrifying Ideas«
Unternehmensclaim

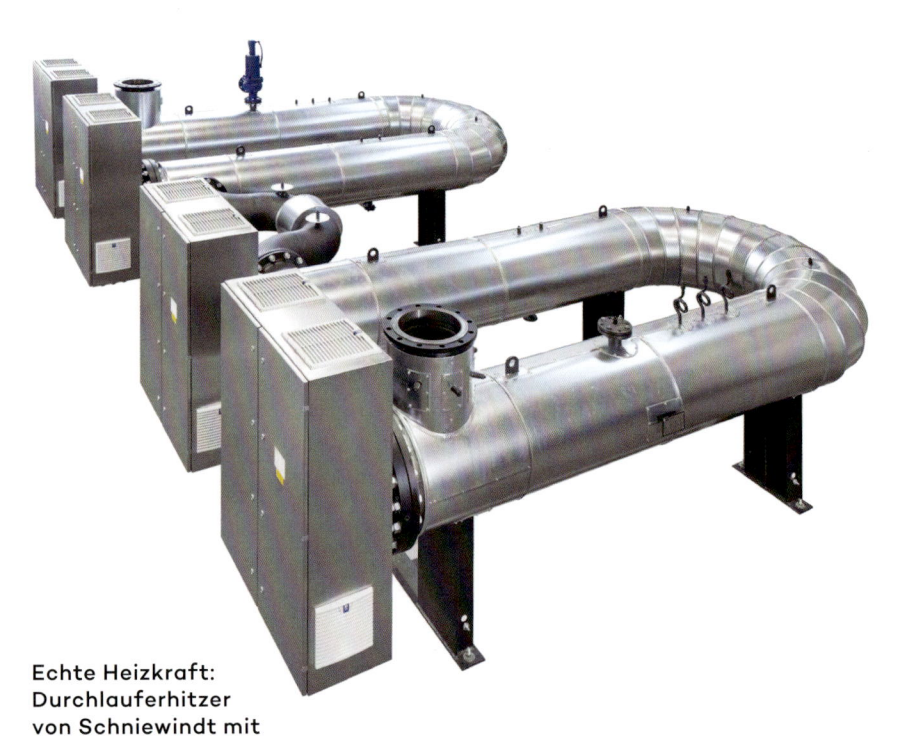

Echte Heizkraft: Durchlauferhitzer von Schniewindt mit 10 MW Leistung

Vielseitig und leistungsstark: Der Modulturm-Widerstand lässt sich dank modularer Bauweise für viele Einsätze anpassen

SCHNIEWINDT

Mondäne Architektur im Sauerland: die moderne Firmenzentrale von Schniewindt in Neuenrade

DATEN UND FAKTEN

INHABERFAMILIE
Familie Schniewindt
in der sechsten Generation

GRÜNDER
Carl Schniewindt

FAMILIENEINFLUSS
inhabergeführt und Beirat

UNTERNEHMENSANTEILE FAMILIENMITGLIEDER
93,3 % in Familienbesitz

MARKTPOSITION UNTERNEHMEN
Weltmarktführer u. a. bei Bremswiderständen aus Mittelspannung, Filterwiderständen, RC-Spannungsteilern

BRANCHE
Elektrotechnik

PRODUKTE
Beheizungstechnik, Widerstandstechnik, Energieübertragungstechnik

STANDORTE
Neuenrade, Shanghai

VERTRIEB
deutschlandweiter Außendienst, Agenturen in Südamerika und Russland, Tochtergesellschaft in China, außerdem neun Vertretungen in Europa und Asien

MITARBEITER
ca. 200

SCHNIEWINDT GMBH & CO. KG
Schöntaler Weg 46
58809 Neuenrade

Telefon 02392 692–0
www.schniewindt.de

---

vorwärmern für petrochemische Anlagen oder speziellen Durchlauferhitzern für die Gas- oder Ölförderung. So konnte Schniewindt im Laufe der Jahrzehnte sein Portfolio beständig erweitern und stellt heute vielfältige Produkte und Lösungen in den Bereichen Widerstandstechnik, Energieübertragungstechnik sowie in der Beheizungstechnik her. Zukunftsträchtig sind besonders weitere Anwendungen im Bereich der Stromübertragung, so will man in Forschung und Entwicklung etwa auf Monitoring-Systeme für HGP-Freileitungen setzen oder bei der Sicherung der Spannungsqualität bei der Einbindung Erneuerbarer Energien in effizienten transeuropäischen Übertragungsnetzen helfen.

Für den Vertrieb der Schniewindt-Produkte sorgen in Deutschland sechs Außendienstler, während es in den Niederlanden, in Polen, Tschechien, Österreich, Norwegen, Schweden, Indien, in der Schweiz und Türkei alleinige Vertreter gibt. In Südamerika und Russland sind Agenturen betraut, und in China hat Schniewindt eine Tochtergesellschaft gegründet, die in Shanghai mit 20 Mitarbeitern auch Produktionsaufgaben übernimmt. Am Heimatstandort Neuenrade sind 180 Mitarbeiter beschäftigt. Alle zusammen konnten im Jahr 2016 einen Umsatz von 28 Millionen Euro erzielen. Inzwischen ist Schniewindt in sechster Generation in Familienbesitz, seit 2007 leitet Dr. Sarah Schniewindt als geschäftsführende Gesellschafterin die Geschicke des Unternehmens. Insgesamt sind 93,3 Prozent der Unternehmensanteile im Besitz der Familie, acht Familienmitglieder sind Gesellschafter. Außerdem gibt es einen dreimal jährlich tagenden Beirat.

So ist aus der kleinen Werkstatt an der Hönne ein Unternehmen geworden, das aus vielen Bereichen der internationalen Elektrotechnik nicht mehr wegzudenken ist und dessen Produkte rund um den Globus im Einsatz sind. Natürlich ist und bleibt Schniewindt aber seiner Heimat eng verbunden, engagiert sich etwa im lokalen Sport- und Schulsponsoring oder in der Neuenrader Heimatpflege. Denn was Heimat ist, weiß man im Sauerland ganz genau. ◀

Qualitätsbetten und beste Matratzensysteme sind seit Jahrzehnten das Metier der Unternehmerfamilie Schramm aus der Pfalz. Und alles ist – und bleibt – handmade in Germany

AUS BESTER FAMILIE

SCHRAMM

SEIT 1923

Wie man sich bettet, so liegt man – so lautet ein Sprichwort. Dieses soll aus dem Altdeutschen um 1500 stammen und wirkt – zugegeben – etwas abgedroschen. Doch in der Sache gilt es nach wie vor. Und seine Umsetzung ist seit Langem Programm der Unternehmerfamilie Schramm. Sie stellt in Winnweiler in der Pfalz hochwertige Matratzen, komplette Betten und Schlafsysteme her – für anspruchsvolle Kunden weltweit. Solche Systeme sind zum Beispiel gefederte Untermatratzen in Kombination mit Taschenfederkernmatratzen oder Lösungen mit per Motor verstellbaren Matratzen. Die Betten- und Matratzenmanufaktur fertigt alles von Hand und verfeinert ihre Produkte stetig durch Innovationen. Daher steht die Marke SCHRAMM seit Langem für zeitgemäße Handwerkskunst auf höchstem Niveau. Ihre High-End-Markenwelt rundet eine Home Collection ab: Bettwäsche, Badementel, Düfte et cetera.

An der Spitze des Familienunternehmens, das als SCHRAMM Werkstätten GmbH firmiert, steht seit 1998 Axel

> »Unser Credo lautet ›Carpe Noctem‹, unser Motto SCHRAMM home of sleep.«
>
> Axel Schramm

Schramm. Der geschäftsführende Gesellschafter vertritt die dritte Generation im Unternehmen mit aktuell 188 Mitarbeitern. Dem nachhaltigen Erfolg der Pfälzer liegt zum einen zugrunde, dass der gesunde Schlaf eine biologische Grundfunktion und inzwischen eine Wissenschaft für sich ist, die Bücher füllt und sogar Aufenthalte in Schlaflaboren erfordert. Neue Erkenntnisse von dieser Seite lässt der Traditionsbetrieb in seine Produkte einfließen. Zum anderen perfektioniert er seine Arbeit gemäß seinem Credo „Carpe Noctem". Das Ergebnis sind Matratzen und Betten „handmade in Germany", die außer dem eigentlichen natürlichen Zweck immer auch höchste Ansprüche an Komfort, sinnliches Erleben und Geborgenheit erfüllen. Das war in den Anfangsjahren anders. 1923 hatte Karl Schramm das Unternehmen als Sattlerei und Polsterei im pfälzischen Alsenborn gegründet und fertigte schon damals handgemachte Matratzen.

Mit Karl Schramm junior trat 1959 die zweite Generation die Nachfolge an. Er entschied sich in den 1970er-Jahren gegen Lattenroste und maschinelle Matratzenmassenware aus Schaumstoff. Vielmehr spezialisierte er sich mit seinem Handwerker-Team auf Taschenfederkern-Matratzen, Untermatratzen und eigene Bettkreationen und reüssierte mit Neuheiten wie den vollintegrierten SCHRAMM-Zwei-Matratzen-Systemen und anderem mehr. Manche Innovation wurde patentiert – etwa die Zone für die Schulteraufnahme (patentiert 1990), das Drei-Matratzen-System GRAND CRU (2011) oder die durchgehende Untermatratze ▶

AUS BESTER FAMILIE

Axel und Angela Schramm – er ist Chef in dritter Generation, sie Leiterin Marketing

SCHRAMM liefert Schlafkomfort und mehr. Denn zur SCHRAMM-Markenwelt gehören inzwischen auch feine Accessoires wie Bettwäsche oder Bademäntel

»Handmade in Germany ist unser Versprechen, das wir täglich erneuern. Es gilt für uns als dritte Generation und wird auch von der vierten Generation gehalten.«

Axel Schramm

Die Pfälzer verarbeiten feinste Rohstoffe und nur natürlichen Talalay-Latex

Alles ist Handarbeit – auch die Verarbeitung der Federn und das Nähen der Taschenfederkerne

SCHRAMM

Die Manufaktur arbeitet in modernen Räumen. 2012/13 kamen auch neue Lager- und Versandgebäude hinzu. Soweit steht auch die Basis für die vierte Generation

TWO IN ONE (2014). Ganz konsequent Manufaktur, verwendet SCHRAMM für seine Matratzen Polsterfedern aus eigener Herstellung. Und der Taschenfederkern wird wie zuvor vor Ort von Hand genäht. Und nach wie vor spricht man in Winnweiler in der Regel nicht von „Boxspring-System", das vielfach als Innovation bejubelt wird. Dabei steht der Anglizismus für nichts anderes als das Zwei-Matratzen-System, wie es seit Langem vom Handwerker aus der Pfalz angeboten wird.

Passend zu seinen handwerklichen Meisterleistungen, setzte und setzt der Hersteller für die Polstermaterialien oder Oberflächen seiner Matratzen nur auf natürliche und feinste Stoffe: Kaschmir, Leinen und Schurwolle von französischen Freilandschafen oder Seide. Und er nutzt ausschließlich Talalay-Latex, ein natürlich nachwachsender Rohstoff, der sich zudem weit energiesparender als die vergleichbaren synthetischen Materialien verarbeiten lässt. Die Positionierung als Matratzen- und Bettenmanufaktur verlief schon unter Karl junior erfolgreich: Exklusive Fachhändler und Einrichtungshäuser nahmen seine Produkte auf – in Deutschland und den Benelux-Staaten. Unter Karls Nachfolger Axel Schramm ging – und geht – die Expansion weiter. Auch er setzt für den Vertrieb der anspruchsvollen und beratungsintensiven Produkte auf die Fachhändler und erhöhte ihre Zahl im Lauf der Zeit auf heute 400 – in ganz Europa, China, Hongkong, Japan, Russland und Südafrika.

Axel Schramm baute 1999 eine ganz neue Manufaktur im zeitgemäßen Gebäude aus Glas und Stahl in Winnweiler. 2012/2013 erweiterte er den Standort um neue Produktions-, Lager- und Versandgebäude: für die moderne Fertigungsorganisation mit optimalen Bedingungen für die handwerklichen Verarbeitungstechniken. Damit ist der Weg für die vierte Generation bereitet, die schon im Unternehmen aktiv ist. Und die Voraussetzungen sind erfüllt, damit die anspruchsvolle Kundschaft sich weiterhin gewohnt gut mit SCHRAMM betten kann. ◀

DATEN UND FAKTEN

INHABERFAMILIE
Familie Schramm in der dritten und vierten Generation

GRÜNDER
Karl Schramm

FAMILIENEINFLUSS
inhabergeführt durch Axel Schramm, CEO

UNTERNEHMENSANTEILE DER FAMILIE
100 % – verteilt auf drei Gesellschafter

GESCHÄFTSFÜHRENDER GESELLSCHAFTER
Axel Schramm

BRANCHE
Möbelindustrie

PRODUKTE
hochwertige Matratzen, Betten und Home Collection

STANDORT
Hauptsitz und handwerkliche Fertigung in Winnweiler/Rheinland Pfalz

VERTRIEB
über 400 Fachhändler in Europa, Middle East, Asien; Exportanteil rund 40 %

MITARBEITER
188 (2016)

JAHRESUMSATZ
30 Mio. € (2016)

SOZIALES ENGAGEMENT
lokales Sponsoring

SCHRAMM
home of sleep

SCHRAMM WERKSTÄTTEN GMBH
Am Stundenstein 1
67722 Winnweiler

Telefon 06302 9236–0
www.schrammwerkstaetten.de

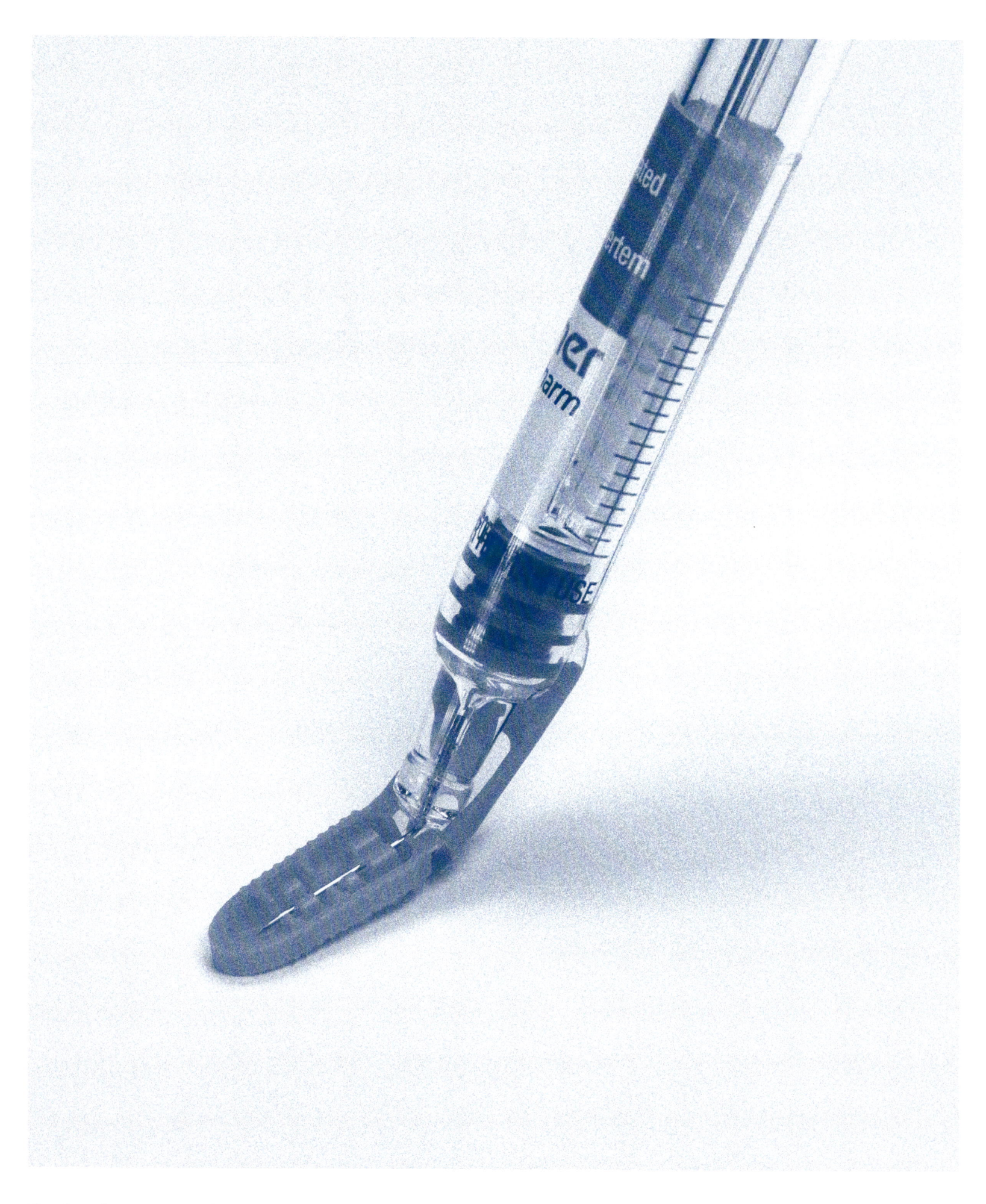

Eine der erfolgreichsten Erfindungen: Das Nadelschutzetikett „Needle-Trap" der Schreiner Group wurde schon mehr als 500 Millionen Mal verkauft

AUS BESTER FAMILIE

SCHREINER
SEIT 1951

Fast jeder ist schon mal mit Produkten der Schreiner Group aus Oberschleißheim in Berührung gekommen – man muss nur einmal den Rubbel-Pin in einem Brief der Bank entfernt oder eine Feinstaubplakette am Auto angebracht haben. Das Familienunternehmen aus dem Norden von München stellt Hightech-Etiketten her: für Pharmaunternehmen, Automobilhersteller, Banken und Behörden, für Haushaltsgeräte und behördliche Dokumente.

Roland Schreiner führt das Unternehmen seit 2012, nun schon in dritter Generation. Die Schreiner Group, 1100 Mitarbeiter und 170 Millionen Euro Umsatz im Jahr, verkauft ihre Produkte mittlerweile überall auf der Welt. Das Unternehmen ist führend in der Herstellung innovativer Funktionsetiketten, die in Deutschland, den USA und China produziert werden. Die Schreiner Group ist heute ein global agierendes Familienunternehmen – die Anfänge vor mehr als 65 Jahren aber waren schwierig.

Theodor Schreiner, Roland Schreiners Großvater, war als Soldat im Zweiten Weltkrieg. Er kämpfte, geriet in Kriegsgefangen-

> »Die Schreiner Group ist als Problemlöser bekannt und realisiert viele Spezialaufträge.«
>
> Schreiner Group-Unternehmensprofil

schaft, und irgendwann in all diesen Jahren träumte er davon, einmal eine Firma zu gründen, die Siegelmarken herstellt, sollte er je wieder lebend zurückkommen. Als er schließlich wieder zurückkam, ohne Geld und ohne Arbeit, verwirklichte er diese Idee. 1951 gründete er eine eigene Firma, er gab ihr den Namen „M. Schreiner. Spezialfabrik für geprägte Siegelmarken und Etiketten", benannt nach seiner Frau Margarete.

Das junge Ehepaar stellte Plaketten her, die an die Wand genagelt werden konnten, außerdem Brot- und Strumpfmarken. Erst in einer 45 Quadratmeter großen Garage im Münchener Stadtteil Laim, dann in einem alten Wirtshaussaal. In den Sechzigerjahren begannen die beiden, mit selbstklebenden Etiketten zu experimentieren, die Idee dafür hatte ihr Sohn Helmut Schreiner. „Etiketten-Schreiner" hieß die Firma nun, sie produzierte unter anderem für die Kosmetikindustrie. 1974 übernahm der Sohn die Firma. Anfang der Achtzigerjahre entwickelte sich sein Unternehmen zunehmend hin zur technischen Industrie und fertigte beispielsweise Etiketten, die mit einem Computer nachträglich beschriftet werden können. Solche „Typenschilder" sieht man noch immer in Autos, an Kühlschränken oder Waschmaschinen mit Angaben zum Hersteller oder der Seriennummer. 1984 taufte Schreiner das Unternehmen um in „Schreiner Etiketten- und Selbstklebetechnik".

Ein paar Jahre später kam die Pharmaindustrie als weitere Branche hinzu. Die Firma entwickelte 1988 das „Pharma- ▶

AUS BESTER FAMILIE

Seit 2012 leitet Roland Schreiner das Familienunternehmen

»Unsere Funktionsetiketten bleiben meist unbemerkt und doch ist jeder im Alltag auf sie angewiesen.«

Roland Schreiner

Würde man die in einem Jahr produzierten Etiketten aneinander legen – die Kette würde die Erde dreimal umrunden

Intelligente Etiketten kommunizieren mit Smartphones und elektronischen Geräten

Auch der Rubbel-Pin stammt von dem Münchener Unternehmen

SCHREINER

Seit 1993 hat die Schreiner Group ihren Firmensitz in Oberschleißheim. Seit 2008 produziert das Unternehmen auch im US-amerikanischen Blauvelt (New York) und seit 2015 im chinesischen Fengpu (Shanghai)

Tac", ein Etikett mit Aufhängebügel für Infusionsflaschen. Ein großer Erfolg. Nicht minder erfolgreich wurde das Unternehmen mit dem 2009 erfundenen „Needle-Trap", einem Nadelschutzetikett für Spritzen, das Ärzte und Krankenschwestern vor Stichverletzungen und Infektionen schützen soll. Das Etikett funktioniert so: Nach dem Benutzen der Spritze wird die Nadel in ein Kunststoffteil gedrückt, sodass sich niemand mehr daran stechen kann. Diese Erfindung wurde seither schon mehr als 500 Millionen Mal verkauft.

Die Schreiner Group, die ihren Sitz seit 1993 in Oberschleißheim hat und ihren heutigen Namen seit 2002 trägt, stellt aber auch Etiketten für Banken und Behörden her, die vor Fälschungen schützen und Sicherheit gewährleisten. Dazu zählen Rubbel-Pin-Etiketten, Autobahnvignetten, die Lichtbildschutzfolie für den Sozialversicherungsausweis oder die Feinstaubplakette. Auch RFID-Etiketten und Spezialanfertigungen gehören zum Portfolio des Münchener Unternehmens. In den kommenden Jahren will die Schreiner Group noch weiter internationalisieren und den Technologiebereich ausbauen, vor allem im Bereich der gedruckten Elektronik. Smarte Labels sollen also künftig die physische Produktwelt direkt mit der digitalen Datenwelt verbinden.

Das Familienunternehmen hat insgesamt schon mehr als 150 Patentfamilien angemeldet und wurde für seine Erfindungen mit zahlreichen Innovationspreisen ausgezeichnet. 2016 wurde die Schreiner Group außerdem vom bayerischen Wirtschafts- und Arbeitsministerium zum familienfreundlichsten Unternehmen Bayerns gewählt. Seit seiner Gründung ist aus dem kleinen Garagenbetrieb in München also ein international aufgestellter Hightech-Produzent für Spezialetiketten und selbstklebende Funktionsteile geworden, der immer weiter wächst. Auch im Münchener Raum: Künftig wird die Schreiner Group an einem weiteren Standort in Dorfen bei Erding produzieren. ◀

DATEN UND FAKTEN

INHABERFAMILIE
Familie Schreiner
in der dritten Generation

GRÜNDER
Theodor und
Margarete Schreiner

UNTERNEHMENSANTEILE DER FAMILIE
komplett in Familienhand, geschäftsführender Gesellschafter Roland Schreiner hält die Mehrheitsanteile, sein Vater Helmut hält ebenfalls Anteile

MARKTPOSITION UNTERNEHMEN
nationale und internationale Spitzenposition,
von 1984 bis 2016 betrug die durchschnittliche Wachstumsrate 10,9 %

BRANCHE
Druck- und folienverarbeitende Industrie

STANDORTE
drei internationale Produktionsstandorte: Deutschland (Oberschleißheim), USA (Blauvelt) und China (Fengpu)

VERTRIEB
Europa, Nordamerika, Asien durch eigenen Vertrieb; das internationale Vertriebsnetzwerk umfasst 26 Länder

JAHRESUMSATZ
170 Mio. € (2016)

MITARBEITER
1100 (2016)

schreiner *Group*

SCHREINER GROUP GMBH & CO. KG
Bruckmannring 22
85764 Oberschleißheim

Telefon 089 31584–0
www.schreiner-group.com

Alles im Griff: Nicht nur in unwegsamem Gelände sorgen Schwalbe-Reifen für Fahrspaß und Sicherheit gleichermaßen. Und in puncto Pannensicherheit setzen sie seit jeher Maßstäbe

AUS BESTER FAMILIE

SCHWALBE

SEIT 1922

Das Fahrrad ist ein Zukunftsmodell. Schon die Zahlen sprechen dafür: Der Bestand an Drahteseln allein in Deutschland betrug in 2016 laut Verband der Zweirad-Industrie enorme 73 Millionen Stück. Im selben Jahr wurden über vier Millionen neue Räder verkauft, darunter vor allem Trekking-Räder, City-Räder und E-Bikes. Die Fahrrad-Euphorie hat dabei viele Gründe: Energieeffizienz, Umweltschonung, Gesundheitsvorsorge durch Bewegung, individuellere Lebensentwürfe oder urbane Mode – all dies bringt die Menschen auf die Sättel und auf die Straße. Sehr zur Freude eines Unternehmens aus Reichshof-Wehnrath, dessen Name untrennbar mit der Bereifung von Fahrrädern verbunden ist: Schwalbe.

Hier im Bergischen Land, nahe Köln, liegt in der grünen Hügellandschaft der Hauptsitz des europäischen Marktführers für Fahrradreifen und -schläuche. Mit dieser Standortwahl hat sich das Unternehmen nicht weit von seinen Wurzeln entfernt. Sie liegen im etwa 9 Kilometer oder 35 Fahrradminuten entfernten Bergneustadt, in dem die Brüder Eugen und Willy

»Wir alle bei Schwalbe lieben das Fahrrad. Meine Familie ist ihm seit über 100 Jahren verbunden.«

Frank Bohle

Bohle im Jahr 1922 ein Unternehmen für den Export von Fahrradkomponenten aus deutscher Herstellung gründeten. Die meisten Zielländer lagen in Asien, schon damals sammelten die Bohles dorthin gute Kontakte. Allerdings stoppte der Zweite Weltkrieg die Expansion vollständig, erst in den 1950er-Jahren erhielten die Gebrüder wieder eine Exportlizenz. Doch der Wandel von ehemaligen Kolonien und der Aufbau preisgünstigerer Produktion in Asien kehrten bald die Verhältnisse um: aus Export wurde Import.

Der im Jahr 1955 in zweiter Generation ins Unternehmen eingestiegene Ralf Bohle erkannte die Zeichen der Zeit – und handelte. Er nutzte seine exzellenten Kontakte und begann Fahrradteile für inländische Hersteller zu importieren. Und im Jahr 1973 traf er die wegweisende Entscheidung: „Wir spezialisieren uns ausschließlich auf Fahrradreifen". Seine Überzeugung: In einem Umfeld, in dem Fahrradreifen nicht als Qualitätsprodukte, sondern als Verschleißteile angesehen werden und Radfahrer meist nur die Erfahrung „Panne" mit ihnen assoziieren, müsste man mit Qualität und Haltbarkeit punkten können. In der koreanischen Unternehmerfamilie Hung-A fand er einen Partner, der ihm kontinuierlich beste Qualität produzieren konnte und erreichte schon nach zwei Jahren eine Kapazität von drei Millionen Reifen jährlich. Den Namen für sein Unternehmen übernahm er von der koreanischen Marke Swallow, eben „Schwalbe". In Asien ein Symbol für Glück und Erfolg, steht der kleine ▶

AUS BESTER FAMILIE

Führt Schwalbe in dritter Generation: CEO und Rad-Enthusiast Frank Bohle

Für ihn wurde die Vokabel „unplattbar" erfunden: der extrem robuste Schwalbe Marathon Plus

»Durch Innovation und Qualität überzeugen – und die Qualität hochhalten, egal was da komme. So leben wir unsere Marktführerschaft.«

Frank Bohle

Heimat eines Hidden Champions: Schwalbe-Hauptsitz in Reichshof-Wehnrath

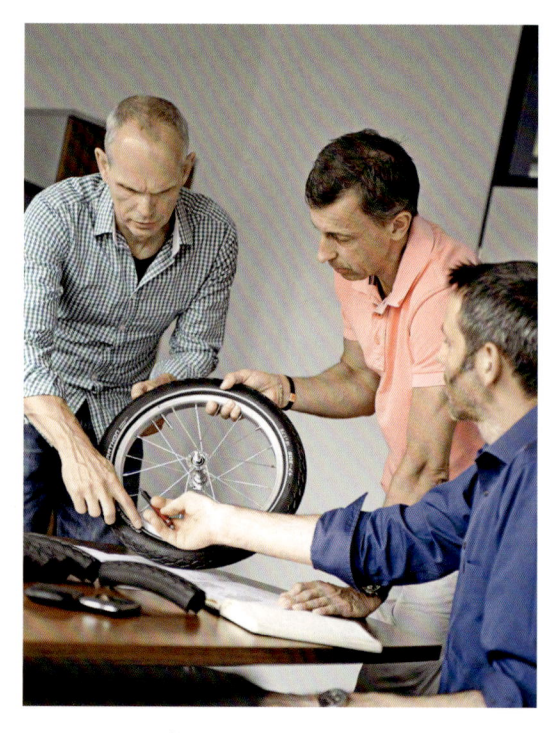

Von Radlern für Radler: Produktentwicklung ist Teamwork

SCHWALBE

Auf Herz und Nieren getestet: Jedes Produkt ist das Ergebnis von sorgfältiger Ingenieurarbeit und viel Leidenschaft fürs Rad

Vogel auch hierzulande für Geschwindigkeit und Freiheit. So hielt der gegabelte Schwalbenschwanz sogar Einzug in das Unternehmenslogo.

Fortan widmet man sich bei Schwalbe – beziehungsweise der Ralf Bohle GmbH, so die offizielle Firmierung – der Weiterentwicklung des Marktes und vor allem des Produkts Reifen. Immer wieder sind es Erfindungen von Schwalbe, die in den folgenden Jahrzehnten die Grenzen des Machbaren verschieben. Etwa mit dem Schwalbe Marathon, dem ersten Langlaufreifen für Fahrräder mit einer bis dahin nicht gekannten Laufleistung. Darauf folgten der „unplattbare" Schwalbe Marathon Plus oder der großvolumige Ballonreifen für Luftfederung am Fahrrad: Schwalbe Big Apple. Und auch für Rollstühle entwickelte man in Reichshof-Wehnrath wegweisende Innovationen. So sind die Schwalbe 2Grip Rollstuhlreifen besonders handschonend für die Fahrerinnen und Fahrer. Diese Produkte werden heute in Deutschland entwickelt und bei Joint-Venture-Partnern in Indonesien und Vietnam produziert. Rund 4000 Mitarbeiter sind in den Produktionsstandorten beschäftigt. Am Hauptsitz in Deutschland beschäftigt Schwalbe circa 130 Mitarbeiter, weitere 60 sind bei Tochterunternehmen in Großbritannien, Frankreich, Italien, den Niederlanden sowie USA/Kanada angestellt. Insgesamt erwirtschafteten sie im Geschäftsjahr 2016 einen Umsatz von rund 171 Millionen Euro. CEO des Unternehmens ist seit 2000 Frank Bohle in dritter Generation, neben ihm gehören Holger Jahn und Andreas Grothe zur Geschäftsführung.

Was die drei Geschäftsführer – und einen Großteil der Belegschaft in Reichshof-Wehnrath – vereint: Sie alle sind absolute Fahrrad-Enthusiasten. Mit dem Fahrrad über die Alpen, durch ganz Asien auf zwei Rädern, einmal an der Tour de France teilgenommen – all das gehört zum Erfahrungsschatz bei Schwalbe. Somit ist eines klar: Das Zukunftsmodell Fahrrad ist hier in goldrichtigen Händen. ◂

DATEN UND FAKTEN

INHABERFAMILIEN
Familien Bohle, Jahn und Weiß in der dritten Generation

GRÜNDER
Eugen und Willy Bohle

FAMILIENEINFLUSS
inhabergeführt

MARKTPOSITION UNTERNEHMEN
Marktführer in Europa

BRANCHE
Sportartikelindustrie

PRODUKTE
Fahrradreifen und -schläuche, Rollstuhlreifen und -schläuche

VERTRIEB
Tochterunternehmen in Großbritannien, Frankreich, Italien, in den Niederlanden sowie USA/Kanada, Vertriebspartner weltweit

MITARBEITER
ca. 130 in Deutschland,
ca. 60 bei Tochterunternehmen,
ca. 4000 bei Joint-Venture-Partnern in Indonesien/Vietnam

UMSATZ
171 Mio. € (2016)

SCHWALBE – RALF BOHLE GMBH
Otto-Hahn-Straße 1
51580 Reichshof-Wehnrath

Telefon 02265 109–0
www.schwalbe.com

Der FC Real Madrid setzt in seinem Heimatstadion Estadio Santiago Bernabéu auf die Technologie von Schwank.
Die 1100 montierten Strahler steigern den Komfort der knapp 80 000 Besucher spürbar und effizient

AUS BESTER FAMILIE

SCHWANK

SEIT 1933

Wärme im großen Stil, so lässt sich die Leidenschaft der Familie Schwank beschreiben. Die Kunst, so effizient und effektiv wie möglich für angenehme Temperaturen zum Arbeiten und Leben auch in schwierigen Umgebungen zu sorgen, zieht sich durch alle Stationen des Familienunternehmens. Ihren Anfang nahm diese Reise im elsässischen Fegersheim. Man schrieb das Jahr 1933, und der junge Ingenieur Günther Schwank produzierte Gasherde und arbeitete an einer neuartigen keramischen Platte, die mittels Infrarotstrahlung funktionierte. Patentiert wurde die Technik 1938. Die Produktion und der Vertrieb erfolgte zunächst über Lizenzverträge mit internationalen Partnern, erst 1951 startete die eigene Herstellung in Günther Schwanks Heimat Hamburg. Doch schon 1952 stand ein erneuter Ortswechsel an – Schwank bezog seinen heutigen Standort in Köln.

War die Reise nun zwar geografisch erst einmal beendet, ging sie technologisch erst los. Aus Herden wurden Heiz- und Kühlsysteme, und der kleine Familienbetrieb wuchs rasant. Denn die Technologie von Schwank bot sich ideal an, um damit auch größte Fabrik- oder Lagerhallen energiesparend und schnell zu beheizen. Dafür bedient sie sich bis heute der Infrarottechnologie, die – wie Sonnenstrahlung – nicht die Luft, sondern die Oberflächen erwärmt, auf die sie trifft. So lässt sich mit weitaus weniger Energieeinsatz die gleiche sogenannte „Empfindungswärme" beim Menschen erzeugen. Die entsprechende Technik entwickelte man bei Schwank kontinuierlich weiter.

Jedoch beruhte der Erfolg nicht nur auf Technologien, sondern auch auf Führungspersönlichkeiten. So war es Prof. Bernd H. Schwank, dem 1970 ins Unternehmen eingetretenen Sohn des Gründers, zu verdanken, dass das zwischenzeitlich angeschlagene Unternehmen wieder in die Gewinnzone kam. Mit stetigen Investitionen und klugen Managemententscheidungen baute Bernd Schwank die Firma zum Weltmarktführer für energiesparende Infrarot-Heizsysteme auf. Wichtige Meilensteine auf diesem Weg waren die Übernahme eines führenden Heiztechnologieunternehmens in den USA sowie die Gründung der russischen Tochtergesellschaft SibSchwank. Seit 2004 ist mit Oliver Schwank die nunmehr dritte Generation im Unternehmen aktiv. Er legt einen starken Fokus auf Marketing- und Vertriebsaktivitäten, intensive Prozessoptimierungen und Bemühungen um höchste Energieeffizienz ganz im Sinne der Kunden. Außerdem initiierte er die Expan- ▶

> »Nachhaltige und langlebige Lösungen, die die Erwartungen unserer Kunden übertreffen, sind unser Ziel.«
>
> Schwank-Firmenphilosophie

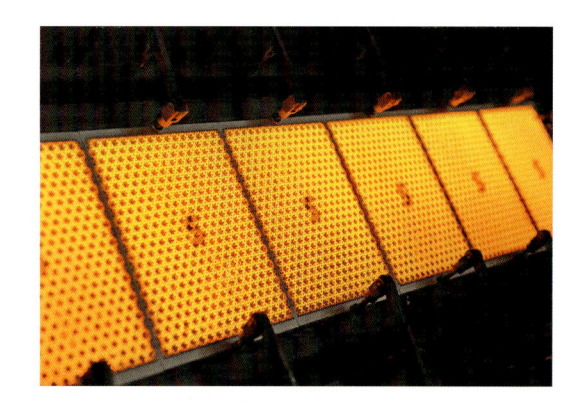

AUS BESTER FAMILIE

Wärme hat einen Buchstaben: Heizelemente mit dem „S" wie Schwank

Für angenehmes Arbeiten: Schwank heizt auch Lagerhallen aus großer Höhe ein

»Über 2 Millionen Heizgeräte in über 40 Ländern sprechen für sich.«

Oliver Schwank, Geschäftsführer

Die Schwank-Geschäftsführung: Oliver Schwank und Prof. Dr.-Ing. Friedhelm Schlößer

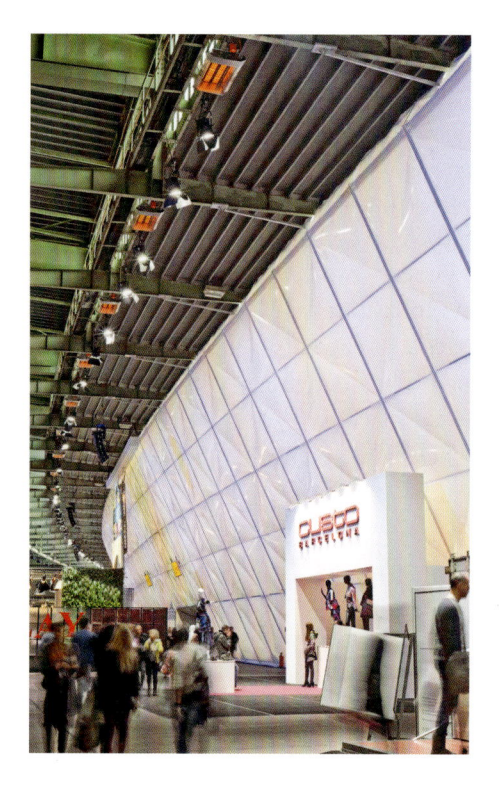

Auch in Messehallen: Damit Besucher nicht frieren, sind Schwank-Systeme installiert

SCHWANK

Am Anfang war der Gasherd: Erfinder und Firmengründer Günther Schwank

DATEN UND FAKTEN

INHABERFAMILIE
Familie Schwank
in der dritten Generation

GRÜNDER
Günther Schwank

FAMILIENEINFLUSS
Gesellschafter und Beirat
wählen und überwachen die
Geschäftsleitung

UNTERNEHMENSANTEILE FAMILIENMITGLIEDER
100% in Familienbesitz

MARKTPOSITION UNTERNEHMEN
Weltmarktführer bei
Industrie- und Hallenheizungen
auf Infrarotbasis

BRANCHE
Hallenheiz- und Kühlsysteme

PRODUKTE
Hallenheizsysteme

STANDORTE
Köln, Tjumen (Russland),
Waynesboro (USA), Tianjin
(China), Mississauga (Kanada)

VERTRIEB
weltweit

MITARBEITER
ca. 300

---

sion in neue vielversprechende Märkte wie China und erweiterte sein Leistungsspektrum um zukunftsweisende Produkte und Lösungen. Seit dem Tod seines Vaters im Mai 2017 führt Oliver Schwank das Unternehmen gemeinsam mit dem Geschäftsführer Prof. Friedhelm Schlößer. Die Unternehmensanteile sind dabei nach wie vor zu 100 Prozent im Besitz der Familie Schwank, die über einen Beirat auch die Geschäftsleitung überwacht.

Schwank unterhält neben dem Hauptsitz in Köln noch zwölf Tochtergesellschaften zum Beispiel in Tjumen (Russland), Waynesboro (USA), Tianjin (China) sowie Toronto (Kanada). Insgesamt beschäftigt das Unternehmen rund 300 Mitarbeiter, die nicht nur gemeinsam für einen Jahresumsatz von rund 43 Millionen Euro sorgen, sondern auch kontinuierlich den großen Erfindungsreichtum des Unternehmens demonstrieren. Schließlich hält Schwank derzeit rund 50 Patente. Jüngstes Innovationsbeispiel ist der deltaSchwank, der einen echten Durchbruch auf dem Gebiet der Heiztechnologie darstellt. Mithilfe seines bluTek-Brenners und weiterer innovativer Komponenten erreicht er ein enormes Effizienzniveau: Sein Strahlungsfaktor konnte um 29 Prozent gegenüber branchenüblichen Hochleistungssystemen gesteigert werden, während die Abgasverluste um circa 50 Prozent reduziert wurden. Außerdem konnte der CO_2-Ausstoß um 19 Prozent und der Stickstoff-Ausstoß um 55 Prozent reduziert werden. Damit ist er ein weiterer Meilenstein in der Geschichte effizienter Schwank-Produkte, die ihresgleichen suchen und von namhaften Kunden weltweit geschätzt werden – und das quer durch alle Branchen. So konnte beispielsweise der BMW-Konzern in seiner Produktionsstätte für den Mini 47 Prozent Energie sparen, die US Army in einem ihrer Stützpunkte sogar 71 Prozent. Derzeit heizen Schwank-Systeme auch die Fußballstadien von Real Madrid und dem FC Chelsea sowie die Flugzeughallen von Air New Zealand.

So ist das, was vor über 80 Jahren im Elsass begann und heute in dritter Generation in Köln fortgesetzt wird, inzwischen zu einer globalen Erfolgsgeschichte geworden – mit Wärme im großen Stil. ◀

Schwank
WÄRME FÜR HALLEN

SCHWANK GMBH
Bremerhavener Straße 43
50735 Köln

Telefon 0221 7176–0
www.schwank.de

Das Flaggschiff der SEETELHOTELS: der legendäre Ahlbecker Hof auf Usedom. Im 5-Sterne-Hotel waren schon Kaiser und Könige zu Gast

AUS BESTER FAMILIE

SEETELHOTELS

SEIT 1992

Die Familie Seelige-Steinhoff hat es sich zur Aufgabe gemacht, ihren Gästen die schönste Zeit des Jahres zu bescheren. Insgesamt 16 Hotels, Residenzen und Villen gehören zu den SEETELHOTELS, dem familiengeführten Hotelleriebetrieb aus dem Seebad Heringsdorf auf Usedom. Auf der deutschen Ostseeinsel und auf Mallorca arbeiten insgesamt 524 Mitarbeiter mit Freude daran, unvergessliche Urlaubserlebnisse zu kreieren.

Die SEETELHOTELS sind ein vergleichsweise junges Familienunternehmen, das im Jahr 1992 von Burghardt Seelige-Steinhoff zusammen mit seinem Sohn Rolf gegründet wurde. Die Leidenschaft für Hotels, die der Gründer später auch zu seinem Beruf machen sollte, wurde ihm jedoch schon in die Wiege gelegt. Denn die Großfamilie seines Großvaters mütterlicherseits hatte Ende des 19. Jahrhunderts unweit von Hamm das Hotel „Radbod" betrieben. Burghardt Seelige-Steinhoff trat zunächst in andere familiäre Fußstapfen und übernahm im jungen Alter von 19 Jahren den väterlichen Schuhbetrieb

»Wir arbeiten mit Begeisterung mit Menschen für Menschen und schaffen positive, unvergessliche Erlebnisse und Erinnerungen.«

SEETELHOTELS

mit knapp 450 Mitarbeitern im westfälischen Ahlen. Schon in dieser ersten Karriere bewies er Geschick und erweiterte das Geschäft in den 1960er-Jahren durch den Import und Export und in den 1970er-Jahren durch Filialnetze. Etwa zu dieser Zeit befasste er sich erstmals wieder mit der Hotelbranche und investierte in den Robinson-Club Baobab in Kenia und in das Hotel Bahia del Sol auf Mallorca.

Im Jahr 1991, kurz nach der Wende, erkannte der Unternehmer die wirtschaftlichen Potenziale, die in den ehemaligen DDR-Ferienbetrieben auf Rügen steckten. Er versprach, zwei Hotels innerhalb von drei Wochen zu neuem Leben zu erwecken. Es gelang tatsächlich – schon damals mit der Unterstützung seines Sohnes Rolf. Seit dem Gründungsjahr der SEETELHOTELS 1992 hat die Familie in der Region eine Erfolgsgeschichte geschrieben, in der heute 16 ganz unterschiedliche Kapitel ihren Platz haben: insgesamt 16 Hotelobjekte, vom 3-Sterne- bis zum 5-Sterne-Luxushotel Ahlbecker Hof, von der Ferienwohnung bis zum Familiendorf. Neben den 15 Anlagen auf Usedom gehört auch das Hotel Bahia del Sol in Santa Ponsa auf der spanischen Insel Mallorca zum Portfolio des Unternehmens.

Die SEETELHOTELS gehören zu 100 Prozent der Familie Seelige-Steinhoff und werden heute in zweiter Generation von Rolf Seelige-Steinhoff, dem Sohn des ▶

AUS BESTER FAMILIE

Der Firmengründer Burghardt Seelige-Steinhoff

Die Inhaberfamilie (v.l.n.r.): Jeanne, Rolf und Bettina Seelige-Steinhoff

»Meine Familie und ich garantieren Ihnen, dass unsere Häuser nicht nur mit hohem Anspruch von uns geführt, sondern auch mit Leidenschaft gelebt werden – einer langen Tradition verbunden.«

Rolf Seelige-Steinhoff, geschäftsführender Gesellschafter

Das einzige SEETELHOTEL außerhalb Usedoms: das Bahia del Sol in Santa Ponsa auf Mallorca

Eine von 16 Anlagen der SEETELHOTELS: die 1882 erbaute Villa Aurora im Seebad Heringsdorf auf der Insel Usedom. Nach umfangreicher Rekonstruktion und Sanierung wurde das unter Denkmalschutz stehende Haus 1996 neu eröffnet

SEETELHOTELS

Fröhliche Ferien inmitten eines duftenden Kiefernwaldes: das SEETELHOTEL Familienresort Waldhof im Ostseebad Trassenheide auf Usedom

2010 verstorbenen Firmengründers, weitergeführt. Darüber hinaus sind mit Bettina Seelige-Steinhoff als Controlling-Leiterin und Jeanne Seelige-Steinhoff, die sich für das Gruppengeschäft verantwortlich zeichnet, zwei weitere Familienmitglieder in leitenden Positionen im Unternehmen tätig. Sie alle möchten ihren Gästen „Usedom auf feinste Weise" zeigen – und Tag für Tag den Beweis antreten, dass sie ihr Geschäft mit Leidenschaft betreiben. Ein Attribut, dass ihre Hotels von vielen anderen Anbietern unterscheide, sagen die Seelige-Steinhoffs.

Ihren Mitarbeitern lebt die Familie eine Unternehmenskultur vor, die auf Beständigkeit, einer langfristigen Ausrichtung und drei zentralen Wertevorstellungen beruht: Liebe, Respekt und Sinn. Freude am Kontakt mit anderen zu haben, wertschätzend miteinander umzugehen sowie aktiv zuzuhören und aufmerksam zu sein: All das gehört dazu, um Begeisterung für die SEETELHOTELS zu erzeugen, ein respektvolles Miteinander sicherzustellen und sich in den Hotels mit allen Sinnen wohlfühlen zu können – sowohl als Gast wie auch als Mitarbeiter.

Der Erfolg der SEETELHOTELS, das weiß die Inhaberfamilie, ist das Ergebnis von einzelnen Leistungen aller Mitarbeiterinnen und Mitarbeiter. Und weil gerade in der Hotellerie eine angenehme Arbeitsatmosphäre wichtig ist, um die selbst empfundene Freude und die eigene Freundlichkeit an die Gäste weiterzugeben, schafft das Unternehmen dafür ein passendes Umfeld. Es organisiert gemeinsame Sport- und Freizeitveranstaltungen, stellt Mitarbeiterwohnungen bereit und schafft Angebote wie einen Auslandsaustausch, Schulungen oder Sprachkurse.

Gemeinsam mit dem Team möchte die Familie Seelige-Steinhoff die nächsten Meilensteine angehen. So soll das Familienresort Waldhof bis 2019 zu einem Kinderhotel mit großem Abenteuerareal, Kinderkochstudio und Badelandschaft umgebaut werden. Für die Zeit danach ist mit dem Bau des Aparthotels Mare Balticum bereits das nächste große Projekt in Planung. Das junge Traditionsunternehmen hat noch viel vor, um seinen Gästen die schönste Zeit des Jahres bestmöglich zu gestalten. ◀

DATEN UND FAKTEN

INHABERFAMILIE
Familie Seelige-Steinhoff
in der zweiten Generation

BRANCHE
Hotellerie, Gastronomie und Touristik

PRODUKTE UND DIENSTLEISTUNGEN
Hotels, Residenzen und Villen sowie Gastronomie

STANDORTE
Insel Usedom und Mallorca (Santa Ponsa)

VERTRIEB
Deutschland, Österreich, Schweiz, Spanien und England

FÜHRUNGSSTRATEGIE
inhabergeführt durch Rolf Seelige-Steinhoff; Bettina Seelige-Steinhoff verantwortlich für das Controlling sowie Jeanne Seelige-Steinhoff verantwortlich für das Gruppengeschäft

MARKTPOSITION
größter touristischer Arbeitgeber in Mecklenburg-Vorpommern

MITARBEITER
insgesamt 524 Mitarbeiter, davon 452 auf der Insel Usedom und 72 auf Mallorca (Stand August 2017)

UMSATZ
31,2 Mio. € (2016)

AUSLASTUNG
71,5 % (2016)

SEETELHOTELS

SEETEL HOTEL GMBH & CO. BETRIEBS-KG
Dünenstraße 41
17419 Seebad Heringsdorf/OT Ahlbeck

Telefon 03878 470–20
www.seetel.de

Hochwertige Druckfarben und Lacke, insbesondere für Verpackungen, kommen aus Siegburg.
Siegwerk Druckfarben gehört zu den fünf größten Herstellern der Welt

AUS BESTER FAMILIE

SIEGWERK

SEIT 1824

Wer als Unternehmen bald 200 Jahre alt wird, der muss einiges richtig gemacht haben. Was aber ist das Geheimnis für ein langes (Firmen-)Leben? Schauen wir uns einmal ein Musterbeispiel an – die heutige Siegwerk Druckfarben AG & Co. KGaA aus Siegburg bei Bonn. Die Anfänge dieses Chemieunternehmens liegen im nahen Köln, in einer Manufakturwarenhandlung. Christian Gottlieb Rolffs hatte sie gemeinsam mit seinem Schwager im Jahr 1824 gegründet. Schnell wuchs der Betrieb zur Großhandlung heran. Die Weichen für die Zukunft stellte Rolffs, als er in den 1830er-Jahren mit dem Färben und Bedrucken von Kattunstoffen begann – eine Dienstleistung mit Zukunft, wie sich herausstellte. Um die dichten Baumwollstoffe zu bedrucken, gründete er 1837 eine eigene Druckerei in Köln-Bayenthal, die schnell expandierte und 1844 an den heutigen Standort Siegburg umzog. Die Leitung der Kattunfabrik übernahm bald Rolffs' Schwiegersohn, Georg Ludwig Keller. Dieser brachte seinen Familiennamen mit ins Unternehmen.

> »Qualität, Verantwortung, Offenheit, Weitsicht und Disziplin – hieraus entspringt der besondere Siegwerk-Spirit.«
>
> Herbert Forker, CEO

Große Umwälzungen standen zur Jahrhundertwende an. Ernst Rolffs II. und Eduard Mertens gründeten die Deutsche Photogravur AG, eine der ersten deutschen Illustrationstiefdruckereien. Für das neue Tiefdruckverfahren wurden im Farblaboratorium der Kattunfabrik die geeigneten Farben entwickelt – ein Wandel zeichnete sich ab. So entstand im Jahr 1911 die Siegwerk Chemisches Laboratorium GmbH; die Kattunfabrik stellte drei Jahre später den Betrieb ein. Von nun an stand die Produktion von Druckfarben im Vordergrund, und schon in den 1920er-Jahren wurden diese international exportiert. Nach dem Einschnitt des Zweiten Weltkriegs schob Hans Alfred Keller in fünfter Generation die Produktion wieder an. Er sorgte auch dafür, dass Siegwerk in den 1950er-Jahren die Druckfarben für die ersten bunten Illustrierten des Landes lieferte. So wurde das Unternehmen am Ende des Jahrzehnts der größte deutsche Hersteller von Tiefdruckfarben, weitere zehn Jahre später öffnete es die erste Produktionsstätte in den USA.

Bald deutete sich schon der nächste Entwicklungsschritt an. Ab 1980 gewann der Bereich Verpackungsdruck kontinuierlich an Bedeutung. Doch erst als Geschäftsführer Herbert Forker 1999 die Leitung übernahm, verlagerte sich der Schwerpunkt endgültig. Kurz darauf wurde die umfirmierte Siegwerk Druckfarben AG mit der Übernahme der Verpackungsdruckfarbensparte des Schweizer Herstellers Sicpa zu einem Global Player der Branche. ▶

AUS BESTER FAMILIE

Legte den Grundstein im
Jahr 1824 in Köln: Christian
Gottlieb Rolffs

Auf Nachhaltigkeit und Sicherheit – speziell bei Farben für Lebensmittelverpackungen – legt das Unternehmen besonderen Wert

»Ink, Heart & Soul«

Siegwerk-Firmenphilosophie

Wichtige Phase der Unternehmensgeschichte:
Bis 1914 wurden in der Kattunfabrik Stoffe bedruckt

Kongeniales Duo: Der Eigentümer Alfred Keller (r.) lenkt das Unternehmen in sechster Generation als Aufsichtsratsvorsitzender, Herbert Forker führt seit 1999 die Geschäfte

SIEGWERK

Arbeit im Labor: Farbrezepturen zu verbessern und an Innovationen zu forschen, gehört zum Alltag bei Siegwerk

Vielfältige weitere Übernahmen und Werksgründungen kennzeichneten die 2000er-Jahre. So entstanden Produktionsstätten in Indien und Brasilien, Tochterunternehmen in Vietnam, Indonesien und Peru. Seit 2011 firmiert Siegwerk unter seiner heutigen Rechtsform, der Siegwerk Druckfarben AG & Co. KGaA.

Heute wird vom Siegburger Hauptsitz aus ein Unternehmen mit 70 Standorten in 35 Ländern gesteuert, das zu den Top Five der Druckfarbenhersteller weltweit gehört. Insgesamt beschäftigt es rund 5000 Mitarbeiter, die meisten davon am Stammhaus und in Shanghai. Gemeinsam erwirtschaftete die Belegschaft im Geschäftsjahr 2016 einen Umsatz von 1,06 Milliarden Euro.

Inzwischen ist Siegwerk in sechster Generation im Besitz der Familie Keller. Neben Herbert Forker führen es Dr. Oliver Wittmann (CFO), Ralf Hildenbrand (President Asia) und Dr. Jan Breitkopf (Head Europe, Middle East, Africa); gemeinsam bilden sie den Vorstand. Als Kontrollgremium gibt es den Aufsichtsrat, dem Alfred Keller als Familienmitglied vorsitzt und der die Vorstandsmitglieder wählt. Neben der Kontinuität im Familienbesitz steht auch ein beständiges Engagement hoch im Kurs bei Siegwerk. Das fängt bei den Mitarbeitern an, für die es unter anderem einen Katalog mit Bildungsangeboten gibt, und reicht bis zu eigens reservierten Kindergartenplätzen. Auch in der Nachbarschaft setzt sich das Unternehmen ein, zum Beispiel mit einem sogenannten CSR-Leuchtturmprojekt in der Nähe eines Siegwerk-Standortes, das seit 2010 jährlich mit einer Spende von 100 000 Euro bedacht wird.

So ist es – um unsere Eingangsfrage nach dem Geheimnis eines langen Firmenlebens zu beantworten – wohl eine Mischung verschiedener Faktoren, die den Erfolg ausmacht. Dazu zählen auf jeden Fall die Flexibilität, Trends und Gelegenheiten nicht nur zu erkennen, sondern auch anzunehmen, aber auch der lange Atem und die Kontinuität eines Familienunternehmens. Und natürlich der besondere Spirit, wie ihn die „Siegwerker" seit fast 200 Jahren pflegen. ◄

DATEN UND FAKTEN

INHABERFAMILIE
Familie Keller
in der sechsten Generation

GRÜNDER
Christian Gottlieb Rolffs

FAMILIENEINFLUSS
Alfred Keller ist Vorsitzender des Aufsichtsrats, der den Vorstand wählt

MARKTPOSITION UNTERNEHMEN
Top 5 der Druckfarbenhersteller weltweit

BRANCHE
Chemie

PRODUKTE
Druckfarben und Lacke für Printmedien und Verpackungen

STANDORTE
Hauptsitz in Siegburg,
70 weitere Standorte weltweit

VERTRIEB
Vertretungen in über 35 Ländern

MITARBEITER
5000 weltweit, die meisten in Siegburg und Shanghai

SIEGWERK DRUCKFARBEN AG & CO. KGAA
Alfred-Keller-Straße 55
53721 Siegburg

Telefon 02241 304-0
www.siegwerk.com

Zunächst vertrieb und stellte Gründer Goswin Reichert Automaten auf,
bis er 1979 die erste Spielhalle in Trier eröffnete

AUS BESTER FAMILIE

SPIEL-IN CASINO

SEIT 1954

Im Sommer 1980 futterte sich eine Spielfigur von Japan aus in die Welt der Computer-Spiele, die auch heute noch Kultstatus hat: Pac-Man. Dass das berühmte Videospiel auch Einzug in Deutschland hielt, ist dem Unternehmen SPIEL-IN zu verdanken, es ergatterte die erste Exklusiv-Lizenz für den deutschen Markt. Zu dem Zeitpunkt hatte Eigentümer Goswin Reichert, 20 Jahre nach der Gründung seiner Firma, 80 Mitarbeiter und expandierte fleißig.

Reichert hatte 1954 die ersten Glücksspielautomaten aufgestellt. Seine Familie betrieb einen Gasthof in Kölbingen im Westerwald – und Gäste möchten nicht nur essen, sondern auch unterhalten werden, so der Gedanke. Schnell entwickelte sich Reichert weiter, gründete 1960 einen Automaten-Großhandel und versorgte immer mehr Standorte im Gastronomiesektor mit Geräten, insbesondere Bahnhofsgaststätten. Ein Rahmenvertrag mit der Deutschen Bahn AG realisierte dort die Aufstellung von Unterhaltungsgeräten mit und ohne Gewinnmöglichkeit. Von mehreren Niederlassungen aus lieferte Reichert

> »Wertvoll an einem Unternehmen sind nur die Menschen, die in ihm arbeiten, und der Geist, in dem sie es tun.«
>
> SPIEL-IN Unternehmensmotto

Glücksspiel auf Knopfdruck, entwickelte sogar einige Automaten selbst. Dabei sollte es aber nicht bleiben. Nicht nur Geräte für Gäste aufstellen, sondern selbst Gastgeber sein, das schwebte dem Gründer vor. Und so eröffnete er in Trier 1979 das erste SPIEL-IN Casino. Das Konzept: verantwortungsvolles Spielen in exklusiver Inneneinrichtung, umsorgt von einem außergewöhnlichen Kundenservice, so beschreibt es seine Tochter.

Vor allem war Reichert wichtig, dass seine Casinos keine Lasterhöhlen sind. Verantwortungsvoll soll das Spielangebot sein, damals wie heute. Als eines der ersten Unternehmen der Branche lässt die Familie – Tochter Petra stieg 1988 in den Betrieb ein – die Spielhallen nach dem Standard des TÜV Rheinland als „Regelmäßig geprüfte Spielstätte" zertifizieren. So dokumentieren die Inhaber, dass sie den Spieler- und Jugendschutz einhalten, ein Sozialkonzept zur Suchtprävention gehört ebenfalls zum Standard: Das Familienunternehmen engagiert sich seit Langem für den Verbraucherschutz und arbeitet mit psychologischen Beratern und Trainern zusammen, damit seine Kunden nicht in Abhängigkeit geraten. Bundesweit stehen zwei firmeneigene Präventionsbeauftragte zur Verfügung, sollten Kunden oder Mitarbeiter Gesprächsbedarf haben.

Stolz ist die Familie rückblickend nicht nur auf Pac-Man. Das Angebot hat sich seit den Spiele-Stars der Achtzigerjahre verändert und beständig erweitert – so wie auch das Unternehmen, das inzwischen 50 Spielhallen in Deutschland ▶

AUS BESTER FAMILIE

Exklusiv soll die Inneneinrichtung sein, das ist der Familie Reichert wichtig

Seit 2016 sind die Spielhallen TÜV-zertifiziert, ein Sozialkonzept soll Spielsucht verhindern

»Wir bleiben niemals stehen.«

SPIEL-IN Unternehmensmotto

Spielautomaten seit 1954: von Kölbingen im Westerwald in die Republik

Historisch bedeutsam: SPIEL-IN brachte Kult-Spiele wie Pac-Man und Space Invaders auf den deutschen Markt

SPIEL-IN CASINO

Alle Casinos des Familienunternehmens liegen an gut besuchten Orten, an Bahnhöfen etwa oder – wie hier – an Flughäfen

DATEN UND FAKTEN

INHABERFAMILIE
Familie Reichert-Baldus
in der zweiten Generation

GRÜNDER
Goswin Reichert

FAMILIENEINFLUSS
inhabergeführt, geschäftsführende Gesellschafterin ist
Petra Reichert-Baldus

UNTERNEHMENSANTEILE FAMILIENMITGLIEDER
100 % bei der Familie

MARKTPOSITION UNTERNEHMEN
Marktführer im Segment Casinos an deutschen Großflughäfen, „TOP-Mieter" der Deutschen Bahn

BRANCHE
gewerbliches Glücksspiel

PRODUKTE
Spielhallen und Aufstellung von Unterhaltungsgeräten

STANDORT
Kölbingen im Westerwald

VERTRIEB
Spielhallen an 50 Standorten in Deutschland

MITARBEITER
300

betreibt. Die Mitarbeiter profitieren von einer verantwortungsbewussten Unternehmenskultur: Weiterbildungen, Jobrotation oder Betriebssport gehören zum festen Angebot. Für die Schaffung von Arbeitsplätzen wurde SPIEL-IN Casino von der Initiative Deutscher Mittelstand ausgezeichnet, die Firmendatenbank Hoppenstedt prämierte das Unternehmen zudem für seine exzellente Darstellung im Bereich Finanzen. Wer heute ein Casino der Familie Reichert-Baldus betritt, findet sich nicht in einer dunklen Daddel-Ecke wieder, sondern in einem warmen Ambiente mit hell ausgeleuchteten Räumen und einer stilvollen Dekoration. Die Versorgung am Spiel-Platz mit Getränken und Snacks aller Art und kostenlosem WLAN ist obligatorisch, Spielpausen können Kunden im Massagesessel verbringen. 30 Millionen Euro setzte das Unternehmen mit diesem Konzept allein im vergangenen Jahr um. Das liegt auch an den zum Teil exklusiven Casino-Standorten, die schon für sich gut frequentiert sind: SPIEL-IN betreibt nicht nur Spielhallen in diversen deutschen Großflughäfen, sondern trägt auch den Titel „TOP-Mieter" der Deutschen Bahn. Darüber hinaus ist das Unternehmen mit Standorten in Innenstädten, Gewerbegebieten und an der Autobahn vertreten. Außerdem betätigt sich das Unternehmen als Aufsteller von Geldspielgeräten in zahlreichen Gastronomiebetrieben.

In all den Jahren seit der Gründung ist der Unternehmenssitz in der 1000-Einwohner-Gemeinde Kölbingen im Westerwald geblieben. Von hier aus lenkt heute Petra Reichert-Baldus – seit 2015 Senatorin im Europäischen Wirtschaftssenat – die Geschäfte. Gemeinsam mit Nick Baldus als Prokurist führt sie das Unternehmen. Nach wie vor ist es zu hundert Prozent in Familienbesitz, bestehend aus der SPIEL-IN Casino GmbH & Co. KG, gestützt durch die SPIEL-IN Freizeitspielstätten-Verwaltungsgesellschaft GmbH. Für die Zukunft plant das Unternehmen die Expansion im In- und Ausland sowie die Gründung neuer Geschäftsfelder. ◄

SPIEL-IN CASINO GMBH & CO. KG
Talstraße 1
56459 Kölbingen

Telefon 02663 799-0
www.spiel-in.de

Herzstück der Stern-Wywiol Gruppe ist das Technologiezentrum in Ahrensburg.
Dort experimentieren und forschen Spezialisten an den Lebensmitteln der Zukunft

AUS BESTER FAMILIE

STERN-WYWIOL GRUPPE

SEIT 1980

Es sind zwei globale Trends, die dem Erfolg der Hamburger Stern-Wywiol Gruppe seit geraumer Zeit den Weg ebnen: die Zunahme der Weltbevölkerung und der Siegeszug der Convenience-Produkte, die Zusatzstoffe benötigen. „Hochwertige Lebensmittel können industriell ohne funktionelle Zusatzstoffe nicht zu wirtschaftlichen Preisen hergestellt werden", sagt Torsten Wywiol – und weiß, wovon er spricht: Der 51-Jährige ist CEO der Stern-Wywiol Gruppe mit insgesamt zwölf deutschen Gesellschaften sowie 15 Auslandsfilialen, die als Segmentspezialisten nahezu das gesamte Spektrum an Zusatzstoffen für die Lebensmittel- und Tierernährungsbranche abdecken. Aus Hunderten von Rohstoffen produziert das Familienunternehmen Funktionssysteme, mit denen es Nahrungsmittel-Großkonzerne, Mühlen, Pasta- und Brotfabriken, Molkereien, Wurst- und Fleischverarbeiter gleichermaßen bedient. Zum Portfolio der Gruppe zählen Stabilisierungssysteme, Mehlverbesserungsmittel, Backzutaten, Schokoladenstücke, Enzyme, Lecithine, Aromen, Vitamin- und Mineralstoffpremixe sowie Futterfette und oleochemische Spezialitäten, aber auch Nahrungsergänzungsmittel. Die Stern-Wywiol Gruppe als mittelständisches Unternehmen mit 1150 Mitarbeitern weltweit – 835 davon in Deutschland – trotzt auf dem hart umkämpften Weltmarkt selbst den Giganten der Branche. Das Unternehmen rangiert unter den Hidden Champions im Segment Müllerei. 2016 erwirtschaftete die Gruppe einen konsolidierten Umsatz von 464 Millionen Euro. Der Aufstieg zum „Food & Feed-Spezialisten", der die Lebensmittel- und Futtermittel-Industrie in knapp 130 Ländern beliefert, gelang in nur 37 Jahren: Mit dem Kauf des Hamburger Einmannbetriebs Sternchemie GmbH legte Volkmar Wywiol, Vater des aktuellen Geschäftsführers Torsten, 1980 den Grundstein für die heutige, international agierende Unternehmensgruppe. Ihm ist es gelungen, wertvolle wissenschaftliche Berater aus dem Industrie-, Finanz- und IT-Bereich bereits in der Aufbauphase an die Firma zu binden. Das Unternehmen wuchs beständig durch Zukäufe kleiner Betriebe und Neugründungen von Start-ups. 1990 erwarb Wywiol die 1923 gegründete Mühlenchemie GmbH mit nur sechs Mitarbeitern, um sich im Geschäftsfeld der Müllerei mit Mehlverbesserungsmitteln und Enzymen zu etablieren.

Dank breit aufgestellter Anwendungstechniken entwickeln und produzieren alle zwölf deutschen Gesellschaften der Stern-Wywiol Gruppe unabhängig voneinander – und haben dennoch eines gemein: den Bereich Forschung und Entwicklung. In Ahrensburg nordöstlich ▶

> »›Ran & Dran‹ – rangehen und dranbleiben: Stern-Wywiol setzt auf die Eigeninitiative seiner Mitarbeiter.«
>
> Stern-Wywiol Gruppe-
> Unternehmensphilosophie

AUS BESTER FAMILIE

Vater und Sohn: Gründer Volkmar (r.) und CEO Torsten Wywiol

»Vertrauen aufbauen, Zukunft denken«

Stern-Wywiol Gruppe-Erfolgsrezept

Fleisch-Verkostung bei Hydrosol. Die Unternehmenstochter gehört im Bereich Stabilisatoren und Texturierung für Milch, Feinkost und Fleischwaren zu den bedeutendsten Spezialisten für maßgeschneiderte Funktionssysteme

Die siebenköpfige Geschäftsführung mit Volkmar (2.v.r.) und Torsten Wywiol (Mitte) an der Spitze

In der Wirbelschichttechnologie von SternMaid, einer 100-prozentigen Tochter der Stern-Wywiol Gruppe, werden durch Trocknen, Granulieren, Coaten, Agglomerieren und Instantisieren Pulver und Granulate hergestellt

STERN-WYWIOL GRUPPE

Die Stern-Wywiol-Tochter Mühlenchemie bietet aus ihrer breiten Produktpalette individuelle Lösungen an, zum Beispiel Spezialenzyme für Teigwaren, die deren optischen und sensorischen Eigenschaften verbessern

von Hamburg leistet sich das Unternehmen ein hochmodernes Technologiezentrum. Dort experimentieren Praktiker und Wissenschaftler an den Lebensmitteln der Zukunft. Der enorme Aufwand zahlt sich aus: Dank hauseigener Innovationen wie spezieller Enzyme zur Verbesserung und Standardisierung der Mehlqualität, Funktionssystemen für vegane Erzeugnisse, pflanzlicher Wursthüllen als Alternative zu tierischen oder Kunststoff-Därmen oder Pflanzenfette in Pulver für Milchkühe zur Steigerung der Energie und Milchproduktion gelang der Stern-Wywiol Gruppe schon früh der Sprung auf den Weltmarkt. Das Unternehmen überzeugt allerdings nicht nur durch wirtschaftlichen Erfolg, sondern ebenso durch eine besondere Unternehmenskultur von „Freiraum und Freiheit" und ausgeprägten Teamgeist unter den Mitarbeitern. Die Stern-Wywiol Gruppe setzt auf Vertrauen statt auf die Stechuhr, auf flexible, moderne und selbstbestimmte Arbeitsbedingungen bei flachen Hierarchien. Jahr für Jahr bildet die Unternehmensgruppe 30 Auszubildende aus und ermöglicht einem Drittel davon ein Duales Studium. Für interne Weiterbildungsmaßnahmen wurde die SternAcademy ins Leben gerufen. Überdies führten Torsten und Volkmar Wywiol die SternRente ein – eine betriebliche Altersversorgung als Zusatzrente mit geringer Eigenbeteiligung der Mitarbeiter.

Vater und Sohn nehmen die Unternehmerverpflichtung – sich nicht nur für wirtschaftliche Erfolge einzusetzen, sondern sich auch sozial und gesellschaftlich zu engagieren – sehr ernst. Das Unternehmen unterstützt Waisenhäuser, Schulen in Afrika und Initiativen zur Gesundheitsprävention, den Sport und kulturelle Projekte. 2008 hoben die Wywiols das weltweit erste MehlWelten Museum im mecklenburgischen Wittenburg aus der Taufe. 2012 wurde die Stern-Wywiol Galerie gegründet. Sie zeigt aktuelle Positionen zeitgenössischer Skulptur und präsentiert etablierte Künstler ebenso wie aufstrebende Talente, die hier intensiv gefördert werden. ◀

DATEN UND FAKTEN

INHABERFAMILIE
Familie Wywiol in der ersten und zweiten Generation

GRÜNDER
Volkmar Wywiol (*1935)

FAMILIENEINFLUSS
inhabergeführt

UNTERNEHMENSANTEILE FAMILIENMITGLIEDER
100 %

MARKTPOSITION UNTERNEHMEN
Weltmarktführer: Mühlenchemie für Mehlbehandlung; Weltmarktspezialist: Hydrosol für Stabilisierung und Texturierung

BRANCHE
Ingredients für die Lebensmittel- und Futtermittelindustrie

PRODUKTE UND DIENSTLEISTUNGEN
Funktionssysteme und Ingredients, Auftragsfertigung, Technologie-Service

STANDORTE
Europa, Russland, USA, Asien, Singapur, China

VERTRIEB
weltweit in knapp 140 Ländern, Exportanteil: 85 %

MITARBEITER
1150 weltweit, davon 835 in Deutschland

STERNWYWIOL Gruppe
Innovative Ingredients

STERN-WYWIOL GRUPPE
GMBH & CO. KG
An der Alster 81
20099 Hamburg

Telefon 040 284039-0
www.stern-wywiol-gruppe.de

Das Kerngeschäft der Familie Stabernack dreht sich um innovative Lösungen fürs Verpacken, Verhüllen und Verstauen

AUS BESTER FAMILIE

STI GROUP

SEIT 1879

Dass die Verpackung den Inhalt besonders macht, ist nicht erst seit den Verhüllungen durch das Künstlerpaar Christo und Jeanne-Claude bekannt. Nein, eine schöne Schachtel oder ein hübscher Schuhkarton verheißen Vorfreude auf den Inhalt. Und das weiß auch die Familie Stabernack, deren Kerngeschäft sich ums Verpacken, Verhüllen und Verkaufen dreht.

Da gibt es zum einen Verpackungen, die empfindliche Produkte schützen, zum Beispiel Hohlfiguren aus Schokolade auf dem Weg ins Handelsregal oder Ersatzteile bei der Drohnenlieferung in die Werkstatt. Und da sind zum anderen Verpackungen, die Produkte im Handel inszenieren und Marken erlebbar machen: Werbung zum Anfassen, die zum Ausprobieren und Zugreifen animiert. Was die STI Group zum Kompetenzführer macht, sind Displays und Aufsteller am Point of Sale (POS) – dort, wo die Kaufentscheidung fällt. Sie sorgen dafür, dass zu den Saisonhöhepunkten ausreichende Warenmengen verfügbar sind, Produkte auffallen und so den Weg in den realen oder virtuellen Einkaufswagen finden.

> »Kleider machen Leute – Verpackungen machen Marken.«
> Dr. Kristina Stabernack

Den Erfolg des Unternehmens mit einem Jahresumsatz von 290 Millionen Euro (2016) konnte der Unternehmensgründer Gustav Emil Stabernack wohl nicht vorhersehen, als er 1879 in Offenbach begann, mit Büchern und Schreibwaren zu handeln. Ende des 19. Jahrhunderts stieg der Buchbindermeister in das Geschäft mit den Kartonagen ein, ließ zunächst Verpackungen für Schuhe und andere Lederwaren fertigen. Seit 1930 produzierte Stabernack auch Runddosen für Käse, etwa für die Molkerei am heutigen Stammsitz des Unternehmens in Lauterbach. Doch während der Betrieb wuchs, maschinell fertigte und eine eigene Forschungs- und Entwicklungsabteilung aufbaute, brach der Zweite Weltkrieg über Europa herein. 1944 wurde die Produktionsstätte in Offenbach vollständig zerstört. Gründersohn Richard Stabernack konnte einige der Maschinen aus den Trümmern bergen und nahm gemeinsam mit seinem Sohn Wilhelm den Betrieb im Vogelsberg wieder auf.

Aus den 50er-Jahren stammt die herausragendste Innovation der STI Group: Chrowell, ein auf eine einseitige Wellpappe kaschierter, offsetbedruckter Kartonbogen. Die Erfindung revolutionierte den Verpackungsmarkt, denn erstmals konnte die unspektakuläre, aber stabile Wellpappverpackung werbewirksam bedruckt werden. Seit den 60er-Jahren ergänzen Displays das Portfolio der STI Group. Die Idee zur Fertigung der „stummen Verkäufer" brachte Wilhelm Stabernack von einem USA-Aufenthalt mit. Heute ist die STI Group Europas Anbieter Nr. 1 für verkaufsfördernde Displays und intelligente Verpackung.

Inzwischen steht mit Dr. Kristina Stabernack, Urenkelin des Gründers, die vierte Generation an der Spitze der Unternehmensgruppe. Sie hält 100 Prozent der ▶

AUS BESTER FAMILIE

Dr. Kristina Stabernack mit Geschäftsführer Jakob Rinninger

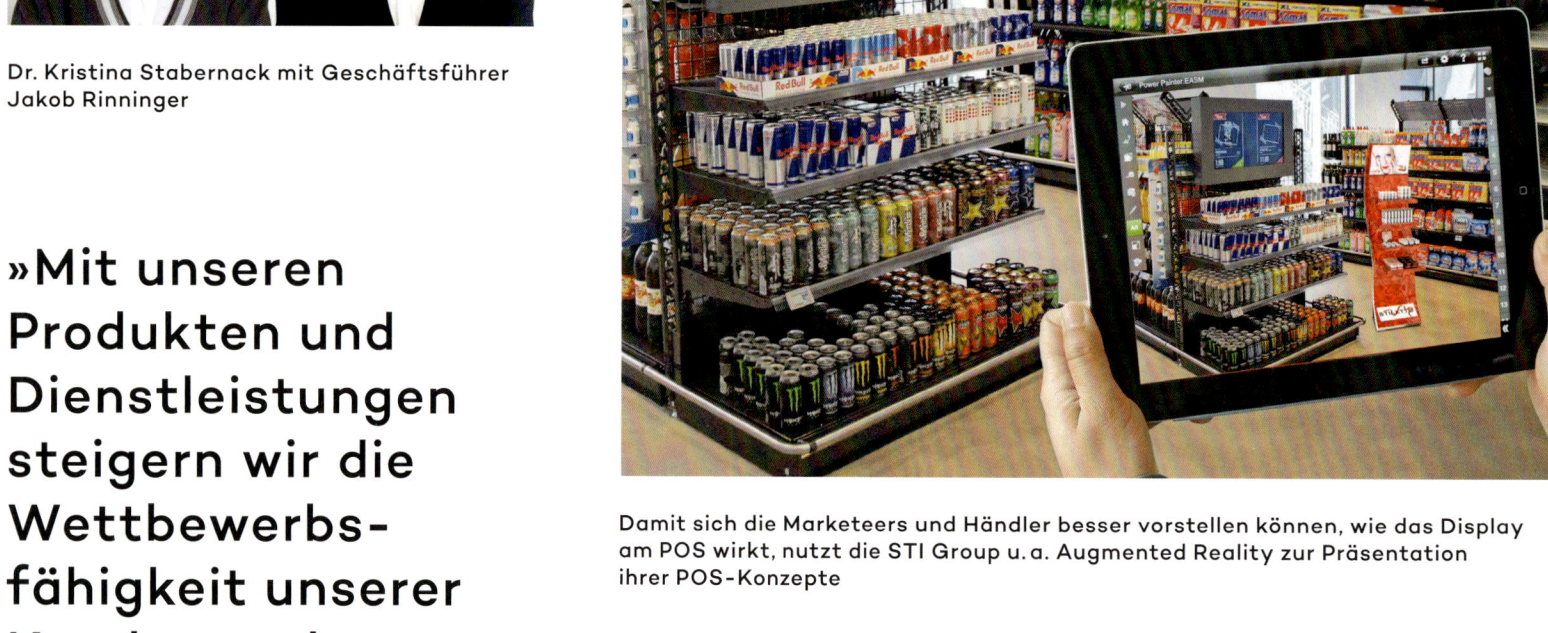

»Mit unseren Produkten und Dienstleistungen steigern wir die Wettbewerbsfähigkeit unserer Kunden und machen diese erfolgreich.«

STI Group-Philosophie

Damit sich die Marketeers und Händler besser vorstellen können, wie das Display am POS wirkt, nutzt die STI Group u. a. Augmented Reality zur Präsentation ihrer POS-Konzepte

Greif zu und kauf mich: Die Verpackung ist Markenbotschafter im Handel. Landet sie auf dem Kassenband, hat sie diese Aufgabe perfekt erfüllt

Unternehmenszentrale im hessischen Lauterbach

STI GROUP

Maßgeschneiderte POS-Konzepte sind die Kernkompetenz der STI Group. Kunden können künftig gemeinsam mit den Designern eine Präsentationsrange entwickeln und so Ideen schneller umsetzen

Gesellschaftsanteile, so bleibt das Familienunternehmen unabhängig. Auch die strategische Ausrichtung kontrolliert und gestaltet Kristina Stabernack als Vorsitzende des Beirats mit, wobei das operative Geschäft von einem Fremdmanagement geführt wird – familiennah muss es aber sein, dafür steht Geschäftsführer Jakob Rinninger.

Die Unternehmensgruppe arbeitet als Partner für führende internationale Markenartikelhersteller aller Branchen – von Pharma bis Food und von Elektrogeräten bis hin zu Körperpflegeprodukten. Gemeinsam mit Kooperationspartnern bietet die STI Group ihren Kunden ein globales Netzwerk, das von den USA über China bis nach Australien reicht. Ein neues Geschäftsmodell soll die Kunden künftig noch stärker ins Zentrum der Unternehmensaktivitäten rücken und sie frühzeitig in die Entwicklung maßgeschneiderter und erfolgreicher Lösungen einbinden. Dazu braucht es nicht nur moderne Technologien und neue Serviceleistungen, sondern vor allem Mitarbeiter mit Engagement und Weitblick. In der STI Academy erweitern Fach- und Führungskräfte daher ihr Wissen, Auszubildende und dual Studierende werden bedarfsorientiert eingestellt und von Anfang an in Projekte eingebunden. Eigene Außendienstmitarbeiter vertreiben die Produkte und Dienstleistungen in Europa. Auf die Kreativität und das Knowhow der STI Group vertrauen 15 der 20 bekanntesten internationalen Marken.

Jährlich verarbeiten die acht Produktionswerke Papier und Karton, dessen Menge der Fläche von über 100 000 Fußballfeldern entspricht. Doch den Verantwortlichen geht es nicht um Masse, sondern um Lösungen, die ihre Kunden erfolgreich machen. Dazu gehört auch der nachhaltige Umgang mit Ressourcen. Die Basis hierfür wird in der Verpackungsentwicklung gelegt.

Auch privat ist die Unternehmerfamilie engagiert. 1983 gründete Wilhelm Stabernack eine nach ihm benannte Stiftung. Der Kaufmann wollte sich unbürokratisch insbesondere für die Menschen in der Region Osthessen einsetzen. Dafür erhielt er das Bundesverdienstkreuz. Dr. Kristina Stabernack gründete 2005 den Verein „HOME for kids e. V." mit dem Ziel, die psychotherapeutische Versorgung von traumatisierten Kindern und Jugendlichen nachhaltig zu verbessern. ◀

DATEN UND FAKTEN

INHABERFAMILIE
Familie Stabernack in der vierten Generation

GRÜNDER
Gustav Emil Stabernack

FAMILIENEINFLUSS
in Familienbesitz, Fremdmanagement mit familiennahem Geschäftsführer

UNTERNEHMENSANTEILE FAMILIENMITGLIEDER
zu 100 % bei Dr. Kristina Stabernack

MARKTPOSITION UNTERNEHMEN
Kompetenzführer im Bereich Displays und POS Solutions

BRANCHE
Verpackungs- und Displayfertigung

PRODUKTE
Verpackungen aus Karton und Wellpappe, Displays aus Wellpappe, Holz, Kunststoff oder Metall

STANDORTE
Lauterbach, Alsfeld, Grebenhain, Neutraubling und Greven sowie in Ungarn, UK und Tschechien

VERTRIEB
über eigenen Außendienst, Niederlassungen und Kooperationspartner

MITARBEITER
über 2000 (2016)

STI GROUP |
STI – GUSTAV STABERNACK GMBH
Richard-Stabernack-Straße
36341 Lauterbach

Telefon 06641 81–0
www.sti-group.com

Firmengründer Andreas Stihl gilt als der „Vater der Motorsäge" und revolutionierte mit seinen Produkten die Waldarbeit. Heute sind die Motorgeräte aus dem schwäbischen Waiblingen weltweit gefragt

AUS BESTER FAMILIE

STIHL
SEIT 1926

Was für die einen der röhrende Auspuff eines Formel-1-Boliden, ist für die anderen das archaisch anmutende Geräusch, wenn eine STIHL Motorsäge einen Baum zerteilt oder eine STIHL Heckenschere einen Busch trimmt. Diese Helfer „erleichtern den Menschen die Arbeit mit und in der Natur" – so lautete schon das Motto des Firmengründers Andreas Stihl. Heute sind die Geräte allerorten im Einsatz. STIHL ist seit 1971 weltweit die meist verkaufte Motorsägenmarke. Jeder Motor hat seinen typischen, kraftvollen Sound. Wer's mag: Der Hersteller bietet Apps mit den Motorgeräuschen an. Die lassen das Smartphone so klingeln, als ob jemand Holz bearbeitet oder Hecken schneidet.

An solche digitalen Spielereien war 1926 – im Gründungsjahr des Konzerns – noch nicht zu denken. Ebenso wenig an die weltweiten Erfolge von STIHL. Seit 2012 führt Nikolas Stihl in dritter Generation den Maschinenbauer, der heute im schwäbischen Waiblingen sitzt. Gegründet hat sein Großvater Andreas Stihl das Unternehmen in Stuttgart, als A. Stihl Ingenieursbüro. Der gebürtige Schweizer stellte Dampfkessel-Vorfeuerungsanlagen und Waschmaschinen her und entwickelte parallel seine erste Benzinmotorsäge. Die revolutionierte die Waldarbeit, denn sie ließ sich direkt im Wald einsetzen, die Bäume mussten nicht erst mühsam ins Sägewerk gebracht werden. Der Weg an die internationale Spitze ist maßgeblich mit Hans Peter Stihl verbunden, dem 1932 geborenen Sohn des Gründers und Vater von Nikolas Stihl. Gemeinsam mit seiner Schwester Eva, der langjährigen Finanzchefin, legte er die Basis für den nachhaltigen Erfolg.

Der heutige Senior Hans Peter Stihl ist wie sein Vater Maschinenbau-Ingenieur und ein Tüftler; er trat 1960 bei STIHL ein. Schon bald betraute der Vater ihn mit der Konstruktion und Fertigung. 1963 fiel die wichtige strategische Entscheidung: die vom Vater initiierte, defizitäre Produktion von Traktoren zu stoppen und sich auf die Kernkompetenzen zu konzentrieren. 1966 rückte Hans Peter Stihl in die Geschäftsleitung auf. Er übernahm Fertigung, Entwicklung und Einkauf und verantwortete an vorderster Stelle die Innovationen – also das, was die Firma letztlich so stark macht.

Mit ihm als Cheftechniker brachte der Hightech-Pionier STIHL wieder bahnbrechende Weltneuheiten auf den Markt. Eine war 1964 der Antivibrationsgriff für Motorsägen; eine andere 1972 die Ket- ▶

> »Aktuell konzentrieren wir uns unter dem Slogan ›Smart Connected‹ auf die Digitalisierung und Vernetzung unserer Produkte.«
>
> Bertram Kandziora,
> STIHL Vorstandsvorsitzender

AUS BESTER FAMILIE

1960 holt Gründer Andreas Stihl seine Kinder Eva und Hans Peter ins Unternehmen – der Ausbau nimmt Fahrt auf

Leichtgewichtig und einfach zu händeln: Mit solchen Geräten spricht STIHL seit einigen Jahren verstärkt Frauen und ältere Menschen an

»Die Familie ist nicht mehr operativ tätig, trifft aber die strategischen Entscheidungen und bestimmt somit auch die Geschäftsführung.«

Nikolas Stihl, Vorsitzender STIHL Beirat und Aufsichtsrat

Nikolas Stihl ist Vorsitzender des STIHL Beirats und des Aufsichtsrats

Der aktuelle Vorstand (v. l.): Dr. Michael Prochaska (Personal und Recht), Norbert Pick (Marketing und Vertrieb), Dr. Bertram Kandziora (Vorstandsvorsitzender sowie Vorstand Produktion und Materialwirtschaft), Karl Angler (Finanzen, Controlling, Informationssysteme und Service) und Wolfgang Zahn (Entwicklung)

Innovation hat im Unternehmen lange Tradition: Abgasfrei treiben leistungsstarke Batterien die kraftvollen, leisen Elektromotoren von STIHL Akkugeräten an

DATEN UND FAKTEN

INHABERFAMILIE
Familie Stihl
in der dritten Generation

GRÜNDER
Andreas Stihl (1896–1973)

FAMILIENEINFLUSS
über Beirat und Aufsichtsrat

UNTERNEHMENSANTEILE DER FAMILIE
100 % – verteilt zu
je 25 % auf die vier
Familienstämme, jeder
vertreten im Beirat

MARKTPOSITION UNTERNEHMEN
seit 1971 Motorsägen-Markenprimus weltweit und Weltmarktführer bei Trennschleifern

BRANCHE
Maschinenbau

PRODUKTE
Motorsägen, Motorgeräte, Betriebsstoffe, Schutzausstattungen; mehr als 2300 Patente

STANDORTE
Produktionsstätten in
Deutschland, Österreich, der
Schweiz, den USA, Brasilien,
China und auf den Philippinen

VERTRIEB
in mehr als 160 Ländern,
37 Marketing- und Vertriebsgesellschaften; mehr als 45 000
Fachhändler mit Serviceleistungen; rund 120 Importeure

MITARBEITER
14 920 weltweit, davon 4366 im
deutschen Stammhaus (2016)

UMSATZ/EIGENKAPITALQUOTE
3,46 Mrd. €/70,5 % (2016)

STIHL®

ANDREAS STIHL AG & CO. KG
Badstraße 115
71336 Waiblingen

Telefon 07151 26–0
www.stihl.de

tenbremse Quickstop, die sicherstellt, dass die Sägekette in Sekundenbruchteilen zum Stillstand kommt; eine weitere Neuheit ist 1988 ein Katalysator für Motoren, der CO_2-Emissionen um bis zu 80 Prozent reduziert. Konsequent wurde die Produktpalette erweitert: um Geräte für Forst-, Land- und Bauwirtschaft mit Benzin-, Elektro- oder Akku-Antrieb; um Betriebsstoffe wie Motorsägenöl und Schutzausstattungen wie Helme und Schutzhosen; um ein Gartengerätesortiment VIKING für qualitätsbewusste Kunden, das ab 2019 unter der Marke STIHL vertrieben wird.

Parallel bringen die Geschwister Hans Peter und Eva die Internationalisierung voran. 1973 eröffnete das Unternehmen seine erste ausländische Produktions- und Vertriebsgesellschaft in São Leopoldo, Brasilien. Im selben Jahr starb der Vater. Hans Peter Stihl folgte ihm als alleiniger persönlich haftender Gesellschafter und Vorsitzender der Geschäftsführung nach.

Aktuell verkauft der Weltmarktführer seine Premiumprodukte in mehr als 160 Ländern. Damit der Konzern zu 100 Prozent in Familienhand bleibt, wurde er in entsprechende Rechtsstrukturen überführt. Nunmehr fungiert die STIHL HOLDING AG & Co. KG als Obergesellschaft. Deren Gesellschafter sind zu je 25 Prozent die vier Familienstämme Hans Peter Stihl, Eva Mayr-Stihl, Gerhild Schetter (geborene Stihl) und Dr. Rüdiger Stihl. Die AG ist nicht börsennotiert. Das operative Geschäft führt seit 2002 ein familienfremder fünfköpfiger Vorstand unter dem jetzigen Vorsitz von Bertram Kandziora – mit ebenfalls enormem Erfolg: Seit 2002 hat sich der Umsatz in der STIHL Unternehmensgruppe mehr als verdoppelt. Allein im Jahr 2016 stieg er um 6,6 Prozent auf 3,46 Milliarden Euro – ein Rekord.

Die Familie trifft weiterhin alle strategischen Entscheidungen und sichert ihre Kontrolle über Aufsichtsrat und Beirat – unter dem Vorsitz von Nikolas Stihl. Persönlich haftender Gesellschafter der STIHL HOLDING AG & Co. KG ist nach wie vor Hans Peter Stihl.

Es heißt, der Ingenieur und Tüftler teste Geräteneuheiten selbst. Vielleicht hat er auch die Klingeltöne auf sein Handy geladen. ◂

Seit 1980 befindet sich die Stöbich-Zentrale in Goslar. Entwicklung und Produktion von Brandschutzsystemen finden ausschließlich in Deutschland statt

AUS BESTER FAMILIE

STÖBICH

SEIT 1980

Es war ein Unglück, aus dem Dr. Jochen Stöbich die richtigen Schlüsse zog. 1978 wütete ein Brand im Berliner Bahlsen-Werk, der sich über die durchgehende Förderanlage in mehrere Gebäudeteile ausbreitete. Schuld daran waren die Öffnungen in den Wänden, die für die Fördersysteme nötig sind. Dort, wo die weltbekannten Kekse von einer Fabrikhalle zur nächsten gelangten, konnte sich das Feuer ebenso seinen Weg bahnen.

Für Jochen Stöbich, damals 35 Jahre alt, stand fest: Zumindest die starke Ausbreitung des Feuers wäre vermeidbar gewesen. Der Ingenieur war damals Geschäftsführer in einem Metallbauunternehmen und analysierte den konkreten Fall bei Bahlsen, recherchierte auch bei Versicherungen. Die erklärten ihm, dass die Fördersysteme ein echtes Problem für den Brandschutz darstellen würden.

Was dann folgte, würde man heute als Erfolgsgeschichte eines „Tech-Start-ups" bezeichnen. Stöbich kaufte eine Garage in Goslar und experimentierte mit Brandschutzvorrichtungen, die in Zukunft ein Übergreifen der Flammen von einem Raum zum nächsten verhindern sollten. Mit Erfolg: Die sogenannten „Förderanlagenabschlüsse" haben ein ganz neues Geschäftsfeld aufgemacht. Die 1980 gegründete Firma Stöbich Brandschutz ist heute zusammen mit 40 weiteren Firmen Teil des Stöbich Konzerns. Der nunmehr 74-jährige Gründer hat inzwischen seine drei Töchter an dem Firmenkonsortium beteiligt und bereitet den Übergang von der ersten auf die zweite Generation vor.

Der Brandschutz für Förderanlagen macht inzwischen nur noch 40 Prozent des Gesamtumsatzes aus. In den 90er-Jahren folgte eine weitere wichtige Innovation von Stöbich: die Entwicklung von leichten, nicht brennbaren Stoffvorhängen, die teilweise den Einsatz starrer Feuerschutztüren aus Stahl ersetzen können. Mit diesen textilen Brandschutzlösungen ergeben sich ganz neue architektonische Möglichkeiten. Die Gläserne Manufaktur, das VW-Werk in Dresden, wäre ohne die Erfindung von Stöbich brandschutztechnisch nicht möglich gewesen. Auch andere Prestigeobjekte – wie der Deutsche Pavillon in Shanghai, der Flughafen in Dubai oder der Pariser Louvre – enthalten Produkte des Goslarer Familienunternehmens. Weltweit kommt Stöbich auf gut 8000 Projekte.

Die Stöbich Brandschutz GmbH trägt im Bereich des vorbeugenden baulichen Brandschutzes den verdienten Titel eines Technologie- und Weltmarktführers. Mit elf eigenen Vertriebsgesellschaften und ausgewählten Partnern ist das Unternehmen in mehr als 80 Ländern rund um den Globus vertreten. Der Exportanteil beträgt etwa 45 Prozent, wobei die Produkte ausschließlich in den ▶

> »Suche neue Geschäftsfelder und investiere!«
> Stöbich-Konzerncredo

Lob auf den Harz: Stöbich hat seinen Hauptsitz in Goslar, wo sich das Unternehmen bestens in die Stadt integriert hat

Made in Germany: Stöbich produziert an vier deutschen Standorten. Angefangen hatte alles 1980 in einer Garage

»Wir investieren viel in unser Personal. Es geht darum, den Kunden gut zu beraten und zu erkennen, was er will.«

Dr. Jochen Stöbich

Dr. Jochen Stöbich: Der Gründer und Geschäftsführer ist ein leidenschaftlicher Unternehmer und – im besten Sinne – Querdenker

Nähmaschine: Stöbich fertigt textile Brandschutzsysteme und hat damit eine echte Weltneuheit auf den Markt gebracht

STÖBICH

Ausgezeichnet: Aus 2000 Einreichungen im Bereich Excellent Product Design konnte sich der Stöbich-Feuerschutzvorhang mit einem German Design Award behaupten

deutschen Fertigungsstätten in Goslar, Ilsenburg, Blankenburg, Herzogenrath und Pausitz entstehen. In einigen europäischen Ländern sowie in den USA unterhält Stöbich inzwischen eigene Auslandsgesellschaften. Das Unternehmen hält 150 Patente und hat elf Weltneuheiten erfolgreich am Markt etabliert.

Stöbich hat für seinen Feuerschutzvorhang „Fibershield®-S" im Jahr 2017 sogar einen „German Design Award" gewonnen in der Kategorie „Special Mention", in der Produkte gewürdigt werden, deren Design besonders gelungene Lösungen aufweist.

Zum Stöbich-Konzern gehören noch weitere Spezialfirmen, die etwa die Instandhaltung und Installation von Brandschutzanlagen übernehmen, Steuerungselektronik liefern oder Wartungssoftware entwickeln. Weltweit beschäftigt Stöbich 769 Mitarbeiter, davon 29 Auszubildende, die in der Regel übernommen werden. Im Jahr 2016 betrug der Jahresumsatz 75,4 Millionen Euro.

Sich auf den Lorbeeren auszuruhen, würde dem Firmengründer nicht in den Sinn kommen. Dr. Jochen Stöbich ist schon länger dabei, seinen Konzern mit Industrie-4.0-Projekten in die digitale Zukunft zu führen. Zudem hat er längst die nächste Marktlücke erkannt: Unternehmen müssen für die jährliche Wartung von Brandschutzanlagen Nachweise gegenüber der Versicherung erbringen. Diese Wartung soll bei Stöbich-Produkten in Zukunft vollkommen selbstständig erfolgen, die Kontrolle (und auch der Nachweis) könnte remote von der Goslarer Stöbich-Zentrale aus erfolgen.

Seine eigene Erfahrung und das gesammelte Wissen seiner Mitarbeiter hat Jochen Stöbich übrigens zentral erfasst und in Form der Stöbich-Schule für alle zukünftigen Angestellten zugänglich gemacht. Hier muss beispielsweise jeder Verkäufer einmal im Monat einen Test mit 40 Fragen absolvieren. Innovationen und wirtschaftlicher Erfolg basieren nun mal auf Wissen und Neugierde. ◄

DATEN UND FAKTEN

INHABERFAMILIE
Familie Stöbich in der ersten und zweiten Generation

GRÜNDER
Dr. Jochen Stöbich

FAMILIENEINFLUSS
externe Geschäftsführer, Dr. Stöbich leitet den Beirat

UNTERNEHMENSANTEILE FAMILIENMITGLIEDER
100 %

MARKTPOSITION UNTERNEHMEN
Weltmarktführer

BRANCHE
Brandschutz, Baunebengewerbe, Software, Steuerungen

PRODUKTE
Brandabschottungen, textile Brandschutzlösungen

STANDORTE
Goslar, Ilsenburg, Blankenburg, Pausitz, Herzogenrath

VERTRIEB
weltweit

MITARBEITER
fast 800 weltweit

STÖBICH HOLDING GMBH & CO. KG
Pracherstieg 6
38644 Goslar

Telefon 05321 5708-0
www.stoebich.de

Bereits 1893 eröffnen die Brüder Wilhelm und Karl Schmitz-Scholl das erste Spezialgeschäft für Kaffee, Tee, Kakao und Spezereien. Namensgeber der neuen Filialkette wird der junge Prokurist und Kaffeespezialist Emil Tengelmann

AUS BESTER FAMILIE

TENGELMANN

SEIT 1867

„… dass ich das unter der Firma Wilh. Schmitz & Lindgens bestandene Colonialwaaren-Geschäft mit allen Activen und Passiven vom heutigen Tage an für alleinige Rechnung übernommen habe und dasselbe unter der Firma Wilh. Schmitz-Scholl in bisheriger Weise fortführen werde. Meiner Frau Louise, geb. Scholl, habe ich Procura erteilt und belieben Sie von deren sowie meiner Unterschrift Vormerkung zu nehmen."

Gründungs-Circular, 1. Januar 1867

Mit diesem Schritt von Wilhelm und Louise Schmitz-Scholl in die unternehmerische Selbstständigkeit beginnt vor 150 Jahren die Geschichte des Familienunternehmens Schmitz-Scholl und Tengelmann. Seitdem haben fünf Generationen das Unternehmen geformt und geprägt. Sie haben es den jeweiligen Erfordernissen ihrer Zeit angepasst und immer wieder neu erfunden – von einem Kolonialwarenhandel en gros zu einem international agierenden Großunternehmen, das heute in 20 Ländern operativ tätig ist und darüber hinaus Start-up-Beteiligungen auf allen Kontinenten hält.

»Unternehmertum ist und bleibt die DNA des Familienunternehmens Tengelmann.«

Karl-Erivan W. Haub

Weitsicht und Geschäftssinn sind charakteristisch für Wilhelm Schmitz-Scholl. Ihm ist es zu verdanken, dass sich aus dem kleinen Kolonialwarengeschäft ein auf Wachstum ausgerichtetes Handelshaus entwickelt: Angefangen mit dem Handel von Kaffee, Tee und Kakao über das Geschäft mit Produkten des täglichen Bedarfs, stellen bereits Ende des 19. Jahrhunderts seine Söhne Karl und Wilhelm die Weichen für ein eigenes Verkaufsstellennetz. 1893 öffnet die erste Tengelmann-Filiale ihre Pforten. Namensgeber ist der handelserfahrene Prokurist Emil Tengelmann. Waren die „Niederlagen" bis weit nach dem Zweiten Weltkrieg noch Läden mit Verkaufstheke im klassischen Sinne, nimmt Tengelmann nach dem Wiederaufbau Anfang der 1950er-Jahre den Trend aus Amerika auf und eröffnet 1953 den ersten Tengelmann-SB-Supermarkt in München. Mit den Grosso-Märkten erfolgt die Ausweitung des Warenangebots über den Nahrungs- und Genussmittelbedarf hinaus; Salatbars und Frischeabteilungen in den Märkten tragen den gehobenen Ansprüchen moderner Verbraucher Rechnung. 1965 wird das noch heute gültige Tengelmann-Logo in Form eines stilisierten Springbrunnens kreiert.

Anfang der 1970er-Jahre beginnt Erivan Haub, einziger Nachkomme der vierten Generation, eine gezielte Expansion: Er übernimmt den größten deutschen Wettbewerber Kaiser's Kaffee-Geschäft AG und die österreichische LÖWA, startet den Markendiscounter Plus und beteiligt sich an der amerikanischen The Great Atlantic & Pacific Tea Company, Inc. Über ▶

AUS BESTER FAMILIE

1926: Stolz posiert der Fahrer vor seinem Lkw. Eine Fahrt von Mülheim nach Köln dauerte drei Stunden

»Die Zukunft muss jeden Tag aufs Neue erarbeitet werden!«

Karl-Erivan W. Haub

Seit über 105 Jahren in Speldorf zu Hause: die Zentrale der Unternehmensgruppe Tengelmann

150 Jahre Tengelmann. Weiterhandeln.

Unter dem Motto „Weiterhandeln" begeht die Unternehmensgruppe 2017 ihr 150. Jubiläum

Wilhelm und Louise Schmitz-Scholl gründen am 1. Januar 1867 das Handelshaus Wilh. Schmitz-Scholl

Beim Tengelmann e-day treffen sich Online-Händler, Start-ups und Investoren sowie klassische stationäre Händler zum Austausch

DATEN UND FAKTEN

INHABERFAMILIEN
Familie Schmitz-Scholl und Haub in der fünften Generation

GRÜNDER
Wilhelm (1831–1887) und Louise Schmitz-Scholl (1834–1888)

FAMILIENEINFLUSS
die operative Verantwortung liegt bei Karl-Erivan W. und Christian W. E. Haub

UNTERNEHMENSANTEILE DER FAMILIE
100 %

BRANCHE
Handel (Textil, Non-Food, Bau- und Heimwerkerbedarf, Baby- und Kleinkindbedarf), Immobilien, Venture Capital

STANDORT
Mülheim an der Ruhr (Unternehmenszentrale)

JAHRESUMSATZ
9,0 Mrd. € (2016 konsolidierter Umsatz, weltweit)

MITARBEITER
83 548 (2016, weltweit)

FILIALEN
5595 (2016, europaweit)

---

die Mehrheitsbeteiligung an den OBI Bau- und Heimwerkermärkten diversifiziert Haub 1985 in die „Do-it-yourself"-Branche, kurz danach mit Modea in den Textilsektor. 1994 eröffnet die erste KiK-Filiale.

Ab dem Jahr 2000 unterzieht sich die Unternehmensgruppe einer tief greifenden Transformation, die mit schweren, aber notwendigen Trennungen einhergeht und erst mit der Abgabe von Kaiser's Tengelmann an den Edeka-Verbund 2016 abgeschlossen ist. Parallel dazu beginnt der Aufbau völlig neuer zukunftsfähiger Geschäftsbereiche: 2004 wird der Nachbarschaftsversorger TEDi gegründet, 2008 die Immobilientochter Trei Real Estate, die sich heute auf den Ausbau des Wohnsegments sowie auf internationale Immobilienentwicklungen fokussiert. 2009 führt der Weg in das bis dato noch unbekannte Feld des Venture-Capital-Geschäfts. Heute gehören die Töchter Tengelmann Ventures (TEV) und Emil Capital Partners (ECP) zu den führenden Investoren im Bereich der Ventures-Beteiligungen. Von Deutschland und den USA aus gesteuert, umspannt ihr Portfolio mittlerweile ein Netz aus über 70 Beteiligungen mit operativen Einheiten in mehr als 100 Ländern weltweit. Ende 2016 entwickelt TEDi mit BLACK.de den ersten „legalen Schwarzmarkt", einen Non-Food-Harddiscounter, dessen Märkte sich durch große Verkaufsflächen und ein breites Sortiment auszeichnen. Mit ihren Tochtergesellschaften ist die Unternehmensgruppe Tengelmann in 20 Ländern vertreten und erwirtschaftet mit über 83 000 Beschäftigten einen Nettojahresumsatz von 9,0 Milliarden Euro. Die operative Verantwortung liegt bei Karl-Erivan W. und Christian W. E. Haub in der fünften Unternehmergeneration. „Wenn wir in diesem Jahr unser 150. Jubiläum feiern, werden wir kurz innehalten und auf das Vergangene zurückschauen. Dann machen wir uns mit Schwung auf den Weg zum 175. Schließlich muss die Zukunft jeden Tag aufs Neue erarbeitet werden!" ◄

DIE UNTERNEHMENSGRUPPE
TENGELMANN

TENGELMANN WARENHANDELSGESELLSCHAFT KG
Wissollstraße 5–43
45478 Mülheim an der Ruhr

Telefon 0208 5806–0
www.tengelmann.de

Turck versteht sich als globaler, kundenorientierter Premiumpartner für zuverlässige, branchenspezifische Automatisierungslösungen

AUS BESTER FAMILIE

TURCK

SEIT 1965

Nichts wird unsere Wirtschaft und unsere Gesellschaft in den kommenden Jahrzehnten so verändern wie die Digitalisierung. Deswegen wird sie auch als vierte industrielle Revolution bezeichnet – kurz: Industrie 4.0. Gemeint sind intelligente Fabriken, also digital vernetzte Systeme, in denen Menschen, Maschinen, Anlagen, Logistik und Produkte miteinander kooperieren und kommunizieren. Smarte Fabriken sollen die Produktion effizienter, flexibler und günstiger machen.

Einer der Wegbereiter in diesem Bereich ist die Turck-Gruppe aus Nordrhein-Westfalen. Das Familienunternehmen mit Hauptsitzen in Mülheim an der Ruhr und in Halver hat sich zu einem weltweit führenden Spezialisten für die Industrieautomation entwickelt. Turck entwickelt und verkauft Daten- und Kommunikationslösungen, um andere Firmen darin zu unterstützen, ihre Prozesse zu automatisieren. Sie kommen in vielen verschiedenen Branchen zum Einsatz: unter anderem im Maschinen- und Anlagenbau, in der Automobil- und Logistikindustrie, in der

> »Wir unterstützen unsere Kunden auf ihrem Weg zur Industrie 4.0.«
>
> Turck-Firmencredo

Lebensmittel-, Chemie- und Pharmaindustrie. Mit seinen Produkten ebnet Turck seinen Kunden den Weg zur Industrie 4.0 – angefangen bei Sensoren zur Datenerfassung, über Anschlusstechnik und Feldbuslösungen zum Übertragen der Daten bis hin zu kompakten Steuerungslösungen zur Datenvorverarbeitung und zu funkbasierten RFID-Identifikationssystemen. Dabei baut das Unternehmen seine Lösungen weltweit stets auf offenen Standards auf. So bietet Turck neben dem RFID-System, das weltweit im HF- und UHF-Frequenzbereich einsetzbar ist, zahlreiche weitere Produkte an, die den Anwender beim globalen Einsatz unterstützen. Ein Beispiel sind die I/O-Lösungen mit der selbst entwickelten Multiprotokoll-Technologie. Diese Geräte arbeiten in verschiedenen Ethernet-Protokollen und können sowohl in Europa als auch in den USA und vielen weiteren Ländern eingesetzt werden. Darüber hinaus unterstützt Turck von Anfang an auch die herstellerübergreifende IO-Link-Technologie, die ein Zusammenspiel von Komponenten unterschiedlicher Hersteller erlaubt und damit ebenfalls eine der Schlüsseltechnologien für Industrie 4.0 ist.

Ihre Wurzeln hat die Turck-Gruppe im Jahr 1965. Der Elektrotechnik-Ingenieur Werner Turck entwickelte und produzierte im heimischen Wohnzimmer im Städtchen Halver im Sauerland die ersten Sensoren und eigensicheren Verstärkerrelais. Sein Bruder Hans sorgte von Mülheim aus mit seinem Partner Hermann Hermes für den Vertrieb der Produkte. So legten alle gemeinsam den Grundstein für ▶

AUS BESTER FAMILIE

Die Geschäftsführung der Turck-Gruppe (v. l.): Christian Wolf, Ulrich Turck und Guido Frohnhaus

»Turck wird nicht zum Spielball von Spekulanten, sondern als Familienunternehmen weiterbestehen und ausgebaut.«

Ulrich Turck

Die gesamte Kernelektronik für seine Produkte fertigt das Unternehmen nach wie vor an den deutschen Produktionsstandorten

Zahlreiche Innovationen prägen die Entwicklung von Turck, darunter auch induktive Faktor-1-Sensoren

Mit Turcks RFID-System BL ident® werden Produktionsprozesse transparent und rückverfolgbar – eine Schlüsseltechnologie für Industrie 4.0

TURCK

Die neue Vertriebs- und Marketingzentrale in Mülheim an der Ruhr

DATEN UND FAKTEN

INHABERFAMILIE
Familienstämme Hans Turck, Werner Turck und Hermann Hermes

GRÜNDER
Werner und Hans Turck

BRANCHE
Automatisierungstechnik

PRODUKTE
Sensor-, Feldbus-, Anschluss- und Interfacetechnik, RFID und Steuerungstechnik

MARKTPOSITION
einer der global führenden Anbieter von Lösungen für die Fabrik- und Prozessautomation

UNTERNEHMENSLEITUNG
Ulrich Turck, Christian Wolf und Guido Frohnhaus

STANDORTE (IN DEUTSCHLAND)
Mülheim an der Ruhr, Halver, Detmold, Beierfeld

MITARBEITER
4500

UMSATZ
600 Mio. € (2017)

den heutigen Global Player. Kontinuierlich wuchsen Produktspektrum und Umsatz, der Familienbetrieb expandierte rasch.

Schon zehn Jahre nach der Gründung ging Turck über den Atlantik: Im Jahr 1975 entstand die erste Auslandsgesellschaft im US-amerikanischen Minneapolis. Seitdem hat das Familienunternehmen weltweit viele weitere Vertriebs- und Produktionsgesellschaften gegründet. 1989 übernahm das Unternehmen das Messgerätewerk im sächsischen Beierfeld und stieg so auch in den osteuropäischen Markt ein. Seit 1994 ist Turck im asiatischen Raum mit einer Produktions- und Vertriebsgesellschaft in Tianjin (China) vertreten.

Heute hat die Turck-Gruppe Produktionsstätten in Deutschland, der Schweiz, den USA, Mexiko und China, weltweit mehr als 28 Landesgesellschaften, mehr als 4500 Mitarbeiter und kann in weiteren 60 Staaten auf ein Netzwerk von Vertriebspartnern zugreifen.

Die Turck-Gruppe besteht im Wesentlichen aus den beiden Kernunternehmen Hans Turck GmbH & Co. KG, zuständig für Vertrieb und Marketing, sowie der Werner Turck GmbH & Co. KG für Entwicklung und Fertigung. Als weiteres Unternehmen der Gruppe ist die Turck duotec an den Standorten Halver und Beierfeld vertreten. Ihr Schwerpunkt liegt in der Entwicklung, der Fertigung und dem Vertrieb von kundenspezifischer Elektronik außerhalb der industriellen Automation.

Obwohl das Unternehmen global tätig ist, ist Turck nach wie vor in Familienbesitz. Die Firma bietet an ihren vier deutschen Standorten Ausbildungen in mehr als zehn Berufen an, daneben Duale Studiengänge, unter anderem in Wirtschaftsingenieurwesen und -informatik sowie in Produktions- oder Elektrotechnik. Außerdem wurde das Unternehmen als familienfreundlich ausgezeichnet. Geleitet wird das Familienunternehmen von Ulrich Turck, dem Sohn des Firmenmitbegründers Hans Turck, Christian Wolf und Guido Frohnhaus. Die beiden Firmengründer, Hans und Werner Turck, verstarben 2015 im 50. Jahr des Unternehmens kurz hintereinander.

TURCK
Your Global Automation Partner

HANS TURCK GMBH & CO. KG
Witzlebenstraße 7
45472 Mülheim an der Ruhr

Telefon 0208 4952-0
www.turck.de

Goldfeder: Tradition und Qualität, professionelle Verarbeitung und der Glamour
der großen weiten Welt – Waldmann vereint alles in seinen Schreibgeräten

AUS BESTER FAMILIE

WALDMANN

SEIT 1918

Die Schreibgerätemanufaktur Waldmann wurde 1918 von Adolf Waldmann in Pforzheim gegründet. Pforzheim war damals eine traditionsreiche Schmuckmetropole im Schwarzwald. Zu dieser Zeit besaß der Großteil der Bevölkerung zum Schreiben nur einen einfachen Bleistift. Adolf Waldmann hatte die Idee, diese schlichten Stifte mit Metallhülsen aus Gold und Silber aufzuwerten.

Gesagt, getan: Durch eine Fall- und Schiebemechanik konnten die Bleistifte nun aus den Metallhülsen herausgeführt werden. Neben den Metallhülsen ließ Waldmann in seiner Manufaktur noch andere Gegenstände fertigen – Taschenspiegel, Zahnstocher und Zigarettenspitzen etwa – und von 1921 an auch Füllfederhalter. Die dafür notwendigen Facharbeiter wie einen Guillocheur, Graveur, Werkzeugmacher oder Schmucksteinfasser fand er in der Umgebung der Schmuckstadt problemlos. Einige Jahre später entwickelte Waldmann den 4-Farb-Drehbleistift und ließ sich die Erfindung patentieren. Im Jahr 1937 wurde er dafür auf der Weltausstellung in Paris mit der Silbermedaille für Design und Funktionalität ausge-

> »Waldmann Schreibgeräte waren, sind und bleiben 100 Prozent made in Germany.«
>
> **Waldmann-Firmencredo**

zeichnet. Es sollten noch viele weitere Patente in der Schreibgerätebranche folgen.

Der Luftangriff der Alliierten auf Pforzheim am 23. Februar 1945 bereitete dem Geschäft jedoch ein jähes Ende: Das Fabrikgebäude der Firma Waldmann wurde komplett zerstört. Dabei wurden nicht nur die Produktionsanlagen, sondern auch die technischen Zeichnungen und archivierten Muster vernichtet, ein großer Verlust für den Be-

trieb. Doch Waldmann ließ sich nicht entmutigen. Nach Kriegsende machte er sich mit seinen verbliebenen Mitarbeitern daran, das Unternehmen schnell wieder aufzubauen, und schon im März 1946 konnte an einem neuen Standort in der Stadt die Produktion wieder aufgenommen werden.

Anfang der Fünfzigerjahre wurde die Kugelschreibermine erfunden. Auch bei Waldmann begann damit eine neue Ära: Die Herstellung von Kugelschreibern in Metallgehäusen wurde fortan zu einem wichtigen Bestandteil des Geschäfts. Da das Ehepaar Waldmann kinderlos war, kaufte sich Rotring, ein damaliger Großkunde, in das Unternehmen ein, um den Fortbestand der Produktionsstätte zu sichern. Nach dem Tod des Unternehmensgründers im Jahr 1964 kaufte Rotring seiner Witwe die restlichen Firmenanteile ab.

Unter der Führung von Rotring arbeiteten bei Waldmann in den Achtzigerjahren um die 180 Mitarbeiter am Standort in Pforzheim-Eutingen. Damals begann das Unternehmen auch, für weltbekannte Unternehmen aus verschiedenen Branchen Schreibgeräte unter deren Markenna- ▶

AUS BESTER FAMILIE

Geschäftsführer
Stefan Schnirch

»Waldmann Schreibgeräte: Edles Kunsthandwerk aus Meisterhänden«

Waldmann-Firmencredo

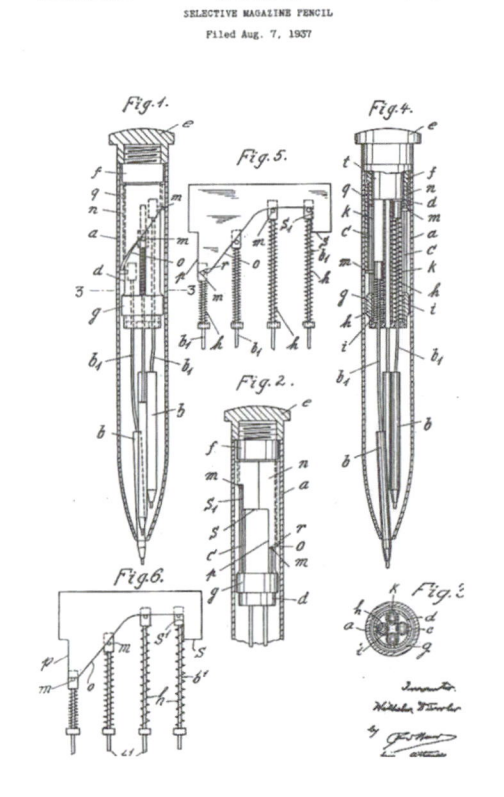

Handgravieren ist ein jahrhundertealtes Handwerk, auf das sich heute nur noch wenige verstehen. Es macht jedes Schreibgerät zu einem Unikat

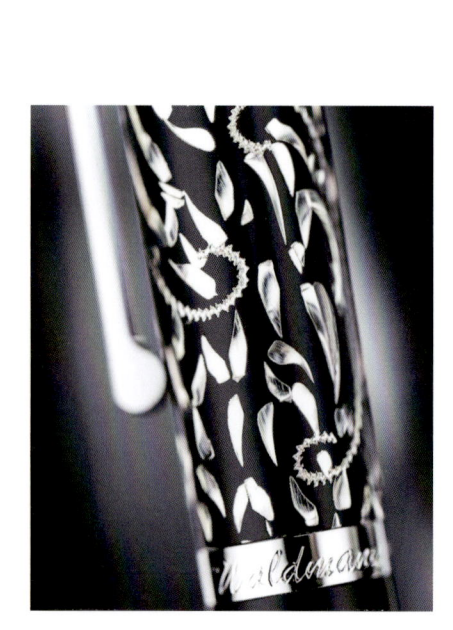

Modell Xetra Vienna mit dem von Hand gravierten „Wiener Muster"

Patentzeichnung für den 4-Farb-Drehbleistift

WALDMANN

Füllfederhaltermodell Tuscany mit Edelstahlfeder – 24 Karat Roségold plattiert

DATEN UND FAKTEN

INHABERFAMILIE
Familie Schnirch
in der dritten Generation

GRÜNDER
Adolf Waldmann

UNTERNEHMENSANTEILE DER FAMILIE
inhabergeführt

MARKTPOSITION UNTERNEHMEN
in Deutschland unter den Top 5

BRANCHE
Metallverarbeitung

STANDORT
Birkenfeld

VERTRIEB
in 68 Ländern durch Vertriebspartner

MITARBEITER
20 (2017)

men zu fertigen oder limitierte Auflagen für besondere Anlässe herzustellen. Das geschieht bis heute. Eine solche limitierte Auflage stellte Waldmann beispielsweise zum 150-jährigen Jubiläum des Segelwettbewerbs „America's Cup" im Jahr 2000 her.

Die Firma hat auch zu besonderen Ereignissen Sondermodelle angefertigt, wie zum Beispiel für das bekannte Profi-Golfturnier A&T Byron Nelson. Zum 60. Jubiläumsturnier im Jahr 2004 wurden die Sieger der vergangenen 15 Jahre mit einem exklusiven Füllfederhalter von Waldmann geehrt. Darunter Tiger Woods, Phil Mickelson und Ernie Els. 2002 hatte Waldmann einen Kino-Auftritt: In Steven Spielbergs Film „Catch me if you can" mit Leonardo DiCaprio und Tom Hanks in den Hauptrollen erhielt auch der in den Fünfzigerjahren patentierte 2-Farben-Drehkugelschreiber eine kleine Rolle.

Ende der Neunzigerjahre wurde Waldmann an den damaligen Geschäftsführer abgegeben. Seit 2007 ist das Unternehmen in Besitz von Stefan Schnirch. Dieser hat den Auftritt der Marke neu gestaltet, die weltweite Präsenz ausgebaut – der Vertrieb findet nun schon in 68 Ländern statt – und die Produktion von Schreibgeräten für bekannte Marken ausgeweitet. Auch die Anfertigung von Einzelstücken für Herrscherhäuser, Präsidenten und Prominente aus massivem Gold, und auf Wunsch zusätzlich mit Edelsteinen verziert, ist seither zu einem weiteren Standbein von Waldmann geworden.

Eines aber ist seit der Gründung des Unternehmens gleich geblieben: Auch heute noch sind Waldmann Schreibgeräte zu 100 Prozent am Standort Deutschland und mit einem durchschnittlichen Anteil von ca. 73 Prozent reiner Handarbeit gefertigt. ◂

Waldmann
Made in Germany since 1918

WALDMANN KG
Carl-Zeiss-Straße 6
75217 Birkenfeld

Telefon 07231 48935–1
www.waldmannpen.com

Mit fast 50 000 Produkten für die Verbindungstechnik, Automatisierung und Digitalisierung steht der Name Weidmüller heute für Lösungen und Innovationen im Bereich Industrial Connectivity

AUS BESTER FAMILIE

WEIDMÜLLER

SEIT 1850

Ob Automobilherstellung, Stromerzeugung oder Wasseraufbereitung – kaum eine Branche kommt heute ohne Elektronik und elektrische Verbindungstechnik aus. Gleichzeitig nimmt in einer internationalisierten, vom technologischen Wandel geprägten Welt die Komplexität der Anforderungen durch neue Märkte rasant zu. Verbindungen, sei es von Energie, Signalen und Daten, von Anforderung und Lösung oder von Theorie und Praxis, sind der Schlüssel – und eine der Kernkompetenzen von Weidmüller. Das Unternehmen mit mehr als 4500 Mitarbeitern hat 2016 einen Umsatz von 680,4 Millionen Euro erwirtschaftet. Mit über 50 000 Produkten im Bereich des Schaltschranks, auf der Feld- und Geräteebene sowie der Automatisierungs- und Digitalisierungstechnik ist Weidmüller Marktführer in der Industrial Connectivity.

Gegründet wird das Unternehmen 1850 von Carl August Weidmüller in der Nähe von Chemnitz. Zunächst stellt die Firma Textilien her, in den kommenden Jahren liegt der Akzent jedoch auf Verbindungstechnik der etwas anderen Art:

»Weidmüller steht heute für innovative Komponenten und Lösungen für den Schaltschrankbau sowie die Automatisierung und Digitalisierung.«

Christian Gläsel

patentierten Druckknöpfen. Nach dem Erwerb einer Fabrik in Böhmen wird der bisherige Prokurist Moritz Wächtler alleiniger Geschäftsführer. 1931 zahlt Wächtler die Nachkommen von C. A. Weidmüller aus und nimmt seinen Enkel Gottfried Gläsel als Teilhaber in die Firmenleitung auf. Als sich der Senior zur Ruhe setzt, übergibt er die Verantwortung komplett an Gottfried Gläsel, der somit 1937 alleiniger Inhaber und Geschäftsführer des Unternehmens wird. Weidmüller ändert seine Produktpalette und produziert, zusammen mit AEG und dem Ingenieur Wilhelm Staffel, die erste Staffel-Anreihklemme. Dies ist der Start in die elektrische Verbindungstechnik.

Am 5. Februar 1948 gründet Gottfried Gläsel in Detmold die C. A. Weidmüller KG. Anstelle bruchanfälliger Porzellankonstruktionen werden nun die ersten kunststoffisolierten Anreihklemmen hergestellt. Weidmüller weitet die Produktpalette aus und errichtet ein Vertriebsnetz in Deutschland. 1959 wird mit Weidmüller Klippon Electricals Ltd. das erste ausländische Gruppenunternehmen in Großbritannien gegründet. 1971 ist das Jahr einer weiteren Veränderung, übernimmt doch nun Peter Gläsel, Neffe von Gottfried, die Geschäfte. Unter seiner Ägide wird eine Elektronik-Produktlinie auf den Markt gebracht sowie die Serienproduktion ▶

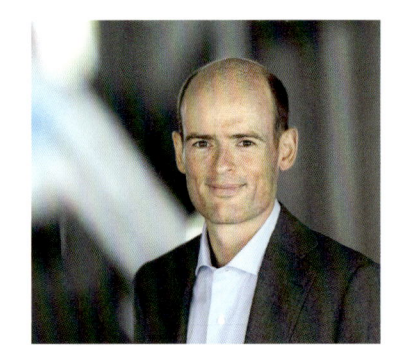

Der heutige Aufsichtsratsvorsitzende Christian Gläsel

»Unser Ziel ist es, die besten Verbindungen zu schaffen – zu unseren Mitarbeitern, Kunden, Partnern und Forschungseinrichtungen.«

Christian Gläsel

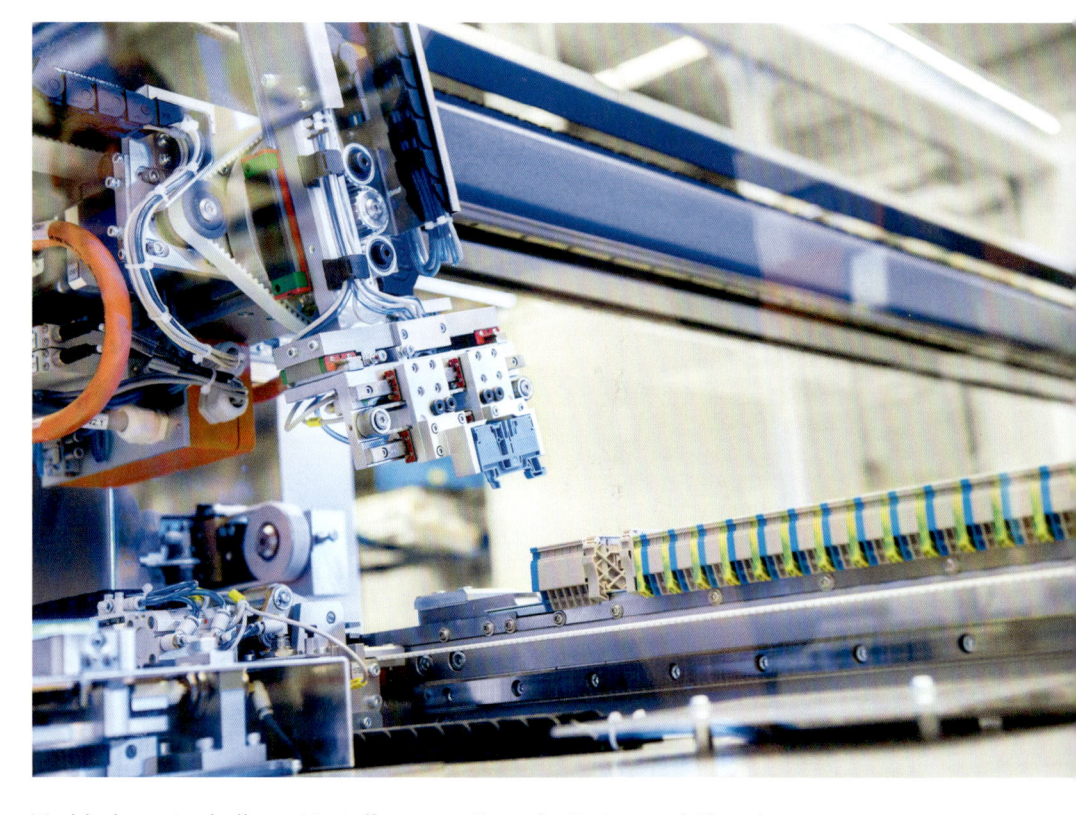

Verbindungstechnik zur Verteilung von Energie, Daten und Signalen kommt weltweit in vielen Branchen und Anwendungen zum Einsatz

1948 erfolgt die Neugründung der Firma C. A. Weidmüller in Detmold. Erster Standort ist ein Gebäude des Sägewerks in Berlebeck

Das Management: Elke Eckstein, Jörg Timmermann, José Carlos Álvarez Tobar (v.l.n.r.)

WEIDMÜLLER

Die Ausbildung und Förderung von jungen Menschen über die interne Akademie nimmt einen hohen Stellenwert ein

DATEN UND FAKTEN

INHABERFAMILIE
Familie Gläsel
in der vierten Generation

GRÜNDER
Carl August Weidmüller

FAMILIENEINFLUSS
Christian Gläsel ist
Aufsichtsratsvorsitzender

UNTERNEHMENSANTEILE FAMILIENMITGLIEDER
100 %

MARKTPOSITION UNTERNEHMEN
Marktführer der Industrial Connectivity

BRANCHE
Elektrotechnik und Maschinenbau

PRODUKTE
Produkte und Lösungen für die elektrische Verbindungstechnik, Automatisierung und Digitalisierung

STANDORTE
6 Produktionsstandorte, 27 Vertriebsgesellschaften und knapp 60 exklusive Vertretungen

VERTRIEB
weltweit

MITARBEITER
über 4500 weltweit

von Handwerkzeugen ins Leben gerufen. Früh beginnt das Unternehmen, sich über die großen Themen der Gegenwart wie Nachhaltigkeit und Umweltschutz Gedanken zu machen – und setzt sich aktiv ein. Bereits in den 1980er-Jahren recycelt Weidmüller Kunststoffabfälle, um sie wieder zu verwenden. Bis heute ist die Verantwortung für Ökonomie, Ökologie, Gesellschaft, Mitarbeiter und die nachfolgenden Generationen konstitutiver Bestandteil des unternehmerischen Selbstverständnisses.

1995 zieht sich Peter Gläsel aus dem operativen Geschäft in den Aufsichtsrat zurück und übergibt das Ruder an ein familienfremdes Management. Seitdem werden die Geschicke der Detmolder von einem Fremdvorstand gelenkt. Christian Gläsel folgt seinem Vater Peter 2002 in den Aufsichtsrat, dessen Vorsitz er 2008 übernimmt. Die Internationalisierung des Unternehmens schreitet währenddessen stetig voran und wird konsequent weitergetrieben: 2003 wird in China eine Produktionsgesellschaft gegründet, 2011 übernimmt Weidmüller den langjährigen Partner Conexel in Brasilien. In den letzten Jahren erfolgten Gründungen von Gruppenunternehmen in Dänemark und Finnland. Wie stark das ostwestfälische Unternehmen mittlerweile global präsent ist, manifestiert sich nicht nur in den weltweit 27 Vertriebsgesellschaften und knapp 60 exklusiven Vertretungen, sondern auch in einer Exportquote von fast 75 Prozent.

Auch auf dem heimischen Markt expandieren die Verbindungsprofis in erheblichem Maße. Schon früh beschäftigte sich Weidmüller mit dem Themenfeld Industrie 4.0, engagierte sich in zahlreichen Gremien, Verbänden sowie Forschungsnetzwerken und entwickelt neue Lösungen für die Automatisierung und Digitalisierung. Das Unternehmen bietet heute neben intelligenten und kommunikationsfähigen Komponenten für den Schaltschrank und die Feldebene auch verstärkt Automatisierungs- und Digitalisierungslösungen an. So steht der Name Weidmüller heute für ein erfolgreiches Familienunternehmen und ist zugleich auch zu einem Synonym für Innovationen auf höchstem Niveau und einem Vorreiter im Bereich Industrie 4.0 geworden. ◀

Weidmüller

WEIDMÜLLER GRUPPE
Ohmstraße 9
32758 Detmold

Telefon 05231 140
www.weidmueller.de

Vielseitig: Wemhöner stellt unter anderem Kurztaktpressen-Anlagen, 3D-Membran- und Vakuumpressen sowie Fertigungsstraßen für die Produktion von Parkett und Türen her

AUS BESTER FAMILIE

WEMHÖNER

SEIT 1925

Wer aufhört, besser sein zu wollen, hat aufgehört, gut zu sein." Diesen Satz hat der britische Politiker Oliver Cromwell bereits im 17. Jahrhundert ausgesprochen. Doch bis heute hallen seine Worte im ostwestfälischen Herford nach und bilden die Grundlage dafür, wie man seit mehr als 90 Jahren bei Wemhöner Surface Technologies arbeitet: innovativ und lösungsorientiert. Das Familienunternehmen produziert Maschinen und Anlagen für die Veredelung von Holzwerkstoffen und ist Weltmarktführer im Segment der Kurztaktpressen-Technologie und der 3D Variopress®-Technik.

Ihren Ursprung hat die Firmengeschichte von Wemhöner im Jahr 1925, als der damals 23 Jahre alte Maschinenbauer und Schmiedemeister Heinrich Wemhöner einen anfangs überwiegend der Landwirtschaft zugewandten Handwerksbetrieb gründete. Wagenbau und Auftragsfertigungen bestimmten das kleine Geschäft. Als die Möbelindustrie in Ostwestfalen-Lippe an Bedeutung gewann, wuchs auch Wemhöner – damals bereits in zweiter Generation – rasch und versorgte die Branche mit Maschinen, Vorrichtungen und bald auch mit vollständig verketteten Maschinenstraßen und Anlagen für die Holzwerkstoff-Oberflächenbeschichtung.

Heute befindet sich das Unternehmen in der dritten Generation in Familienhand. Heiner Wemhöner hält 100 Prozent der Holding-Anteile und führt gemeinsam mit Uwe Berghahn die Geschäfte. Die Werte der Gründergeneration gelten für den Enkel an der Spitze wie auch für den externen Geschäftsführer bis heute: solide und verlässlich sein, konsequent auf Qualität setzen – und zudem leidenschaftlich gerne wegweisende Innovationen erfinden. Tatsächlich haben technische Neuerungen bei dem Familienunternehmen Tradition: Das Unternehmen hält eine Vielzahl von Patenten und hat zahlreiche Innovationen hervorgebracht, darunter hochleistungsfähige Kurztaktpressen-Anlagen oder die Synchronporen-Technologie EIR für die Beschichtung von Möbeln und Böden.

Es ist dem Familienunternehmen außerordentlich wichtig, neue Geschäftsbereiche zu entwickeln und Innovationen und neue Verfahren hervorzubringen. Damit in Herford weiterhin Trends gesetzt werden, arbeiten die Ingenieure aus Forschung und Entwicklung im firmeneigenen Technikum in Herford tagtäglich an neuen Ideen – in enger Zusammenarbeit mit den Kunden, führenden Hochschulen und erstklassigen Lieferanten. Aus den Experimenten im Technikum sind unter anderem Neuerungen wie das Variopin®-Unterlagensystem in der 3D-Beschichtung oder das MasterLine® Digital- und Direktdruckverfahren entstanden. ▶

> »Wir erfinden leidenschaftlich gerne wegweisende Innovationen.«
>
> Heiner Wemhöner

AUS BESTER FAMILIE

Mit einem Handwerksbetrieb fing alles an: Heinrich Wemhöner gründete das Unternehmen im Jahr 1925

Eine von vielen innovativen Entwicklungen bei Wemhöner: die doppelseitige Synchronporen-Technologie (EIR) in der Melamin-Direktbeschichtung

»Technology beyond surfaces«

Der Slogan von Wemhöner

In den 1950er-Jahren machten die Söhne des Gründers das Unternehmen zu einem führenden Anbieter von Holzbearbeitungsmaschinen

Gemeinsam mit Uwe Berghahn leitet er die Geschicke: Heiner Wemhöner, der Enkel des Firmengründers

WEMHÖNER

Bis heute in Herford zu Hause: der Stammsitz von Wemhöner. Zudem hat das Unternehmen eine Produktionsstätte in Changzhou, China (Prov. Jiangsu)

DATEN UND FAKTEN

INHABERFAMILIE
Familie Wemhöner
in der dritten Generation

GESCHÄFTSFÜHRUNG
Heiner Wemhöner und Uwe Berghahn

BRANCHE
Maschinenbau und Anlagenbau
(Metall und Elektronik)

PRODUKTE
u. a. Kurztaktpressen-Anlagen, Digitaldruck- und Lackier-Anlagen, 3D-Membran- und Vakuumpressen, Fertigungsstraßen für die Leichtbauplatten-Produktion, Durchlaufpressen-Anlagen, Sonderanlagen

STANDORTE
Herford (Deutschland) und
Changzhou (China)

VERTRIEB
erfolgt weltweit über Repräsentanten vor Ort

MITARBEITER
insgesamt 490, davon 310 in Herford und 180 in Changzhou

UMSATZ
ca. 130 Mio. € in der Gruppe
(2017)

WEMHÖNER SURFACE TECHNOLOGIES GMBH & CO. KG
Planckstraße 7
32052 Herford

Telefon 05221 7702–0
www.wemhoener.de

Nicht zuletzt die vielen Innovationen trugen dazu bei, dass Wemhöner über die Jahrzehnte stark gewachsen ist. Heute erwirtschaftet das Unternehmen einen Umsatz von circa 130 Millionen Euro, beschäftigt an den beiden Standorten in Herford und Changzhou/China insgesamt 490 Mitarbeiter und vertreibt seine Produkte über Repräsentanten vor Ort in aller Welt. 2007 wurde das Familienunternehmen von der WHU – Otto Beisheim School of Management, der WirtschaftsWoche und Insead zur „besten Fabrik" gekürt. Wemhöner wäre nicht aber Wemhöner, wenn das Unternehmen nicht weiterhin versuchen würde, noch besser zu werden. Für die Zukunft hat man sich in Herford vorgenommen, neue Geschäftsfelder zu erschließen, in die Fertigungstiefe zu investieren und weitere Verfahren und Produkte mit Alleinstellungsmerkmalen zu entwickeln.

Doch nicht nur der Wunsch nach Wachstum und Veränderung steht auf der To-do-Liste des Unternehmens, sondern auch ein Stück Kontinuität: Wemhöner möchte das unabhängige Familienunternehmen bleiben, das es ist, seit Heinrich Wemhöner 1925 seinen Handwerksbetrieb gründete. Das soll gelingen, indem auch in Zukunft eine qualifizierte, fähige Führungsriege die Nachfolge der Vorfahren antritt.

Gleichzeitig will das Unternehmen weiterhin erfolgreich in den Dialog mit Kunden, Lieferanten und Hochschulen treten – und natürlich mit den eigenen Mitarbeitern. Die Unternehmenskultur bei Wemhöner ist geprägt durch flache Hierarchien mit festen Strukturen und durch eine hohe Eigenverantwortung. Etwa jeder zehnte der 310 Mitarbeiterinnen und Mitarbeiter am Standort Herford befindet sich noch in der Ausbildung und bekommt dabei als selbstständiges Teammitglied von Beginn an eigene Aufgaben zugetragen. Gemeinsam mit den etablierten Kollegen arbeiten die Azubis daran, die ohnehin schon „beste Fabrik Deutschlands" noch besser zu machen. Andernfalls hätten sie schließlich aufgehört, gut zu sein. ◂

Tomatenketchup von Zeisner: Es war der Sohn des Firmengründers, Georg Zeisner, der im Jahr 1935 als Erster in Deutschland die beliebte Sauce herstellte

AUS BESTER FAMILIE

ZEISNER

SEIT 1902

Fragt man Thomas Zeisner nach der Grundregel seiner Unternehmensführung, wird er antworten: „Handle mit Ruhe und Weitsicht". Sein Vater Günther, sein Großvater Georg und erst recht sein Urgroßvater Waldemar Zeisner hätten genau das Gleiche gesagt. Ob aus hanseatischer Gelassenheit oder einfach vererbter Tradition, die Bremer Familie hat es geschafft, mit dieser Maxime ein ebenso beständiges wie zukunftsgewandtes Unternehmen seit inzwischen 115 Jahren zu führen.

Alles begann mit Urgroßvater Waldemar im Philosophenweg in Bremen. Im Zentrum der Hansestadt stand dort im Jahr 1902 das ehrwürdige Patrizierhaus des Bremer Kaufmanns. Hier startete der 31-jährige Zeisner im damaligen Wirtschaftsaufschwung sein Unternehmen, er importierte Feinkostsaucen aus England. Noch heute ist sein erstes Produkt, eine Worcestershire-Sauce, fester Bestandteil des Sortiments. Doch bald erkannte der Firmengründer, dass im Bereich Saucen auch viel Potenzial für eigene Entwicklungen steckte. Gemeinsam mit seiner

> »Der schönste Erfolg ist es, ein Produkt herzustellen, das dem Verbraucher schmeckt.«
>
> Thomas Zeisner, Inhaber

Frau Juliane kreierte er eigene Gewürzmischungen, die nach wie vor die Basis für viele Zeisner-Saucen bilden. Und die Leidenschaft für Saucen blieb in der Familie. Sohn Georg Zeisner führte das Unternehmen weiter und ist für eine Premiere auf dem hiesigen Feinkostmarkt verantwortlich: 1935 stellte er das erste Tomatenketchup in Deutschland her. Auch war es Georg Zeisner, der den Betrieb mit der familieneigenen Ruhe und Weitsicht durch die krisenreiche Zeit bis in die späten 50er-Jahre lenkte. Unter der Regie seines Sohnes Günther Zeisner begann dann die Wachstumsphase des Saucenherstellers. Das Haus am Philosophenweg, das immer noch als Fertigungsort und Kontor diente, wurde endgültig zu klein. Zeisner zog 1967 ins nahe gelegene Grasberg, rund 20 Kilometer vor den Toren der Stadt. Bis heute ist das Feinkostunternehmen hier ansässig – seit 1995 gesteuert von Thomas Zeisner in vierter Generation.

In „Good Old Grasberg" – so die selbst gewählte Bezeichnung der Unternehmensheimat – befinden sich die Verwaltung und die modernen Produktionshallen von Zeisner. Hier werden nicht nur mit neuesten Anlagen zigtausend Flaschen täglich abgefüllt, hier liegt auch der Gewürzraum, das Herzstück der Produktentwicklung. Aus edlen Ingredienzien entstehen dort die seit Generationen überlieferten Gewürzmischungen, die sich bis heute meist nur um feine Nuancen geändert haben. Sie bilden die Basis der über zwei Dutzend unterschiedlichen Geschmacks- ▶

AUS BESTER FAMILIE

Heimat seit 1967:
Zeisners Unternehmenssitz in Grasberg

»Das Engagement unserer Vorfahren hat uns den Weg bereitet. Dafür sind wir sehr dankbar.«

Thomas Zeisner, Inhaber

Mit Ruhe und Weitsicht: Thomas Zeisner leitet das Unternehmen heute in vierter Generation – und führt damit eine 115 Jahre alte Familientradition fort

Auslieferung anno 1916:
mit dem Pferdewagen zu den Kunden

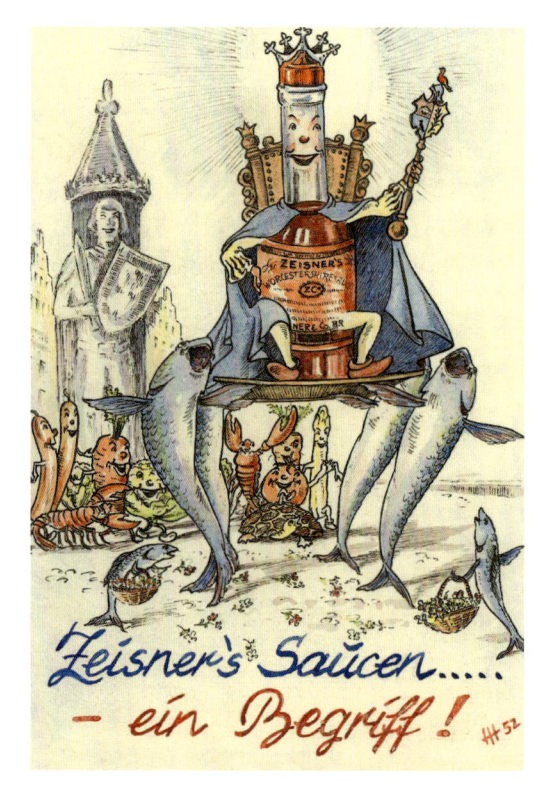

Unverkennbar aus Bremen: Werbung aus den 50er-Jahren für Zeisner-Saucen

ZEISNER

Pioniere in Sachen Saucen: Juliane und Waldemar Zeisner

DATEN UND FAKTEN

INHABERFAMILIE
Familie Zeisner
in der vierten Generation

GRÜNDER
Waldemar Zeisner

FAMILIENEINFLUSS,
inhabergeführt,
Geschäftsführer sind
Patricia und Thomas Zeisner

UNTERNEHMENSANTEILE FAMILIENMITGLIEDER
100 % bei Thomas Zeisner

MARKTPOSITION UNTERNEHMEN
regionaler Markenartikler
(Deutschland), rund 25 %
Marktanteil in Belgien

BRANCHE
Lebensmittel und Feinkost

PRODUKTE
Ketchup und Saucen

STANDORT
Grasberg bei Bremen

VERTRIEB
Schwerpunkt Deutschland,
Benelux, USA, Australien,
außerdem West- und Osteuropa

MITARBEITER
25

**ZEISNER FEINKOST
GMBH & CO. KG**
Wörpedorfer Straße 12
28879 Grasberg

Telefon 04208 9174–0
www.zeisner.de

richtungen. Darunter findet sich natürlich das Tomatenketchup aus 24 sonnengereiften Tomaten pro Flasche, aber auch Curry- und Gewürz-Ketchup, Barbecue-, Curry- oder China-Sauce sowie der Klassiker Worcestershire-Sauce. In Deutschland versteht sich Zeisner – ganz bescheiden – als regionaler Markenartikler und konzentriert sich auf den nordwestdeutschen Raum. Doch man exportiert seit vielen Jahrzehnten auch ins Ausland, vornehmlich in die Benelux-Staaten, andere europäische Länder sowie in die USA und nach Australien. In Belgien, dem Heimatland der Pommes Frites, verfügt Zeisner nach eigenen Angaben sogar über einen Marktanteil von rund 25 Prozent. Und in den USA hat sich das Unternehmen eine kleine Marktnische zwischen dem dortigen Tomatenketchup und der scharfen US-Barbecuesauce geschaffen: Ein vergleichsweise angenehm mildes Curry-Ketchup behauptet sich dort zwischen den Marktgiganten. Flexibilität beweist Zeisner auch mit seinen Kooperationen in der Produktentwicklung. So arbeitet man eng mit weiterverarbeitenden Unternehmen aus der Fisch-, Fleisch- oder Feinkostbranche zusammen und entwickelt kundenindividuelle Rezepturen.

Im Jahr 2011 gründete Thomas Zeisner außerdem die private und gemeinnützige Zeisner-Stiftung, die sich der Förderung benachteiligter Kinder und Jugendlicher in der Region verschrieben hat.

Organisatorisch gliedert sich das Unternehmen in die Günther Zeisner KG als Besitzgesellschaft und die Zeisner Feinkost GmbH & Co. KG als Betriebsgesellschaft auf.

Noch heute ist das Unternehmen wie zu Gründungszeiten vor 115 Jahren zu 100 Prozent in Familienbesitz. Neben Thomas Zeisner ist seine Frau Patricia Geschäftsführerin, auch die beiden Kinder Theresa und Louisa gehören dem internen „Familienrat" an. So ist eine Kontinuität entstanden, auf die man besonders stolz ist. Erreicht hat die Familie Zeisner das mit der ihr typischen Ruhe und Weitsicht – und einigen sehr leckeren Saucenrezepten, made in „Good Old Grasberg". ◀

Culture by the glass: Weltweit schätzen Sommeliers, Winzer, internationale Spitzenköche und Genießer das Design, die Brillianz und die handwerkliche Perfektion der ZWIESEL KRISTALLGLAS-Produkte

AUS BESTER FAMILIE

ZWIESEL KRISTALLGLAS

SEIT 1872

Schon vor 5000 Jahren begannen die Ägypter Glas zu schmelzen, im Römischen Reich entstanden die ersten Glashütten in den Regionen Köln und Trier. Heute ist vor allem der Bayerische Wald bekannt für seine Glasproduktion. Von jeher lieferte der Wald die benötigten Rohstoffe für die Glasschmelze: Quarz und Asche. Mit dem Holz wurden die Schmelzöfen befeuert und Glashütten gebaut. Das bekannteste Unternehmen ist ZWIESEL KRISTALLGLAS. Wie kein anderes repräsentiert es die Hochkultur der Kristalltrinkgläser und die Verwurzelung in der Region, denn die Marke ist der Ort und der Ort ist die Marke der beliebten deutschen Glasmanufaktur.

1872 beschreibt das Jahr, in dem Anton Müller die Glashütte „Annathal" gründete. Im selben Jahr zur Weihnachtszeit liefert er bereits kistenweise die ersten Tafelgläser aus. 1927 dann ereilen die Folgen der Inflation die Glasschmiede aus Zwiesel: Das Hauptgeschäft Bau- und Industrieglas fällt weg. Der neue Geschäftspartner, das 1884 gegründete Jenaer Glaswerk „Schott & Gen", übernimmt die Aktienmehrheit. Der Zweite Weltkrieg fordert weiteren Tribut, die Werke in Pirna und Zuckmantel sowie das Stammwerk der Schott & Gen gehen verloren. Alliierte sollen helfen, den Standort Zwiesel im Westen wieder aufzubauen. Das führt nach Kriegsende 1945 zum „Zug der Glasmacher": 41 Spezialisten werden von Jena nach Zwiesel abgezogen. 1952 ziehen die Jenaer Glaswerke mit ihrem Stammwerk nach Mainz und firmieren als „Schott".

1961 geschieht eine wegweisende Innovation in Zwiesel: Die vollautomatische Produktion von Kelchglas gelingt. Sie stößt in der Gastronomie auf große Nachfrage. Die Zusammenarbeit mit Top-Gastronomen und renommierten Designern prägt das Unternehmen seither. Dazu zählen beispielsweise die Münchener Barlegende Charles Schumann oder die schwedischen Designer Bernadotte & Kylberg. Zusammen mit nachhaltigen Material- und Produktinnovationen wird das Unternehmen weltweit zum führenden Partner für die hochwertige Hotellerie, Gastronomie und Handel. Die Marke SCHOTT ZWIESEL steht heute für gehobene Wein-, Bar- und Trinkglasserien. Sie wird auch als Glas der Profis bezeichnet. Die Gläser sind gleichermaßen bei der Gastronomie und bei Endverbrauchern und Weinkennern bekannt. ZWIESEL 1872 zählt mit mundgeblasenen Kollektionen als die renommierte Manufakturmarke des Hauses. JENAER GLAS, die bekannte Bauhaus-Designmarke, ist Inbegriff für Servieren, Kochen und ▶

> »Im Herzen des Bayerischen Waldes trifft exzellente Qualität auf die Begeisterung für das beste Kristallglas.«
>
> ZWIESEL KRISTALLGLAS-Unternehmensprofil

AUS BESTER FAMILIE

Die neue Serie Basic Bar Surfing by Charles Schumann erinnert mit wellenförmigem Keilschliff an Meer und Strand, Surfen und Segeln

»Wir stehen für Innovationsfreude und autarkes Unternehmertum.«

ZWIESEL KRISTALLGLAS-
Unternehmensmission

Stilvolle Tischkultur:
Zu einem guten Burgunder gehört unbedingt das passende Glas

Damals wie heute gibt jeder Handgriff den Produkten ihre individuelle Note

Neue Technologien reduzieren den Stickoxid- und Kohlendioxidausstoß deutlich

ZWIESEL KRISTALLGLAS

Seit 1872 hat das Unternehmen ZWIESEL KRISTALLGLAS seinen Firmensitz am gleichnamigen Ort

Genießen mit hitzebeständigen Glasprodukten in zeitlosem Design.

Wichtig war dem Unternehmen schon immer eine möglichst umweltfreundliche Verarbeitung der Rohstoffe, auch das trägt zum Ruf der Marke bei. Früh wurde auf die Verwendung von Bleikristallen verzichtet. Die Rohstoffe, die aus der Region kommen, sind nach einem ökologischen Standard bewertet und freigegeben. Zum Meilenstein wurde dabei der Einsatz der Oxyfuel-Technologie. Im Vergleich zu herkömmlich gas- und luftbeheizten Glasschmelzwannen wird beim Schmelzen in der Wanne weniger Energie pro Glaseinheit verbraucht. Die neue Technologie ermöglicht eine Reduktion des Energieverbrauchs um über 30 Prozent, parallel wird der Stickoxid- und Kohlendioxidausstoß deutlich reduziert. Die Umweltleistungen werden seither zertifiziert.

Die ökologische Verantwortung bei ZWIESEL KRISTALLGLAS geht noch weiter. Alle im Fertigungsprozess anfallenden Glasscherben werden recycelt, die Bruchrate durch eine verbesserte Glasqualität gleichzeitig gesenkt. Dabei half eine weitere Innovation: das TRITAN®-Kristallglas. Durch diese Technologie werden nicht nur bruchsichere Gläser hergestellt, sie ermöglicht völlig neue Designlinien, die die Maschinenfertigung der Manufaktur ein großes Stück näherbringt. Seit 2014 wird die Technik des „gezogenen Kelches" eingesetzt. Sie zählt zu den größten Herausforderungen der maschinellen Glasfertigung. Die besondere Bruchfestigkeit des Glases hat gleichzeitig dazu beigetragen, die Position von ZWIESEL KRISTALLGLAS als Weltmarktführer weiter auszubauen.

Nachdem 2015 das langjährige Vorstandsmitglied Dr. Robert Hartel ausschied, wurde im vergangenen Jahr der Vorstand neu ausgerichtet. Neben dem Vorsitzenden Prof. Dr. Andreas Buske wurde Georg Thaller zum Vorstand Vertrieb, Marketing und Innovation ernannt. Diese Aufteilung stärkt die Ausrichtung auf Anwender und Markt und richtet das Unternehmen konsequent für ein nachhaltiges und profitables Wachstum aus. ◂

DATEN UND FAKTEN

INHABERFAMILIE
Prof. Dr. Andreas Buske

GRÜNDER
Anton Müller 1872 in Zwiesel, Niederbayern

FAMILIENEINFLUSS
inhabergeführt von Prof. Dr. Andreas Buske

MARKTPOSITION UNTERNEHMEN
Weltmarktführer im Segment Kristallglas

BRANCHE
Glasbranche

PRODUKTE
maschinell gefertigte und mundgeblasene Trinkgläser, Glaswaren und Accessoires

STANDORTE
Zwiesel (Deutschland), Ungarn

VERTRIEB
in über 120 Ländern, Vertriebsgesellschaften in Asien-Pazifik, China, Indien, Spanien, Japan

UMSATZ
84 Mio. € (2015/16)

MITARBEITER
560 Mitarbeiter am Standort Zwiesel

ZWIESEL KRISTALLGLAS AG
Dr.-Schott-Straße 35
94227 Zwiesel

Telefon 09922 98–0
www.zwiesel-kristallglas.com

UNTERNEHMENSVERZEICHNIS

ABUS August Bremicker Söhne KG	24
Alfred Ritter GmbH & Co. KG	28
ante-holz GmbH	32
Richard Anton KG	36
ARNO ARNOLD GmbH	40
BDJ Versicherungsmakler	44
Berenberg – Joh. Berenberg, Gossler & Co. KG	48
BINDER GmbH	52
bito Aktiengesellschaft	56
Blickle Räder+Rollen GmbH u. Co. KG	60
Willy Bogner GmbH & Co. KGaA	64
Brandt Zwiebackschokoladen GmbH & Co. KG	68
BROCKHAUS Unternehmensgruppe	72
Brohl Wellpappe GmbH & Co. KG	76
Brose Fahrzeugteile GmbH & Co. KG, Coburg	80
Bumat Bewegungssysteme GmbH	84
Hubert Burda Media Holding Kommanditgesellschaft	88
Georg D. W. Callwey GmbH & Co. KG	92
Cloer Elektrogeräte GmbH	96
Werkladen Conzen Kunst Service GmbH	100
DALLI WERKE GmbH & Co. KG, Mäurer & Wirtz GmbH & Co. KG, Grünenthal GmbH	104
DAW SE	108
C. Deilmann GmbH & Co. KG	112
DELKESKAMP Verpackungswerke GmbH	116
DIMAH Messe+Event GmbH	120
Dolezych GmbH & Co. KG	124
DuMont Mediengruppe GmbH & Co. KG	128
Dussmann Stiftung & Co. KGaA	132
EBRO ARMATUREN Gebr. Bröer GmbH	136
EWS Weigele GmbH & Co. KG	140
Festool GmbH	144
FRÄNKISCHE Rohrwerke Gebr. Kirchner GmbH & Co. KG	148
Freudenberg Gruppe	152
Funk	156
Gauselmann AG	160
GELITA AG	164
Giesecke & Devrient GmbH	168
GKD – Gebr. Kufferath AG	172
GOLDBECK GmbH	176
Gutting PFALZNUDEL GmbH	180
Häfele GmbH & Co KG	184
Henkel AG & Co. KGaA	188
Heraeus Holding GmbH	192
Herrenknecht AG	196
HGDF Familienholding Ltd. & Co. KG	200
Hoffmann & Co. Haus- und Grundstücksverwaltung OHG	204
HRS Hotel Reservation Service GmbH	208
Peter Huppertz Logistik GmbH	212
ifm electronic gmbh	216
Feinkost Käfer GmbH	220
Franz KALDEWEI GmbH & Co. KG	224
KARL STORZ SE & Co. KG	228

AUS BESTER FAMILIE

Käserei Champignon Hofmeister GmbH & Co. KG	232
Kemmler Baustoffe GmbH	236
Kienbaum Consultants International GmbH	240
Koch's Meerrettich GmbH	244
Kusch+Co GmbH & Co. KG	248
Aachener Printen- und Schokoladenfabrik Henry Lambertz GmbH & Co. KG	252
LAMILUX Heinrich Strunz Holding GmbH & Co. KG	256
Leitz GmbH & Co. KG	260
Lifta GmbH	264
LINDIG Fördertechnik GmbH	268
Ludwig Meister GmbH & Co. KG	272
MANN+HUMMEL GmbH & Co. KG	276
Mayer'sche Hofkunstanstalt GmbH – Mayer of Munich	280
Mestemacher GmbH	284
Bankhaus Metzler	288
MEWA Textil-Service AG & Co. Management OHG	292
Miele & Cie. KG	296
Hans-Jürgen Müller GmbH & Co. KG (Mühle)	300
OECHSLER AG	304
ONI-Wärmetrafo GmbH	308
Otto Bock HealthCare GmbH	312
Otto (GmbH & Co KG)	316
PFEIFER Holding GmbH & Co. KG	320
Pilz GmbH & Co. KG	324
Poly-clip System GmbH & Co. KG	328
Freiherr von Poschinger Glasmanufaktur E. K.	332
Pro-Idee GmbH & Co. KG	336
Tapetenfabrik Gebr. Rasch GmbH & Co. KG	340
Ritter → Alfred Ritter GmbH & Co. KG	
ROECKL Handschuhe & Accessoires GmbH & Co. KG	344
Privates Internatsgymnasium Schloss Torgelow staatlich anerkannt	348
Aufzugswerke M. Schmitt + Sohn GmbH & Co. KG	352
Schniewindt GmbH & Co. KG	356
SCHRAMM Werkstätten GmbH	360
Schreiner Group GmbH & Co. KG	364
Schwalbe – Ralf Bohle GmbH	368
Schwank GmbH	372
Seetel Hotel GmbH & Co. Betriebs-KG	376
Siegwerk Druckfarben AG & Co. KGaA	380
SPIEL-IN Casino GmbH & Co. KG	384
Stern-Wywiol Gruppe GmbH & Co. KG	388
STI Group	STI Gustav Stabernack GmbH	392
ANDREAS STIHL AG & Co. KG	396
Stöbich Holding GmbH & Co. KG	400
Tengelmann Warenhandelsgesellschaft KG	404
Hans Turck GmbH & Co. KG	408
Waldmann KG	412
Weidmüller Gruppe	416
Wemhöner Surface Technologies GmbH & Co. KG	420
Zeisner Feinkost GmbH & Co. KG	424
ZWIESEL KRISTALLGLAS AG	428

UNTERNEHMEN NACH GRÜNDUNGSDATUM

1568 Freiherr von Poschinger Glasmanufaktur E. K.	**1871** Mestemacher GmbH
1579 PFEIFER Holding GmbH & Co. KG	**1872** ZWIESEL KRISTALLGLAS AG
1590 Berenberg – Joh. Berenberg, Gossler & Co. KG	**1875** GELITA AG
1674 Bankhaus Metzler	**1876** Henkel AG & Co. KGaA
1688 Aachener Printen- und Schokoladenfabrik Henry Lambertz GmbH & Co. KG	**1876** Leitz GmbH & Co. KG
1738 HGDF Familienholding Ltd. & Co. KG	**1879** Funk
1778 Brohl Wellpappe GmbH & Co. KG	**1879** STI Group	STI Gustav Stabernack GmbH
1802 DuMont Mediengruppe GmbH & Co. KG	**1884** Georg D. W. Callwey GmbH & Co. KG
1824 Siegwerk Druckfarben AG & Co. KGaA	**1885** Kemmler Baustoffe GmbH
1829 Schniewindt GmbH & Co. KG	**1888** C. Deilmann GmbH & Co. KG
1839 ROECKL Handschuhe & Accessoires GmbH & Co. KG	**1895** DAW SE
1845 BDJ Versicherungsmakler	**1896** DELKESKAMP Verpackungswerke GmbH
1847 Mayer'sche Hofkunstanstalt GmbH – Mayer of Munich	**1897** Peter Huppertz Logistik GmbH
1849 Freudenberg Gruppe	**1898** Cloer Elektrogeräte GmbH
1850 BINDER GmbH	**1899** LINDIG Fördertechnik GmbH
1850 Weidmüller Gruppe	**1899** Miele & Cie. KG
1851 Heraeus Holding GmbH	**1902** Zeisner Feinkost GmbH & Co. KG
1852 Giesecke & Devrient GmbH	**1903** Hubert Burda Media Holding Kommanditgesellschaft
1854 Werkladen Conzen Kunst Service GmbH	**1904** Richard Anton KG
1861 Tapetenfabrik Gebr. Rasch GmbH & Co. KG	**1906** FRÄNKISCHE Rohrwerke Gebr. Kirchner GmbH & Co. KG
1861 Aufzugswerke M. Schmitt + Sohn GmbH & Co. KG	**1908** Brose Fahrzeugteile GmbH & Co. KG, Coburg
1864 ARNO ARNOLD GmbH	**1908** Käserei Champignon Hofmeister GmbH & Co. KG
1864 BROCKHAUS Unternehmensgruppe	**1908** Koch's Meerrettich GmbH
1864 OECHSLER AG	**1908** MEWA Textil-Service AG & Co. Management OHG
1867 Tengelmann Warenhandelsgesellschaft KG	**1909** LAMILUX Heinrich Strunz Holding GmbH & Co. KG
	1912 Alfred Ritter GmbH & Co. KG

1912	Brandt Zwiebackschokoladen GmbH & Co. KG	**1948**	Pilz GmbH & Co. KG
1918	Franz KALDEWEI GmbH & Co. KG	**1949**	Otto (GmbH & Co KG)
1918	Waldmann KG	**1951**	Schreiner Group GmbH & Co. KG
1919	Otto Bock HealthCare GmbH	**1953**	Blickle Räder+Rollen GmbH u. Co. KG
1922	Poly-clip System GmbH & Co. KG	**1954**	SPIEL-IN Casino GmbH & Co. KG
1922	Schwalbe – Ralf Bohle GmbH	**1957**	Gauselmann AG
1923	Häfele GmbH & Co KG	**1960**	EWS Weigele GmbH & Co. KG
1923	SCHRAMM Werkstätten GmbH	**1963**	Dussmann Stiftung & Co. KGaA
1924	ABUS August Bremicker Söhne KG	**1965**	Hans Turck GmbH & Co. KG
1925	Festool GmbH	**1966**	bito Aktiengesellschaft
1925	GKD – Gebr. Kufferath AG	**1969**	GOLDBECK GmbH
1925	Wemhöner Surface Technologies GmbH & Co. KG	**1969**	ifm electronic gmbh
1926	ANDREAS STIHL AG & Co. KG	**1972**	EBRO ARMATUREN Gebr. Bröer GmbH
1927	ante-holz GmbH	**1972**	HRS Hotel Reservation Service GmbH
1930	Feinkost Käfer GmbH	**1977**	Herrenknecht AG
1932	Willy Bogner GmbH & Co. KGaA	**1977**	Lifta GmbH
1933	Schwank GmbH	**1980**	Stern-Wywiol Gruppe GmbH & Co. KG
1935	Dolezych GmbH & Co. KG	**1980**	Stöbich Holding GmbH & Co. KG
1939	Kusch+Co GmbH & Co. KG	**1983**	ONI-Wärmetrafo GmbH
1939	Ludwig Meister GmbH & Co. KG	**1985**	Pro-Idee GmbH & Co. KG
1941	MANN+HUMMEL GmbH & Co. KG	**1986**	Gutting PFALZNUDEL GmbH
1945	KARL STORZ SE & Co. KG	**1992**	Seetel Hotel GmbH & Co. Betriebs-KG
1945	Kienbaum Consultants International GmbH	**1994**	DIMAH Messe+Event GmbH
1945	Hans-Jürgen Müller GmbH & Co. KG (Mühle)	**1994**	Privates Internatsgymnasium Schloss Torgelow staatlich anerkannt
1948	Bumat Bewegungssysteme GmbH		
1948	Hoffmann & Co. Haus- und Grundstücksverwaltung OHG		

IMPRESSUM

TEMPUS CORPORATE GmbH – Ein Unternehmen des ZEIT Verlags, Edition Speersort
Aus bester Familie: Über 100 beispielhafte deutsche Familienunternehmen/Dr. Florian Langenscheidt (Hrsg.)

ISBN 978-3-945627-16-7, 1. Auflage

© 2017 TEMPUS CORPORATE GmbH – Ein Unternehmen des ZEIT Verlags, Edition Speersort, Hamburg

Nachdruck, auch nur in Auszügen, nur mit schriftlicher Genehmigung des Verlags.
Kein Teil des Buchs darf ohne schriftliche Einwilligung des Verlags in irgendeiner Form
reproduziert oder unter Verwendung elektronischer Systeme verarbeitet, vervielfältigt
oder veröffentlicht werden

Alle Rechte vorbehalten. Printed in Germany

VERLAG
TEMPUS CORPORATE GmbH – Ein Unternehmen des ZEIT Verlags
Büro Berlin:
Alt-Moabit 94, 10559 Berlin
Büro Hamburg:
Helmut-Schmidt-Haus, Buceriusstraße, Eingang Speersort 1, 20095 Hamburg
www.tempuscorporate.zeitverlag.de

GESCHÄFTSFÜHRUNG
Jan Hawerkamp, Chris Höfner (stellv.)

KONZEPTION
Olaf Salié

KOORDINATION FAMILIENUNTERNEHMEN
Fabian Westkamp

PROJEKTLEITUNG
Yvonne Baumgärtel

PROJEKTMANAGEMENT
Christiane Blaß, Stefanie Eggers, Kathleen Ziemann

REDAKTION
Hiltrud Bontrup, Sophie Burfeind, Jens Frantzen, Katharina Kutsche, Dr. Manfred Luckas,
Alexandra von Poschinger, Klaus Rathje, Elke Schulze, Felicitas Wilke, Ulrike Wirtz

SCHLUSSREDAKTION
Frauke Franckenstein, Dr. Katrin Weiden

ART DIRECTION
Mirko Merkel

GRAFIK und SATZ
Judith Hehl, Susanne Kluge, Dörthe Littger, Jörg Maaßen, Jessica Sturm-Stammberger

BILDBEARBEITUNG
Marketa Heinl, Gal Schäper

HERSTELLUNG
Dirk Woschei

DRUCK
Grafisches Centrum Cuno GmbH & Co. KG, Calbe (Saale)

VERTRIEB
Edition Speersort, Hamburg

Die in diesem Buch abgebildeten Logos und die zur Verfügung gestellten Bilder unterliegen
ausschließlich den Copyrights der beteiligten Unternehmen und dürfen ohne deren ausdrückliche
Genehmigung nicht abgedruckt bzw. verwendet werden